Kommunikation & Recht

Risikobasierte Regulierung der IT-Sicherheit von Produkten

– Eine Untersuchung am Beispiel von Smart-Home-Geräten –

Dissertation zur Erlangung des Grades eines Doktors des Rechts der Rechtswissenschaftlichen Fakultät der Universität des Saarlandes

vorgelegt von

Maximilian Leicht

Tag der Disputation:	11. Februar 2025
Dekanin:	Univ.-Prof. Dr. Annette Guckelberger
Erstberichterstatter:	Univ.-Prof. Dr. Christoph Sorge
Zweitberichterstatter:	Univ.-Prof. Dr. Nikolaus Marsch, D.I.A.P. (ENA)

Risikobasierte Regulierung der IT-Sicherheit von Produkten

Eine Untersuchung am Beispiel von Smart-Home-Geräten

von

Maximilian Leicht

Fachmedien Recht und Wirtschaft | dfv Mediengruppe | Frankfurt am Main

Bibliografische Information der Deutschen Nationalbibliothek

Die Deutsche Nationalbibliothek verzeichnet diese Publikation in der Deutschen Nationalbibliografie; detaillierte bibliografische Daten sind im Internet über http://dnb.de abrufbar.

ISBN 978-3-8005-1981-1

dfv Mediengruppe

www.ruw.de

Druck: Beltz Grafische Betriebe GmbH, 99947 Bad Langensalza

Printed in Germany

Vorwort

Die vorliegende Arbeit wurde im Wintersemester 2024/2025 von der Rechtswissenschaftlichen Fakultät der Universität des Saarlandes als Dissertation angenommen. Sie entstand während meiner Tätigkeit am dortigen Lehrstuhl für Rechtsinformatik. Gesetzgebung, Literatur und Rechtsprechung sind auf dem Stand von September 2024, einzelne Aktualisierungen konnten noch bis Februar 2025 berücksichtigt werden.

Mein Dank gilt ganz besonders meinem Doktorvater Prof. Dr.-Ing. Christoph Sorge, der mit vielen konstruktiven Denkanstößen und jederzeit in gleichem Maße kritischen wie hilfreichen Ratschlägen den interdisziplinären Charakter dieser Arbeit erst ermöglichte. Meine Tätigkeit am Lehrstuhl für Rechtsinformatik werde ich daher stets in bester Erinnerung behalten – nicht nur wegen der zahlreichen Gelegenheiten zum ausgedehnten fachlichen Austausch, sondern auch wegen der Vielfältigkeit der Erfahrungen, die ich dort sammeln durfte.

Ebenso möchte ich Herrn Prof. Dr. Nikolaus Marsch danken, für die frühzeitige Ermunterung über eine Promotion nachzudenken gleichsam wie für die Co-Betreuung der Arbeit und die zügige Erstellung des Zweitgutachtens.

Darüber hinaus danke ich meinen wunderbaren Kolleginnen und Kollegen, die mich bei den Herausforderungen der Promotion begleitet haben. Für anregende Diskussionen zum und abseits des Themas der Arbeit, für die erforderliche Ablenkung und ihre freundschaftliche Verbundenheit danke ich Nils Wiedemann, Leo Dessani, Piotr Rataj, Simone Salemi, Bianca Steffes, Dr. rer. nat. Frederik Möllers und Andreas Rebmann.

Diese Arbeit ist meiner Familie gewidmet. Ihr gilt mein größter Dank. Ohne ihre nachdrückliche Förderung meiner Ausbildung und ihre Unterstützung auf jede erdenkliche Weise in allen Lebenslagen wäre das vorliegende Werk nicht denkbar.

Saarbrücken, im März 2025 Maximilian Leicht

Inhaltsübersicht

Vorwort VII

Abkürzungsverzeichnis XIX

Einleitung 1

Kapitel 1 – Ausgangsüberlegungen und Begriffsbestimmung 3
A. Ausgangsüberlegungen zu Inhalt, Methodik und Motivation 3
B. Konkretisierung der Themenwahl aus rechtlicher Sicht 4
I. Datenschutzrechtliche Fragestellungen 6
II. GeschGehG 7
III. Datenschutz bei digitalen Diensten 8
IV. Regulierung von Produkten 8
V. Übersicht der untersuchten Regelungen 8
C. Risiko, Risikoregulierung, Risikobasierte Regulierung 10
I. Begriffsverständnis: Risikoregulierung oder risikobasierte Regulierung 10
II. Risikobasierte Regulierung der IT-Sicherheit von Produkten 15
III. Einordnung in den Kontext existierender Regulierungsstrategien 17
IV. Der Risikobegriff in anderen Rechtsgebieten und Disziplinen 19

Kapitel 2 – Technische Grundlagen 31
A. Einführung 31
B. Konkretisierung des technischen Untersuchungsgegenstandes 35
I. Beschreibung der Produktkategorien 36
II. Übersicht der Akteure 41
C. Ausgangsüberlegungen zu relevanten Risikoszenarien 42
I. Risikoszenarien 43
II. Einsatzszenarien 49

Kapitel 3 – Datenschutzrechtliche Fragestellungen 51
A. Datenschutzrechtliche Verantwortlichkeit im Smart Home 51
I. Datenschutzrechtliche Verantwortlichkeit 51
II. Implikationen im Smart Home 54
B. Rechtliche Anforderungen an die Sicherheit der Datenverarbeitung sowie an Technikgestaltung 63
I. IT-Sicherheit als zentraler Bestandteil des normativen Charakters der DSGVO 63
II. Art. 32 DSGVO – Sicherheit der Datenverarbeitung 64
III. Art. 25 DSGVO 129

C. Zentrale Ergebnisse und Thesen des Kapitels 134

Kapitel 4 – Fragestellungen des (weiteren) IT-Sicherheitsrechts . . 137
A. Begriff des IT-Sicherheitsrechts i. w. S. 137
B. Bedeutung der angemessenen Geheimhaltungsmaßnahmen nach dem GeschGehG. 139
I. Schutzgegenstand des GeschGehG 140
II. Vergleich auf sekundärer Ebene 148
III. Zwischenergebnis 152
IV. Spezifische Aspekte des Smart Home 152
C. Einfluss des Telekommunikationsrechts sowie des TDDDG. 153
I. Änderungen durch das Durchführungsgesetz zum Digital Services Act 154
II. Zum Verhältnis von TDDDG, ePrivacy-RL und DSGVO. . . . 156
III. Datenschutz bei digitalen Diensten sowie Integrität von Endeinrichtungen. 161
IV. Telekommunikationsrecht 184
D. Regulierung von Produkten und zugehörige Fragestellungen 186
I. Besondere Anforderungen an Funkanlagen (Radio Equipment Directive) 186
II. Regulierung von Produkten mit digitalen Elementen (Cyber Resilience Act). 196
E. Weitere IT-Sicherheitsregulierung 212
I. Regulierung von Einrichtungen in kritischen Sektoren (NIS-2-RL) 212
II. Regulierung virtueller Assistenten und Betriebssysteme im DMA 213
F. Zentrale Ergebnisse und Thesen des Kapitels 216

Kapitel 5 – Verknüpfung der rechtlichen Anforderungen mit konkreten technischen Maßnahmen 219
A. Verknüpfung der rechtlichen Anforderungen. 220
I. Systematisierung durch Verknüpfung mit Schutzzielen 220
II. Systematisierung durch Verknüpfung von Anforderungen . . . 222
III. Zusammenführung in kombinierter Risiko- und Folgenabschätzung 230
IV. Zwischenergebnis 233
B. Spezifische Konkretisierung für Smart-Home-Geräte 235
I. Verknüpfung mit Schutzzielen: Produktkategorie Smart-Home-Zentralen. 236
II. Verknüpfung mit einem gemeinsamen Anforderungskatalog: Produktkategorie Smart TVs 241

III. Kombinierte Risiko- und Datenschutzfolgenabschätzung: Produktkategorie digitale, cloudbasierte Sprachassistenten .. 245
C. Zentrale Ergebnisse und Thesen des Kapitels 248

Kapitel 6 – Fazit und Ausblick 251

Literaturverzeichnis 255

Anmerkungen zur Zitierweise 277

Inhaltsverzeichnis

Vorwort VII

Abkürzungsverzeichnis XIX

Einleitung 1

Kapitel 1 – Ausgangsüberlegungen und Begriffsbestimmung 3
A. Ausgangsüberlegungen zu Inhalt, Methodik und Motivation 3
B. Konkretisierung der Themenwahl aus rechtlicher Sicht 4
I. Datenschutzrechtliche Fragestellungen 6
II. GeschGehG 7
III. Datenschutz bei digitalen Diensten 8
IV. Regulierung von Produkten 8
V. Übersicht der untersuchten Regelungen 8
C. Risiko, Risikoregulierung, Risikobasierte Regulierung 10
I. Begriffsverständnis: Risikoregulierung oder risikobasierte Regulierung 10
II. Risikobasierte Regulierung der IT-Sicherheit von Produkten 15
III. Einordnung in den Kontext existierender Regulierungsstrategien 17
1. Parallelen zum Umweltrecht 17
2. Folgerungen für die vorliegende Untersuchung 19
IV. Der Risikobegriff in anderen Rechtsgebieten und Disziplinen 19
1. Risikobegriffe 19
2. Quantifizierbarkeit von Risiko 26
3. Fazit 29

Kapitel 2 – Technische Grundlagen 31
A. Einführung 31
B. Konkretisierung des technischen Untersuchungsgegenstandes . . . 35
I. Beschreibung der Produktkategorien 36
1. Smart-Home-Zentralen 36
2. Smart TVs 38
3. Digitale, cloudbasierte Sprachassistenten 39
4. Übersicht der Produktkategorien und ihre Einbindung in das Netzwerk 40
II. Übersicht der Akteure 41
C. Ausgangsüberlegungen zu relevanten Risikoszenarien 42
I. Risikoszenarien 43
1. Differenzierung nach Phasen der Datenverarbeitungen . . . 43
2. Potenzielle Angriffe 45

a. Grundbegriffe 45
b. Konkrete Beispiele verschiedener Angriffe und Angriffsziele 46
II. Einsatzszenarien 49

Kapitel 3 – Datenschutzrechtliche Fragestellungen 51
A. Datenschutzrechtliche Verantwortlichkeit im Smart Home 51
I. Datenschutzrechtliche Verantwortlichkeit 51
II. Implikationen im Smart Home 54
1. Verantwortlichkeit der (privaten) Nutzer? 54
a. Persönliche und familiäre Tätigkeiten 54
b. Zwischenergebnis 60
2. Einordnung der hier untersuchten Produktkategorien 61
a. Verantwortlichkeit der Akteure bei Vorliegen der Haushaltsausnahme 62
b. Verantwortlichkeit der Akteure bei Nutzern innerhalb der Anwendbarkeit der DSGVO 62
B. Rechtliche Anforderungen an die Sicherheit der Datenverarbeitung sowie an Technikgestaltung 63
I. IT-Sicherheit als zentraler Bestandteil des normativen Charakters der DSGVO 63
II. Art. 32 DSGVO – Sicherheit der Datenverarbeitung 64
1. Tatbestandsmerkmale des Art. 32 DSGVO 65
a. Angemessenes Schutzniveau, Art. 32 Abs. 2 DSGVO 66
b. Abwägungskriterien 66
(1) Stand der Technik 67
(aa) Bestimmung des Begriffs Stand der Technik 67
(bb) Bestimmung des Stands der Technik 71
(2) Implementierungskosten 74
(3) Art, Umfang, Umstände, Zwecke der Verarbeitung 78
(4) Eintrittswahrscheinlichkeit 81
(5) Schwere des Risikos für Rechte und Freiheiten natürlicher Personen 82
2. Der sog. risikobasierte Ansatz der DSGVO – Bedeutung und Reichweite 84
a. Zum Risikobegriff der DSGVO 86
b. Quantifizierung von Risiko i. S. d. DSGVO 95
c. Mögliche Elemente zur Strukturierung der Risikobewertung 97
d. Fazit und Bewertung 98
3. Ansätze zur Ableitung technischer und organisatorischer Schutzmaßnahmen 101
a. Maßnahmenkatalog nach Art. 32 Abs. 1 Hs. 2 DSGVO 102

(1) Pseudonymisierung und Verschlüsselung (lit. a) . . . 103
(2) Vertraulichkeit, Integrität, Verfügbarkeit und Belastbarkeit der Systeme und Dienste (lit. b) 106
(3) Verfügbarkeit der – und Zugang zu – personenbezogenen Daten (lit. c) 112
(4) Verfahren zur regelmäßigen Überprüfung, Bewertung und Evaluierung der Wirksamkeit (lit. d) 113
(5) Zwischenergebnis 113
b. Verhaltensregeln und Zertifizierungen als Konkretisierungsinstrumente der DSGVO 114
c. Weitere Zertifizierungen als Konkretisierung 118
d. Interdisziplinäre Ansätze zur Konkretisierung 119
e. Konkretisierung technischer Maßnahmen mit dem sog. Standard-Datenschutzmodell 125
f. Fazit 128
III. Art. 25 DSGVO 129
1. Art. 25 Abs. 1 DSGVO – Privacy by Design 129
a. Zielrichtung und Verhältnis zu Art. 32 DSGVO 129
b. „Garantien“ 130
c. Ansätze zur Ableitung konkreter technischer Schutzmaßnahmen 131
2. Art. 25 Abs. 2 DSGVO – Privacy by Default 132
3. Fazit 133
C. Zentrale Ergebnisse und Thesen des Kapitels 134

Kapitel 4 – Fragestellungen des (weiteren) IT-Sicherheitsrechts . . 137
A. Begriff des IT-Sicherheitsrechts i. w. S. 137
B. Bedeutung der angemessenen Geheimhaltungsmaßnahmen nach dem GeschGehG 139
I. Schutzgegenstand des GeschGehG 140
1. Angemessenheit i. S. d. § 2 GeschGehG 141
a. Subjektiv-erwartungsorientierte Betrachtung der Angemessenheit 142
b. Wirtschaftlicher Wert als Kriterium 147
2. Fazit 147
II. Vergleich auf sekundärer Ebene 148
III. Zwischenergebnis 152
IV. Spezifische Aspekte des Smart Home 152
C. Einfluss des Telekommunikationsrechts sowie des TDDDG 153
I. Änderungen durch das Durchführungsgesetz zum Digital Services Act 154
II. Zum Verhältnis von TDDDG, ePrivacy-RL und DSGVO 156

III. Datenschutz bei digitalen Diensten sowie Integrität von Endeinrichtungen . . . 161
1. Anbieter von digitalen Diensten im Smart Home . . . 161
2. Digitale Dienste im Smart Home . . . 161
3. § 19 TDDDG . . . 163
a. § 19 Abs. 1–3 TDDDG . . . 165
b. § 19 Abs. 4 TDDDG . . . 169
4. § 25 TDDDG . . . 173
a. Föderierte Lernsysteme . . . 176
b. Sicherheitsupdates . . . 182
c. Verwendung von Drittanbieterapps . . . 183
d. Rechtfertigung nach § 25 Abs. 2 TDDDG . . . 183
5. Fazit . . . 184
IV. Telekommunikationsrecht . . . 184
D. Regulierung von Produkten und zugehörige Fragestellungen . . . 186
I. Besondere Anforderungen an Funkanlagen (Radio Equipment Directive) . . . 186
1. Schutz personenbezogener Daten und der Privatsphäre (Art. 3 Abs. 3 lit. e RED) . . . 186
2. Schutz des Netzes (Art. 3 Abs. 3 lit. d RED) . . . 189
3. Smart-Home-Geräte als „mit dem Internet verbundene Funkanlagen“ . . . 190
4. Anforderungen die zu treffenden Sicherheitsvorkehrungen 193
II. Regulierung von Produkten mit digitalen Elementen (Cyber Resilience Act) . . . 196
1. Produkte mit digitalen Elementen . . . 197
a. Abgrenzung: Grundsätzlich keine Anwendbarkeit des CRA auf Software-as-a-Service . . . 198
b. Smart-Home-Geräte als wichtige Produkte mit digitalen Elementen . . . 202
2. IT-Sicherheitsanforderungen, insbesondere im Vergleich zur DSGVO . . . 203
a. Explizit geregeltes Verhältnis zur DSGVO . . . 204
b. Weitere Fragestellungen im Verhältnis CRA zu DSGVO 205
E. Weitere IT-Sicherheitsregulierung . . . 212
I. Regulierung von Einrichtungen in kritischen Sektoren (NIS-2-RL) . . . 212
II. Regulierung virtueller Assistenten und Betriebssysteme im DMA . . . 213
F. Zentrale Ergebnisse und Thesen des Kapitels . . . 216

Kapitel 5 – Verknüpfung der rechtlichen Anforderungen mit konkreten technischen Maßnahmen . . . 219

A. Verknüpfung der rechtlichen Anforderungen 220
I. Systematisierung durch Verknüpfung mit Schutzzielen 220
II. Systematisierung durch Verknüpfung von Anforderungen . . . 222
1. Vergleichsmaßstab für Verknüpfungen 224
2. Erläuterung der festgestellten Verknüpfungen 225
3. Fazit 228
III. Zusammenführung in kombinierter Risiko- und Folgenabschätzung 230
IV. Zwischenergebnis 233
B. Spezifische Konkretisierung für Smart-Home-Geräte 235
I. Verknüpfung mit Schutzzielen: Produktkategorie Smart-Home-Zentralen 236
1. Mögliche Risiken und entsprechende Schutzmaßnahmen . 237
2. Verknüpfung mit rechtlichen Anforderungen und Synergieeffekte 239
II. Verknüpfung mit einem gemeinsamen Anforderungskatalog: Produktkategorie Smart TVs 241
1. Mögliche Risiken und entsprechende Schutzmaßnahmen . 241
2. Verknüpfung mit rechtlichen Anforderungen und Synergieeffekte 243
III. Kombinierte Risiko- und Datenschutzfolgenabschätzung: Produktkategorie digitale, cloudbasierte Sprachassistenten . . 245
1. Mögliche Risiken und entsprechende Schutzmaßnahmen . 245
2. Verknüpfung mit rechtlichen Anforderungen und Synergieeffekte 247
C. Zentrale Ergebnisse und Thesen des Kapitels 248

Kapitel 6 – Fazit und Ausblick 251

Literaturverzeichnis 255

Anmerkungen zur Zitierweise 277

Abkürzungsverzeichnis

Bei der Zitation von Zeitschriften werden die im deutschsprachigen Raum etablierten Kurzformen der juristischen Zeitschriftentitel verwendet. Sofern es sich um in diesem Sprachraum weniger bekannte Zeitschriften handelt, ist die Zitation im Literaturverzeichnis eingeführt („zitiert als"). Andere Abkürzungen sind im folgenden Verzeichnis enthalten.

Abkürzung	
IT-Systeme	Informationstechnische Systeme
BSI	Bundesamt für Sicherheit in der Informationstechnik
CNIL	Commission nationale de l'informatique et des libertés
CRA	Verordnung (EU) 2024/2847 des Europäischen Parlaments und des Rates vom 23. Oktober 2024 über horizontale Cybersicherheitsanforderungen für Produkte mit digitalen Elementen und zur Änderung der Verordnungen (EU) Nr. 168/2013 und (EU) 2019/1020 und der Richtlinie (EU) 2020/1828 (Cyberresilienz-Verordnung); vorliegend v. a.: Cyber Resilience Act
CRA-KOM	Vorschlag für eine Verordnung des Europäischen Parlaments und des Rates über horizontale Cybersicherheitsanforderungen für Produkte mit digitalen Elementen und zur Änderung der Verordnung (EU) 2019/1020 v. 15.09.2022
CRA-Rat	Proposal for a Regulation of the European Parliament and of the Council on horizontal cybersecurity requirements for products with digital elements and amending Regulation (EU) 2019/102 – Mandate for negotiations with the European Parliament, Interinstitutional File: 2022/0272(COD) v. 31.8.2023
DMA/ Digital Markets Act	Verordnung (EU) 2022/1925 des Europäischen Parlaments und des Rates vom 14. September 2022 über bestreitbare und faire Märkte im digitalen Sektor und zur Änderung der Richtlinien (EU) 2019/1937 und (EU) 2020/1828 (Gesetz über digitale Märkte)
DSA/Digital Services Act	Verordnung (EU) 2022/2065 des Europäischen Parlaments und des Rates vom 19. Oktober 2022 über einen Binnenmarkt für digitale Dienste und zur Änderung der Richtlinie 2000/31/EG (Gesetz über digitale Dienste)
DSFA	Datenschutz-Folgenabschätzung

DSGVO	Verordnung (EU) 2016/679 des Europäischen Parlaments und des Rates vom 27. April 2016 zum Schutz natürlicher Personen bei der Verarbeitung personenbezogener Daten, zum freien Datenverkehr und zur Aufhebung der Richtlinie 95/46/EG (Datenschutz-Grundverordnung)
DSK	Konferenz der unabhängigen Datenschutzaufsichtsbehörden des Bundes und der Länder; kurz auch: Datenschutzkonferenz
E-Commerce-RL	Richtlinie 2000/31/EG des Europäischen Parlaments und des Rates vom 8. Juni 2000 über bestimmte rechtliche Aspekte der Dienste der Informationsgesellschaft, insbesondere des elektronischen Geschäftsverkehrs, im Binnenmarkt („Richtlinie über den elektronischen Geschäftsverkehr“)
EDSA	Europäischer Datenschutzausschuss
ENISA	European Union Agency for Cybersecurity/Agentur der Europäischen Union für Cybersicherheit
EU-Produktsicherheits-VO	Verordnung (EU) 2023/988 des Europäischen Parlaments und des Rates vom 10. Mai 2023 über die allgemeine Produktsicherheit, zur Änderung der Verordnung (EU) Nr. 1025/2012 des Europäischen Parlaments und des Rates und der Richtlinie (EU) 2020/1828 des Europäischen Parlaments und des Rates sowie zur Aufhebung der Richtlinie 2001/95/EG des Europäischen Parlaments und des Rates und der Richtlinie 87/357/EWG des Rates
ePrivacy-RL	Richtlinie 2002/58/EG des Europäischen Parlaments und des Rates vom 12. Juli 2002 über die Verarbeitung personenbezogener Daten und den Schutz der Privatsphäre in der elektronischen Kommunikation (Datenschutzrichtlinie für elektronische Kommunikation)
RED	Richtlinie 2014/53/EU des Europäischen Parlaments und des Rates vom 16. April 2014 über die Harmonisierung der Rechtsvorschriften der Mitgliedstaaten über die Bereitstellung von Funkanlagen auf dem Markt und zur Aufhebung der Richtlinie 1999/5/EG
NIS-RL	Richtlinie (EU) 2016/1148 des Europäischen Parlaments und des Rates vom 6. Juli 2016 über Maßnahmen zur Gewährleistung eines hohen gemeinsamen Sicherheitsniveaus von Netz- und Informationssystemen in der Union

NIS-2-RL	Richtlinie (EU) 2022/2555 des Europäischen Parlaments und des Rates vom 14. Dezember 2022 über Maßnahmen für ein hohes gemeinsames Cybersicherheitsniveau in der Union, zur Änderung der Verordnung (EU) Nr. 910/2014 und der Richtlinie (EU) 2018/1972 sowie zur Aufhebung der Richtlinie (EU) 2016/1148 (NIS-2-Richtlinie)
SaaS	Software-as-a-Service
TTDSG	Gesetz über den Datenschutz und den Schutz der Privatsphäre in der Telekommunikation und bei Telemedien (Telekommunikation-Telemedien-Datenschutz-Gesetz – TTDSG)
TDDDG	Gesetz über den Datenschutz und den Schutz der Privatsphäre in der Telekommunikation und bei digitalen Diensten (Telekommunikation-Digitale-Dienste-Datenschutz-Gesetz – TDDDG)
Verordnung (EU) Nr. 1025/2012	Verordnung (EU) Nr. 1025/2012 des Europäischen Parlaments und des Rates vom 25. Oktober 2012 zur europäischen Normung, zur Änderung der Richtlinien 89/686/EWG und 93/15/EWG des Rates sowie der Richtlinien 94/9/EG, 94/25/EG, 95/16/EG, 97/23/EG, 98/34/EG, 2004/22/EG, 2007/23/EG, 2009/23/EG und 2009/105/EG des Europäischen Parlaments und des Rates und zur Aufhebung des Beschlusses 87/95/EWG des Rates und des Beschlusses Nr. 1673/2006/EG des Europäischen Parlaments und des Rates

Einleitung

Das Datenschutz- und IT-Sicherheitsrecht hat sich in den letzten Jahren geradezu sprunghaft weiterentwickelt. Mit der zunehmenden Bedeutung digitaler Technologien im Alltag wächst auch das Bewusstsein für die zahlreichen und teils schwerwiegenden Bedrohungen für die IT-Sicherheit der eingesetzten Produkte. Dies hat der Gesetzgeber erkannt und mit der Schaffung eines vielschichtigen Regelungsgefüges zur Adressierung der IT-Sicherheit reagiert.

Bereits die seit 25. Mai 2018 geltende Datenschutz-Grundverordnung enthält zentrale Anforderungen an die Sicherheit von Datenverarbeitungen, die von Verantwortlichen und Auftragsverarbeitern einzuhalten sind. Daneben wird der Cyber Resilience Act als unionsweite, horizontale Regelung aufgrund der unmittelbaren Adressierung von Herstellern eine große Bedeutung erlangen. Außerdem ist seit dem 18. Oktober 2024 die NIS-2-Richtlinie anzuwenden, die die Sicherheit von Einrichtungen in bestimmten Sektoren reguliert.

Zusätzlich sind weitere gesetzliche Entwicklungen zu verzeichnen, wie etwa die Schaffung des Telekommunikation-Telemedien-Datenschutz-Gesetzes – sowie die kurz darauffolgenden Änderungen durch das Durchführungsgesetz zum Digital Services Act, die neben der Schaffung des Digitale-Dienste-Gesetzes unter anderem die Ersetzung des Begriffs des Telemediums mit sich brachten. Damit war auch die Umbenennung in Telekommunikation-Digitale-Dienste-Datenschutz-Gesetz verbunden.

Ebenso relevant für die Implementierung von Schutzmaßnahmen zur Verbesserung der IT-Sicherheit sind das auf Basis unionsrechtlicher Vorgaben geschaffene Gesetz zum Schutz von Geschäftsgeheimnissen sowie die Neuerungen aufgrund der delegierten Verordnung 2022/30 i. V. m. dem Funkanlagengesetz. Auch diese Regelungen werden in dieser Untersuchung als Bestandteile des IT-Sicherheitsrechts i. w. S. verstanden.

Denn aus all diesen Rechtsakten ergeben sich – wenn auch in unterschiedlichem Ausmaß – abstrakte rechtliche Anforderungen an die IT-Sicherheit von Produkten. Dabei ist sowohl das Verhältnis dieser Anforderungen als auch deren Verknüpfung mit konkreten Schutzmaßnahmen bisher überwiegend ungeklärt. Die vorliegende Untersuchung hat sich zum Ziel gesetzt, diese bestehende Unklarheit zu adressieren. Insoweit verfolgt die Untersuchung einen sowohl in der Rechtswissenschaft als auch in der Informatik bisher nur vereinzelt zugrunde gelegten interdisziplinären Ansatz.

Als exemplarischer technischer Untersuchungsgegenstand dienen vorliegend Smart-Home-Geräte. Diese sind vielfach Bestandteil des alltäglichen Lebens, bieten diverse Möglichkeiten zur Vernetzung mit weiteren Geräten und werden sowohl in der privaten als auch in der beruflichen Sphäre eingesetzt. Zugleich weisen diese Geräte vielfach IT-Sicherheitsrisiken auf. Anhand dieses technischen Untersuchungsgegenstandes werden die einschlägigen rechtlichen Anforderungen analysiert und es wird ein systematisches, interdisziplinär begründetes Verhältnis der Normen herausgearbeitet. Auf dieser Basis werden schließlich die Anforderungen mit konkreten technischen Maßnahmen verknüpft, die die genannten Sicherheitsrisiken adressieren. Diese Verknüpfung ermöglicht die Identifikation und methodische Begründung von Synergieeffekten hinsichtlich der umzusetzenden Maßnahmen. Die vorliegend entwickelten Ansätze sind dabei auch auf weitere technische Untersuchungsgegenstände anwendbar.

Kapitel 1 stellt die dazu erforderlichen Ausgangsüberlegungen und Begriffsbestimmungen dar. Darauf aufbauend werden in Kapitel 2 technische Grundlagen erläutert. In Kapitel 3 stehen sodann die datenschutzrechtlichen Anforderungen an die Sicherheit von Datenverarbeitungen sowie an die technische Gestaltung der Produkte im Fokus. Kapitel 4 widmet sich Anforderungen aus dem weiteren (risikobasierten) IT-Sicherheitsrecht. Thematisiert wird neben Aspekten des Geschäftsgeheimnisschutzes auch der Datenschutz bei digitalen Diensten sowie die Regulierung von Produkten. Kapitel 5 stellt schließlich Ansätze vor, wie die erarbeiteten rechtlichen Anforderungen verknüpft werden können, um eine Ableitung konkreter Schutzmaßnahmen zu ermöglichen. Kapitel 6 schließt die Untersuchung mit einem Fazit ab und gibt einen Ausblick auf die zukünftige Entwicklung der risikobasierten IT-Sicherheitsregulierung von Produkten.

Kapitel 1 – Ausgangsüberlegungen und Begriffsbestimmung

Im Folgenden werden zunächst Ausgangsüberlegungen zur Auswahl der untersuchten Fragestellungen sowie zu Methodik und Motivation erläutert (vgl. Abschnitt A.). Darauf aufbauend wird der Untersuchungsgegenstand aus rechtlicher (vgl. Abschnitt B.) – sowie an späterer Stelle aus technischer (vgl. Kapitel 2 B.) – Sicht konkretisiert. Kapitel 1 enthält zudem Ausgangsüberlegungen zum Begriff des Risikos, der Risikoregulierung sowie der risikobasierten Regulierung (vgl. Abschnitt C.).

A. Ausgangsüberlegungen zu Inhalt, Methodik und Motivation

Der Ausgangspunkt der Arbeit liegt schwerpunktmäßig in folgender Fragestellung:

> *Welche rechtlichen Anforderungen an technische Maßnahmen der IT-Sicherheit für Produkte des Internet of Things ergeben sich nach der aktuellen Rechtslage und wie lassen sich diese zu implementierenden Maßnahmen konkretisieren?*

Eine naheliegende Ausgangsüberlegung hinsichtlich der Konkretisierung ist, dass der Begriff Internet of Things einen zu weiten Interpretationsspielraum zulässt, um ausreichend konkrete technische Vorgaben zu definieren. Deshalb wird die Fragestellung insoweit spezifiziert, dass bei der Analyse der rechtlich hierfür relevanten Normen die gewonnenen Erkenntnisse exemplarisch auf einen bestimmten Untersuchungsgegenstand angewandt und – unter Hinzuziehung entsprechender technischer Literatur – mit konkreten technischen Maßnahmen verknüpft werden. Die Arbeit verfolgt methodisch insoweit einen interdisziplinären Ansatz. Neben der Analyse der rechtlichen Forschungsfragen – welche überblicksartig im Folgenden (Kapitel 1 B.) skizziert werden – soll gerade diese Verknüpfung der (abstrakten) rechtlichen Anforderungen und die darauf basierende Ableitung (konkreter) technischer Maßnahmen den Mehrwert der Untersuchung darstellen.

Die Analyse konzentriert sich daher zum einen auf die Ermittlung der einschlägigen rechtlichen Anforderungen für den Untersuchungsgegenstand. Ziel ist es, die Anforderungen exemplarisch im Bereich der Smart-Home-Geräte zu konkretisieren, sodass sie handhabbar für eine Verknüpfung mit einzelnen technischen Maßnahmen werden. Die Vorgehensweise soll daher nicht zu vom Untersuchungsgegenstand losgelösten Erkenntnissen über die rechtlichen Anforderungen führen. Es wird also etwa nicht nur analysiert, welche Anforderungen nach Art. 32 DSGVO allgemein gelten und wie sich die Auslegung des Stands der Technik und des sog. risikobasierten Ansatzes hierauf auswirken. Vielmehr wird des Weiteren dargelegt, wie sich diese Anforderungen auf den Untersuchungsgegenstand der Smart-Home-Geräte auswirken. Der Grund hierfür liegt in der Prämisse, dass eine allgemeine Betrachtung der Anforderungen keine ausreichend konkrete Untersuchung zulässt, weshalb für die bezweckte interdisziplinäre Verknüpfung eine Beschränkung des Untersuchungsgegenstandes erforderlich ist.

Die vorliegende Untersuchung nimmt – im Zuge ihrer Zielsetzung einer Konkretisierung der zu treffenden Schutzmaßnahmen – auch auf übergreifende Aspekte von Regulierung Bezug. Berücksichtigt wird dabei insbesondere, dass auch in anderen Rechtsgebieten aus abstrakt gehaltenen Prinzipien und Normen konkrete Maßnahmen abgeleitet werden müssen. Dies gilt etwa für das Umweltrecht, das – im Vergleich zum Datenschutzrecht – bereits seit längerer Zeit Aspekte der Risikoregulierung enthält. Die Untersuchung zieht daher die Grundgedanken der dort verwendeten Methodik der Regulierung heran und prüft eine Übertragbarkeit auf die hinsichtlich des Untersuchungsgegenstands relevante Regulierung von IT-Sicherheit. Denn obwohl die im Folgenden untersuchten Normen nicht in jedem Fall explizit in ihrem Wortlaut einen Risikobezug aufweisen, lautet eine These dieser Untersuchung, dass alle schwerpunktmäßig untersuchten Normen zumindest in ihrer konkreten Anwendung Aspekte einer risikobasierten Regulierung von IT-Sicherheit aufweisen. Diese These wird in den folgenden Ausführungen iterativ aufgegriffen und daraufhin untersucht, inwieweit sie auf die konkreten Normen zutrifft.

B. Konkretisierung der Themenwahl aus rechtlicher Sicht

Aus rechtlicher Sicht[1] werden alle für die o. g. Fragestellung relevanten Normen analysiert. Dies umfasst einerseits schwerpunktmäßig Normen des Datenschutzrechts. Neben den Vorgaben aus Art. 25 Abs. 1 DSGVO (Privacy by Default) und Art. 25 Abs. 2 DSGVO (Privacy by Design) ist vor allem Art. 32 DSGVO hierfür relevant. Untersucht wird der genaue Regelungsgehalt der einzelnen Normen sowie deren Verhältnis zueinander. Ein besonderer Fokus liegt dabei auf der Analyse des sog. risikobasierten Ansatzes der DSGVO, der eine Skalierung der technischen Maßnahmen verspricht.

---

1 Für die Konkretisierung des Untersuchungsgegenstandes aus technischer Perspektive vgl. Kapitel 2 B.

Andererseits sind auch weitere Normen außerhalb des Datenschutzrechts für die o. g. Fragestellung relevant. Auch deren Verhältnis untereinander sowie zu den datenschutzrechtlichen Normen wird daher untersucht.

So sieht etwa das GeschGehG in § 2 Nr. 1 lit. b GeschGehG sog. angemessene Geheimhaltungsmaßnahmen vor. Enthalten Geschäftsgeheimnisse personenbezogene Daten, stellt sich u. a. die Frage der inhaltlichen Abgrenzung zum gleichzeitig geltenden Datenschutzrecht.

Das Unionsrecht reguliert zudem auch abseits von Datenschutznormen und dem Recht der Geschäftsgeheimnisse immer mehr Aspekte der IT-Sicherheit. Vorliegend relevant sind besonders der kürzlich verabschiedete Cyber Resilience Act sowie das unionsrechtlich determinierte Funkanlagengesetz.

Zu dem hier relevanten Unionsrecht könnten darüber hinaus Vorschriften des Datenschutzes bei digitalen Diensten sowie des Telekommunikationsdatenschutzes gezählt werden. Dabei wirft etwa die ePrivacy-RL insbesondere im Zusammenhang mit ihrer nationalen Umsetzung im TDDDG sowie deren Verhältnis zur DSGVO relevante Fragestellungen auf. Dabei sind auch die Neuerungen durch das Durchführungsgesetz zum Digital Services Act relevant.[2]

Zugleich ergibt sich eine inhaltliche Begrenzung der Untersuchung, die auf zwei Grundüberlegungen basiert. Einerseits soll die Arbeit keine rein abstrakte Analyse der relevanten Normen und ihrem Verhältnis untereinander darstellen. Vielmehr ist das Ziel der Arbeit eine möglichst konkrete Verknüpfung der rechtlichen Anforderungen mit technischen Schutzmaßnahmen. Hieraus ergibt sich eine Begrenzung auf für den Untersuchungsgegenstand typischerweise einschlägige Normen. Andere Verpflichtungen, wie bspw. solche die nur bestimmte, etwa gesellschaftlich besonders relevante und daher kritische Einrichtungen adressieren, sind daher nicht primär relevant für die Untersuchung und fließen entsprechend nur am Rande in die Analyse ein.

Andererseits erfolgt eine inhaltliche Begrenzung anhand der Zielsetzung der zu untersuchenden Normen: Analysiert werden sollen gesetzliche Rahmenbedingungen an die IT-Sicherheit von Smart-Home-Geräten. Im Fokus stehen somit Normen, die eine präventive Schutzausrichtung aufweisen. Nicht behandelt werden sollen dagegen etwa Vorschriften, die den Ausgleich eines bereits eingetretenen Schadens zum Ziel haben. Ebenfalls nicht schwer-

2 Gesetz zur Durchführung der Verordnung (EU) 2022/2065 des Europäischen Parlaments und des Rates vom 19. Oktober 2022 über einen Binnenmarkt für digitale Dienste und zur Änderung der Richtlinie 2000/31/EG sowie zur Durchführung der Verordnung (EU) 2019/1150 des Europäischen Parlaments und des Rates vom 20. Juni 2019 zur Förderung von Fairness und Transparenz für gewerbliche Nutzer von Online-Vermittlungsdiensten und zur Änderung weiterer Gesetze.

punktmäßig betrachtet werden sollen Fragestellungen nach dem Nachweis der Erfüllung der gesetzlichen Rahmenbedingungen an den Datenschutz und die IT-Sicherheit.

Als technischen Untersuchungsgegenstand legt diese Untersuchung Geräte des sog. Smart Home zugrunde, was wie folgt definiert wird.

> *Der Begriff Smart Home umfasst Informationstechnik, die im alltäglichen Umfeld von Menschen eingesetzt wird und dazu bestimmt ist, den Wohnkomfort oder die Sicherheit in Wohnungen und Büros zu erhöhen (z. B. elektrische Rollläden oder sog. Smart Locks), Unterhaltung zu bieten (z. B. Smart TVs) oder Menschen zu assistieren (z. B. cloudbasierte, digitale Sprachassistenten). Die Geräte verarbeiten dazu (potentiell jederzeit) Daten, können typischerweise untereinander vernetzt werden und sehen oft eine Fernsteuerung ihrer Funktionalitäten vor.*[3]

Dieser Untersuchungsgegenstand wird in Kapitel 2 B. weiter konkretisiert; insbesondere werden einzelne hier betrachtete Produktkategorien sowie mögliche Risiken für die IT-Sicherheit dieser Produktkategorien beschrieben.[4] Als geeignet wird der Untersuchungsgegenstand angesehen, da diese Geräte sowohl im privaten Bereich als auch im beruflichen Bereich („Smart Office“) Einsatz finden können. Die Geräte werden zunehmend zu Alltagsgegenständen und werden so fester Bestandteil des täglichen Lebens. Zugleich liegt oft kein ausschließliches Hersteller-Nutzer-Verhältnis vor. Vielmehr ist für die Funktionalität der Geräte die Rolle weiterer Akteure relevant, die etwa als Drittanbieter zusätzliche Apps bereitstellen. Unter anderem dadurch können sich – im beruflichen wie im privaten Kontext – besondere Risiken ergeben, welche durch die untersuchten gesetzlichen Normen adressiert werden. Im Folgenden wird die Relevanz der schwerpunktmäßig adressierten Normen bzw. Rechtsakte skizziert.

I. Datenschutzrechtliche Fragestellungen

Als ein Schwerpunkt der Untersuchung wird der Regelungsgehalt und das Verhältnis der für den Untersuchungsgegenstand relevanten Normen der

---

3 Die Definition basiert auf den Ausführungen von Roßnagel/Geminn/Jandt/Richter, Datenschutzrecht 2016. „Smart“ genug für die Zukunft?, S. 8–10, 12. Sie wurde für die Zwecke dieser Ausarbeitungen um den Einsatzbereich außerhalb des Wohnumfeldes erweitert. In der technischen Literatur finden sich tendenziell weitere Definitionsansätze, die insoweit als mit der vorliegenden Arbeitsdefinition vereinbar eingeordnet werden können, vgl. etwa: ENISA, Threat Landscape and Good Practice Guide for Smart Home and Converged Media v. 01.12.2014, S. 5–6. Verbreitet sind auch Definitionen, die sich auf eine private Nutzung im Wohnumfeld beschränken, vgl. nur: Zitzelsberger, Smart Strafrecht, S. 81 f.

4 Vgl. hierzu Kapitel 2 B. I sowie Kapitel 2 C.

DSGVO analysiert. Zum einen umfasst dies die Analyse der Anforderungen von Art. 32 DSGVO sowie von Art. 25 Abs. 1 und Abs. 2 DSGVO. Zum anderen werden auch daraus folgende Fragestellungen untersucht – etwa inwieweit bereits der in Art. 32 Abs. 1 Hs. 2 DSGVO geregelte Maßnahmenkatalog zur Ableitung technischer Maßnahmen dienlich ist.

Gemeinsam haben diese Normen der DSGVO u. a. ein zentrales Kriterium: Den sog. risikobasierten Ansatz. Dieser wird in der Literatur als Möglichkeit zur Skalierung der dem Normadressaten auferlegten Pflichten begriffen.[5] Demnach erfordern besonders risikoreiche Datenverarbeitungen entsprechend strenge, weniger risikoreiche Verarbeitungen weniger strenge Maßnahmen.[6] Jedoch wurde dieser Ansatz im Gesetzgebungsprozess durchaus kritisch begleitet.[7] Untersucht werden daher bspw. die Auswirkungen dieses Ansatzes sowie das Verständnis und die Messbarkeit des Risikos i. S. d. DSGVO.

II. GeschGehG

Das GeschGehG soll dem Schutz von Geschäftsgeheimnissen vor unerlaubter Erlangung, Nutzung und Offenlegung dienen (§ 1 Abs. 1 GeschGehG). Unter solchen Geheimnissen versteht das Gesetz nur Informationen, die – u. a. – „Gegenstand von den Umständen nach angemessenen Geheimhaltungsmaßnahmen durch ihren rechtmäßigen Inhaber“ sind, § 2 Nr. 1 lit. b GeschGehG. Relevant ist aktuell insbesondere die Fragestellung, welche Anforderungen an die konkreten Maßnahmen hierfür gestellt werden müssen und welche Maßnahmen sodann in Frage kommen.[8] Des Weiteren wird diskutiert, in welchem Verhältnis die im GeschGehG genannten angemessenen Geheimhaltungsmaßnahmen zu den in der DSGVO an verschiedenen Stellen genannten technischen und organisatorischen Maßnahmen stehen.[9] Diese Fragestellungen können insbesondere relevant werden, wenn Geräte mit digitalen Sprachassistenten im beruflichen Umfeld eingesetzt werden. Die hiesige Untersuchung analysiert insbesondere, inwieweit der Schutz von Geschäftsgeheimnissen als risikobasiert einzuordnen ist sowie welche

5 Veil, ZD 2018, 9 (13); Raji, ZD 2020, 279 (281 f.); Schröder, ZD 2019, 503 (503).

6 Veil, ZD 2018, 9 (13); Raji, ZD 2020, 279 (281 f.).

7 Vgl. die Darstellung des Gesetzgebungsprozesses in Bezug auf den risikobasierten Ansatz bei Schröder, ZD 2019, 503 (503 f., 505 f.); vgl. daneben Albrecht, in: Simitis/Hornung/Spiecker gen. Döhmann DSGVO, Einleitung Rn. 225, 227; Hornung/Spiecker gen. Döhmann, in: Simitis/Hornung/Spiecker gen. Döhmann DSGVO, Einleitung Rn. 277.

8 Vgl. Partsch/Rump, NJW 2020, 118 (119 ff.); Dorner, in: Schuster/Grützmacher, IT-Recht, § 2 GeschGehG Rn. 38 f.; Ohly, GRUR 2019, 441 (443 f.).

9 Lauck, GRUR 2019, 1132 (1132); Schuster, CR 2020, 726 (729); Gola, DuD 2019, 569 (570).

Schutzziele der IT-Sicherheit durch § 2 Nr. 1 lit. b GeschGehG adressiert werden.

III. Datenschutz bei digitalen Diensten

Daneben werden die Anforderungen aus § 19 TDDDG sowie § 25 TDDDG untersucht. Relevant ist dies insbesondere im Hinblick auf das Verhältnis zur DSGVO, den verbleibenden Anwendungsbereich sowie die unterschiedliche Schutzrichtung der Normen. Denn letztere können etwa zur Folge haben, dass potentielle IT-Sicherheitsmaßnahmen die Integrität des Endgeräts beeinträchtigen. Dies gilt insbesondere im Hinblick auf die § 25 TDDDG bzw. die zugrunde liegende unionsrechtliche Vorschrift, Art. 5 Abs. 3 ePrivacy-RL. Darüber hinaus wird thematisiert, welche Änderungen sich durch das DDG ergeben und inwieweit §§ 19, 25 TDDDG als risikobasiert angesehen werden können.

IV. Regulierung von Produkten

Weitere relevante Fragestellungen ergeben sich aus den Anforderungen des Cyber Resilience Act. Dieser verpflichtet Hersteller zu Security-by-Design; insbesondere Art. 13 i. V. m. Anhang I CRA ist für Produkte mit digitalen Elementen ein wesentlicher Bestandteil der zukünftigen IT-Sicherheitsregulierung. Untersucht wird daher etwa, wie die untersuchten Produktkategorien in die Begriffsbestimmungen des CRA zu Produkten mit digitalen Elementen einzuordnen sind sowie in welchem Verhältnis die Vorschriften des CRA zur DSGVO stehen. Vergleichbares für die Regulierung von Funkanlagen. Hier wird untersucht, inwieweit der Begriff der mit dem Internet verbundenen Funkanlage in Bezug auf die untersuchten Produktkategorien einzuordnen ist und wie sich die knapp gefassten Vorschriften zur IT-Sicherheit und zum Datenschutz der Geräte auswirken.

V. Übersicht der untersuchten Regelungen

In Tabelle 1 werden die schwerpunktmäßig untersuchten Regelungen überblicksartig dargestellt, um insbesondere Unterschiede bei Schutzzielen und -subjekten sowie bei den Adressaten der Normen zu verdeutlichen.

Tabelle 1: Übersicht der schwerpunktmäßig untersuchten Regelungen

Normen/ Rechtsakt	Art. 25, 32 DSGVO	§ 2 Nr. 1 lit. b GeschGehG	§ 19 Abs. 4 TDDDG	Art. 5 Abs. 3 ePrivacy-RL/ § 25 TDDDG	RED/ § 4 Abs. 3 FuAG	Art. 13 CRA i. V. m. Anhang I
Schutzgegenstand	(nur) personenbezogene Daten	Geschäftsgeheimnisse	Technische Einrichtungen der digitalen Dienste	Informationen	Funkanlagen	Produkte mit digitalen Elementen
Schutzsubjekte	Betroffene	Inhaber der Geschäftsgeheimnisse	Nutzer von digitalen Diensten	Nutzer von digitalen Diensten	Nutzer von Funkanlagen	Nutzer der Produkte
Adressaten	Verantwortliche, Auftragsverarbeiter	(primär) Inhaber der Geschäftsgeheimnisse	Anbieter von digitalen Diensten	Die Stelle, die i. S. d. Norm zugreift bzw. speichert	Hersteller, Einführer, Händler	Hersteller, Einführer, Händler
Schutzziel	Schutz der Rechte und Freiheiten betroffener Personen	Schutz vor unerlaubter Erlangung, Nutzung und Offenlegung von Geschäftsgeheimnissen	Schutz vor unerlaubten Zugriffen und Störungen, insb. Eindämmung der Verbreitung von Schadsoftware	Integrität des Endgeräts	Cybersicherheit der mit dem Internet verbundenen Funkanlagen	Cybersicherheit der Produkte
Vgl. hierzu	*Kapitel 3*	*Kapitel 4 B.*	*Kapitel 4 C.*	*Kapitel 4 C.*	*Kapitel 4 D. I*	*Kapitel 4 D. II*

C. Risiko, Risikoregulierung, Risikobasierte Regulierung

In der Literatur finden sich verschiedene Definitionen und Analysen des Risikobegriffs, teils interdisziplinärer Natur.[10] Im Folgenden soll jedoch nicht die allgemeine Auseinandersetzung mit Risikobegriffen, sondern vielmehr die Ableitung möglichst konkreter Anforderungen ausgewählter IT-Sicherheitsregulierung im Fokus stehen. Hierfür relevante Risikobegriffe werden daher erst bei der Analyse der jeweiligen Norm thematisiert.[11]

I. Begriffsverständnis: Risikoregulierung oder risikobasierte Regulierung

Differenziert werden kann jedoch bereits an dieser Stelle zwischen den Begriffen der Risikoregulierung und der risikobasierten Regulierung,[12] auch wenn sich bisher keine exakte Unterscheidung durchgesetzt hat und die Begriffe teils auch synonym verwendet werden.[13] Nach der von *Quelle* vertretenen Einordnung kann der Begriff Risikoregulierung verwendet werden, wenn das Ziel der Regulierung die Kontrolle eines Risikos ist.[14] Demnach stellt bspw. auch die DSGVO eine Risikoregulierung dar, da wesentliche Teile der DSGVO klar das Risiko für die Rechte und Freiheiten von Betroffenen kontrollieren sollen. Der Begriff risikobasierte Regulierung – bzw. risikobasierter (Regulierungs-)Ansatz[15] – soll sich dagegen auf die Priorisierung der Regulierungs- bzw. Aufsichtsbehörden beziehen.[16] Diese Auffassung als zutreffend unterstellt, ist der Unterschied zum risikobasierten Ansatz der DSGVO, dass risikobasierte Regulierung sich typischerweise auf

---

10 Vgl. hierzu Kapitel 1 C. IV. 1.

11 Siehe hierzu insbesondere zum Risikobegriff der DSGVO: Kapitel 3 B. II. 2. a.

12 Soweit im Folgenden auf englischsprachige Literatur zurückgegriffen wird, werden die Begriffe „risk regulation“ mit Risikoregulierung, „risk-based regulation“ mit risikobasierter Regulierung und „risk-based approach“ mit risikobasiertem Ansatz gleichgesetzt, soweit kein abweichendes Verständnis explizit genannt wird.

13 De Gregorio/Dunn, CMLR 2022, 473 (475); Quelle, EJRR 2018, 502 (509); zur inhaltlichen Breite des Begriffs der risikobasierten Regulierung: Hutter, Discussion paper 2005, S. 3 f.

14 Quelle, EJRR 2018, 502 (509).

15 Übersetzung des Verfassers, Quelle bezeichnet dies als „risk-based approach to regulation“, Quelle, EJRR 2018, 502 (510).

16 Quelle, EJRR 2018, 502 (510 f.) mit Verweis auf Hutter, Discussion paper 2005, S. 4–6, welche verschiedene risikobasierte Initiativen von Regulierungs- bzw. Aufsichtsbehörden darstellt; Baldwin/Cave/Lodge, Understanding Regulation, S. 281 f.; De Gregorio/Dunn, CMLR 2022, 473 (475).

eine Strategie der Behörden bezieht, die mit der Aufsicht und Durchsetzung befasst sind.[17]

Wie von *Quelle* angedeutet, würde eine solche Definition von risikobasierter Regulierung jedoch zu kurz greifen. Der Begriff „Regulierung" kann weitergehend verstanden werden[18] und umfasst neben rein hoheitlicher Regulierung – für welche die obige Definition noch stimmig wäre – auch Regulierungsinstrumente, welche in der Literatur als „regulierte Selbstregulierung" beschrieben werden.

Diese im Folgenden verwendete Unterteilung von Regulierungsstrategien in hoheitliche Regulierung und regulierte Selbstregulierung wurde maßgeblich von *Hoffmann-Riem* und *Eifert* geprägt.[19] Andere Kategorisierungen sehen bspw. eine Unterteilung in direkte (ordnungsrechtliche) und indirekte Verhaltenssteuerung vor;[20] teilweise werden Instrumente der Selbstregulierung oder Selbststeuerung nochmals in reflexive und konsensuale Instrumente unterteilt.[21] Auch in der englischsprachigen Literatur finden sich verschiedene Kategorisierungen von Regulierungsstrategien. Beispielsweise beschreiben *Baldwin/Cave/Lodge* Aspekte der „self-regulation", welche in Bezug auf die hier verwendeten Begriffsdefinitionen bereits der *regulierten* Selbstregulierung zuzuordnen wären.[22] Andere wiederum differenzieren den

17 Ausdrücklich zu dieser Unterscheidung: Quelle, EJRR 2018, 502 (510 f.).

18 Zum Begriff der Regulierung und dessen Weiterentwicklung vgl. Eifert, in: Voßkuhle/Eifert/Möllers, Grundlagen des Verwaltungsrechts, Band I, § 19 Rn. 1–6.

19 Vgl. Hoffmann-Riem, Recht im Sog digitaler Transformation, S. 121–123 zu Beispielen regulierter Selbstregulierung im digitalen Kontext, sowie S. 115 zum Begriffsverständnis u. a. unter Verweis auf Eifert, in: Voßkuhle/Eifert/Möllers, Grundlagen des Verwaltungsrechts, Band I, § 19 Rn. 52 f. zur Konzeption der hoheitlich regulierten gesellschaftlichen Selbstregulierung; vgl. auch Eifert, in: Voßkuhle/Eifert/Möllers, Grundlagen des Verwaltungsrechts, Band I, § 19 Rn. 23 f. zur Konzeption der hoheitlichen Regulierung sowie Rn. 15 zur Abgrenzung der einzelnen Begriffe.

20 Eifert, in: Voßkuhle/Eifert/Möllers, Grundlagen des Verwaltungsrechts, Band I, § 19 Rn. 13; Eifert, in: Schoch, Besonderes Verwaltungsrecht, Kap. 5, Rn. 76.

21 Vgl. Lübbe-Wolff, NVwZ 2001, 481 (490 ff.). Demnach sind reflexive Instrumente solche, die beim Normadressaten Reflexion auslösen sollen, um dadurch deren Verhalten zu steuern (bspw. die Pflicht zur Bestellung von Betriebsbeauftragten). Als konsensuale Instrumente bezeichnet *Lübbe-Wolff* etwa informelle Vollzugsabsprachen oder normersetzende (industrielle) Selbstverpflichtungen. Allgemein zu „reflexivem" Recht und „Kontextsteuerung" vgl. Eifert, in: Voßkuhle/Eifert/Möllers, Grundlagen des Verwaltungsrechts, Band I, § 19 Rn. 53 f. u. a. unter Verweis auf Schmidt-Preuß, VVDStRL 1997, Band 56, S. 160 (192–194) zu reflexiver Steuerung des Verhaltens privater Wirtschaftssubjekte.

22 So definieren die Autoren in Baldwin/Cave/Lodge, Understanding Regulation, S. 138 die Delegierung von „public policy tasks" zu privaten Akteuren oder Institutionen noch als „self-regulation", auch wenn dies mit der Aufsicht durch eine staatliche Behörde oder dem Entwurf oder der Genehmigung von Regelungen durch staatliche Stellen kombiniert wird.

Begriff der „self-regulation“ weiter aus in „enforced self-regulation“ und „Coregulation“, wobei nach dem Grad der Individualisierung unterschieden werden soll.[23]

Unabhängig von einer genaueren Auseinandersetzung mit einzelnen Kategorisierungen, die hier unterbleiben kann, ist für das Begriffsverständnis von regulierter Selbstregulierung vorliegend ein Aspekt entscheidend: Regulierungsinstrumente wie etwa Organisationsvorgaben oder Audit-Verpflichtungen ziehen Organisationen – und damit die eigentlichen Normadressaten – heran und räumen den Normadressaten damit bewusst Handlungsspielräume ein, um die Ziele der Regulierung zu erreichen.[24] Insbesondere im europäischen Datenschutzrecht finden sich solche Elemente wieder, bspw. in Organisationsvorgaben wie der Pflicht zur Bestellung eines Datenschutzbeauftragten nach Art. 37 DSGVO oder Verhaltensregeln nach Art. 40 DSGVO.[25] Diese Instrumente unterscheiden sich von einer Regulierungsstrategie, die ausschließlich auf staatliche Ressourcen setzt. Der hier verwendete Regulierungsbegriff umfasst deshalb sowohl Regulierungsinstrumente, die hoheitlicher Regulierung zuzuordnen sind als auch solche der regulierten Selbstregulierung. Anknüpfend daran ist auch der Begriff der risikobasierten Regulierung weiter zu verstehen. Er bezieht sich nach hier vertretener Ansicht somit nicht nur auf eine risikobasierte Priorisierung von Aufsichts- und Regulierungsbehörden. Vielmehr sind auch Regulierungsinstrumente umfasst, die den Regulierungsadressaten risikobasierte Verpflichtungen auferlegen.

Im Folgenden wird der Begriff Risikoregulierung – übereinstimmend mit der von *Quelle* vertretenen Einordnung[26] – also verwendet, wenn das Ziel der Regulierung die Kontrolle eines Risikos ist. Risikobasierte Regulierung umfasst nach hier vertretener Ansicht Regulierungsinstrumente, welchen –

---

23 Dies wird in Ayres/Braithwaite, Responsive Regulation, S. 102 beschrieben, wonach im Kern „Coregulation“ die gesamte Branche („industry-wide“) betreffen soll, dagegen „enforced self-regulation“ individuelle Organisationen adressieren soll.

24 Eifert, in: Voßkuhle/Eifert/Möllers, Grundlagen des Verwaltungsrechts, Band I, § 19 Rn. 15 nennt beschreibt dies ausführlicher als „bewusst eingesetzte Handlungsspielräume mit gestaltendem Sozialbezug“. Zu den erwähnten Regulierungsinstrumenten, insbesondere zu Betriebsbeauftragten und Audit-Verpflichtungen im Rahmen regulierter Selbstregulierung im Umweltrecht vgl. Eifert, in: Schoch, Besonderes Verwaltungsrecht, Kap. 5 Rn. 120 ff., 127 ff.; allgemein zu solchen unternehmensbezogenen Organisations- und Verfahrensvorgaben vgl. Eifert, in: Voßkuhle/Eifert/Möllers, Grundlagen des Verwaltungsrechts, Band I, § 19 Rn. 99–109.

25 Zu Verhaltensregeln nach der DSGVO als Beispiel für regulierte Selbstregulierung: Templin, Verhaltensregeln, S. 137 ff. ; Hoffmann-Riem, Recht im Sog der digitalen Transformation, S. 121 f.; vgl. auch Hornung/Spiecker gen. Döhmann, in: Simitis/Hornung/Spiecker gen. Döhmann DSGVO, Einleitung Rn. 290.

26 Vgl. bereits Fn. 14.

explizit oder implizit – methodisch ein Risikobegriff zugrunde liegt, der zur Erreichung des Regulierungsziels verwendet wird – bspw., um auf Basis einer Risikoeinschätzung des Regulierungsadressaten Sicherheitsanforderungen an Datenverarbeitungen im Einzelfall zu bestimmen.

Damit kann Risikoregulierung also durch risikobasierte Regulierung erreicht werden; dies ist allerdings nicht zwingend erforderlich, damit Normen unter den Begriff der Risikoregulierung fallen. Zugleich ist der risikobasierte Ansatz der DSGVO[27] ein Beispiel für risikobasierte Regulierung sowie die DSGVO als Ganze ein Beispiel für Risikoregulierung.[28]

Abzugrenzen bleibt Risikoregulierung schließlich vom Gefahrenabwehrrecht. Erstere – in der Diskussion der Literatur v. a. als Risikorecht bzw. Risikoverwaltungsrecht[29] bezeichnet – soll zwar ebenfalls Regelungen für Situationen treffen, in denen eine Rechtsgutbeeinträchtigung für möglich gehalten wird. Im Gegensatz zum Gefahrenabwehrrecht soll ein Risiko aber bereits vorliegen, bevor der jeweilige Regelungsadressat von einem Überschreiten der Gefahrenschwelle ausgehen dürfte.[30] Diese klassische Abgrenzung von Gefahr und Risiko nach dem sog. Drei-Stufen-Konzept wird in der Literatur kritisch hinterfragt.[31] Zu beachten bleibt dabei, dass im Unionsrecht – welches nicht zuletzt für die vorliegende Untersuchung in sehr weiten Teilen maßgeblich ist – keine zum nationalen Recht gleichlaufende Unterscheidung zwischen Risiko und Gefahr existiert.[32]

Hiervon unbenommen macht die vorliegend vertretene Auffassung, dass auch Regulierungsinstrumente, denen nur implizit methodisch ein Risikobegriff zugrunde liegt, als risikobasierte Regulierung einzustufen sind, eine Kontrollüberlegung erforderlich. Denn hat eine Norm das Ziel, ein bestimmtes Risiko zu kontrollieren (Risikoregulierung), so könnte vertreten werden, dass bei der teleologischen Auslegung der Norm dieses Risiko ohnehin im-

27 Dazu vgl. Kapitel 3 B. II. 2.

28 Quelle, EJRR 2018, 502 (509).

29 Appel, Grenzen des Risikorechts, S. 463; Meyer, „Theorie" und Praxis des Risikorechts, S. 279; vgl. auch Roth-Isigkeit, MMR 2024, 621 (623 ff.).

30 Meyer, „Theorie" und Praxis des Risikorechts, S. 282. Zu dieser Absenkung der Wahrscheinlichkeitsschwelle vgl. auch die Ausführungen bei Di Fabio, Risikoentscheidungen im Rechtsstaat, S. 113 sowie S. 105 zum sog. Drei-Stufen-Konzept unter Verweis auf Breuer, NVwZ 1990, 211 (213); vgl. daneben Jaeckel, Gefahrenabwehrrecht und Risikodogmatik, S. 60, 286, die diese Umschreibung von Risiko mittels Abgrenzung zum Begriff des Gefahrenverdachts gleichwohl kritisiert, vgl. ebd., S. 287–289; Kloepfer, Umweltrecht, § 3 Rn. 82.

31 Vgl. Di Fabio, Risikoentscheidungen im Rechtsstaat, S. 106–108 sowie Jaeckel, Gefahrenabwehrrecht und Risikodogmatik, S. 64 ff. zu weiteren Ansätzen, vgl. aber auch S. 84 f., 287–289 zur kritischen Positionierung.

32 Meyer, „Theorie" und Praxis des Risikorechts, S. 284–285; vgl. auch Jaeckel, Gefahrenabwehrrecht und Risikodogmatik, S. 326 f.

mer berücksichtigt werden müsste – und zwar auch dann, wenn das Risiko nicht explizit im Normtext enthalten ist. Dies als zutreffend unterstellt, würde jedoch jede Risikoregulierung zugleich immer unter den Begriff der risikobasierten Regulierung fallen. Die hier beschriebene Unterscheidung würde insoweit nicht überzeugen. Soweit der Wortlaut der in dieser Untersuchung analysierten normativen Vorgaben nicht explizit einen Risikobegriff enthält, wird deshalb im Folgenden jeweils konkret begründet, weshalb die Normen als risikobasiert verstanden werden. So ist nach hier vertretenem Verständnis bspw. § 2 Nr. 1 lit. b GeschGehG als risikobasierte Regulierung einzuordnen, auch wenn der Begriff des Risikos im Normtext nicht verwendet wird.[33]

Bereits im Rahmen dieser abstrakten Kontrollüberlegung kann jedoch eine weitere Abgrenzung zwischen Risikoregulierung und risikobasierter Regulierung getroffen werden. Denn Risikoregulierung umfasst auch Normen, die methodisch völlig anders gestaltet sind als die hier analysierten Vorgaben. So kann die Kontrolle eines Risikos – als Ziel von Risikoregulierung – auch dadurch geschehen, dass bspw. ein bestimmtes Verhalten pauschal verboten wird und nicht – im Rahmen risikobasierter Regulierung – mittels eines (impliziten oder expliziten) Risikobegriffs anlassadäquat reguliert wird. Auch in den Fällen eines solchen Verbots wäre dann im Rahmen der teleologischen Auslegung bspw. zu berücksichtigen, welches Risiko die jeweilige Norm adressieren soll und insoweit etwa zu bestimmen, wie weit das Verbot im konkreten Einzelfall reicht. Gerade die hier untersuchte Fragestellung, inwieweit bzw. wie sich aus risikobasierten rechtlichen Anforderungen konkrete Umsetzungsmaßnahmen etwa im Bereich der IT-Sicherheit ableiten lassen, stellt sich jedoch nur beim Teilbereich der risikobasierten Regulierung. Aus diesem Grund ist bereits auf einer abstrakten Ebene eine Abgrenzung zwischen den Begriffen der Risikoregulierung und der risikobasierten Regulierung für diese Untersuchung gewinnbringend, auch wenn bei beiden im Rahmen der teleologischen Auslegung der jeweilige Risikobegriff berücksichtigt werden muss.

Anstatt den Begriff der risikobasierten Regulierung wie hier vertreten weiter auszulegen, wäre es auch denkbar, für die weite Ausprägung einen Begriff wie risiko*bezogene* Regulierung zu verwenden. Dies würde jedoch zu einem Verlust an Präzision führen. Der Zusatz „basiert“ weist im Gegensatz zu „bezogen“ deutlich darauf hin, dass ein Risikobegriff Bestandteil der Regulierung ist. „Risikobezogen“ könnte dagegen auch Regulierung umfassen, die Risiken adressiert, aber den Risikobegriff nicht – explizit oder implizit – als Methode der Regulierung verwendet. Im Ergebnis wäre risikobezogene Regulierung daher als Synonym zu Risikoregulierung zu verstehen.

---

33 Vgl. Kapitel 4 B.

Kern dieser Untersuchung ist risikobasierte Regulierung, nicht Risikoregulierung allgemein. Gerade der methodische Rückgriff auf einen Risikobegriff begründet die hier untersuchte Fragestellung nach der Konkretisierung der IT-Sicherheitsregulierung auf einzelne, umzusetzende Maßnahmen. Exemplarisch wird dies im Folgenden anhand der DSGVO aufgezeigt.

II. Risikobasierte Regulierung der IT-Sicherheit von Produkten

Wie *De Gregorio/Dunn* überzeugend ausführen, kann der in der DSGVO niedergelegte risikobasierte Ansatz als *bottom-up approach* bezeichnet werden. Dies bezeichnet die durch die DSGVO verfolgte Regulierungsstrategie im Gegensatz zu risikobasierten Ansätzen im Entwurf der KI-Verordnung[34] und dem Digital Services Act,[35] die von *De Gregorio/Dunn* als *top-down approach*[36] bzw. als Mischform[37] dieser beiden Ausprägungen eingeordnet werden.

Der *bottom-up approach* ist nach den Autoren eine Bezeichnung dafür, dass der risikobasierte Ansatz der DSGVO maßgeblich auf die Verantwortlichkeit der Adressaten der Regulierung abstellt.[38] Dies zeigt sich insbesondere darin, dass zahlreiche Interessensabwägungen den Normadressaten selbst übertragen werden und nicht vom Gesetzgeber vorgegeben sind.[39] Gerade in Bezug auf zu identifizierende technische und organisatorische Maßnahmen ist dies bspw. bei der in Art. 35 DSGVO geregelten Datenschutz-Folgenabschätzung der Fall.[40] Aber auch in Art. 32 Abs. 1 DSGVO und Art. 25 Abs. 1, 2 DSGVO delegiert der Gesetzgeber die Identifizierung geeigneter technischer und organisatorischer Maßnahmen zur Wahrung der Rechte und Freiheiten natürlicher Personen an die Normadressaten. Dies begründet gerade die herausragende Rolle der Rechenschaftspflicht nach Art. 5 Abs. 2 DSGVO. Denn einerseits wird durch diese Regulierungsstrategie den Normadressaten ein weiterer Spielraum hinsichtlich des Ausgleichs konfligierender Interessen eingeräumt, als es typischerweise der Fall wäre, wenn der Gesetzgeber spezifischere Maßnahmen geregelt hätte. Andererseits hat diese

---

34 Die Autoren beziehen sich auf den Kommissionsentwurf aus April 2021 (vgl. COM(2021)206 final, Proposal for a Regulation of the European Parliament and of the Council laying down harmonised rules on artificial intelligence (Artificial Intelligence Act) and amending certain Union legislative acts). Das Gesetzgebungsverfahren ist inzwischen abgeschlossen.

35 Vgl. hierzu ebenso, bereits in Bezug auf die verabschiedete Fassung der KI-VO: Roth-Isigkeit, MMR 2024, 621 (624 ff.).

36 De Gregorio/Dunn, CMLR 2022, 473 (488).

37 De Gregorio/Dunn, CMLR 2022, 473 (483).

38 De Gregorio/Dunn, CMLR 2022, 473 (481 f.).

39 De Gregorio/Dunn, CMLR 2022, 473 (481).

40 De Gregorio/Dunn, CMLR 2022, 473 (481).

gesetzgebungstechnische Entscheidung zur Folge, dass die Verantwortlichkeit für diese Abwägungen an die Normadressaten delegiert wird.[41] Der dem Adressaten eingeräumte Spielraum geht daher zugleich mit einer gewissen Rechtsunsicherheit einher.

Dieser *bottom-up approach* zeigt damit instruktiv die Chancen und Herausforderungen risikobasierter Regulierung auf. Denn gerade die Art der gewählten Regulierungsstrategie hat diesen dem Normadressaten eingeräumten Spielraum zur Folge und ist damit kausal für die Fragestellungen, wie konkrete Schutzmaßnahmen aus normativen Anforderungen abgeleitet werden können. Zugleich beschreiben *De Gregorio/Dunn* jedoch zutreffend, dass dieser Spielraum kein zwingendes Charakteristikum von risikobasierter Regulierung darstellt:[42] So verwendet etwa der Entwurf der KI-Verordnung ebenso zur Erreichung seines Regulierungsziels einen risikobasierten Ansatz und damit risikobasierte Regulierung nach dem hier vertretenen Verständnis. Bei diesem Verordnungsentwurf trifft der Gesetzgeber jedoch bereits innerhalb des Verordnungstextes Risikoentscheidungen – indem bestimmte Systeme bestimmten Risikoklassen zugeordnet werden[43] – und nimmt damit Interessensabwägungen vor. Im Vergleich zur DSGVO, welche die Beurteilung des Risikos maßgeblich den Normadressaten überlässt, verbleiben den Normadressaten des KI-Verordnungsentwurfs aufgrund der im Verordnungstext prädeterminierten Risikoeinschätzungen deutlich geringere Einschätzungsspielräume.[44]

Dieser Vergleich zeigt exemplarisch auf, dass gerade die Art und Weise der gewählten Regulierung im Bereich der risikobasierten IT-Sicherheitsregulierung zu der in der vorliegenden Untersuchung zentralen Fragestellung führt, wie sich aus den Normen konkrete technische Sicherheitsmaßnahmen ableiten lassen. Inwieweit die weiteren hier untersuchten Normen explizit einen Risikobezug aufweisen oder zumindest implizit als risikobasiert einzustufen sind, wird in den folgenden Kapiteln diskutiert.[45] Zunächst wird jedoch die Art der Regulierung im Kontext existierender Regulierungsstrategien näher betrachtet.

---

41 Explizit hierzu: De Gregorio/Dunn, CMLR 2022, 473 (479, 482).

42 Bezogen auf den risikobasierten Ansatz im KI-Verordnungsentwurf: De Gregorio/Dunn, CMLR 2022, 473 (490): „[…] creation of a system where the leeway granted to producers and users is much more limited“.

43 Vgl. hierzu De Gregorio/Dunn, CMLR 2022, 473 (490–492).

44 De Gregorio/Dunn, CMLR 2022, 473 (490).

45 Vgl. zum risikobasierten Ansatz und dem Risikobegriff der DSGVO: Kapitel 3 B. II. 2, zur Risikobewertung im Rahmen des CRA: Kapitel 4 D. II. 2, für das GeschGehG: Kapitel 4 B. bzw. Kapitel 4 B. IV, für § 19 Abs. 4 TDDDG: Kapitel 4 C. III. 5 sowie für das FuAG: Kapitel 4 D. I. 4.

III. Einordnung in den Kontext existierender Regulierungsstrategien

Im Folgenden werden exemplarisch Parallelen der in der vorliegenden Untersuchung analysierten Normen mit Regulierungsansätzen des Umweltrechts skizziert. Dies lässt sich zweigeteilt begründen. Zum einen verwendet das Umweltrecht zahlreiche innovative Regulierungsinstrumente, wobei auch solche der regulierten Selbstregulierung häufig anhand des Umweltrechts diskutiert wurden.[46] Zum anderen sind Regulierungsstrategien im Umweltbereich – auch international – seit jeher geprägt von Risikoerwägungen, sodass sich mögliche Parallelen zu risikobasierter IT-Sicherheitsregulierung ergeben.

1. Parallelen zum Umweltrecht

Zwar finden sich gerade im Umweltrecht zahlreiche Instrumente der regulierten Selbstregulierung.[47] Geprägt ist das Rechtsgebiet aber weiterhin durch ordnungsrechtliche, hoheitliche Regulierung,[48] wobei konkrete Verhaltensanforderungen – vergleichbar zum hier untersuchten IT-Sicherheitsrecht – „nur zu einem kleinen Teil unmittelbar und abschließend aus dem Gesetz ablesbar“[49] sind. Die Normkonkretisierung erfolgt in der Regel durch ausdrücklich vorgesehene untergesetzliche Normsetzung, etwa durch Rechtsverordnungen oder Verwaltungsvorschriften.[50] Dieses Regulierungsstrategie findet sich in den hier untersuchten Normen des IT-Sicherheitsrechts nur teilweise wieder. Eine vom Gesetzgeber vorgesehene Normkonkretisierung ist etwa durch an die Hersteller von Funkanlagen gerichtete IT-Sicherheitsanforderungen geregelt. So kann die EU-Kommission gem. Art. 3 Abs. 3 UAbs. 2 RED delegierte Rechtsakte erlassen, in denen festgelegt wird, welche Kategorien oder Klassen von Funkanlagen die grundlegenden Anforderungen zur IT-Sicherheit einhalten müssen, die in Art. 3 Abs. 3 lit. d, e RED definiert werden. Anders ist dies etwa in Bezug auf Art. 25 Abs. 1, 2 und Art. 32 Abs. 2 DSGVO zu beurteilen. Obwohl hier eine Normkonkretisierung für die praktische Implementierung von IT-Sicherheitsmaßnahmen unerlässlich ist, hat der Gesetzgeber keine zum Umweltrecht vergleichbaren Mittel zur Konkretisierung explizit geregelt. Zwar verweist Art. 25 Abs. 3 DSGVO auf Art. 42 DSGVO und Art. 32 Abs. 3 DSGVO

---

46 Vgl. nur Eifert, in: Schoch, Besonderes Verwaltungsrecht, Kap. 5 Rn. 119; Brandt, DV 2001, 123 (123 f.), sowie S. 127–130 zu ausgewählten Beispielen verschiedener Ausprägungen der regulierten Selbstregulierung im Umweltrecht.

47 Eifert, in: Schoch, Besonderes Verwaltungsrecht, Kap. 5 Rn. 119.

48 Eifert, in: Schoch, Besonderes Verwaltungsrecht, Kap. 5 Rn. 78.

49 Eifert, in: Schoch, Besonderes Verwaltungsrecht, Kap. 5 Rn. 79.

50 Eifert, in: Schoch, Besonderes Verwaltungsrecht, Kap. 5 Rn. 79, 80.

sowohl auf Art. 40 als auch Art. 42 DSGVO. Dadurch wird geregelt, dass die Einhaltung genehmigter Verhaltensregeln (Art. 40 DSGVO) oder eines genehmigten Zertifizierungsverfahrens (Art. 42 DSGVO) als Faktor herangezogen werden kann, um die Erfüllung der Anforderungen aus Art. 25, 32 DSGVO nachzuweisen. Damit greift der Gesetzgeber Instrumente der (regulierten) Selbstregulierung auf. Gemessen daran, für wie viele verschiedene Sachverhalte die DSGVO Anforderungen reguliert, ist die praktische Konkretisierungswirkung von Verhaltensregeln oder Zertifizierungen bisher allerdings gering.[51]

Ebenso in Bezug auf Regulierungsstrategien im Umweltrecht formulieren *Appel/Mielke* Grundelemente des Risk-Based Approach.[52] Vergleichbar zu den hier untersuchten Vorschriften ist der Ausgangspunkt des Risk-Based Approach im Umweltrecht die Koppelung der Regulierung an risikobasierte Vorgehensweisen.[53] Übereinstimmend ist dabei auch die Delegierung von Konkretisierungen an den Regulierungsadressaten, bspw. wenn die Verwendung von Risikomanagementsystemen regulatorisch vorgegeben wird. Dieses Risikomanagement geht umweltrechtlich mit einem erhöhten Transparenz-[54] bzw. Dokumentationsaufwand einher, was sich spiegelbildlich auch in der datenschutzrechtlichen Rechenschaftspflicht nach Art. 5 Abs. 2 DSGVO zeigt. Auch im Umweltrecht verbreitet – und für den dortigen Risk-Based approach charakteristisch – ist außerdem die Folgenperspektive.[55] Folgenabschätzungen sollen u. a. dazu beitragen, zu differenzieren und zu priorisieren.[56] Solche Elemente finden sich im risikobasierten IT-Sicherheitsrecht explizit wieder, etwa in Gestalt der Datenschutz-Folgenabschätzung nach Art. 35 DSGVO. Teils werden solche Parallelen zum Umweltrecht im Bereich der Dokumentation und Folgenabschätzung in der Literatur auch explizit adressiert. So nimmt *Gonçalves* etwa eine kritische Perspektive zum risikobasierten Ansatz der DSGVO ein und nimmt dabei Bezug auf die bereits seit der RL 2011/92/EU unionsrechtlich regulierte Umweltverträglichkeitsprüfung („environmental impact assessment“).[57] Schließlich werden in beiden Rechtsgebieten auch ökonomische Aspekte einbezogen.[58] Im Umweltrecht geschieht dies bspw. im Rahmen von Kosten-Nutzen-Er-

---

51 Vgl. hierzu auch Kapitel 3 B. II. 3. b.

52 Vgl. Appel/Mielke, Strategien der Risikoregulierung, S. 61 ff. Da die Autoren den Begriff in der englischsprachigen Variante verwenden, wird dies im Folgenden auch bei indirekten Zitaten der Ausführungen so übernommen.

53 Hierzu und zum Folgenden: Appel/Mielke, Strategien der Risikoregulierung, S. 62.

54 Appel/Mielke, Strategien der Risikoregulierung, S. 78 f.

55 Appel/Mielke, Strategien der Risikoregulierung, S. 69.

56 Appel/Mielke, Strategien der Risikoregulierung, S. 69.

57 Gonçalves, JoRR 2020, 139 (144 f.).

58 Für das Umweltrecht vgl.: Appel/Mielke, Strategien der Risikoregulierung, S. 71–73.

wägungen,[59] bezogen auf das risikobasierte IT-Sicherheitsrecht bspw. hinsichtlich des Wertes des Geschäftsgeheimnisses (§ 2 Nr. 1 lit. b GeschGehG) oder hinsichtlich der Implementierungskosten von technischen und organisatorischen Maßnahmen nach Art. 32 Abs. 1 DSGVO.

2. Folgerungen für die vorliegende Untersuchung

Die skizzierten Parallelen zum Umweltrecht zeigen, dass weder die methodische Verwendung eines Risikobegriffs noch der Rückgriff auf Instrumente der regulierten Selbstregulierung eine auf das Datenschutzrecht beschränkte Regulierungsstrategie des Gesetzgebers darstellt. Die Regulierung von Risiken bzw. deren Analyse ist also weder auf einzelne Disziplinen noch auf einzelne Rechtsgebiete beschränkt. Es liegt daher nahe, dass eine einerseits intra- andererseits aber auch interdisziplinäre Betrachtung des Risikobegriffs weitere Erkenntnisse für die vorliegende Untersuchung ergeben könnte.

IV. Der Risikobegriff in anderen Rechtsgebieten und Disziplinen

Im Folgenden werden daher zunächst existierende inter- und intradisziplinäre Risikobegriffe erläutert.[60] Darauf aufbauend werden Ansätze zur Quantifizierung von Risiko diskutiert.

1. Risikobegriffe

In unterschiedlichen Disziplinen werden zahlreiche verschiedene Risikobegriffe diskutiert.[61] Zunächst werden im Folgenden relevante Risikobegriffe in anderen Rechts- und Fachgebieten überblicksartig dargestellt.

Für die hiesige Untersuchung erscheint zunächst – bereits aufgrund der oben beschriebenen Parallele zum Umweltrecht – die ökonomische Perspektive auf Risiko relevant. Wie den folgenden Ausführungen zu entnehmen ist, führt diese Perspektive jedoch zu einem grundlegend anderen Verständnis als bloße Kosten-Nutzen-Analysen, wie sie etwa im Umweltrecht und IT-Sicherheitsrecht aufgrund der dortigen Verweise auf ökonomische Aspekte durchgeführt werden. Vielmehr wird in der Ökonomie der Risikobegriff ins-

---

59 Appel/Mielke, Strategien der Risikoregulierung, S. 71 f.

60 Für eine detaillierte Auseinandersetzung mit dem Risikobegriff der DSGVO vgl. Kapitel 3 B. II. 2. a.

61 Für einen Überblick vgl. Baldwin/Cave/Lodge, Understanding Regulation, S. 86–92.

besondere in der Entscheidungstheorie verwendet.[62] Die Entscheidungstheorie betrachtet zum einen analytisch menschliches Entscheidungsverhalten (deskriptive Entscheidungstheorie) und hat zum anderen zum Ziel, Erkenntnisse „für die Lösung konkreter Entscheidungsprobleme zur Verfügung zu stellen“[63] (präskriptive Entscheidungstheorie).[64] Wesentlich für die Betrachtung der sog. Entscheidungsmodelle ist, welche Informationen der Person oder Gruppe vorliegen, die eine Entscheidung trifft.[65] Dies wird als Informationsstand bezeichnet. Unsicher ist der Informationsstand dann, wenn je nach getroffener Entscheidung mehrere verschiedene Ereignisse eintreten können. In diesen Fällen (sog. Entscheidungsmodelle bei *Unsicherheit*) kann sodann differenziert werden, ob Eintrittswahrscheinlichkeiten für die Folgen der Entscheidung vorliegen. Sind keine Eintrittswahrscheinlichkeiten bekannt, handelt es sich um Entscheidungsmodelle unter *Ungewissheit*.[66] Liegen Wahrscheinlichkeiten vor, handelt es sich um Risiken im Sinne der Entscheidungstheorie.[67] Die Eintrittswahrscheinlichkeiten können dabei sowohl subjektiv – also auf Grundlage von Schätzungen oder Vermutungen – als auch objektiv, d. h. überprüfbar vorliegen. Der Risikobegriff in der Entscheidungstheorie ist daher stets mit Eintrittswahrscheinlichkeiten verbunden. In der Folge befasst sich die Ökonomie in diesem Teilbereich damit, wie diese Wahrscheinlichkeiten ermittelt werden können und wie auf dieser Basis Entscheidungen getroffen werden können.[68]

Hinsichtlich dieser ökonomischen Perspektive ist es jedoch nicht ausreichend, nur das Verständnis des Risikobegriffs zu analysieren, wie die folgende – vereinfachte – Erläuterung aufzeigt. Vielmehr ist das gesamte Entscheidungsmodell zu berücksichtigen. Denn der dargestellte Risikobegriff ist auf das Vorliegen von Wahrscheinlichkeiten beschränkt. Eine breitere Betrachtung zeigt jedoch, dass auch die ökonomische Perspektive das Schadensausmaß in den Blick nimmt. Der sog. Erwartungswert ist die Summe der mit der Eintrittswahrscheinlichkeit der Ereignisse gewichteten *Ergeb-*

62 Dies gilt sowohl für die Betriebswirtschaftslehre, vgl. nur Obermaier/Saliger, Betriebswirtschaftliche Entscheidungstheorie, S. 18, als auch für die Volkswirtschaftslehre, vgl. nur Amann, Entscheidungstheorie, S. IX, X, 23, 24 ff.

63 Obermaier/Saliger, Betriebswirtschaftliche Entscheidungstheorie, S. 1.

64 Obermaier/Saliger, Betriebswirtschaftliche Entscheidungstheorie, S. 1; Laux/Gillenkirch/Schenk-Mathes, Entscheidungstheorie, S. 4, 17.

65 Hierzu und zum Folgenden: Obermaier/Saliger, Betriebswirtschaftliche Entscheidungstheorie, S. 18.

66 Obermaier/Saliger, Betriebswirtschaftliche Entscheidungstheorie, S. 18.

67 Amann, Entscheidungstheorie, S. 24; Kolmar, Grundlagen der Mikroökonomik, S. 229.

68 Vgl. Obermaier/Saliger, Betriebswirtschaftliche Entscheidungstheorie, S. 67 ff. zu verschiedenen Wahrscheinlichkeitsauffassungen sowie S. 69 f. zum Bernoulli-Prinzip.

nisse der Ereignisse.[69] Bei einer Lotterie mit einem potentiellen Gewinn von 1.000 € (Eintrittswahrscheinlichkeit: 1 %) und einem Einsatz von 5 € betragen die zwei Ergebnisse also −5 € oder +995 €. In diesem Fall wäre der Erwartungswert 0,99×−5 € + 0,01×995 €. Damit sind auch negative Konsequenzen – wie etwa das Schadensausmaß (oder hier: der finanzielle Verlust des Einsatzes durch eine Niete bei der Lotterie) – umfasst.

Allerdings wird darüber hinaus nach dem Bernoulli-Prinzip unterstellt, dass bspw. einem gewonnenen Geldbetrag nicht immer derselbe Nutzen zugemessen wird.[70] Gewinnt demnach ein Spieler etwa mit drei Losen in Folge, dann wird dem dritten Gewinn ein höherer Nutzen zugemessen als wenn ein Spieler nach 100 gewinnenden Losen auch noch mit dem 101. Los gewinnt. Denn der Nutzen eines zusätzlichen Gewinns in Höhe von 1.000 € ist höher zu bemessen, wenn als Ausgangspunkt ein Gewinn von 2.000 € unterstellt wird, als wenn dieser Gewinn bereits 100.000 € betragen würde. Dies wird auch als subjektive Nutzenbewertung der möglichen Ergebnisse bezeichnet;[71] entsprechend werden die Entscheidungsoptionen anhand des sog. Nutzenerwartungswertes (auch: Erwartungsnutzen)[72] beurteilt.[73] Nach dem Bernoulli-Prinzip wählen Entscheider unter mehreren Alternativen diejenige mit dem höchsten Nutzenerwartungswert aus. Es wird auch als „das wichtigste normative Entscheidungskriterium bei Risiko“[74] bezeichnet, weshalb es hier exemplarisch dargestellt wird.

Allgemein bedeutet dies, dass Entscheider unter Rückgriff auf ihre jeweiligen subjektiven Nutzenbewertungen als risikoavers, risikoneutral oder risikoaffin (bzw. -freudig) bezeichnet werden können. Welche Risikoeinstellung Entscheider in der konkreten Situation aufweisen ist also davon abhängig, welchen subjektiven Nutzen sie bspw. einem Gewinn von 100 € zumessen. Angenommen, bei einem Gewinnspiel können mit gleicher Wahrscheinlichkeit 100 € gewonnen wie verloren werden, etwa durch Wurf einer Münze (Zahl: Gewinn von 200 €; Kopf: Niete; Einsatz: 100 €).[75] Der Erwartungswert beträgt also 0,5×−100 € + 0,5×100 € und damit null. Während risikoneutrale Entscheider daher hinsichtlich einer Teilnahme am Gewinnspiel indifferent sind, würden risikoaffine bzw. -freudige Entscheider am

---

69 Vgl. für ein Beispiel der Definition des Erwartungswertes für eine simple Lotterie: Amann, Entscheidungstheorie, S. 26 sowie Kolmar, Grundlagen der Mikroökonomik, S. 241.

70 Vgl. Bartholomae/Wiens, Spieltheorie, S. 10.

71 Bamberg/Coenenberg/Krapp, Entscheidungslehre, S. 75.

72 Kolmar, Grundlagen der Mikroökonomik, S. 245.

73 Bamberg/Coenenberg/Krapp, Entscheidungslehre, S. 75; Bartholomae/Wiens, Spieltheorie, S. 10.

74 Laux/Gillenkirch/Schenk-Mathes, Entscheidungstheorie, S. 129.

75 Unterstellt sei eine Wahrscheinlichkeit für Kopf bzw. Zahl von jeweils 50 %. Das Beispiel ist angelehnt an: Laux/Gillenkirch/Schenk-Mathes, Entscheidungstheorie, S. 134 f.

Gewinnspiel teilnehmen. Risikoaverse Entscheider dagegen würden nicht am Gewinnspiel teilnehmen.[76]

Die obigen Ausführungen zeigen, dass es zu kurz gegriffen wäre, lediglich den Risikobegriff der Entscheidungstheorie heranzuziehen, um zu weiteren Erkenntnissen für die vorliegende Untersuchung zu gelangen. Denkbar wäre aber die Berücksichtigung eines gesamten Entscheidungsmodells, um auch den in anderen Disziplinen[77] als Schadensausmaß beschriebenen Faktor zu integrieren. Kennzeichnend für die ökonomische Betrachtung – gerade im Gegensatz zu den Risikobegriffen, wie sie in anderen Disziplinen beschrieben werden – ist jedoch die Berücksichtigung der Risikoeinstellung des Entscheiders sowie die daraus folgende subjektive Bewertung des Nutzens der möglichen Ereignisse.[78]

Allerdings erscheint es nicht zielführend, diese Überlegungen auf die Auslegung rechtlicher Normen zu übertragen. Dies wird im Folgenden beispielhaft an der in Art. 32 Abs. 1 DSGVO enthaltenen Abwägung aufgezeigt. Art. 32 Abs. 1 DSGVO sieht u. a. die Berücksichtigung der Risiken für die Rechte und Freiheiten natürlicher Personen vor. Die Abwägung obliegt den jeweiligen Verantwortlichen bzw. Auftragsverarbeitern als Adressaten der Norm. Denkbar wäre zwar eine betroffenenfreundliche Auslegung, die stets in Bezug auf das Risiko der Betroffenen risikoaverse Entscheider – im hier gewählten Beispiel also Verantwortliche – unterstellt. Ebenso denkbar wäre es, die typische Risikoneigung von Betroffenen heranzuziehen. In diesen theoretischen Überlegungen sei zunächst unterstellt, dass sich diese Risikoneigungen messen oder anderweitig (annäherungsweise) bestimmen lassen. Für die Berücksichtigung spräche dann zwar, dass der Verantwortliche gerade derjenige ist, der mit der Datenverarbeitung – und dem Ausmaß ihrer organisatorischen und technischen Absicherung (vgl. Art. 25, 32 DSGVO) – über die Risiken für Betroffene maßgeblich entscheidet. Es könnte daher sachgerecht wirken, dass derjenige, der zusätzliche Risiken für Dritte schafft, auch deren Risikoneigung berücksichtigen muss.

Wäre es jedoch zutreffend, dass Verantwortliche im Rahmen der Abwägung nach Art. 32 Abs. 1 DSGVO eine Risikoeinstellung von Betroffenen unterstellen könnten – unbeachtlich der Fragestellung, wie eine solche gemessen bzw. ermittelt werden könnte – so würde diese Auffassung dazu führen, dass

76 Vgl. grundlegend zur Risikoeinstellung von Entscheidern: Laux/Gillenkirch/Schenk-Mathes, Entscheidungstheorie, S. 105 f.; vgl. für ein Beispiel auch Amann, Entscheidungstheorie, S. 28; zu den drei Kategorien auch: Bartholomae/Wiens, Spieltheorie, S. 11. Zu beachten bleibt, dass Entscheider dabei nicht auf eine Risikoeinstellung determiniert sind, sondern in unterschiedlichen Situationen (bspw. unterschiedlichen Geldbeträgen) durchaus verschiedene Risikoeinstellungen aufweisen.

77 Vgl. insbesondere die unten in diesem Abschnitt dargestellten rechtlichen Definitionen.

78 Vgl. zu diesem Konzept: Bartholomae/Wiens, Spieltheorie, S. 10–11.

der den Normadressaten ohnehin durch die Gestaltung der Norm gewährte weite Konkretisierungsspielraum noch weiter auszulegen wäre. Dies wiegt umso schwerer, da der Wortlaut von Art. 32 Abs. 1 DSGVO bereits einige explizit genannte Kriterien enthält; die Berücksichtigung der Risikoneigung von Betroffenen würde im Ergebnis dazu führen, dass ein neues Kriterium in diesen Abwägungskatalog aufgenommen würde. Für diese Auslegung finden sich jedoch keine mit den juristischen Auslegungsmethoden ermittelbare Hinweise, insbesondere nicht im Wortlaut der Norm. Zugleich wäre mit der Berücksichtigung von Risikoneigungen eine normative Wertung verbunden, die losgelöst vom stets zu betrachtenden Einzelfall die Abwägung von Rechtsgütern vorwegnimmt. Solche normativen Abwägungen sind jedoch Kern der juristischen Methodik. Zwar können – und, vor allem in technisch geprägten Sacherhalten: sollten – interdisziplinäre Erkenntnisse dieser Methodik zur Seite stehen. Im vorliegenden Fall käme die Übernahme der ökonomischen Wertungen jedoch einer Ersetzung der Abwägung von Rechtsgütern gleich.

Zusammenfassend lässt sich also festhalten, dass die Erkenntnisse der Entscheidungstheorie sich grundsätzlich nicht auf die nähere Bestimmung von Risikobegriffen in rechtlichen Normen übertragen lassen. Hinweise darauf finden sich auch weder im Wortlaut der hier exemplarisch untersuchten Norm, noch lassen sie sich aus dem Willen des Gesetzgebers ableiten. Schließlich stünde selbst bei Befürwortung einer Übertragung der Erkenntnisse der Entscheidungstheorie die praktische Realisierung vor der Herausforderung, die Risikoneigung der Betroffenen zu messen oder anderweitig zu bestimmen. Von sehr spezifischen Einzelfragen abgesehen dürfte es nicht umsetzbar sein, Befragungen von Betroffenen oder andere empirische Messungen einzusetzen, um für jede Datenverarbeitung eine entsprechende Risikoneigung festzustellen. Jedenfalls deshalb verspricht die Übertragung oder Berücksichtigung entscheidungstheoretischer Erkenntnisse zur Risikobestimmung keinen relevanten Mehrwert.

Die hier anhand des Datenschutzrechts exemplarisch geführte Argumentation ist ebenso auf die anderen vorliegend analysierten Rechtsgebiete übertragbar. Eine weitere Auseinandersetzung mit den Erkenntnissen der Entscheidungstheorie an dieser Stelle unterbleibt daher.

Weitere Risikodefinitionen finden sich in technischen bzw. ingenieurswissenschaftlichen Bereichen, in denen sich Standards für Risikomanagement und damit auch Definitionen für Risiko herausgebildet haben. So beschreibt die ISO 31000:2018 Risiko sehr allgemein als „effect of uncertainty on objectives“, wobei eine Konkretisierung durch den Zusatz erfolgt, dass Risiko üblicherweise durch Faktoren wie Risikoquellen, potentielle Ereignisse, ihren Folgen und ihrer Eintrittswahrscheinlichkeit definiert werde.[79]

Allgemeinsprachlich wird Risiko als Möglichkeit beschrieben, „dass eine Handlung oder Aktivität einen […] Schaden oder Verlust zur Folge hat oder mit anderen Nachteilen verbunden ist“ [80] – wobei „Risiko“ nur verwendet werde, wenn die Folgen ungewiss seien; sei der Schadenseintritt sicher, liege kein Risiko vor.[81] Anders als in der Ökonomie wird nicht zwischen Unsicherheit und Ungewissheit differenziert. Auch im Englischen findet sich ein vergleichbares Verständnis wieder: „the possibility of loss, injury, or other adverse or unwelcome circumstance“ [82] bzw. „the possibility of harm or damage causing financial loss […]“.[83]

Im rechtlichen Sinne ist Risiko etwa in der NIS-2-RL definiert als „das Potenzial für Verluste oder Störungen, die durch einen Sicherheitsvorfall verursacht werden, das als eine Kombination des Ausmaßes eines solchen Verlusts oder einer solchen Störung und der Wahrscheinlichkeit des Eintretens des Sicherheitsvorfalls zum Ausdruck gebracht wird;“ (Art. 6 Nr. 9 NIS-2-RL). Art. 3 Nr. 2 KI-VO definiert Risiko als „Kombination aus der Wahrscheinlichkeit des Auftretens eines Schadens und der Schwere dieses Schadens“. Kern ist also auch in diesen Fällen die Kombination von Schadensausmaß und Eintrittswahrscheinlichkeit. Ebenso definiert die sog. Medizinprodukte-Verordnung[84] Risiko als „Kombination von Wahrscheinlichkeit eines Schadenseintritts und Schwere des Schadens“ (Art. 2 Nr. 23 MDR).

Art. 3 Nr. 4 der seit 13.12.2024 geltenden EU-Produktsicherheits-VO[85] definiert Risiko als „das Verhältnis zwischen der Eintrittswahrscheinlichkeit einer Gefahr, die einen Schaden verursacht, und der Schwere des Schadens“.

---

79 ISO 31000:2018(en) Risk management — Guidelines, Ziffer 3.1; ebenso vgl. ISO 31073:2022(en) Risk management — Vocabulary, Ziffer 3.1.1.

80 Brockhaus Enzyklopädie Online, Risiko, abrufbar: https://brockhaus.de/ecs/enzy/article/risiko.

81 Brockhaus Enzyklopädie Online, Risiko, abrufbar: https://brockhaus.de/ecs/enzy/article/risiko; die Quelle weist auch auf den Risikobegriff der Entscheidungstheorie hin, vorliegend ist aber das allgemeinsprachliche Verständnis gemeint.

82 „risk, n.“ *OED Online*. Oxford University Press, March 2023, abrufbar: https://www.oed.com/view/Entry/166306.

83 „risk, n.“ *OED Online*. Oxford University Press, March 2023, abrufbar: https://www.oed.com/view/Entry/166306.

84 Verordnung (EU) 2017/745 des Europäischen Parlaments und des Rates vom 5. April 2017 über Medizinprodukte, zur Änderung der Richtlinie 2001/83/EG, der Verordnung (EG) Nr. 178/2002 und der Verordnung (EG) Nr. 1223/2009 und zur Aufhebung der Richtlinien 90/385/EWG und 93/42/EWG des Rates.

85 Verordnung (EU) 2023/988 des Europäischen Parlaments und des Rates vom 10. Mai 2023 über die allgemeine Produktsicherheit, zur Änderung der Verordnung (EU)

Unter Rückgriff auf unionsrechtliche Regelungen zur Lebensmittelsicherheit schließen *Appel/Mielke* darauf, dass „Risiko" nach dem unionsrechtlichen Verständnis einen „Sammelbegriff für alle Wahrscheinlichkeits- und Möglichkeitsgrade eines Schadenseintritts"[86] darstelle, ohne dabei das Schadensausmaß zu erwähnen. Nach der sog. Lebensmittelbasisverordnung ist Risiko „eine Funktion der Wahrscheinlichkeit einer die Gesundheit beeinträchtigenden Wirkung und der Schwere dieser Wirkung als Folge der Realisierung einer Gefahr".[87] Definiert werden dort auch die Begriffe Risikoanalyse, -bewertung, -management und -kommunikation.[88] Soweit die Literatur den Begriff „Funktion" genauer analysiert, wird ihm die Bedeutung zugeordnet, dass er die Wahrscheinlichkeit und Schwere der Wirkung „in eine Beziehung zueinander"[89] setzt; im Ergebnis entspreche der Begriff „dem verfassungsrechtlichen Grundsatz der Verhältnismäßigkeit".[90]

Neben diesen Regelungen weist *Macenaite* darauf hin, dass unionsrechtliche Regulierung auch in anderen Bereichen auf Risikoanalyse und -management zurückgreift.[91] Bspw. ist dies in den Bereichen chemische Stoffe,[92]

Nr. 1025/2012 des Europäischen Parlaments und des Rates und der Richtlinie (EU) 2020/1828 des Europäischen Parlaments und des Rates sowie zur Aufhebung der Richtlinie 2001/95/EG des Europäischen Parlaments und des Rates und der Richtlinie 87/357/EWG des Rates. Zum Geltungsbeginn vgl. Art. 52 der Verordnung.

86 Appel/Mielke, Strategien der Risikoregulierung, S. 41.

87 Art. 3 Nr. 9 der Verordnung (EG) Nr. 178/2002 des Europäischen Parlaments und des Rates vom 28. Januar 2002 zur Festlegung der allgemeinen Grundsätze und Anforderungen des Lebensmittelrechts, zur Errichtung der Europäischen Behörde für Lebensmittelsicherheit und zur Festlegung von Verfahren zur Lebensmittelsicherheit.

88 Art. 3 Nr. 10–13 der Verordnung (EG) Nr. 178/2002 des Europäischen Parlaments und des Rates vom 28. Januar 2002 zur Festlegung der allgemeinen Grundsätze und Anforderungen des Lebensmittelrechts, zur Errichtung der Europäischen Behörde für Lebensmittelsicherheit und zur Festlegung von Verfahren zur Lebensmittelsicherheit.

89 Rathke, in: Sosnitza/Meisterernst, Lebensmittelrecht, EG-Lebensmittel-Basisverordnung, Art. 3 Rn. 61. Der Autor verwendet damit also den mathematischen Begriff der Funktion.

90 Rathke, in: Sosnitza/Meisterernst, Lebensmittelrecht, EG-Lebensmittel-Basisverordnung, Art. 3 Rn. 61.

91 Hierzu und zum Folgenden: Macenaite, EJRR 2017, 506 (511).

92 Verordnung (EG) Nr. 1907/2006 des Europäischen Parlaments und des Rates vom 18. Dezember 2006 zur Registrierung, Bewertung, Zulassung und Beschränkung chemischer Stoffe (REACH), zur Schaffung einer Europäischen Agentur für chemische Stoffe, zur Änderung der Richtlinie 1999/45/EG und zur Aufhebung der Verordnung (EWG) Nr. 793/93 des Rates, der Verordnung (EG) Nr. 1488/94 der Kommission, der Richtlinie 76/769/EWG des Rates sowie der Richtlinien 91/155/EWG, 93/67/EWG, 93/105/EG und 2000/21/EG der Kommission, in der berichtigten Fassung, vgl. ABl. L 136/3 v. 29.5.2007.

Pflanzenschutzmittel[93] und kosmetische Mittel,[94] der Fall, wobei der Risikobegriff in diesen Rechtsakten jedoch nicht explizit definiert wird. Teils wird Risiko bemerkenswert weitgehend wie allgemein definiert, etwa als „Sachlage, bei der ein Schaden eintreten kann".[95] Die Quantifizierung des Risikos soll demnach wiederum als Produkt[96] von Schadensausmaß und Eintrittswahrscheinlichkeit erfolgen.[97]

Die dargestellten Risikobegriffe haben damit gemeinsam, dass die Faktoren der (Eintritts-)Wahrscheinlichkeit und des Schadensausmaßes berücksichtigt werden. Unterschiedlich ist dagegen naturgemäß, inwieweit sich Risiken nach den jeweiligen Risikobegriffen quantifizieren lassen. Eine solche Quantifizierung würde auch Potentiale für eine rechtssichere Ableitung von technischen und organisatorischen Schutzmaßnahmen aus Normen des IT-Sicherheitsrechts bieten. Im Folgenden wird daher skizziert, inwieweit für den hiesigen Untersuchungsgegenstand relevante Ansätze zur Quantifizierung von Datenschutz- und IT-Sicherheitsrisiken existieren.

2. Quantifizierbarkeit von Risiko

Gerade Risiken im Bereich des Datenschutzes und der IT-Sicherheit sind nicht trivial zu quantifizieren. Dies gilt selbst für bereits verwirklichte Risiken und deren ökonomische Bewertung. Welchen quantifizierbaren Schaden etwa ein unberechtigter Zugriff auf die IT-Infrastruktur eines Unternehmens zur Folge hat, ist nicht eindeutig zu beantworten. Versicherungsrechtlich relevante Annäherungen sind zwar möglich, wenn etwa bei Ransomwareangriffen Lösegeldzahlungen geleistet werden. Auch dann sind jedoch anderweitige Schäden – wie ein etwaiger Reputationsschaden oder Produktionsausfälle – nur durch Annäherung zu beziffern.[98]

---

93 Verordnung (EG) Nr. 1107/2009 des Europäischen Parlaments und des Rates vom 21. Oktober 2009 über das Inverkehrbringen von Pflanzenschutzmitteln und zur Aufhebung der Richtlinien 79/117/EWG und 91/414/EWG des Rates.

94 Verordnung (EG) Nr. 1223/2009 des Europäischen Parlaments und des Rates vom 30. November 2009 über kosmetische Mittel.

95 Zech, Technikrecht, S. 11.

96 Zur Kritik an der Definition des Risikos als Produkt vgl. Kapitel 1 C. IV. 3 sowie in Bezug auf den Risikobegriff der DSGVO: Kapitel 3 B. II. 2. a.

97 Zech, Technikrecht, S. 11 f.

98 Weshalb der datenschutzrechtliche Begriff des Risikos für die Rechte und Freiheiten der betroffenen bzw. natürlichen Personen auch nicht durch die Höhe bisheriger Schadenersatzansprüche ausfüllbar ist, wird unter Kapitel 3 B. II. 2. b erläutert. Für einen aktuellen Ansatz, der eine strukturierte Bewertung und Quantifizierung der Auswirkungen von IT-Sicherheitsvorfällen ermöglichen soll, vgl.: An Introduction to the FAIR Materiality Assessment Model (FAIR-MAMTM), FAIR Institute, vgl.: https://www.fairinstitute.org/resources/fair-mam sowie https://www.fairinstitute.org/blog/new-fair-standard-fair-materiality-assessment-model-fair-mam.

Dagegen existieren in der IT-Sicherheitsforschung sowie der technischen Datenschutzforschung einige Ansätze, die sich auf die Quantifizierung des Sicherheits- bzw. des Datenschutzniveaus von Systemen fokussieren. Zwar wird damit nicht unmittelbar das Risiko gemessen; jedoch stellt das Sicherheits- bzw. Datenschutzniveau einen maßgeblichen Faktor für die Beurteilung des Risikos dar. So können bspw. verschiedene Arten von Systemen und Angriffsszenarien sowie Konzepte zu deren Mitigation berücksichtigt werden; das ermittelte Sicherheitsniveau wird sodann mit einem „security score" ausgedrückt.[99] Ebenso existieren Bewertungsansätze, die IT-Sicherheits- und Datenschutzaspekte zugleich vergleichen sollen; beispielsweise wurde ein solcher Ansatz für die Bewertung von Contact-Tracing-Apps entwickelt.[100] Um das Datenschutzniveau zu bewerten, wurden die Apps dahingehend analysiert, ob sie bestimmte Datenschutzprinzipien erfüllen, teilweise erfüllen oder nicht erfüllen.[101] Die Prinzipien wurden der öffentlichen Fachdiskussion zu Contact-Tracing-Apps entnommen und umfassten etwa den Grundsatz der Datenminimierung sowie die Definition von Löschfristen.[102] Um das Sicherheitsniveau zu bewerten, wurden potentielle Schwachstellen identifiziert. Auf Basis der Dokumentation wurde sodann analysiert, wie sich die Ausnutzung der Schwachstellen auswirken würde; je nachdem ob bzw. wie schwerwiegend die Auswirkungen zu bewerten sind, wurde sodann ein Zahlenwert zwischen 0 und 10 vergeben.[103]

Diese Quantifizierungsansätze aus der technischen IT-Sicherheits- und Datenschutzforschung nehmen als primären Bezugspunkt also das jeweilige Niveau an IT-Sicherheit bzw. Datenschutz in den Blick. Im Umkehrschluss lassen sich daraus sodann Aussagen über das Risiko des Einsatzes bestimmter IT-Systeme bzw. der Durchführung bestimmter Datenverarbeitungen ableiten.

---

99 Vgl. Aigner, Andreas; Khelil, Abdelmajid. A security scoring framework to quantify security in cyber-physical systems. In: 2021 4th IEEE International Conference on Industrial Cyber-Physical Systems (ICPS), IEEE, 2021, S. 199–206 (206).

100 Vgl. Krehling, Leah; Essex, Aleksander. A Security and Privacy Scoring System for Contact Tracing Apps. Journal of Cybersecurity and Privacy, 2021, Vol. 1, Nr. 4, S. 597–614.

101 Krehling, Leah; Essex, Aleksander. A Security and Privacy Scoring System for Contact Tracing Apps. Journal of Cybersecurity and Privacy, 2021, Vol. 1, Nr. 4, S. 597–614 (599, 601).

102 Krehling, Leah; Essex, Aleksander. A Security and Privacy Scoring System for Contact Tracing Apps. Journal of Cybersecurity and Privacy, 2021, Vol. 1, Nr. 4, S. 597–614 (601).

103 Krehling, Leah; Essex, Aleksander. A Security and Privacy Scoring System for Contact Tracing Apps. Journal of Cybersecurity and Privacy, 2021, Vol. 1, Nr. 4, S. 597–614 (601, 604).

Teilweise werden jedoch auch Bewertungsansätze entwickelt, die direkt die Messung des Risikos zum Ziel haben.[104] Zusammenfassend bleibt festzuhalten, dass die technische Literatur zahlreiche Metriken bzw. Scoring-Verfahren zur Bewertung von Datenschutz- und IT-Sicherheitsaspekten beschreibt.[105]

Soweit rechtliche Anforderungen es erfordern, ein Risiko für die IT-Sicherheit oder den Datenschutz eines Systems bzw. einer Datenverarbeitung zu ermitteln, kann hierzu also auf Ansätze aus der technischen Datenschutz- und IT-Sicherheitsforschung zurückgegriffen werden. Zugleich ist die Aussagekraft dieser Ansätze bereits aus tatsächlichen Gründen beschränkt – d. h. unabhängig von der Frage, ob solche Ansätze überhaupt Rechtsbegriffe ausfüllen könnten. Denn auch soweit die technische Perspektive auf die Quantifizierung von Risiko den Anspruch hat, objektive Bewertungen vorzunehmen,[106] so wird dennoch kritisiert, dass selbst diese Verfahren Interpretationen und andere subjektive Merkmale beinhalten.[107] Dies zeigt sich beispielsweise bei der oben beschriebenen Untersuchung zu Contact-Tracing-Apps in der Wahl und Bewertung der Sicherheitskriterien. Zudem ist die Bewertung des Datenschutz- und Sicherheitsniveaus nur einer der Faktoren, der für die Quantifizierung von Risiken relevant ist. Dies führt nicht dazu, dass Ansätze aus der IT-Sicherheits- und technischen Datenschutzforschung nicht berücksichtigt werden sollten; allerdings darf ihre Aussagekraft nicht als absolut verstanden werden.[108]

104 Vgl. speziell zum Internet of Things: Sicari, Sabrina, et al. A risk assessment methodology for the Internet of Things. Computer Communications, 2018, Vol. 129, S. 67–79.

105 Für eine Übersicht zu Privacy-Metriken vgl.: Wagner, Isabel; Eckhoff, David. Technical Privacy Metrics: A Systematic Survey. ACM Computing Surveys, Vol. 51, Nr. 3, Article 57, S. 1–38; zu Security-Metriken vgl.: Pendleton, Marcus, et al. A survey on systems security metrics. ACM Computing Surveys, Vol. 49, Nr. 4, Article 62, S. 1–35.

106 Vgl. nur Sicari, Sabrina, et al. A risk assessment methodology for the Internet of Things. Computer Communications, 2018, Vol. 129, S. 67–79 (69): „It is worth to remark that our proposed treatment aims to pursue *an objective risk assessment*. Such an objectivity will be gained by considering values in the evaluated metrics which will not be absolute measures of risk, but, instead, relative ones. In fact, the focus is on the structure of the adopted metrics. Therefore, the information computed by our model can be used as a decision support, as we will demonstrate.“ (Hervorhebung durch den Verfasser); sowie Krehling, Leah; Essex, Aleksander. A Security and Privacy Scoring System for Contact Tracing Apps. Journal of Cybersecurity and Privacy, 2021, Vol. 1, Nr. 4, S. 597–614 (610): „In this paper, we have created an *objective metric of how secure and private* contact tracing apps are when compared to each other.“ (Hervorhebung durch den Verfasser).

107 Baldwin/Cave/Lodge, Understanding Regulation, S. 88.

108 Vgl. Baldwin/Cave/Lodge, Understanding Regulation, S. 88: „technical assessments have a role to play, but their contribution has to be seen in the context of their inherent limitations“.

3. Fazit

Festzuhalten bleibt, dass inter- wie intradisziplinär bei der Bestimmung von Risikobegriffen erwartungsgemäß Spezifika zu berücksichtigen sind, zugleich jedoch eine grundsätzliche Einigkeit hinsichtlich der abstrakten Beschreibung von Risiko über die Faktoren der Eintrittswahrscheinlichkeit sowie des Schadensausmaßes besteht. Der Bezug der Faktoren zueinander wird unterschiedlich beschrieben: teils soll sich das Risiko aus dem „Produkt" der Faktoren ergeben, teils erfolgt die Beschreibung abstrakter als „Kombination" oder „Verhältnis". Diese Unterschiede ergeben sich zum Teil aus den Spezifika von Risiken in einzelnen Teilgebieten – denn Risiken sind stets spezifisch für bestimmte Rechtsgüter, das medizinische Risiko einer Impfung wird anders beschrieben werden als ein Risiko im Sinne der DSGVO oder das Risiko einer Gewinnspielteilnahme. So ist etwa ein – tatsächlich mathematisch als Ergebnis einer Multiplikation verstandenes – Produkt von Eintrittswahrscheinlichkeit und Schadensausmaß nur dann zielführend, wenn die Faktoren auch mit konkreten Zahlen versehen werden können. Dies erfordert also eine Quantifizierbarkeit. In Fällen mangelnder Messbarkeit kann dies zwar auch durch subjektive Einschätzungen erfolgen; zugleich ist damit jedoch bereits ein Verlust an Präzision verbunden. Die Angabe einer konkreten – ggf. auch nur geschätzten – Zahl birgt zudem die Gefahr des Anscheins einer (gerade nicht vorhandenen) Präzision. Insbesondere im Bereich des risikobasierten IT-Sicherheitsrechts ist die Quantifizierung – wie dargestellt – nur sehr eingeschränkt möglich, auch wenn einzelne Faktoren, wie etwa Datenschutz- und IT-Sicherheitsniveaus, annäherungsweise bestimmt werden können. Selbst wenn – anders als hier vertreten – die Berücksichtigung oder gar Übernahme von entscheidungstheoretischen Erkenntnissen zur Risikoneigung befürwortet werden würde, stünde diese Auffassung vor einem theoretisch-abstrakt begründeten, praktisch jedoch in aller Regel kaum umsetzbaren Konstrukt zur Bestimmung von Risiko. Das mit dieser Untersuchung bezweckte Ziel einer Konkretisierung technischer Schutzmaßnahmen aus rechtlichen Anforderungen des IT-Sicherheitsrechts ist damit nicht erreichbar.

Kapitel 2 – Technische Grundlagen

Nach der Konkretisierung des Untersuchungsgegenstandes aus rechtlicher Perspektive in Kapitel 1 B. wird in diesem Kapitel nach einer Einführung in technische Grundlagen die Konkretisierung des Untersuchungsgegenstandes aus technischer Sicht vorgenommen. Darauf aufbauend werden Ausgangsüberlegungen zu relevanten Risikoszenarien erläutert.

A. Einführung

Diese Untersuchung widmet sich rechtlichen Anforderungen an die sichere technische Gestaltung und den sicheren Einsatz von Smart-Home-Geräten. Betrachtet werden Vorgaben dazu, welche technischen Maßnahmen implementiert werden müssen, um die Geräte technisch absichern zu können. Einerseits inkludiert dies die Sicherheit von Datenverarbeitungen, wie sie das Datenschutzrecht reguliert – bspw. in Art. 32 Abs. 1 DSGVO. Andererseits werden auch Normen betrachtet, welche unabhängig vom Kriterium des Personenbezugs IT-Sicherheitsaspekte adressieren.

Der Begriff der Sicherheit ist dabei zunächst genauer zu definieren. Unterschieden wird zwischen Funktionssicherheit („Safety"), Informationssicherheit („Security"), Datensicherheit[109] und IT-Sicherheit. Jedoch existiert keine einheitliche, trennscharfe Definition.[110] In dieser Untersuchung wird das folgende Verständnis zugrunde gelegt, welches sich an den Definitionen von *Eckert* orientiert.

Funktionssicherheit bedeutet, dass das betrachtete System alle Funktionalitäten ordnungsgemäß durchführen kann, also in Folge einer normalen Bedienung nicht fehlerhaft funktioniert.[111] Funktionssichere Systeme können wiederum als Voraussetzung für Informations- und Datensicherheit betrachtet werden.[112] Informationssicherheit ist gewährleistet, wenn in IT-Systemen keine Informationen ohne Autorisierung abfließen oder verändert werden können.[113] Datensicherheit dagegen adressiert den Schutz von Daten,[114] be-

109 Eckert, IT-Sicherheit, S. 6.

110 Zur Terminologie von „Safety" und „Security" und deren unterschiedlichen Definition vgl. Freiling et al., Informatik Spektrum 2014, S. 20 f.; daneben vgl. Grimm/Waidner, in: Hornung/Schallbruch, IT-Sicherheitsrecht, § 2 Rn. 4.

111 Eckert, IT-Sicherheit, S. 6.

112 Eckert, IT-Sicherheit, S. 6, 7.

113 Eckert, IT-Sicherheit, S. 6.

114 Eckert, IT-Sicherheit, S. 6. Zur Unterscheidung zwischen „Daten" und „Informationen" vgl. nur Sorge, in: FS Dreier, S. 609 f.; Schmitz, ZD 2018, 5 (6); Ziebarth, in: Sydow/Marsch DSGVO, Art. 4 Rn. 8.

inhaltet also auch den Schutz vor Datenverlusten aufgrund eines Defekts eines Speichermediums, ohne dass damit ein Datenabfluss an Dritte verbunden ist.[115] Mögliche Schutzmaßnahmen umfassen insbesondere Backupkonzepte.[116] Datensicherheit umfasst daher sowohl personenbezogene als auch nicht-personenbezogene Daten.

In dieser Untersuchung wird IT-Sicherheit als Oberbegriff verwendet. Das Ziel der so definierten IT-Sicherheit sind damit funktionssichere, informationssichere und datensichere Systeme.[117] Die im Datenschutzrecht regulierte Sicherheit von Datenverarbeitungen ist damit von dieser Begriffsbestimmung umfasst.

Zu beachten ist, dass die Zielrichtungen Datenschutz und IT-Sicherheit zwar eng miteinander verbunden sind – und auch stets gemeinsam betrachtet werden sollten. Dennoch können Zielkonflikte entstehen, etwa wenn Zugriffsversuche personenbeziehbar protokolliert werden sollen. Aus Sicht der IT-Sicherheit wäre dann eine möglichst lange Aufbewahrung der Protokolle zielführend; gleichzeitig widerspricht eine Speicherung ohne absehbare Löschfristen elementaren Datenschutzgrundsätzen (vgl. nur die Prinzipien zur Datenminimierung und zur Speicherbegrenzung, Art. 5 Abs. 1 lit. c, lit. e Hs. 1 DSGVO). Dieser Zielkonflikt wird in der juristischen Literatur ausführlich thematisiert[118] und soll an dieser Stelle nicht weiter betrachtet werden. Vielmehr widmet sich diese Untersuchung den Gemeinsamkeiten zwischen den im Datenschutzrecht regulierten Anforderungen an sichere Datenverarbeitungen und dem weiteren IT-Sicherheitsrecht.[119]

Im Folgenden wird dabei wiederholt auf die zentralen bzw. grundlegenden Schutzziele der IT-Sicherheit rekurriert. Diese umfassen die Integrität, Vertraulichkeit und Verfügbarkeit von Informationen.[120] Die Integrität von

---

115 Die Definitionen von *Eckert* – an denen sich die vorliegende Untersuchung orientiert – enthalten keine explizite Aussage dazu, unter welchen Begriff der Datenverlust ohne Datenabfluss an Dritte zu fassen ist; für die hiesigen Zwecke werden diese Fälle dem Begriff der Datensicherheit zugeordnet.

116 Eckert, IT-Sicherheit, S. 6.

117 Dies soll als Definition für die vorliegende Untersuchung dienen. Aufgrund der beschriebenen uneinheitlichen Terminologie existieren auch Auffassungen, die z. B. Informationssicherheit als Oberbegriff verstehen und die IT-Sicherheit von Systemen als Bestandteil der Informationssicherheit nennen, vgl. nur Pohlmann, Cyber-Sicherheit, S. 4 f. oder Jandt, in: Hornung/Schallbruch, IT-Sicherheitsrecht, § 17 Rn. 2.

118 Vgl. nur Hornung/Schallbruch, IT-Sicherheitsrecht, § 17 Rn. 37 ff, 48 ff.

119 Zum hier zugrunde gelegten Verständnis von IT-Sicherheitsrecht vgl. Kapitel 4 A.

120 Vgl. hierzu und zu den folgenden Definitionen: Eckert, IT-Sicherheit, S. 8 ff.; Sorge, IT Security Measures and Their Relation to Data Protection, in: Borges/Sorge, Law and Technology in a Global Digital Society, S. 182; Sohr/Kemmerich, in: Kipker, Cybersecurity, Kap. 3 Rn. 6–10; Wendzel, IT-Sicherheit, S. 89; Freiling et al., Informatik Spektrum 2014, S. 20; vom BSI werden diese drei Schutzziele auch als „Grundwerte“

Informationen ist gewährleistet, wenn diese nicht ohne entsprechende Befugnis und unbemerkt verändert werden können.[121] Vertraulichkeit von Informationen bedeutet, dass keine unbefugte Stelle die Informationen bzw. Teile der Informationen zur Kenntnis nehmen können soll.[122] Das Ziel der Verfügbarkeit ist erfüllt, wenn authentifizierte und autorisierte Nutzer auf IT-Systeme zugreifen können und dieser Zugriff nicht unautorisiert beeinträchtigt wird.[123]

Neben diesen drei Zielen werden in der Literatur auch weitere Schutzziele diskutiert. Zusätzlich für diese Untersuchung relevant ist das Ziel der Authentizität von Informationen. Darunter wird verstanden, dass die Information überprüfbar vom angegebenen Absender oder Autor stammt.[124] Die Definitionen der Schutzziele sind nicht vollständig vereinheitlicht und können auch in der technischen Literatur variieren.[125] Aufgrund der bereits beschriebenen uneinheitlichen Terminologie bezeichnet die Literatur die Ziele teilweise als Schutzziele der IT-Sicherheit,[126] teilweise als Schutzziele der Informationssicherheit.[127] Da nach hier zugrunde gelegtem Verständnis Informationssicherheit eine Voraussetzung für IT-Sicherheit darstellt, ist im Rahmen dieser Untersuchung eine Differenzierung insoweit nicht erforder-

---

bezeichnet, vgl.: https://www.bsi.bund.de/dok/10990070. Der Begriff „Informationen“ umfasst vorliegend auch Metadaten, wie etwa Header von Nachrichten, welche Informationen zu Absender und Empfänger enthalten.

121 Wendzel, IT-Sicherheit, S. 89; ebenso, allerdings ohne Bezugnahme zum Merkmal „unbemerkt“ und damit weitergehend: Sorge, IT Security Measures and Their Relation to Data Protection, in: Borges/Sorge, Law and Technology in a Global Digital Society, S. 182; zu „Datenintegrität“: Eckert, IT-Sicherheit, S. 9; sowie Stallings, Privacy Engineering, S. 3; ebenfalls zu Datenintegrität, allerdings ohne Bezugnahme auf „unbemerkt“: Freiling et al., Informatik Spektrum 2014, 14 (20). Im Kern existiert auch hier keine einheitliche Definition, was jedoch für die vorliegende Untersuchung keine relevanten Auswirkungen hat.

122 Stallings, Privacy Engineering, S. 3; Wendzel, IT-Sicherheit, S. 89; Sorge, IT Security Measures and Their Relation to Data Protection, in: Borges/Sorge, Law and Technology in a Global Digital Society, S. 182; zu „Informationsvertraulichkeit“: Eckert, IT-Sicherheit, S. 10; sowie Freiling et al., Informatik Spektrum 2014, 14 (20).

123 Eckert, IT-Sicherheit, S. 12; Sorge, IT Security Measures and Their Relation to Data Protection, in: Borges/Sorge, Law and Technology in a Global Digital Society, S. 182; Stallings, Privacy Engineering, S. 3

124 Wendzel, IT-Sicherheit, S. 89; Stallings, Privacy Engineering, S. 4.

125 Vgl. Sorge, IT Security Measures and Their Relation to Data Protection, in: Borges/Sorge, Law and Technology in a Global Digital Society, S. 182; Anderson, Security Engineering, S. 13 f..

126 Vgl. etwa Wendzel, IT-Sicherheit, S. 89.

127 Vgl. etwa Sohr/Kemmerich, in: Kipker, Cybersecurity, Kap. 3 Rn. 6.

lich. Dies wird etwa daran deutlich, dass bspw. die Integrität von Informationen häufig auch mit der Integrität von IT-Systemen zusammenhängt.[128]

Die Untersuchung greift zudem auf die folgende Terminologie zurück.

- „Lokales Netzwerk" bzw. LAN (local area network) bezeichnet ein Netzwerk an Geräten, welches ein beschränktes geographisches Gebiet umfasst, bspw. ein Gebäude.[129] Im Folgenden werden ausschließlich lokale Netzwerke betrachtet, in welchen die Endgeräte (z. B. Smart TV, Smart-Home-Zentrale, Sprachassistent, Sensoren, smarte Türschlösser) – kabelgebunden oder drahtlos, unmittelbar oder mittelbar über eine Smart-Home-Zentrale – über einen Router mit dem Internet verbunden sind (vgl. Abbildung 1, S. 41). Lokale Netzwerke i. d. S. können aus privaten und IP-basierten Netzwerken bestehen. Diese Begrifflichkeiten werden im Folgenden genauer definiert.
- „Hausautomationsnetzwerk" bezeichnet für die Zwecke dieser Untersuchung ein LAN, bei welchem die eingebundenen Smart-Home-Geräte nicht unmittelbar mit dem Router verbunden sind. Eine mittelbare Verbindung besteht jedoch über die Smart-Home-Zentrale, die wiederum über den Router mit dem Internet verbunden ist. Ein solches Netzwerk besteht in dieser Untersuchung also bspw. aus smarten Türschlössern und Sensoren, die mit der Smart-Home-Zentrale verbunden sind.
- Ein „IP-basiertes Netzwerk" bezeichnet in dieser Untersuchung dagegen ein Netzwerk, in dem die Smart-Home-Geräte direkt mit dem Router verbunden sind und funktionsbedingt typischerweise regelmäßiger und umfangreicher mit Diensten des Herstellers, des Service Providers[130] oder von Dritten kommunizieren, wie dies etwa bei Smart TVs oder digitalen, cloudbasierten Sprachassistenten der Fall ist.
- „Mesh-Netzwerk" bezeichnet eine Netzwerkstruktur, bei der alle beteiligten Geräte bei der Übertragung von Datenpaketen dezentral miteinander kooperieren.[131] Mesh-Netzwerke werden bspw. vom ZigBee-Funkspezifikation unterstützt.[132]
- Mit „Router" sind im Folgenden – soweit nicht anders gekennzeichnet – Heimnetzrouter gemeint; sie stellen also Geräte dar, die ein lokales Netzwerk mit dem Internet verbinden.

128 Vgl. auch Stallings, Privacy Engineering, S. 3, welcher zwischen „data integrity" und „system integrity" unterscheidet.

129 Definition angelehnt an die Definition von „local area network" in IEEE 802-2014, IEEE Standard for Local and Metropolitan Area Networks: Overview and Architecture, Ziffer 3.1.

130 Zu diesen Begriffen vgl. Abbildung 2.

131 Vgl. ZigBee Specification, S. 10; Wendzel, IT-Sicherheit, S. 9 – dort auch Abbildung 2.1.

132 ZigBee Specification, S. 2, 10; Eckert, IT-Sicherheit, S. 952.

- Als „Angriffsvektor" wird ein potentieller Weg eines Angreifers, in ein IT-System einzudringen und dieses zu kompromittieren, bezeichnet.[133]
- Ein „Angriff" wird als Versuch einer Kompromittierung bzw. als tatsächlich erfolgte Kompromittierung der Sicherheit eines IT-Systems definiert, wobei die zugrundeliegende Handlung gerade darauf gerichtet sein muss, die Sicherheit eines Systems zu verletzen.[134] Nach einer gängigen Unterscheidung[135] richten sich *aktive* Angriffe dabei auf die Veränderung von Systemressourcen oder die Beeinflussung der Funktionsweise dieser Ressourcen. Bei *passiven* Angriffen werden diese Ressourcen dagegen nicht beeinflusst; vielmehr verfolgen solche Angriffe das Ziel, bspw. durch das Abhören von Kommunikation deren Inhalt zu gewinnen oder anhand von Metadaten Erkenntnisse zu erhalten.

Im folgenden Kapitel wird der Untersuchungsgegenstand aus technischer Sicht konkretisiert, indem aus der gewählten Definition drei Produktkategorien abgeleitet und genauer beschrieben werden (vgl. Kapitel 2 B.). Hierfür werden auch die relevanten Akteure identifiziert. Aufbauend darauf werden Ausgangsüberlegungen zu relevanten Risikoszenarien mittels potenzieller Angriffsvektoren dargestellt. Exemplarisch werden mögliche Angriffe beschrieben.

B. Konkretisierung des technischen Untersuchungsgegenstandes

Zunächst soll an die oben[136] gewählte Definition des Untersuchungsgegenstandes angeknüpft werden:

> *Der Begriff Smart Home umfasst Informationstechnik, die im alltäglichen Umfeld von Menschen eingesetzt wird und dazu bestimmt ist, den Wohnkomfort oder die Sicherheit in Wohnungen und Büros zu erhöhen (z. B. elektrische Rollläden oder smarte Türschlösser), Unterhaltung zu bieten (z. B. Smart TVs) oder Menschen zu assistieren (z. B. cloudbasierte, digitale Sprachassistenten). Die Geräte verarbeiten dazu (potentiell jederzeit) Daten, können typischerweise untereinander vernetzt werden und sehen oft eine Fernsteuerung ihrer Funktionalitäten vor.*[137]

---

133 Vgl. hierfür: https://www.cloudflare.com/de-de/learning/security/glossary/attack-vector/.

134 Definition angelehnt an: RFC 4949, S. 21.

135 Die hier dargestellte Unterscheidung ist ebenfalls angelehnt an RFC 4949, S. 22; vgl. zudem Stallings, Cryptography, S. 27, der auch auf den RFC 4949 verweist.

136 Vgl. Kapitel 1 B.

137 Vgl. bereits Fn. 3.

Ausgehend von dieser Definition wird der Untersuchungsgegenstand im Folgenden weiter präzisiert.

I. Beschreibung der Produktkategorien

Hierfür können aus der gewählten Definition drei Produktkategorien ausgewählt werden: Smart-Home-Zentralen, Smart TVs und cloudbasierte, digitale Sprachassistenten. Diese Produktkategorien bilden eine Teilmenge der von der Definition erfassten Smart-Home-Geräte. Zum Zweck der Konkretisierung der Untersuchung werden typische Produktkategorien definiert. Ziel ist es dabei jedoch nicht, die aktuell oder zukünftig am Markt erhältlichen Produkte abschließend zu beschreiben.

1. Smart-Home-Zentralen

Zunächst sollen Smart-Home-Zentralen thematisiert werden. Ihr primärer Zweck ist es, andere Geräte, welche ggf. unterschiedliche Kommunikationsstandards verwenden, in ein Smart-Home-Netz einzubinden und zu steuern. Zum einen ist es Nutzern dadurch möglich, die eingebundenen Geräte allein über die Zentrale zu bedienen. Dies erfolgt üblicherweise über eine dazu bereitgestellte App sowie ggf. über zusätzliche Bedienoberflächen. Zum anderen ist eine Einbindung über eine solche Zentrale für die Funktionalität vieler Geräte zwingend. So sind etwa Wassersensoren typischerweise nicht darauf ausgelegt, direkt eine Verbindung mit dem Internet herzustellen. Dies würde durch eine kabelgebundene oder drahtlose Verbindung zum Router sichergestellt werden. Ersteres ist jedoch aufgrund des Einsatzszenarios oft nicht nutzerfreundlich gestaltbar. Drahtlose Verbindungen sind dagegen häufig ressourcenintensiv und daher weniger geeignet für batteriebetriebene Smart-Home-Geräte. Hierfür wurden Funkprotokolle wie ZigBee[138] entwickelt, deren Verwendung einen geringeren Stromverbrauch zur Folge hat. Die Sensoren können dann über ZigBee kommunizieren – sind jedoch grundsätzlich nicht kompatibel zu anderen Funkstandards, wie bspw. Bluetooth. Um eine Datenübertragung über verschiedene Geräte und Standards hinweg sicherzustellen, kann die Smart-Home-Zentrale als ZigBee-Gateway dienen. Im Ergebnis können dann unterschiedlich kommunizierende Geräte einheitlich über die Smart-Home-Zentrale eingebunden und gesteuert werden.

---

138 ZigBee besteht aus einer Reihe von Spezifikationen, die auf IEEE 802.15.4 basieren, vgl. hierzu auch Eckert, IT-Sicherheit, S. 950. ff., vgl. dort insbesondere Abbildung 15.38 zum ZigBee-Protokollstack. Zur Vereinfachung wird im Folgenden der übergreifende Begriff ZigBee-Spezifikation verwendet.

Diese Untersuchung betrachtet Smart-Home-Zentralen, welche neben verschiedenen Sensoren (insb. Kameras im Innenbereich) auch Aktoren wie sog. smarte Türschlösser einbinden. „Sensoren“ erfasst alle Geräte, die im Smart Home Bewegungen, Wasser, Rauch oder den Kohlenmonoxid-Gehalt der Raumluft detektieren können. „Bewegungen“ bedeutet hier also sowohl Bewegungen von Menschen, Tieren, als auch von Gegenständen (z. B. die Öffnung von Türen und Fenstern).

Die technische Anbindung der betrachteten Geräte erfolgt typischerweise über Funk (z. B. gemäß der ZigBee-Spezifikation[139], der Z-Wave-Spezifikation[140] oder der Matter-Spezifikation[141]) an eine Smart-Home-Zentrale, welche wiederum im IP-basierten Netzwerk eingebunden ist. Erst über die Smart-Home-Zentrale erhalten die Geräte eine Internetanbindung und sind darüber steuerbar. Einige Geräte ermöglichen jedoch auch eine kabelgebundene Anbindung (z. B. mittels des KNX-Standards[142]) oder eine Anbindung über WLAN. Für die Zwecke der hier definierten Produktkategorie sind allerdings nur Geräte umfasst, die über Funk mittels der o. g. Spezifikationen oder kabelgebunden über KNX kommunizieren können;[143] beispielhaft konzentriert sich diese Untersuchung insoweit auf Sensoren und smarte Türschlösser.[144] Geräte, die sich direkt mittels einer Mobilfunkverbindung mit dem Internet verbinden können, werden vorliegend nicht betrachtet.

Bereits aufgrund der Art der Anbindung sowie aufgrund der geringen technischen Ausstattung der Geräte sind einige Sensoren (etwa Rauchmelder) – zumindest im Vergleich zu anderen Produktkategorien – in ihrer Funktionalität stark beschränkt. Wegen dieses Grads an technischer Ausstattung sind sowohl die Risiken, die sich aus der Nutzung der Geräte ergeben können als auch potenzielle Schutzmaßnahmen gegen diese Risiken vergleichsweise weniger ausgeprägt. Dennoch können sich bei der Nutzung der Geräte Risiken für Nutzer ergeben.[145] Dies gilt etwa dann, wenn durch passive Angriffe die Kommunikation zwischen den Geräten und der Smart-Home-Zentrale ausgelesen werden kann. So ist es bei unverschlüsselter Kommunikation möglich abzuleiten, wie sich Nutzer in ihren Räumen bewegen. Doch auch bei verschlüsselter Kommunikation kann aufgrund der auch dann noch zu beobachtenden Menge an verschickten Datenpaketen ablesbar sein, ob die

139 Vgl. https://zigbeealliance.org/wp-content/uploads/2019/11/docs-05-3474-21-0csg-zigbee-specification.pdf.

140 Vgl. https://sdomembers.z-wavealliance.org/document/dl/917.

141 Vgl. https://csa-iot.org/developer-resource/specifications-download-request/.

142 Vgl. https://www.knx.ch/knx-ch/ausbildung/20-1_KNX-Basics_de.pdf.

143 Für die Zwecke dieser Untersuchung werden keine Geräte betrachtet, die über TCP/IP (d. h. insbesondere über WLAN) kommunizieren.

144 Vgl. auch Abbildung 1.

145 Für eine plastische Übersicht möglicher Risiken vgl. https://inf.gi.de/03/gar-nicht-so-harmlos.

Nutzer der Räume an- oder abwesend sind bzw. ob sie mit den Geräten interagieren oder nicht.[146]

2. Smart TVs

Daneben soll die Produktkategorie der Smart TVs betrachtet werden. Sie ermöglichen den Abruf sowohl von klassischen Fernsehinhalten als auch von verschiedenen Online-Angeboten, die vom jeweiligen Hersteller oder von Drittanbietern in Form von Apps bereitgestellt werden und sind direkt im lokalen Netzwerk eingebunden. Teilweise wird eine Steuerung mittels Sprachassistenten über die Fernbedienung ermöglicht. Risiken in dieser Produktkategorie können sich vor allem in Bezug auf die zusätzlich installierbaren Apps sowie hinsichtlich der implementierten Sprachassistenten ergeben. Letztere werden jedoch – in Abgrenzung zu digitalen, cloudbasierten Sprachassistenten – im Rahmen der hier betrachteten Produktkategorie ausschließlich mittels Knopfdrucks an der Fernbedienung aktiviert, woraus sich eine gewisse Risikoreduzierung ableiten lässt.

Daneben weisen die Geräte jedoch weitere Funktionalitäten auf, welche etwa mittels des HbbTV-Standards[147] ergänzende, webbasierte Multimediainhalte zusätzlich zum linearen Fernsehen ermöglichen.[148] Dies umfasst sowohl das laufende als auch das zukünftige Programm sowie On-Demand Dienste.[149] Aufgrund der verbreiteten Verknüpfung über die entsprechende Taste werden HbbTV-Dienste auch als „Red Button"-Dienste bezeichnet.[150]

Abzugrenzen sind HbbTV-Dienste von Apps, welche über das herstellereigene Betriebssystem der Smart TVs genutzt werden können. Typischerweise sind einige dieser Apps vorinstalliert, weitere Apps – vom Hersteller oder von Drittanbietern – können über einen App-Store heruntergeladen und installiert werden.[151]

Mögliche technische Risiken und rechtliche Implikationen wurden bereits früh in der Literatur sowie von Seiten der Datenschutzaufsichtsbehörden thematisiert.[152] Insbesondere wurde die datenschutzrechtliche Einordnung von Smart TVs bereits untersucht, etwa in Bezug auf die datenschutzrechtli-

146 Möllers, On Privacy in Home Automation Systems, S. 5 f., 113.

147 HbbTV steht für *Hybrid Broadcast Broadband TV*. Technische Spezifikation: ETSI TS 102 796 V1.6.1 (2021-04).

148 Ghiglieri et al., Security und Privacy bei SmartTV, S. 68 f.

149 Ghiglieri et al., Security und Privacy bei SmartTV, S. 69.

150 Ghiglieri et al., Security und Privacy bei SmartTV, S. 69.

151 Vgl. Ghiglieri et al., Security und Privacy bei SmartTV, S. 69.

152 Vgl. nur: Vogel, K&R 2017, 441 (446 f.); Ghiglieri et al., Security und Privacy bei SmartTV, S. 67 ff. sowie Düsseldorfer Kreis, Orientierungshilfe zu den Datenschutzanforderungen an Smart-TV-Dienste.

che Verantwortlichkeit der Akteure[153] sowie die Rechtmäßigkeit der Datenverarbeitungen.[154] Nicht im Fokus standen dabei allerdings die – in dieser Untersuchung vorgesehene – spezifische Analyse der Anforderungen an die technische Gestaltung und die IT-Sicherheit der Systeme.[155] Einerseits ist hierfür nicht nur das Datenschutzrecht einschlägig.[156] Andererseits fehlt bisher auch eine auf einer solchen Analyse aufbauende Verknüpfung der rechtlichen Anforderungen mit konkreten technischen Maßnahmen, wie sie in dieser Untersuchung erfolgen soll.

3. Digitale, cloudbasierte Sprachassistenten

Die Produktkategorie des digitalen, cloudbasierten Sprachassistenten umfasst nicht nur den Assistenten als Software, sondern auch das Endgerät, in welches der Assistent eingebunden ist. Der Begriff meint im Folgenden somit immer die Gesamtheit aus Endgerät und notwendiger Software; umfasst wären also auch Geräte, bei denen die Software grundsätzlich unabhängig von der Hardware auslieferbar ist. Kernfunktion der Geräte der Produktkategorie ist es, Sprachdaten zu verarbeiten und dem Nutzer zu assistieren, bspw. durch die Beantwortung von Suchanfragen im Internet oder die Bedienung anderer Smart-Home-Geräte. In Abgrenzung etwa zu in Smartphones und Laptops ab Werk installierten Sprachassistenten sind die betrachteten Assistenten in ein Endgerät integriert, dessen Zweck es typischerweise gerade ist, fest in einem (Wohn- oder Arbeits-)Raum des Nutzers verwendet zu werden. Damit soll eine ständige Verfügbarkeit des Assistenten im Lebensalltag des Nutzers erreicht werden. Die Bedienung des Endgeräts erfolgt überwiegend mittels Spracheingaben, welche durch Knopfdruck oder – in Abgrenzung zu Sprachassistenten in Smart TVs – durch den Einsatz eines sog. wake words (etwa: „Aktivierungswort“) aktiviert werden.[157] Umfasst sind allerdings auch Geräte mit Touchscreen oder einzelnen haptischen Bedienoptionen. Charakteristisch für die betrachteten Geräte ist es, dass für deren Funktionalität die cloudbasierte Anbindung an den Anbieter i. d. R. zwingend ist; eine Offline-Nutzung ist daher mit großen Einschränkungen der Funktionalität verbunden und wird in dieser Untersuchung nicht weiter betrachtet. Dane-

153 Düsseldorfer Kreis, Orientierungshilfe zu den Datenschutzanforderungen an Smart-TV-Dienste, S. 9 ff. Vgl. auch: Mantz/Spittka, in: Sassenberg/Faber, Rechtshandbuch, § 6 Rn. 34–36.

154 Düsseldorfer Kreis, Orientierungshilfe zu den Datenschutzanforderungen an Smart-TV-Dienste, S. 12 ff. Speziell zur Zulässigkeit von HbbTV-Applikationen vgl. Schmidtmann/Schwiering, ZD 2014, 448 (448 ff.).

155 Erste konkrete Vorgaben wurden allerdings durchaus formuliert, vgl. etwa Düsseldorfer Kreis, Orientierungshilfe zu den Datenschutzanforderungen an Smart-TV-Dienste, S. 21 ff.

156 Vgl. Kapitel 1 B.

157 Vgl. Tas/Hildebrandt/Arnold, Sprachassistenten in Deutschland, S. 14.

ben können die Sprachassistenten mit anderen Geräten im Smart Home der Nutzer vernetzt werden und zur Steuerung dieser Geräte verwendet werden. Einige Sprachassistenten fungieren damit auch als Smart-Home-Zentrale.

Die betrachteten Sprachassistenten können in ihrer Funktionalität erweitert werden, indem Zusatzfunktionen hinzugefügt werden. Die ist vergleichbar mit der Bereitstellung von Apps via App-Stores bei Smartphones; hierzu können auch Apps von Drittanbietern installiert werden.[158]

Risiken bei der Nutzung von digitalen, cloudbasierten Sprachassistenten können sich daher vor allem aus der Verarbeitung von Sprachdaten und der starken Vernetzung – mit anderen Geräten einerseits sowie mit Zusatzfunktionen andererseits – ergeben. Bedingt dadurch, dass die Kernfunktion in der Verarbeitung von Sprachdaten liegt, sind die Folgen möglicher Angriffe bei der Produktkategorie der Sprachassistenten besonders stark davon abhängig, welches Einsatzszenario[159] vorliegt.

4. Übersicht der Produktkategorien und ihre Einbindung in das Netzwerk

Die definierten Produktkategorien können demnach wie folgt (vgl. Abbildung 1) mit ihrer jeweiligen Einbindung ins Netzwerk dargestellt werden. Wie bereits im Rahmen der Beschreibung der Produktkategorien skizziert, kann sich die Einbindung ins Netzwerk je nach Gerätetyp unterschieden. Dies ist beispielsweise in der Stromversorgung der Geräte begründet; kleinere, batteriebetriebene Geräte kommunizieren etwa häufig mittels energiesparsamen Funkprotokollen. Exemplarisch soll dies anhand der hier betrachteten Produktkategorien sowie der Matter-Spezifikation[160] dargelegt werden. Diese Spezifikation soll eine geräteherstellerübergreifende Interoperabilität ermöglichen. Dabei werden drei drahtlose Kommunikationstechnologien eingesetzt. Gemäß der oben definierten Produktkategorien können Geräte wie Smart-Home-Zentralen, Smart TVs und digitale, cloudbasierte Sprachassistenten über WLAN angesprochen werden. Zugleich ist eine energiesparsame und mit geringerer Bandbreite verbundene Kommunikation mittels Thread[161] möglich, etwa für Geräte wie Sensoren und smarte Türschlösser. Der Einsatz von Thread ermöglicht ein drahtloses Mesh-Netzwerk, in dem jedes Gerät mit dem Internet verbunden werden kann.[162] Für

158 Tas/Hildebrandt/Arnold, Sprachassistenten in Deutschland, S. 11.
159 Dazu vgl. Kapitel 2 C.
160 Vgl. https://csa-iot.org/developer-resource/specifications-download-request/.
161 Vgl. die Thread-Spezifikation: https://www.threadgroup.org/ThreadSpec.
162 Vgl. Thread Network Fundamentals, White Paper, September 2022, S. 19 f., abrufbar: https://portal.threadgroup.org/DesktopModules/Inventures_Document/FileDownload.aspx?ContentID=633.

Zwecke der Geräteeinrichtung wurde zudem die Bluetooth-Low-Energy-Spezifikation in Matter integriert. Einige Smart-Home-Geräte können auf mehreren dieser Kommunikationswege angesprochen werden; charakteristisch ist dies für Smart-Home-Zentralen. Im Rahmen dieser Untersuchung gilt diese Möglichkeit der Ansprache über mehrere Kommunikationswege auch für Kameras im Innenbereich (vgl. Abbildung 1).

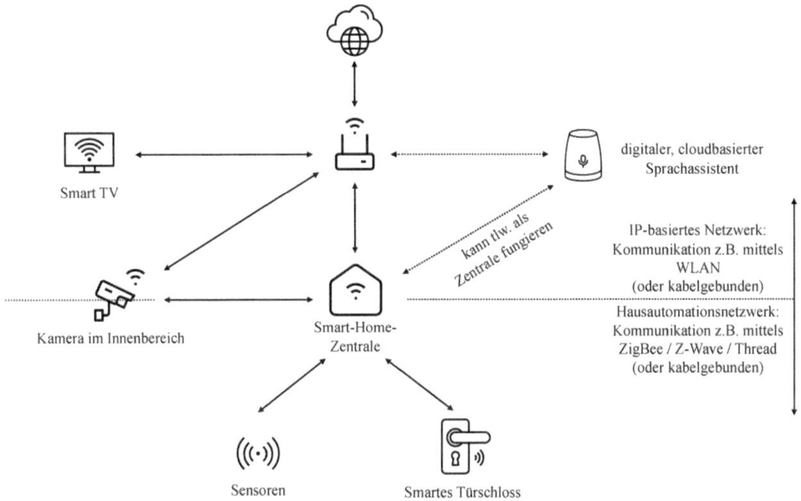

Abbildung 1: Produktkategorien im lokalen Netzwerk

II. Übersicht der Akteure

Im Zusammenhang des oben beschriebenen Untersuchungsgegenstandes lassen sich zur besseren Verortung der rechtlichen Verpflichtungen die auftretenden Akteure in verschiedene Rollen klassifizieren. Genannt werden diese im Folgenden: Hersteller, Service Provider, Verkäufer, Nutzer und Endnutzer (vgl. Abbildung 2).

Diese Übersicht ist in ihrer Differenzierung jedoch nicht immer zwingend. So fallen beispielsweise die Rollen des (Soft- bzw. Hardware-)Herstellers und des Service Providers häufig zusammen. Ebenso kann dies manchmal für die Rolle von Hersteller und Verkäufer[163] gelten.

163 Im Ergebnis sind Verkäufer nicht von den hier untersuchten Normen adressiert, wie sich bereits aus Tabelle 1 ergibt. Sie sind vorliegend dennoch als relevanter Akteur genannt, um zu verdeutlichen, dass die Rolle des Verkäufers häufig nicht mit denen des Herstellers oder Service Providers identisch ist.

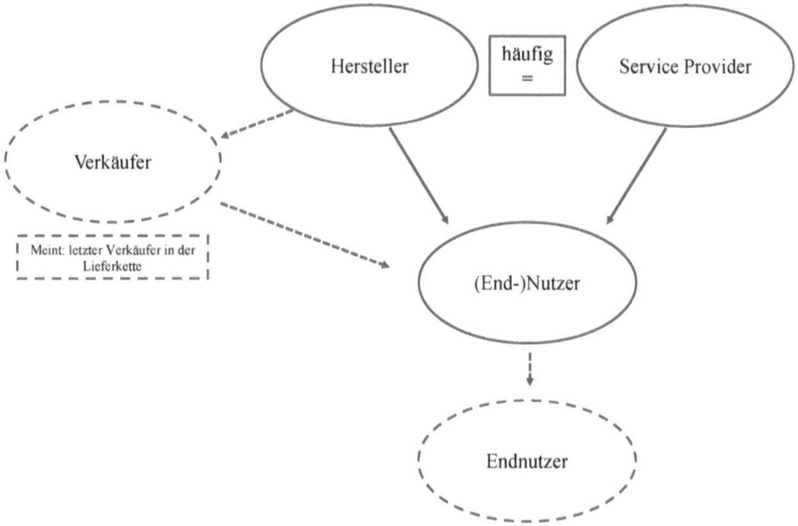

Abbildung 2: Übersicht der Akteure

Service Provider stellen Dienstleistungen bereit, mithilfe derer die Nutzer die originären oder auch weiteren Funktionalitäten des Geräts nutzbar machen können. Ein typisches Beispiel hierfür ist die Bereitstellung von (Drittanbieter-)Apps, wie es etwa bei Smart TVs oder Sprachassistenten der Fall ist. Nicht betrachtet werden in dieser Untersuchung von privaten Nutzern selbstbetriebene Dienste.

Soweit es im Folgenden nicht auf eine Differenzierung ankommt, werden außerdem Nutzer und Endnutzer übergreifend als „Nutzer" bezeichnet. Eine Unterscheidung der Begriffe ist dann relevant, wenn Smart-Home-Geräte in Unternehmen verwendet werden. In diesem Fall würde das Unternehmen als Nutzer der Geräte, dessen Beschäftigte, Kunden oder anderweitige Dritte – je nach Einsatzszenario – wiederum als Endnutzer bezeichnet werden.

C. Ausgangsüberlegungen zu relevanten Risikoszenarien

Um im Rahmen dieser Untersuchung eine möglichst enge Verknüpfung zwischen rechtlichen Anforderungen und technischen Schutzmaßnahmen zu erreichen, ist eine weitere Konkretisierung der definierten Produktkategorien erforderlich. Hierzu werden im Folgenden einige Ausgangsüberlegungen zu relevanten Risikoszenarien dargestellt (I.). Diese sind nicht abschließend.

Die Risiken werden exemplarisch illustriert und bilden dadurch die Basis für das Verständnis der nachfolgenden rechtlichen Analysen und deren Verknüpfung mit technischen Schutzmaßnahmen. Daneben werden – zur Einordnung der Risiken in reale Sachverhalte – mögliche Einsatzszenarien für Smart-Home-Geräte skizziert (II.).

I. Risikoszenarien

Zunächst könnte es sinnvoll erscheinen, die Risikoszenarien anhand des jeweiligen Anwendungskontextes zu unterscheiden. Die zunehmende Vermischung von Privat- und Berufsleben – etwa durch die Verbreitung von Homeoffice – führt jedoch auch zu Überschneidungen der Datenverarbeitungen im privaten und beruflichen Kontext. Dies verringert den Mehrwert einer Unterscheidung anhand des Kriteriums des Anwendungskontextes.

1. Differenzierung nach Phasen der Datenverarbeitungen

Zielführender ist daher die Differenzierung der Risikoszenarien danach, *auf welche Phase* der vorgenommenen Datenverarbeitung der potenzielle Angriff auf das Smart-Home-Gerät erfolgt. So kann differenziert werden, ob der Angriff auf eine laufende, lokale Datenverarbeitung im Smart-Home-Gerät oder auf eine Anwendung des Geräts erfolgt („*data in use*“),[164] ob es sich um einen Angriff auf Daten während der Übermittlung an ein anderes Gerät oder einen der Akteure handelt („*data in transit*“)[165] oder ob gespeicherte, – von dieser Speicherung abgesehen – also in diesem Moment nicht weiter verarbeitete Daten („*data at rest*“)[166] Ziel des Angriffs sind.

Basierend auf den zugrunde gelegten Akteuren (vgl. Abbildung 2) können sodann *Angriffsvektoren* abgeleitet werden (vgl. Abbildung 3).

---

164 Vgl. zu diesem Begriff: Ullah, Faheem, et al. Data exfiltration: A review of external attack vectors and countermeasures. Journal of Network and Computer Applications, 2018, Vol. 101, S. 18–54 (24).

165 Vgl. zu diesem Begriff: Ullah, Faheem, et al. Data exfiltration: A review of external attack vectors and countermeasures. Journal of Network and Computer Applications, 2018, Vol. 101, S. 18–54 (24); Alneyadi, Sultan; Sithirasenan, Elankayer; Muthukkumarasamy, Vallipuram. A survey on data leakage prevention systems. Journal of Network and Computer Applications, 2016, Vol. 62, S. 137–152 (139).

166 Vgl. zu diesem Begriff: Ullah, Faheem, et al. Data exfiltration: A review of external attack vectors and countermeasures. Journal of Network and Computer Applications, 2018, Vol. 101, S. 18–54 (24); Stallings, Cryptography, S. 226; Alneyadi, Sultan; Sithirasenan, Elankayer; Muthukkumarasamy, Vallipuram. A survey on data leakage prevention systems. Journal of Network and Computer Applications, 2016, Vol. 62, S. 137–152 (139).

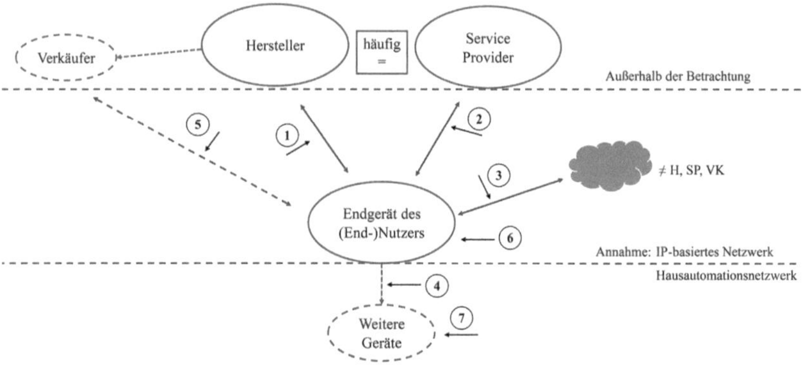

Abbildung 3: Potenzielle Angriffsvektoren

Diese sind den Kategorien *data in transit* (Vektoren 1–5) sowie *data at rest/data in use* (Vektoren 6, 7) zuzuordnen. Zunächst ergibt sich also keine Unterscheidung danach, ob die Daten zum Zeitpunkt des Angriffs aktiv verarbeitet oder lediglich gespeichert werden. Anders als in Abbildung 2 ist auf das jeweilige Endgerät und potenzielle Verbindungen zu weiteren Geräten bzw. Akteuren abzustellen. Wie durch die dargestellte Wolke gekennzeichnet wird, ergibt sich durch die Anbindung an das Internet ein weiterer Angriffsvektor, der hinsichtlich der möglichen Datenverbindungen von solchen zu den restlichen Akteuren – Hersteller (H), Service Provider (SP) und Verkäufer (VK) – zu unterscheiden ist. Differenziert wird danach, ob die abgerufenen Inhalte spezifisch auf Endgeräte wie das verwendete zugeschnitten sind – also, ob es sich z. B. um eine App eines Drittanbieters handelt, die für Smart TVs entworfen wurde. Dieser Drittanbieter ist dann als Service Provider i. S. d. Abbildung 3 einzuordnen. Anders ist dies etwa, wenn eine Webseite über den Webbrowser eines Smart TV aufgerufen wird. In diesen Fällen ist der Websitebetreiber – sowie die zugehörige Datenübertragung – in Abbildung 3 der Wolke und dem zugehörigen Pfeil zuzuordnen. Relevanz hat dies u. a. deshalb, weil dadurch verdeutlicht wird, dass durch den mit Ziffer 6 gekennzeichneten Angriffsvektor auch Angriffe von Akteuren umfasst sind, die etwa nicht aus der Position des Herstellers oder des Service Providers heraus agieren – z. B. wenn Nutzer mittels Werbeanzeigen auf Webseiten gelockt werden, welche der Verbreitung von Schadsoftware dienen.

Nicht Gegenstand der Betrachtung sind Angriffe auf – oder von – Hersteller, Service Provider oder Verkäufer. Betrachtet werden sollen außerdem ausschließlich netzwerkbasierte Angriffe.[167] Nicht thematisiert werden damit

167 Für Beispiele zu diesem Begriff: Wendzel, IT-Sicherheit, S. 327.

solche Angriffe, die physikalische Eingriffe oder die Manipulation des Netzwerks durch Innentäter voraussetzen.

2. Potenzielle Angriffe

Auf der Basis der in Abbildung 3 identifizierten Angriffsvektoren werden im Folgenden exemplarisch potenzielle Angriffe skizziert. Zunächst werden hierfür einige Grundbegriffe erläutert (Abschnitt a.), im Anschluss wird die beschriebene Differenzierung nach den Phasen der Datenverarbeitung und den zugehörigen Angriffsvektoren wieder aufgegriffen (Abschnitt b.).

a. Grundbegriffe

Denial-of-Service-Angriffe (DoS-Angriffe) sind darauf gerichtet, die Zielsysteme außer Betrieb zu setzen bzw. zumindest für einen gewissen Zeitraum zu überlasten.[168] Systeme werden hierfür meist mit einer sehr hohen Anzahl an Anfragen oder Datenpaketen konfrontiert, was zu deren Überlastung führt. Wird eine Vielzahl von Systemen für Anfragen an das Zielsystem verwendet, wird dies als *Distributed*-DoS-Angriff (DDoS-Angriff) bezeichnet.[169] Hierfür werden u. a. *Botnetze* eingesetzt.[170] Dabei handelt es sich um einen Zusammenschluss einer Vielzahl von fernsteuerbaren Geräten, die mit Schadsoftware infiziert sind (Bots).[171] Smart-Home-Geräte werden immer wieder als Bots in Botnetzen verwendet.[172] Die Geräte können damit für Angriffe genutzt werden, ohne dass der Nutzer der Geräte hiervon Kenntnis erhält. In Bezug auf das Zielsystem des Angriffs wird somit – hier unter Verwendung der Angriffsvektoren 6 oder 7 – das Schutzziel der Verfügbarkeit beeinträchtigt. Die verwendeten Smart-Home-Geräte werden dagegen lediglich als Werkzeug genutzt und stellen daher nur Mittel zum Zweck und nicht das eigentliche Angriffsziel dar. Dadurch wird allerdings bereits die Integrität des Geräts verletzt. Je nach Umfang der genutzten Ressourcen können sich auch für diese Geräte jedoch Beeinträchtigungen der Verfügbarkeit ergeben.[173]

168 Dazu und zum Folgenden vgl.: Wendzel, IT-Sicherheit, S. 201. Vgl. auch BSI, DoS- und DDoS-Attacken, abrufbar: https://www.bsi.bund.de/dok/6599510; Pohlmann, Cyber-Sicherheit, S. 356; ENISA, ENISA Threat Landscape for DoS Attacks, November 2023, abrufbar: https://www.enisa.europa.eu/publications/enisa-threat-landscape-for-dos-attacks.

169 Dazu und zum Folgenden: Wendzel, IT-Sicherheit, S. 202.

170 Vgl. Stallings/Brown, Computer Security, S. 257.

171 Wendzel, IT-Sicherheit, S. 103 f.; vgl. auch BSI, Botnetze – Auswirkungen und Schutzmaßnahmen, abrufbar: https://www.bsi.bund.de/dok/387484.

172 Hammi, Badis, et al. Survey on Smart Homes: Vulnerabilities, Risks, and Countermeasures, Computers & Security, 2022, S. 102677 (6).

173 Daneben wäre, je nach Verständnis, auch eine Verletzung der Authentizität denkbar. Zwar stammen die Anfragen bzw. Datenpakete tatsächlich vom infizierten Smart-Home-Gerät, allerdings sind sie nicht vom genannten Absender versendet worden.

Man-in-the-Middle-Angriffe zeichnen sich dadurch aus, dass der Angreifer sich zwischen zwei kommunizierende Geräte schaltet. Dadurch ist es möglich, Kommunikation mitzulesen, zu manipulieren oder nicht weiterzuleiten.[174] Aus dieser Position heraus können zudem *Spoofing*-Angriffe durchgeführt werden, bei welchen neue Datenpakete versendet werden.[175] Dabei wird dem Empfänger vorgetäuscht, dass diese nicht vom Angreifer, sondern von anderen Geräten – bspw. im Smart-Home-Netz – stammen.[176] Bei diesen Angriffen wird daher die Integrität, Vertraulichkeit sowie die Authentizität der Informationen beeinträchtigt. Der Angriff bezieht sich auf *data in transit* und damit die Angriffsvektoren 1–5.

Als *Exploit* wird die Ausnutzung einer Schwachstelle bezeichnet; typischerweise werden damit Angriffe auf das Zielsystem realisiert.[177] Damit kann es bspw. gelingen, Administratorrechte auf dem Zielsystem zu erlangen.

b. Konkrete Beispiele verschiedener Angriffe und Angriffsziele

Diese allgemeinen Erläuterungen vorangeschickt, sollen im Folgenden konkrete Beispiele für Angriffe auf Smart-Home-Geräte beschrieben werden. Die Angriffe können anhand ihres (Angriffs-)Ziels differenziert werden und werden im Folgenden den beschriebenen Angriffsvektoren zugeordnet (vgl. Abbildung 3). Angriffsziele sind dabei stets von den Schutzzielen abzugrenzen; Angriffe haben nur mittelbar Auswirkungen auf die Schutzziele.

Ist das Angriffsziel ein Kommunikationsmedium wie Zigbee, können etwa sog. *sinkhole attacks* durchgeführt werden.[178] Solche Angriffe können dazu führen, dass der gesamte Datenverkehr im (Mesh-)Netzwerk über ein kompromittiertes Gerät fließt. Dieses Gerät kann sodann den Datenverkehr manipulieren, etwa indem bestimmte Datenpakete verändert oder nicht weiter-

174 Wendzel, IT-Sicherheit, S. 199 f.

175 Teilweise wird Spoofing in der Literatur auch weitergehend verstanden, vgl. nur Eckert, IT-Sicherheit, S. 19.

176 Wendzel, IT-Sicherheit, S. 200; vgl. daneben auch Sorge/Gruschka/Lo Iacono, Sicherheit in Kommunikationsnetzen, S. 22; demnach wird das Vortäuschen einer falschen Identität auch unter den Begriff Maskerade gefasst, vgl. dort S. 148 f. zum sog. IP Address Spoofing.

177 Definition angelehnt an: OWASP Secure Coding Practices, Appendix B: Glossary, abrufbar: https://owasp.org/www-project-secure-coding-practices-quick-reference-guide/stable-en/03-appendices/05-glossary. Es existieren auch hier abweichende Definitionen, vgl. nur Balaban et al., Whitepaper IT-Sicherheitsforschung, S. 22; Wendzel, IT-Sicherheit, S. 203.

178 Dazu und zum Folgenden: Coppolino, Luigi, et al. My smart home is under attack. In: 2015 IEEE 18th International Conference on Computational Science and Engineering, IEEE, 2015, S. 145–151 (147 f.); Heartfield, Ryan, et al. A taxonomy of cyber-physical threats and impact in the smart home. Computers & Security, 2018, Vol. 78, 398–428 (404).

geleitet werden. Um dies zu realisieren, täuscht das kompromittierte Gerät falsche Informationen über die Wegstrecke zum ZigBee-Koordinator vor. Dieser Angriff nutzt etwa den oben genannten Angriffsvektor 4 und beeinträchtigt die Integrität, Vertraulichkeit, Authentizität und die Verfügbarkeit.

Potenzielle Angriffe auf das Kommunikationsmedium beschränken sich dabei jedoch nicht auf die ZigBee-Funkspezifikation. Insbesondere bei smarten Türschlössern wurden – vergleichbar zu ähnlichen Angriffen bei Fahrzeugen – sog. *relay attacks* untersucht, bei welchen die Türschlösser so über die (Bluetooth-)Kommunikation getäuscht werden, dass sie davon ausgehen, das tatsächlich berechtigte Gerät kommuniziere unmittelbar mit ihnen.[179] Hierfür sind zwei Geräte erforderlich. Eines fängt die „Challenge"-Nachricht[180] des Türschlosses ab und versendet diese an das zweite Gerät, welches die Nachricht an das berechtigte Gerät weitergibt. Dadurch erhält das zweite Gerät dieselbe Antwort (die „Response"-Nachricht), wie wenn sich das berechtigte Gerät tatsächlich in der Nähe des Schlosses befinden würde. Die „Response"-Nachricht wird an das erste Gerät weitergeleitet, welches sodann erfolgreich das Schloss darüber täuschen kann, dass es sich um eine unmittelbare Kommunikation mit dem berechtigten Gerät handelt. Die Kommunikation beinhaltet daher korrekte Informationen, es liegt lediglich eine Täuschung über die räumliche Nähe des berechtigten Geräts vor. Damit ist die Integrität der Information gewahrt, allerdings kann darin eine Beeinträchtigung der Vertraulichkeit der Information gesehen werden, da eine unbefugte Stelle zumindest Teile der Nachricht zur Kenntnis nehmen kann.[181] Möglich wäre der Angriff insbesondere über den oben beschriebenen Angriffsvektor 4.

Daneben können in drahtlosen Netzen Angriffe mit sog. *device fingerprinting* vorbereitet werden.[182] Hierfür werden Geräte im Netzwerk anhand ausgewählter Merkmale identifiziert. In der Folge können Angreifer etwa ermitteln, welche Systeme im Netzwerk eingebunden sind und diese gezielt

179 Hierzu und zum Folgenden: Ho, Grant, et al. Smart locks: Lessons for securing commodity internet of things devices. In: Proceedings of the 11th ACM on Asia conference on computer and communications security, 2016, S. 461–472 (463, 465 f.); Heartfield, Ryan, et al. A taxonomy of cyber-physical threats and impact in the smart home. Computers & Security, 2018, Vol. 78, S. 398–428 (404 f.).

180 Diese Nachricht versendet das Türschloss zu Zwecken der Authentifizierung des berechtigen Geräts über Bluetooth.

181 Denkbar wäre zudem eine Verletzung der Authentizität, hierfür gelten die bereits in Fn. 173 dargelegten Überlegungen.

182 Dazu und zum Folgenden vgl.: Jenkins, Ira Ray, et al. Short paper: Speaking the Local Dialect: Exploiting differences between IEEE 802.15. 4 Receivers with Commodity Radios for fingerprinting, targeted attacks, and WIDS evasion. In: Proceedings of the 2014 ACM conference on Security and privacy in wireless & mobile networks, 2014, S. 63–68 (64, 66 f.).

angreifen – etwa mittels der Ausnutzung bekannter Schwachstellen. Die Beeinträchtigung der Schutzziele wäre sodann abhängig von der Art dieses Angriffs. Identifiziert werden können die Geräte etwa über die Angriffsvektoren 1–5, insoweit wäre die Vertraulichkeit beeinträchtigt. Das letztendliche Ziel wäre wiederum über die Vektoren 6, 7 angreifbar.

Neben eingesetzten Kommunikationsmedien sind auch Betriebssysteme von Smart-Home-Geräten und andere Software Gegenstand von Angriffen. Einerseits betrifft dies Software, die zur Steuerung mehrerer Smart-Home-Geräte genutzt werden kann und daher aufgrund dieser Vernetzung ein relevantes Angriffsziel darstellt. Dabei kann es sich um Betriebssysteme der Smart-Home-Zentralen oder um Smartphone-Apps handeln.[183] Andererseits ist auch das Betriebssystem der jeweiligen Smart-Home-Geräte ein potenzielles Angriffsziel: So konnten aufgrund einer fehlerhaften Implementierung des Schlüsselaustauschprotokolls smarte Türschlösser manipuliert werden, sodass die betroffenen Schlösser ohne Benachrichtigung der Bewohner geöffnet werden konnten.[184] Dabei konnte sowohl das Schloss geöffnet werden als auch die vom Schloss ausgesandte Information über dessen Nutzung so verändert werden, dass sie dem berechtigten Nutzer nicht angezeigt wurde. Unter Ausnutzung der hier beschriebenen Angriffsvektoren 4 und 7 konnte dadurch über die Authentizität der an das Schloss versandten Information getäuscht sowie die Integrität der vom Schloss ausgesandten Kommunikation beeinträchtigt werden.

Eine besondere Rolle spielen daneben Apps von Drittanbietern. Bereits 2016 zeigte eine empirische Untersuchung des SmartThings-Frameworks – welches von Drittanbietern zur Entwicklung von Apps für Smart-Home-Geräte verwendet wurde – unzureichende Sicherheitsmechanismen auf, insbesondere im Bereich der Zugriffsrechte.[185] Gerade wenn diese Apps nicht über offizielle App Stores installiert werden, besteht das Risiko der Verbreitung manipulierter Software, welche etwa weitreichende Zugriffsrechte anfragt oder (unbemerkt) zusätzliche Software installiert.[186] Je nach Art des Angriffs können dann durch Ausnutzung der Angriffsvektoren 6 und 7 verschiedene Schutzziele beeinträchtigt werden. Des Weiteren können Apps von Drittan-

183 Heartfield, Ryan, et al. A taxonomy of cyber-physical threats and impact in the smart home. Computers & Security, 2018, Vol. 78, S. 398–428 (405 f.).

184 Hierzu und zum Folgenden: Fouladi, Behrang; Ghanoun, Sahand. Security evaluation of the Z-Wave wireless protocol. Black hat USA, 2013, abrufbar: https://sensepost.com/cms/resources/conferences/2013/bh_zwave/Security%20Evaluation%20of%20Z-Wave_WP.pdf; vgl. auch: https://www.blackhat.com/us-13/briefings.html#Fouladi.

185 Fernandes, Earlence; Jung, Jaeyeon; Prakash, Atul. Security analysis of emerging smart home applications. In: 2016 IEEE Symposium on Security and Privacy (SP), IEEE, 2016, S. 636–654 (650).

186 Heartfield, Ryan, et al. A taxonomy of cyber-physical threats and impact in the smart home. Computers & Security, 2018, Vol. 78, S. 398–428 (408 f.).

bietern ein Risiko darstellen, wenn eine Steuerung durch Sprachassistenten möglich ist. Auf der Basis von Fehlinterpretationen der Spracheingaben können Nutzer – von ihnen unbemerkt – zu manipulierten Apps geleitet werden.[187] Dieser Angriff wird als sog. *skill squatting* bezeichnet. Indem auf Sprachgewohnheiten je nach Geschlecht oder geographischer Region abgestellt wird, sind zudem Angriffe auf spezifische Gruppen von Individuen möglich.[188] Schließlich sind auch andere Angriffe auf Sprachassistenten möglich, insbesondere wenn diese nicht hinsichtlich der Stimme der Nutzer individualisiert sind. So wurde bereits 2017 bekannt, dass bestimmte Werbe- und Fernsehinhalte die Sprachassistenten über eine tatsächlich vom Nutzer gesprochene Anweisung an den Sprachassistenten täuschen und dadurch z. B. Kaufprozesse starten können.[189] Auch bei diesen Angriffen ist eine Beeinträchtigung – je nach Art des Angriffs – mehrerer Schutzziele unter Ausnutzung der oben beschriebenen Angriffsvektoren 6 und 7 möglich.

Dies zeigt nur exemplarisch, wie vielfältig und weitgehend mögliche Angriffe auf Smart-Home-Geräte sein können. Relevante Risikoszenarien sind daher hinsichtlich aller Angriffsvektoren (vgl. Abbildung 3) realistisch, auch wenn die individuellen Voraussetzungen der Angriffe berücksichtigt werden müssen.

II. Einsatzszenarien

Smart-Home-Geräte können außerdem in verschiedenen Einsatzszenarien verwendet werden. In der Regel werden einzelne, vernetzte Haushalte betrachtet. Es handelt sich dann um klassische Einsatzszenarien, in denen ein Verhältnis zwischen Hersteller, Service Provider und Verkäufer sowie Verbrauchern besteht. Typischerweise verarbeiten die eingesetzten Smart-Home-Geräte dann vor allem Daten aus dem persönlichen Lebensumfeld der Nutzer. Unter anderem aufgrund der zunehmenden Verbreitung von Homeoffice lässt sich die Unterteilung zwischen persönlicher bzw. privater und beruflicher Sphäre jedoch nicht mehr trennscharf abgrenzen. Bereits in der Vergangenheit wurde der Einsatz von Smart-Home-Geräten im beruflichen Kontext diskutiert.[190] Inzwischen muss von überschneidenden Einsatzszenarien ausgegangen werden. Dies hat zur Folge, dass

187 Kumar, Deepak, et al. Skill Squatting Attacks on Amazon Alexa, USENIX Security Symposium 2018, S. 33–47 (33).

188 Kumar, Deepak, et al. Skill Squatting Attacks on Amazon Alexa, USENIX Security Symposium 2018, S. 33–47 (33, 41 ff.).

189 Heartfield, Ryan, et al. A taxonomy of cyber-physical threats and impact in the smart home. Computers & Security, 2018, Vol. 78, S. 398–428 (408).

190 Vgl. bereits Geminn, DuD 2016, 575 (579); Roßnagel/Geminn/Jandt/Richter, Datenschutzrecht 2016. „Smart“ genug für die Zukunft?, S. 115 ff.

eine Untersuchung von Anforderungen an IT-Sicherheitsmaßnahmen bei Smart-Home-Geräten nicht nur von Endnutzern als Verbraucher oder lediglich von Datenverarbeitungen innerhalb der sog. Haushaltsausnahme nach Art. 2 Abs. 2 lit. c DSGVO[191] ausgehen darf. Vielmehr ist bspw. anzunehmen, dass auch Geschäftsgeheimnisse durch die Smart-Home-Geräte verarbeitet werden können. Dies ist etwa denkbar, wenn nicht ausgeschlossen werden kann, dass Sprachassistenten – ob im Homeoffice oder tatsächlich in Büroräumen – Kommunikation im beruflichen Alltag mithören oder wenn Smart TVs für berufliche Zwecke verwendet werden.

191 Vgl. zur Reichweite der sog. Haushaltsausnahme: Kapitel 3 A. II. 1.

Kapitel 3 – Datenschutzrechtliche Fragestellungen

Einen Schwerpunkt der rechtlichen Fragestellungen stellen solche des europäischen Datenschutzrechts dar. In den folgenden Ausführungen werden daher die einschlägigen datenschutzrechtlichen Anforderungen an die technische Gestaltung und den Einsatz von Smart-Home-Geräten gem. Art. 25 und Art. 32 DSGVO analysiert. Grundlage hierfür ist zunächst die Bestimmung der datenschutzrechtlichen Verantwortlichkeit. Fragestellungen des (weiteren) IT-Sicherheitsrechts werden in Kapitel 4 behandelt.

A. Datenschutzrechtliche Verantwortlichkeit im Smart Home

Wer datenschutzrechtlich verantwortlich ist, dem weist die DSGVO zahlreiche Verpflichtungen zu.[192] Nach Art. 24 Abs. 1 S. 1 DSGVO sind Verantwortliche verpflichtet, Maßnahmen umzusetzen, welche sicherstellen, dass die Verarbeitung gemäß der Verordnung erfolgt. Zugleich müssen sie einen Nachweis hierfür erbringen können. Bereits diese Norm zeigt, dass die präzise Verortung der Verantwortlichkeit bei einer oder mehreren Stellen die Basis für eine Auslegung von datenschutzrechtlichen Verpflichtungen – und ihrer Erfüllung durch technische und organisatorische Maßnahmen im Einzelfall – darstellt. Hierfür wird im Folgenden auf die oben bereits beschriebenen Akteure dieser Untersuchung[193] abgestellt. Zunächst werden jedoch die rechtlichen Rahmenbedingungen erläutert.

I. Datenschutzrechtliche Verantwortlichkeit

Nach Art. 4 Nr. 7 Hs. 1 DSGVO ist Verantwortlicher „die natürliche oder juristische Person, Behörde, Einrichtung oder andere Stelle, die allein oder gemeinsam mit anderen über die Zwecke und Mittel der Verarbeitung von personenbezogenen Daten entscheidet“. Umfasst sind von der Definition damit neben juristischen gerade auch natürliche Personen – jedenfalls, solange für diese nicht die sog. Haushaltsausnahme (Art. 2 Abs. 2 lit. c DSGVO) einschlägig ist.[194] Demnach scheidet die Anwendbarkeit der DSGVO aus, wenn personenbezogene Daten durch natürliche Personen zur Ausübung

192 Vgl. nur Art. 24 Abs. 1, Art. 25, Art. 32 Abs. 1 DSGVO.

193 Kapitel 2 B. II.

194 Mühlenbeck/Schwartmann, in: Schwartmann/Jaspers/Thüsing/Kugelmann DSGVO, Art. 4 Rn. 133; Hartung, in Kühling/Buchner DSGVO, Art. 4 Nr. 7 Rn. 9, 10. Zur sog. Haushaltsausnahme im Smart Home vgl. Kapitel 3 A. II. 1. a.

ausschließlich persönlicher oder familiärer Tätigkeiten verarbeitet werden (vgl. hierzu Kapitel 3 A. II. 1. a).

Wesentlich zur Abgrenzung zur sog. gemeinsamen Verantwortlichkeit nach Art. 26 DSGVO ist, ob die Entscheidung über die Zwecke und Mittel der Datenverarbeitung „allein oder gemeinsam mit anderen" getroffen wird, wobei die DSGVO nicht genauer regelt, woran dies zu bemessen ist. Die resultierende Diskussion um eine möglichst trennscharfe Abgrenzung wird vor allem von den EuGH-Urteilen in den Rechtssachen Wirtschaftsakademie, Zeugen Jehovas sowie Fashion ID beeinflusst.[195] Die Urteile wurden in der Literatur umfangreich diskutiert;[196] für den vorliegenden Untersuchungsgegenstand sollen jedoch nur die hier relevanten Aussagen aus den Urteilen skizziert werden.

Insgesamt ist die EuGH-Rechtsprechung von einer weiten Auslegung des Begriffs der gemeinsamen Verantwortlichkeit geprägt.[197] Diese Auslegung ist demnach geboten, um betroffenen Personen einen wirksamen und umfassenden Schutz zu gewährleisten.[198] In diesem Lichte lassen sich den Urteilen einige Grundaussagen entnehmen. So sah es der EuGH in der Wirtschaftsakademie-Entscheidung nicht als erforderlich an, dass beide Verantwortliche Zugang zu den verarbeiteten personenbezogenen Daten haben.[199] Vielmehr

---

195 EuGH v. 5.6.2018 – C-210/16 – Rs. Wirtschaftsakademie; EuGH v. 10.7.2018 – C-25/17 – Rs. Zeugen Jehovas; EuGH v. 29.7.2019 – C-40/17 – Rs. Fashion ID. Die Urteile ergingen noch zur DS-RL, sie gelten jedoch aufgrund der inhaltlichen Übereinstimmung der Definition der Verantwortlichkeit zwischen Art. 4 Nr. 7 DSGVO und Art. 2 lit. d DS-RL als übertragbar. Vgl. hierzu nur: Lang, in: Taeger/Gabel DSGVO, Art. 26 Rn. 26, mwN in Fn. 53; Kremer, in: Schwartmann/Jaspers/Thüsing/Kugelmann DSGVO, Art. 26 Rn. 27; Chen/Edwards/Urquhart/McAuley, IDPL 2020, 279 (281), sowie Radtke, Gemeinsame Verantwortlichkeit, S. 49 mwN in Fn. 74; Schneider, Gemeinsame Verantwortlichkeit, S. 42 f. mit ausführlichen weiteren Nachweisen in Fn. 67 und Marosi, (Gem-)Einsame Verantwortlichkeit, S. 20; vgl. daneben die Aussage des EuGH, dass „die zur Richtlinie ergangene Rechtsprechung des Gerichtshofs grundsätzlich auch für die Verordnung einschlägig" ist: EuGH v. 17.6.2021 – C-597/19 – Rn. 107.

196 Vgl. nur die Dissertationen von Radtke, Gemeinsame Verantwortlichkeit, S. 49 ff. und Schneider, Gemeinsame Verantwortlichkeit, S. 42 ff.

197 EuGH v. 5.6.2018 – C-210/16 – Rs. Wirtschaftsakademie, Rn. 28; EuGH v. 10.7.2018 – C-25/17 – Rs. Zeugen Jehovas, Rn. 66; EuGH v. 29.7.2019 – C-40/17 – Rs. Fashion ID, Rn. 65, 66. Außerdem bereits EuGH v. 13.5.2014 – C-131/12 – Rs. Google Spain, Rn. 34.

198 EuGH v. 5.6.2018 – C-210/16 – Rs. Wirtschaftsakademie, Rn. 28; EuGH v. 10.7.2018 – C-25/17 – Rs. Zeugen Jehovas, Rn. 66; EuGH v. 29.7.2019 – C-40/17 – Rs. Fashion ID, Rn. 66. Außerdem bereits EuGH v. 13.5.2014 – C-131/12 – Rs. Google Spain, Rn. 34.

199 EuGH v. 5.6.2018 – C-210/16 – Rs. Wirtschaftsakademie, Rn. 38. Das BVerwG hielt in Anknüpfung an dieses EuGH-Urteil auch datenverarbeitende Stellen für gemeinsam Verantwortliche, welche „anderen die Gelegenheit der Datenverarbeitung einräumen, ohne selbst damit befasst zu sein.", vgl. BVerwG, Urteil v. 11.9.2019 – 6 C 15.18, Rn. 20.

ließ es der EuGH für eine gemeinsame Zweck- und Mittelentscheidung ausreichen, dass Facebook-Nutzer durch das Unterhalten einer Fanpage und den dortigen Möglichkeiten zur Konfiguration („Parametrierung“) der Besucherstatistiken an der Datenverarbeitung beteiligt seien.[200] Dass diese Besucherstatistiken den Fanpage-Betreibern nur anonymisiert vorlägen – und sie damit keinen Zugang zu diesen personenbezogenen Daten haben –, sei nicht relevant.[201]

Diese Argumentation wurde auch in der Folge durch den EuGH bestätigt.[202] In der Zeugen-Jehovas-Entscheidung nahm der EuGH außerdem eine (gemeinsame) Verantwortlichkeit an, wenn eine natürliche oder juristische Person „aus Eigeninteresse auf die Verarbeitung personenbezogener Daten Einfluss nimmt“[203] und damit an der Zweck- und Mittelentscheidung mitwirkt.[204] Für eine solche Einflussnahme hat es der EuGH in der Entscheidung ausreichen lassen, dass die Gemeinschaft der Zeugen Jehovas die Verkündigungstätigkeit der Mitglieder – in deren Rahmen die streitige Datenverarbeitung stattfindet – organisiert, koordiniert und zu ihr ermuntert.[205] Der Grad der Verantwortlichkeit sei jedoch im Einzelfall zu differenzieren, da die Akteure „in verschiedenen Phasen und in unterschiedlichem Ausmaß“[206] in die Verarbeitung einbezogen sein könnten. Während diese Maßgabe[207] in der Fashion ID-Entscheidung – genau wie bspw. das aus der Fanpage-Entscheidung bekannte Argument der Ermöglichung der Datenverarbeitung – fortgeführt wurde[208] sowie auch das Eigeninteresse der Akteure weiterhin als relevant für die Zweck- und Mittelentscheidung eingeordnet wurde,[209] so enthält das Urteil dennoch eine entscheidende Neuerung: Aus der Definition der Verarbeitung personenbezogener Daten leitete der EuGH ab, dass auch hinsichtlich der Bestimmung der gemeinsamen Verantwortlichkeit eine Datenverarbeitung in einzelne Vorgänge bzw. Phasen der Verarbeitung unterteilt werden kann, für die jeweils zu prüfen ist, ob eine gemeinsame Zweck- und Mittelentscheidung erfolgt.[210] Dies kann bspw. dazu führen, dass – wie im konkre-

200 EuGH v. 5.6.2018 – C-210/16 – Rs. Wirtschaftsakademie, Rn. 36, 37.
201 EuGH v. 5.6.2018 – C-210/16 – Rs. Wirtschaftsakademie, Rn. 38.
202 EuGH v. 10.7.2018 – C-25/17 – Rs. Zeugen Jehovas, Rn. 69; EuGH v. 29.7.2019 – C-40/17 – Rs. Fashion ID, Rn. 69.
203 EuGH v. 10.7.2018 – C-25/17 – Rs. Zeugen Jehovas, Rn. 68.
204 EuGH v. 10.7.2018 – C-25/17 – Rs. Zeugen Jehovas, Rn. 68.
205 EuGH v. 10.7.2018 – C-25/17 – Rs. Zeugen Jehovas, Rn. 70–73.
206 EuGH v. 10.7.2018 – C-25/17 – Rs. Zeugen Jehovas, Rn. 66; so auch bereits: EuGH v. 5.6.2018 – C-210/16 – Rs. Wirtschaftsakademie, Rn. 43.
207 EuGH v. 29.7.2019 – C-40/17 – Rs. Fashion ID, Rn. 70.
208 EuGH v. 29.7.2019 – C-40/17 – Rs. Fashion ID, Rn. 75, 80.
209 EuGH v. 29.7.2019 – C-40/17 – Rs. Fashion ID, Rn. 68.
210 EuGH v. 29.7.2019 – C-40/17 – Rs. Fashion ID, Rn. 72.

ten Fall – lediglich eine gemeinsame Verantwortlichkeit für die Erhebung und die Übermittlung personenbezogener Daten vorliegt, nicht jedoch für nachgelagerte Verarbeitungen, für die nur ein Akteur die Zweck- und Mittelbestimmung vornimmt.[211]

Im Folgenden wird untersucht, welche Implikationen diese Rechtsprechung auf die analysierten Produktkategorien von Smart-Home-Geräten hat.

II. Implikationen im Smart Home

Für die folgenden Ausführungen werden die oben definierten Produktkategorien und Akteure zugrunde gelegt.[212] Mit diesen Ausführungen soll aufgezeigt werden, für welche Akteure die in Abschnitt B untersuchten Normen – primär Art. 25 und Art. 32 DSGVO – anwendbar sind.

1. Verantwortlichkeit der (privaten) Nutzer?

Hierfür wird zunächst untersucht, in welchen Fällen Nutzer der Smart-Home-Geräte datenschutzrechtlich verantwortlich sind.

a. Persönliche und familiäre Tätigkeiten

Die als sog. Haushaltsausnahme bekannte Norm, Art. 2 Abs. 2 lit. c DSGVO, regelt – entgegen ihrem auch in der englischen Sprache („household exemption") erweckten Anschein – keine auf Haushalte oder Wohnräume und insoweit örtlich definierte Ausnahme.[213] Vielmehr sieht die Norm vor, dass die DSGVO dann keine Anwendung auf die Verarbeitung personenbezogener Daten findet, wenn die Verarbeitung „durch natürliche Personen zur Ausübung ausschließlich persönlicher oder familiärer Tätigkeiten" (Art. 2 Abs. 2 lit. c DSGVO) stattfindet. ErwG 18 S. 1 DSGVO erläutert diese Regelung; hiernach fallen darunter Verarbeitungen, die „ohne Bezug zu einer beruflichen oder wirtschaftlichen Tätigkeit vorgenommen" werden. Beispielhaft nennt ErwG 18 S. 2 das Führen von Schriftverkehr, von Anschriftenverzeichnissen, die Nutzung sozialer Netze sowie „Online-Tätigkeiten im

211 Radtke, Gemeinsame Verantwortlichkeit, S. 57; EuGH v. 29.7.2019 – C-40/17 – Rs. Fashion ID, Rn. 84, 85.

212 Vgl. hierzu Kapitel 2 B. I sowie Kapitel 2 B. II. Werden andere Akteure bzw. Annahmen zugrunde gelegt, kann sich naturgemäß eine abweichende Beurteilung ergeben, vgl. für eine weitere Analyse nur: Skistims, Smart Homes, S. 368 ff. zur datenschutzrechtlichen Verantwortlichkeit auf Basis von BDSG a. F. und der DS-RL sowie S. 70 ff. zur zugrunde gelegten informationstechnischen Infrastruktur.

213 De Conca, scripted 2020, 238 (252); gegen eine räumliche Bezeichnung vgl. auch: von Lewinski, in: Auernhammer DSGVO, Art. 2 Rn. 26; Schmidt, in: Taeger/Gabel DSGVO, Art. 2 Rn. 18.

Rahmen solcher Tätigkeiten". Zwar verwendet die englische Sprachfassung das Wort „household": „processing of personal data [...] by a natural person in the course of a purely personal or household activity" (ErwG 18 S. 1 DSGVO) – allerdings wird auch hierbei auf eine Tätigkeit („activity"), nicht auf eine örtliche Gegebenheit abgestellt. Es kommt nach dem Wortlaut also nicht darauf an, ob Daten innerhalb eines Haushalts oder in einem belebten Café verarbeitet werden – sondern etwa darauf, ob eine beruflich oder eine privat veranlasste Nachricht verfasst wird.

Dies ist auch im hiesigen Untersuchungsgegenstand relevant. Demnach ist es nicht entscheidend, ob Smart-Home-Geräte personenbezogene Daten innerhalb eines Haushalts erfassen, sondern es ist darauf abzustellen, ob die Datenverarbeitung ausschließlich zur Ausübung persönlicher oder familiärer Tätigkeiten erfolgt. Eine Grenze ist der Rechtsprechung des EuGH jedoch für den Fall zu entnehmen, dass durch die Datenverarbeitung personenbezogene Daten öffentlich zugänglich werden, wobei „öffentlich" dabei den Zugang für eine unbegrenzte Anzahl von Personen meint.[214] Dies ist bei einer Veröffentlichung im Internet der Fall.[215] Denn selbst wenn hierdurch grundsätzlich private Tätigkeiten ausgeübt würden, wären Betroffene – gerade bei einer Veröffentlichung der Daten – „weitgehend schutzlos gestellt".[216] Außerdem liegt keine ausschließlich private oder familiäre Tätigkeit vor, wenn sich die Datenverarbeitung „auch nur teilweise auf den öffentlichen Raum erstreckt"[217]; die Datenverarbeitung darf demnach nicht auf „einen Bereich außerhalb der privaten Sphäre desjenigen gerichtet"[218] sein, der die Daten verarbeitet. Diese grundsätzlichen Aussagen hat der EuGH mehrfach bestätigt.[219]

214 EuGH, Urt. v. 6.11.2003 – C-101/01 – Lindqvist, Rn. 47; Golland, ZD 2020, 397 (397).

215 EuGH, Urt. v. 6.11.2003 – C-101/01 – Lindqvist, Rn. 47; Golland, ZD 2020, 397 (397). Die EuGH-Entscheidung bezieht sich auf die Veröffentlichung personenbezogener Daten auf einer Webseite, umfasst präziser also die Veröffentlichung im World Wide Web.

216 So explizit: Golland, ZD 2020, 397 (397).

217 EuGH, Urt. v. 11.12.2014 – C-212/13 – Ryneš, Rn. 33.

218 EuGH, Urt. v. 11.12.2014 – C-212/13 – Ryneš, Rn. 33.

219 Vgl. in Bezug auf die Rs. Ryneš und Lindqvist: EuGH, Urt. v. 14.2.2019 – C-345/17 – Buivids, Rn. 43; EuGH, Urt. v. 10.7.2018 – C-25/17 – Jehovan todistajat, Rn. 42; nur in Bezug auf die Rs. Lindqvist: EuGH, Urt. v. 16.12.2008 – C-73/07 – Rn. 44; Van Mill/Quintais, CLSR 2022, 105689, S. 6. Die Urteile beziehen sich jeweils auf die Fassung der DS-RL, die insoweit jedoch nahezu wortgleich ist; daher sind die Urteile auf die DSGVO übertragbar, vgl. hierzu nur: Kühling/Raab, in: Kühling/Buchner DSGVO, Art. 2 Rn. 25; kritisch, aber im Ergebnis auch von einer Fortsetzung der Rechtsprechung: Schmidt, in: Taeger/Gabel DSGVO, Art. 2 Rn. 21; für eine Teilrevision des Lindqvist-Urteils in Bezug auf die Nutzung von Social-Media-Diensten: Bäcker, in: BeckOK DatenschutzR, Art. 2 Rn. 21 f.

Zu Recht beschreibt *Wagner*, dass die Datenverarbeitung durch Smart-Home-Geräte häufig private oder familiäre Sachverhalte betreffen wird, sich jedoch ebenso bspw. berufliche Sachverhalte wie geschäftliche Gespräche oft nicht ausschließen lassen werden.[220] Wie aufgezeigt wurde, ist Art. 2 Abs. 2 lit. c DSGVO sehr eng gefasst („ausschließlich“), sodass bspw. die Verwendung eines Smart TV für private wie berufliche Videoanrufe zu einer Anwendbarkeit der DSGVO führt.

In der Literatur wird vertreten, die Datenverarbeitung durch Smart-Home-Geräte unterfalle dann der Haushaltsausnahme, sofern die Verarbeitung „im eigenen Heim stattfindet und nur den Wohnungsinhaber und seine Familie betrifft“.[221] Eine ähnlich strenge Auslegung der EuGH-Rechtsprechung vertreten *Chen* et. al. [222] Dagegen zieht *Golland* den Vergleich, dass bei einem solch strengen Maßstab – der bei jeder Weitergabe der Daten an außerhalb des Haushalts stehende Stellen bzw. Personen die Anwendbarkeit der DSGVO für den Nutzer vorsieht – selbst die Verwendung von Smartphone-Betriebssystemen, bei denen personenbezogene Daten in Cloud-Speichern gesichert werden, dem Datenschutzrecht unterfallen müsse.[223] Dies sei kaum vertretbar, wenn der Wille des Gesetzgebers berücksichtigt werde.

Von Lewinski vertritt, dass das Datenschutzrecht auch in Bezug auf Gäste nicht anwendbar sei, wohl aber auf „die Datenverarbeitung von Anbietern externer Dienstleistungen und (Steuerungs-) Plattformen“.[224]

Angesichts des hiesigen Untersuchungsgegenstandes – welcher auch Akteure wie Service Provider einbezieht[225] – ist allerdings zunächst zu klären, inwiefern sich die Weitergabe von personenbezogenen Daten außerhalb des Haushaltes auf die Anwendbarkeit der DSGVO auf den Nutzer – selbst wenn dieser nur privaten oder familiären Tätigkeiten nachgeht – auswirkt.

---

220 Wagner, ZD 2018, 307 (311).

221 Roßnagel, in: Simitis/Hornung/Spiecker gen. Döhmann DSGVO, Art. 2 Rn. 30 unter Verweis auf „Geminn DuD 2015, 575“, gemeint wohl: DuD 2016, 575.

222 Chen/Edwards/Urquhart/McAuley, IDPL 2020, 279 (286).

223 Golland, ZD 2020, 397 (398).

224 Von Lewinski, in: Auernhammer DSGVO, Art. 2 Rn. 36, der Autor meint wohl die Verarbeitung „durch“ Anbieter externer Dienstleistungen; eine Begründung findet sich an dieser Stelle nicht. Die Kommentierung verweist seit der 5. Auflage 2017 (dort noch in Rn. 30, in der 6. Auflage 2018 in Rn. 31) auf die Publikation „v. Lewinski, in: Ronellenfitsch, My Home is my castle“, die mit wechselnden Jahreszahlen als „(i. E.)“ gekennzeichnet wird. In der aktuellen Auflage des Kommentars wird an dieser Stelle auf „v. Lewinski, in: Roßnagel, My Home is my castle, 2024 (i. E.).“ verwiesen. Soweit erkennbar ist ein solches Werk bisher nicht erschienen. Die Publikationsliste des Autors (letzter Abruf: 11.3.2025) weist auf die Publikation „Die Digitalisierung des Kernbereichs – Smart Home + Profiling, in: Roßnagel (Hrsg.), My Home is My Castle, 2024 [im Satz]“ hin.

225 Vgl. Abbildung 2.

Denn falls bereits diese Weitergabe zur Anwendbarkeit der DSGVO auf den Nutzer führt, erscheint zweifelhaft, ob für den vorliegenden Untersuchungsgegenstand noch relevante Szenarien innerhalb der Haushaltsausnahme verbleiben würden.

Nicht explizit in der DSGVO geregelt ist der Fall, dass nach der Zweck- und Mittelbestimmung (die Anwendbarkeit der DSGVO unterstellt) eine gemeinsame Verantwortlichkeit zwischen Nutzer und anderen Akteuren – seien es Service Provider, Hersteller oder Verkäufer – anzunehmen wäre, jedoch für den Nutzer die Voraussetzungen der Haushaltsausnahme zu bejahen sind. Wie von *Wagner* und *Radtke* beschrieben, kommen in diesen Fällen drei Lösungsansätze in Betracht.[226] Mit Blick auf das Ergebnis werden diese als Lösung *zulasten der Betroffenen,* Lösung *zulasten der übrigen Verantwortlichen* oder als Lösung *zulasten der Nutzer* beschrieben.[227]

Zunächst spricht die enge Auslegung der Haushaltsausnahme durch den EuGH sowie deren Wortlaut („ausschließlich") dafür, die Lösung *zulasten der Nutzer* zu befürworten. Dies würde bedeuten, dass für einen grundsätzlich im Rahmen der Haushaltsausnahme tätigen Nutzer bei Einbezug eines (gemeinsam verantwortlichen) weiteren Akteurs in die Verarbeitung die Haushaltsausnahme – mindestens insoweit – nicht mehr einschlägig wäre. Wie bereits das Beispiel von *Golland* – automatische Backups personenbezogener Daten von Smartphones – zeigt, würde eine solche Lösung zu einer weiteren deutlichen Einschränkung der Haushaltsausnahme führen. Faktisch könnte dies bedeuten, dass Nutzer bei jeder digitalen Verarbeitung prüfen müssten, ob die mit dem gewählten Dienstleister geplante Verarbeitung aufgrund der weiten Auslegung der Norm durch den EuGH die Voraussetzungen des Art. 26 DSGVO erfüllt. Im Ergebnis verbliebe damit mindestens für digitale Datenverarbeitungen – insbesondere, wenn sie online erfolgen – kaum ein Anwendungsbereich für die Haushaltsausnahme. Der Gesetzgeber bezeichnet in ErwG 18 S. 2 DSGVO jedoch gerade die Nutzung sozialer Netze und Online-Tätigkeiten beispielhaft als persönliche oder familiäre Tätigkeit. Dies zeigt, dass auch solche digitale Verarbeitungen von der Haushaltsausnahme umfasst sein sollen.

Hieraus ergibt sich auch keine wesentliche Schutzlücke für Betroffene. Denn sofern der einbezogene weitere Akteur eigene Zwecke verfolgt, ist er insoweit selbst Verantwortlicher und durch die DSGVO verpflichtet, vgl. auch ErwG 18 S. 3 DSGVO.

---

226 Hierzu und zum Folgenden: Wagner, ZD 2018, 307 (311 f.); Radtke, Gemeinsame Verantwortlichkeit, S. 165–167.

227 Diese prägnant beschriebene Unterscheidung geht – sprachlich leicht anders formuliert – auf Wagner, ZD 2018, 307 (311 f.) zurück.

Verfolgt der weitere Akteur keine eigenen Zwecke – etwa, weil er lediglich Rechenleistung zur Verfügung stellt und dabei anfallende personenbezogene Daten nur im Auftrag verarbeitet –, stellt sich die Frage, ob er trotz eines fehlenden Verantwortlichen als Auftragsverarbeiter einzuordnen wäre. Denn der Nutzer selbst wäre aufgrund der Haushaltsausnahme nicht als Verantwortlicher einzustufen. Art. 28 DSGVO sieht diesen Fall nicht explizit vor. Allerdings deutet ErwG 18 S. 3 DSGVO darauf hin, dass die Regelungen zur Auftragsverarbeitung weiter gelten sollen. Überzeugend wird in der Literatur deshalb eine analoge Anwendung von Art. 28 Abs. 3 DSGVO vertreten – teilweise unter dem Stichwort des „Quasi-Auftragsverarbeiters".[228]

Eine Lösung zulasten der Nutzer ist daher weder überzeugend noch ergibt sich durch die Ablehnung der Lösung eine wesentliche Schutzlücke für Betroffene. Denn selbst wenn eine analoge Anwendung von Art. 28 Abs. 3 DSGVO nicht zu befürworten wäre,[229] würde der weitere Akteur jedenfalls dann, wenn er personenbezogene Daten zu anderen Zwecken verarbeiten würde, damit eine eigene Zweck- und Mittelbestimmung vornehmen, was ihn insoweit selbst in die Stellung eines Verantwortlichen i. S. v. Art. 4 Nr. 7 DSGVO bringen würde (vgl. insoweit den Rechtsgedanken von Art. 28 Abs. 10 DSGVO).[230] Nimmt der Akteur keine eigene Zweck- und Mittelbestimmung vor, so kommt die Ansicht, die keine analoge Anwendung von Art. 28 Abs. 3 DSGVO vorsieht, folgerichtig zu dem Ergebnis, dass in diesen Fällen auch kein Regelungsbedarf vorliegt – da bereits der Nutzer nicht dem Anwendungsbereich der DSGVO unterfällt.[231]

Bezogen auf die Situation einer gemeinsamen Verantwortlichkeit befürwortet *Wagner* daher eine Lösung *zulasten der Betroffenen*,[232] bei der also die relevanten Verpflichtungen der DSGVO – mangels Anwendbarkeit derselben – unbeachtlich sind.[233] Zum einen spricht hierfür die Wertung des Art. 2 Abs. 2 lit. c DSGVO, der gerade die Anwendbarkeit beschränkt und damit leerlaufende Verpflichtungen in Kauf nimmt.[234] Zum anderen erschließe sich nicht, weshalb Betroffene bessergestellt werden sollten – bzw. weshalb sich diese Wertung ändern soll – nur weil ein zusätzlicher (verantwortlicher) Akteur an der Datenverarbeitung beteiligt ist. Zutreffend argumentiert *Wag-*

---

228 Golland, ZD 2020, 397 (400).

229 Vgl. Grzeszick/Rauber, ZD 2018, 560 (562), die davon ausgehen, dass eine Stellung als Auftragsverarbeiter stets einen Verantwortlichen (im Geltungsbereich der DSGVO) erfordert.

230 So im Ergebnis auch Grzeszick/Rauber, ZD 2018, 560 (563), auch in Bezug auf die Haushaltsausnahme.

231 Grzeszick/Rauber, ZD 2018, 560 (563).

232 Wagner, ZD 2018, 307 (312).

233 Wagner, ZD 2018, 307 (311).

234 Hierzu und zum Folgenden: Wagner, ZD 2018, 307 (312).

ner, dass jedenfalls die Verpflichtungen dieses Verantwortlichen bestehen bleiben.[235]

Nicht überzeugend ist jedoch, wie *Wagner* die Lösung zulasten der Mitverantwortlichen bzw. *zulasten der übrigen Verantwortlichen* ablehnt. So sei stets zuerst die Verantwortlichkeit der beteiligten Akteure zu klären, bevor die Haushaltsausnahme geprüft werden könne.[236] Daher gehe das Argument für diese Lösung, das Datenschutzrecht sei aufgrund der Haushaltsausnahme bereits nicht anwendbar auf die Nutzer, ins Leere. Zwar ist zutreffend, dass Art. 2 Abs. 2 DSGVO die Verarbeitung personenbezogener Daten voraussetzt. Nach *Wagner* soll es daher erforderlich sein, zunächst zu prüfen, ob eine solche Verarbeitung vorliegt; hierfür wiederum müsse aber stets die für die Verarbeitung verantwortliche Stelle bestimmt sein. Ob eine solche Datenverarbeitung vorliegt, ist jedoch – anders als von *Wagner* ausgeführt – überprüfbar, ohne hierfür zugleich eine Zuweisung der Verantwortlichkeit vorzunehmen. Dies zeigen bereits die Begriffsbestimmungen in Art. 4 Nr. 1, 2 DSGVO, in denen Verantwortliche nicht erwähnt werden. Dass der Gesetzgeber sich – neben Auftragsverarbeitern – für Verantwortliche als Normadressaten der DSGVO entschieden hat und dass diese Verpflichtungen ins Leere gehen können, falls die Bestimmung der Verantwortlichkeit nicht präzise genug erfolgt, ist zwar für sich genommen zutreffend – von der Prüfung des Art. 4 Nr. 2 DSGVO ist es jedoch völlig unabhängig.[237]

Radtke dagegen befürwortet eine Lösung *zulasten der anderen Verantwortlichen*.[238] Kern des Lösungsansatzes ist es, dass der Anwendungsbereich der DSGVO für jeden Verantwortlichen einzeln betrachtet wird. Vergleichbar zur Unterteilung der Datenverarbeitungen in einzelne Phasen nach der EuGH-Rechtsprechung zu Art. 26 DSGVO wird auf den Einflussbereich der einzelnen Akteure abgestellt, wobei im Falle einer bejahten Haushaltsausnahme insoweit eine (gemeinsame) Verantwortlichkeit entfällt; denkbar wäre danach auch, dass hierdurch Verarbeitungen mangels Verantwortlichen vollständig nicht der DSGVO unterfallen.[239]

Damit kommt sowohl der von *Radtke* als auch der von *Wagner* befürwortete Lösungsansatz zu einem ähnlichen Ergebnis. Zwar lehnt *Radtke* die von *Wagner* vertretene Lösung zulasten der Betroffenen ab. Bei genauerer Betrachtung argumentieren jedoch beide Autoren für eine Lösung, die auch die

235 Wagner, ZD 2018, 307 (312).
236 Hierzu und zum Folgenden: Wagner, ZD 2018, 307 (312).
237 Etwas anderes ergibt sich auch nicht durch das Dokument der Art. 29-Datenschutzgruppe, welches *Wagner* im Rahmen seiner Ausführungen hierzu zitiert, vgl. Wagner, ZD 2018, 307 (312), Fn. 57; der insoweit nicht eindeutige Verweis auf Fn. 4 muss als Verweis auf die Stellungnahme 1/2010 (WP 169) verstanden werden.
238 Hierzu und zum Folgenden: Radtke, Gemeinsame Verantwortlichkeit, S. 167.
239 Radtke, Gemeinsame Verantwortlichkeit, S. 167.

Wertung von Art. 2 Abs. 2 lit. c DSGVO angemessen berücksichtigt: Soweit die Haushaltsausnahme Nutzer von der Einhaltung der DSGVO befreit, geht dies zulasten der Betroffenen. Allerdings sind beide Autoren der Auffassung, dass (verbleibende) Verantwortliche, die ohne die Geltung der Haushaltsausnahme auch gemeinsam Verantwortliche wären, für deren Einflussbereich verantwortlich bleiben. Dies bedeutet, dass diese Akteure – insoweit sie die Zweck- und Mittelbestimmung vornehmen – auch die von ihnen beeinflussten Phasen der Verarbeitung zu verantworten haben. Denn auch *Wagner* ist nicht so zu verstehen, dass er eine Lösung vollständig zulasten Betroffener – d. h. insoweit, dass jegliche Verantwortlichkeit aller Akteure verneint wird – befürwortet.[240] Für Betroffene ergibt sich daher in beiden Fällen dieselben Situation. Dieses Ergebnis ist auch mit Blick auf ErwG 18 S. 3 DSGVO überzeugend.[241]

b. Zwischenergebnis

Im Kern sprechen damit mehrere Gründe dafür, im Folgenden einen Schwerpunkt der Analyse auf das Datenschutzrecht zu legen, auch wenn in bestimmten Konstellationen die Nutzung von Smart-Home-Geräten der Haushaltsausnahme unterfällt.

Zunächst ist dies der Fall, weil bei Smart-Home-Geräten im Allgemeinen – und bei den hier betrachteten Produktkategorien im Speziellen – in Bezug auf die hier untersuchten Anforderungen an die IT-Sicherheit ohnehin nur wenig Spielraum für Nutzer besteht, diese Anforderungen zu erfüllen. Vielmehr ist der faktische Einfluss der Nutzer auf das IT-Sicherheitsniveau ihrer Geräte sehr gering.[242] Selbst wenn sie dieses in wesentlichem Ausmaß durch die Vornahme von Einstellungen beeinflussen können, so träfe zunächst die Service Provider als (gemeinsam) Verantwortliche eine Verpflichtung zu möglichst datenschutzfreundlichen Voreinstellungen (Privacy by Design

240 Nach hier vertretenem Verständnis folgt dies aus den Ausführungen *Wagners*: „Allein die Pflichtenseite des Nutzers (z. B. also das Einholen einer Einwilligung), die diesem im Rahmen der gemeinsamen Verantwortlichkeit zugewiesen wurde, würde also entfallen; die (oftmals technische) Pflichtenseite des Diensteanbieters bliebe demgegenüber bestehen.“, vgl. Wagner, ZD 2018, 307 (312). Eine Lösung vollständig zulasten Betroffener erschiene auch weder mit ErwG 18 S. 3 DSGVO vereinbar, noch praktisch umsetzbar – denn wie sollten (eigentlich) gemeinsam Verantwortliche ermitteln, ob bzw. wann Nutzer ausschließlich privat-familiären Tätigkeiten oder zumindest auch beruflichen Tätigkeiten nachgehen.

241 Radtke, Gemeinsame Verantwortlichkeit, S. 167.

242 In diese Richtung argumentiert – primär in Bezug auf eine mögliche gemeinsame Verantwortlichkeit zwischen Hersteller bzw. Service Provider und den Nutzern von „Smart Speakern“ – auch De Conca, scripted 2020, 238, (260 ff., 262, 265).

and by Default, vgl. Art. 25 DSGVO).[243] Daher verbleibt – auch wenn Nutzer innerhalb der Haushaltsausnahme agieren – dennoch ein großer Raum für datenschutzrechtliche Verpflichtungen weiterer Akteure. Im Fokus stehen sollen im Folgenden daher – bereits aus diesen technischen Gründen – nicht technische und organisatorische Maßnahmen, die Nutzer treffen können, sondern solche, die durch Service Provider und Hersteller umgesetzt werden können.

Ein weiterer Grund ist die oben beschriebene enge Auslegung der Haushaltsausnahme: nur *ausschließlich* privat bzw. familiäre Tätigkeiten befreien natürliche Personen von der Anwendbarkeit der DSGVO. Sobald bspw. zumindest auch berufliche Tätigkeiten – etwa eine Tätigkeit im Homeoffice oder der Einsatz von Smart-Home-Geräten in Büros – tangiert werden und dabei Datenverarbeitungen stattfinden, ist die Ausnahme ausgeschlossen. Selbst wenn die Haushaltsausnahme einschlägig ist, so bleiben die hier relevanten datenschutzrechtlichen Anforderungen aus Art. 25, 32 DSGVO jedenfalls für weitere Akteure wie Service Provider anwendbar.

Angesichts des oben beschriebenen sehr begrenzten faktischen Einflusses von Nutzern auf die Sicherheit der Datenverarbeitungen in Smart-Home-Geräten, der engen Auslegung der Haushaltsausnahme sowie der praktisch häufigen Vermischung von privaten und beruflichen Tätigkeiten durch die Nutzer ist es für die vorliegende Untersuchung auch nicht mehr relevant, ob die Haushaltsausnahme bereits zu verneinen ist, wenn bei privat veranlassten Besuchen Dritter deren personenbezogene Daten verarbeitet werden. Eine genauere Analyse dieser Diskussion in der Literatur kann daher hier unterbleiben.

2. Einordnung der hier untersuchten Produktkategorien

Im Folgenden werden die oben konkret definierten Produktkategorien und Akteure zugrunde gelegt.[244] Angelehnt an die in der EuGH-Rechtsprechung eingeführte Differenzierung wird hierbei nach Verarbeitungsphasen unterschieden. Außerdem wird danach unterschieden, ob Nutzer unter die Haushaltsausnahme fallen. Bezüglich der verschiedenen Verarbeitungsphasen kann auf die bereits in Abbildung 3 (Kapitel 2 C. I) identifizierten Angriffsvektoren zurückgegriffen werden. Dort wurden die möglichen Angriffsvektoren den Kategorien *data in transit* bzw. *data at rest/data in use* zugeordnet, Angriffe auf oder von weiteren Akteuren neben den Nutzern wurden von der Untersuchung ausgeschlossen. Angelehnt an diese Einteilung werden

243 Vgl. zu Art. 25 DSGVO: Kapitel 3 B. III. Zudem trifft Hersteller i. S. d. CRA eine Verpflichtung zu möglichst sicheren Voreinstellungen (Security by Design) vgl. hierzu Kapitel 4 D. II.

244 Vgl. Kapitel 2 B. I sowie Kapitel 2 B. II.

vorliegend die folgenden Verarbeitungsphasen unterschieden:[245] Erhebung von personenbezogenen Daten, (weitere) Verarbeitung der Daten auf dem Endgerät des Nutzers sowie Übertragung der Daten an andere Akteure. Zu beachten bleibt außerdem, dass Service Provider und Hersteller dabei stets im Verhältnis zum Nutzer als Verantwortliche oder Auftragsverarbeiter auftreten. Daher sind die für die vorliegende Untersuchung relevanten Art. 25, 32 DSGVO mindestens für diese Akteure einschlägig.

Grundsätzlich lässt sich die Verantwortlichkeit zwar nur im konkreten Einzelfall bestimmen. Die folgenden Ausführungen sollen jedoch typisierenden Charakter haben, um häufige Anknüpfungspunkte für die rechtlichen Anforderungen an die Sicherheit der Datenverarbeitung (vgl. Kapitel 3 B.) zu illustrieren.

a. Verantwortlichkeit der Akteure bei Vorliegen der Haushaltsausnahme

Sind Nutzer im Rahmen der Haushaltsausnahme tätig, so bleibt die DSGVO nach hier vertretener Auffassung[246] anwendbar auf Service Provider und Hersteller – je nach konkreter Zweck- und Mittelbestimmung gem. analoger Anwendung von Art. 28 DSGVO oder unmittelbar als Verantwortliche nach Art. 4 Nr. 7 DSGVO. Soweit sie im konkreten Fall die Zwecke und Mittel der Verarbeitung bestimmen, bleiben Service Provider und Hersteller damit grundsätzlich jeweils verantwortlich für die Datenübertragung sowie die Verarbeitung auf den Smart-Home-Geräten. Bei digitalen, cloudbasierten Sprachassistenten und Smart TVs ist dies etwa der Fall, wenn der Service Provider eine App für den Assistenten anbietet und er für die Datenverarbeitung auch noch eigene Zwecke verfolgt – daher nicht nur als Auftragsverarbeiter tätig ist. Grundsätzlich weniger relevant – aufgrund der fehlenden, bei Sprachassistenten dagegen potenziell sehr großen Anzahl an Drittanbieter-Apps – ist dies bei Smart-Home-Zentralen. Für den Anbieter der häufig bereitgestellten App zur Bedienung der Zentrale gelten jedoch zumindest die obigen Ausführungen zu Art. 28 DSGVO in analoger Anwendung, sodass auch hierbei Art. 25, 32 DSGVO einschlägig sind.

b. Verantwortlichkeit der Akteure bei Nutzern innerhalb der Anwendbarkeit der DSGVO

Sind Nutzer von Smart-Home-Geräten als verantwortlich für die vorgenommenen Datenverarbeitungen einzustufen – etwa, weil Daten zu beruflichen

245 Für eine ähnliche Unterteilung in Bezug auf den („virtuellen“) Google Assistant: Van Mill/Quintais, CLSR 2022, 105689, S. 4 f.

246 Siehe hierzu die Ausführungen unter Kapitel 3 A. II. 1.

Zwecken verarbeitet werden – so kann sich die gemeinsame Verantwortlichkeit mit anderen Akteuren auch auf die Nutzer selbst erstrecken, soweit diese die Zwecke und Mittel der Verarbeitung mitbestimmen. Im Gegensatz zur grundsätzlich übertragbaren obigen Einordnung (vgl. Abschnitt a.) ist hierbei insbesondere die Verarbeitungsphase der Erhebung von personenbezogenen Daten relevant. Denn im Verhältnis zu Dritten – etwa beruflichen Besuchern – schafft der Nutzer durch die Verwendung von digitalen, cloudbasierten Sprachassistenten eine Möglichkeit der Datenverarbeitung durch Erfassung von Sprachdaten Dritter, die dem Grundsatz nach mit dem Sachverhalt des Fashion ID-Urteils durchaus vergleichbar ist. Damit ergibt sich – zumindest bei der Verwendung von digitalen, cloudbasierten Sprachassistenten – im Hinblick auf die Verantwortlichkeit ein wesentlicher Unterschied, soweit der Nutzer außerhalb der Haushaltsausnahme tätig ist.

B. Rechtliche Anforderungen an die Sicherheit der Datenverarbeitung sowie an Technikgestaltung

Anschließend an die Bestimmung der datenschutzrechtlichen Verantwortlichkeit wird im Folgenden untersucht, welche konkreten Regelungen die DSGVO in Bezug auf die IT-Sicherheit von Produkten, konkret von Smart-Home-Geräten trifft. Hierzu werden die einschlägigen Normen zunächst allgemein hinsichtlich ihres normativen Gehalts sowie ihres Verhältnisses zueinander analysiert. Sodann werden die Vorgaben soweit wie möglich konkretisiert, um konkrete Schutzmaßnahmen für Smart-Home-Geräte zu identifizieren.

I. IT-Sicherheit als zentraler Bestandteil des normativen Charakters der DSGVO

Ausdrücklich nennt die DSGVO den Begriff „IT-Sicherheit" nicht. Auch „Informationssicherheit" wird nur in ErwG 49 DSGVO genannt.[247] Allerdings lautet der Titel von Kapitel 4 Abschnitt 2 der Verordnung „Sicherheit personenbezogener Daten". Dieses Kapitel beginnt sodann mit der zentralen Norm – Art. 32 DSGVO –, welche die Sicherheit von Verarbeitungen reguliert. Zu implementierende Schutzmaßnahmen werden in der DSGVO als „technische und organisatorische Maßnahmen" bezeichnet. Dies umfasst stets auch Maßnahmen, die die Ziele der IT-Sicherheit adressieren.

247 Zur Differenzierung der Begriffe „IT-Sicherheit" und „Informationssicherheit" vgl. bereits Kapitel 2 A.

Eben diese Ziele der IT-Sicherheit werden auch in der DSGVO explizit benannt. So enthält bereits Art. 5 Abs. 1 lit. f DSGVO den Grundsatz der Integrität und Vertraulichkeit. Demnach müssen personenbezogene Daten „in einer Weise verarbeitet werden, die eine angemessene Sicherheit der personenbezogenen Daten gewährleistet". Bereits hier zeigt sich, dass der Anknüpfungspunkt der DSGVO auch in diesem Kontext die Datenverarbeitung als solche ist. Zielrichtung ist dabei immer eine sichere Datenverarbeitung; dass ganze Organisationen oder Produkte bzw. Datenverarbeitungssysteme abzusichern sind, ist daher stets nur eine mittelbare Folge der DSGVO. Eine exakte Differenzierung ist hier jedoch häufig nicht möglich. Zwar erscheint dies aus der Perspektive des Gesetzgebers durchaus sinnvoll, da bspw. durch Art. 32 DSGVO andere Schutzziele adressiert werden als durch die Regulierung von Sicherheitsmaßnahmen für Betreiber kritischer Infrastrukturen im Rahmen der NIS-2 Richtlinie. Denn geschützt werden sollen durch die DSGVO die Grundrechte und Grundfreiheiten natürlicher Personen, insbesondere deren Recht auf Schutz personenbezogener Daten, Art. 1 Abs. 2 DSGVO.

Dennoch führt aus technischer Perspektive eine Absicherung einzelner Datenverarbeitungen häufig auch zu einem Teil zur Absicherung der Infrastruktur – sowie eine Absicherung der Infrastruktur stets auch zur Absicherung einzelner Datenverarbeitungen. Genauso gilt dies für die IT-Sicherheit von Produkten, d. h. von Hard- und Software, mittels derer personenbezogene Daten verarbeitet werden. Daher haben auch die regulatorischen Vorgaben der DSGVO zur Sicherheit von Datenverarbeitungen einen entscheidenden Einfluss auf die IT-Sicherheit von Produkten.

Im Folgenden werden deshalb die Anforderungen nach Art. 32 DSGVO (vgl. Abschnitt II.) sowie zum Datenschutz durch Technikgestaltung bzw. durch datenschutzfreundliche Voreinstellungen nach Art. 25 DSGVO (vgl. Abschnitt III.) analysiert.

II. Art. 32 DSGVO – Sicherheit der Datenverarbeitung

Nach Art. 32 Abs. 1 Hs. 1 DSGVO müssen Verantwortliche und Auftragsverarbeiter als Adressaten der Norm angemessene technische und organisatorische Maßnahmen treffen, um ein dem Risiko für die Rechte und Freiheiten natürlicher Personen angemessenes Schutzniveau zu gewährleisten. Welche Maßnahmen dies konkret sind, gibt die DSGVO nicht vor. Art. 32 Abs. 1 Hs. 2 DSGVO enthält nur einen exemplarischen Maßnahmenkatalog, welcher keine abschließende oder ausreichend konkretisierte Auflistung darstellt.[248] Vielmehr ist die Wahl der einzelnen Maßnahmen den Adressaten

248 Vgl. hierzu Kapitel 3 B. II. 3. a.

der Norm überlassen. Art. 32 Abs. 1 Hs. 1 DSGVO nennt hierzu verschiedene Kriterien, die Verantwortliche und Auftragsverarbeiter bei dieser Auswahl berücksichtigen müssen (vgl. Abschnitt 1.b).

Im Folgenden werden zunächst die Tatbestandsmerkmale des Art. 32 DSGVO analysiert (vgl. Abschnitt 1). Ein besonderer Fokus liegt dabei auf dem sog. risikobasierten Ansatz (vgl. Abschnitt 2). Schließlich werden Ansätze zur Konkretisierung einzelner Schutzmaßnahmen aus den Vorgaben des Art. 32 DSGVO diskutiert (vgl. Abschnitt 3).

1. Tatbestandsmerkmale des Art. 32 DSGVO

Art. 32 Abs. 1 DSGVO enthält eine Reihe von Abwägungskriterien, die durch den Normadressaten bei der Wahl angemessener technischer und organisatorischer Maßnahmen berücksichtigt werden sollen.

Als Abwägungskriterien nennt die Norm abschließend:

– den Stand der Technik,[249]

– die Implementierungskosten,[250]

– Art, Umfang, Umstände und Zwecke der Verarbeitung[251]

– sowie die unterschiedliche Eintrittswahrscheinlichkeit[252] und

– Schwere des Risikos für die Rechte und Freiheiten natürlicher Personen.[253]

Ziel der Norm ist es, dass bei Datenverarbeitungen durch den Normadressaten ein dem Risiko angemessenes Schutzniveau gewährleistet wird. Abweichend vom deutschen Wortlaut des Art. 32 Abs. 1 DSGVO verwendet diese Untersuchung die Formulierung der „angemessenen“ – und gerade nicht der „geeigneten“ – Maßnahmen. Wie in der Literatur mit Verweis auf (die ebenso verbindlichen)[254] weiteren Sprachfassungen der DSGVO überzeugend erläutert wird, handelt es sich bei „geeignet“ um einen Übersetzungsfehler.[255]

---

249 Hierzu vgl. (1).

250 Hierzu vgl. (2).

251 Hierzu vgl. (3).

252 Hierzu vgl. (4).

253 Hierzu vgl. (5).

254 Die Amtssprachen der Union stehen in keinem Rangverhältnis, vielmehr ist ihnen gleicher Wert beizumessen. Führt die Wortlautauslegung zu unterschiedlichen Ergebnissen, so ist auf den Sinn und Zweck der Norm abzustellen. Vgl. hierzu nur Stotz, in: Riesenhuber, Europäische Methodenlehre, § 20 Rn. 12 sowie EuGH v. 20.2.2018 – C-16/16 P – Rn. 49; EuGH v. 20.11.2003 – C-152/01 – Rs. Kyocera, Rn. 32, 33.

255 Vgl. Mantz, in: Sydow/Marsch DSGVO, Art. 32 Rn. 6, dort Fn. 15 sowie allg. zur sehr unterschiedlichen Übersetzung von „angemessen“ in der DSGVO: Veil, CR-online.de Blog v. 8.8.2022, Ziffer 3; allerdings verwendet auch der EuGH in der deutschen Sprachfassung der Entscheidung v. 14.12.2023, Rs. C-340/21, den Begriff der Geeignetheit, vgl. dort nur Rn. 63.

Denn sowohl die englische Sprachfassung („appropriate technical and organisational measures“) als auch die französische Sprachfassung („mesures techniques et organisationnelles appropriées“) und die italienische Sprachfassung („misure tecniche e organizzative adeguate“) sprechen dafür, dass „angemessen“ die korrekte Übersetzung gewesen wäre.[256] Hierfür spricht nach *Sydow* auch, dass die im Gesetzgebungsverfahren „vorrangige Arbeitssprache“ – und damit die englischen Sprachfassung – im Zweifel ausschlaggebend sein soll.[257]

a. Angemessenes Schutzniveau, Art. 32 Abs. 2 DSGVO

Zielsetzung der Maßnahmen und damit auch Maßstab für deren Angemessenheit ist das dem Risiko angemessene Schutzniveau, welches die Maßnahmen gewährleisten müssen. Gem. Art. 32 Abs. 2 DSGVO sind bei der Beurteilung des angemessenen Schutzniveaus insbesondere die Risiken zu berücksichtigen, die mit der Verarbeitung verbunden sind. Die Norm nennt insbesondere Risiken, die durch (unbeabsichtigte oder unrechtmäßige) Vernichtung, Verlust, Veränderung oder unbefugte Offenlegung von bzw. unbefugten Zugang zu personenbezogenen Daten entstehen. Diese Auflistung ist allerdings nicht abschließend.[258] Sie verdeutlicht jedoch, dass die Norm im Kern auf Risiken für die Betroffenen abstellt, die sich durch die Verarbeitung ihrer Daten ergeben. Dies zeigt auf – wie bereits oben skizziert –, dass der Bezugspunkt von Art. 32 Abs. 1 DSGVO stets das Risiko für Betroffene bzw. natürliche Personen ist. Insoweit sind auch Begriffe wie die „Integrität der Systeme und Dienste“ (Art. 32 Abs. 1 Hs. 2 lit. b DSGVO) nicht vollständig deckungsgleich mit dem IT-Sicherheitsschutzziel der Integrität zu verstehen[259] (vgl. dazu im Detail Abschnitt 3. a (2) unten).

b. Abwägungskriterien

Wie bereits dargestellt nennt Art. 32 Abs. 1 Hs. 1 DSGVO als Abwägungskriterien den Stand der Technik, die Implementierungskosten, Art, Umfang, Umstände und Zwecke der Verarbeitung sowie die unterschiedliche

---

256 Sydow, in: Sydow/Marsch DSGVO, Einleitung Rn. 49; Mantz, in: Sydow/Marsch DSGVO, Art. 32 Rn. 6, Art. 25 Rn. 13, dort Fn. 25; vgl. auch Petri, in: Simitis/Hornung/Spiecker gen. Döhmann DSGVO, Art. 24 Rn. 1, dort Fn. 7, der ebenfalls auf die weiteren Sprachfassungen hinweist, allerdings als alternative Bezeichnungen „‚passende‘ oder ‚situationsangemessene‘ Maßnahmen“ nennt.

257 Sydow, in: Sydow/Marsch DSGVO, Einleitung Rn. 50.

258 Schultze-Melling, in: Taeger/Gabel DSGVO, Art. 32 Rn. 23; Mantz, in: Sydow/Marsch DSGVO, Art. 32 Rn. 10; Piltz/Zwerschke, in: Kipker/Reusch/Ritter DSGVO, Art. 32 Rn. 61; Martini, in: Paal/Pauly DSGVO, Art. 32 Rn. 53; VG Mainz Urt. v. 17.12.2020 – 1 K 778/19.MZ, BeckRS 2020, 41220.

259 Jandt, in: Hornung/Schallbruch, IT-Sicherheitsrecht, § 17 Rn. 40, 44.

Eintrittswahrscheinlichkeit und Schwere des Risikos für die Rechte und Freiheiten natürlicher Personen. Diese Kriterien finden sich in sehr ähnlicher Form auch in Art. 25 Abs. 1 DSGVO.[260] Sie sind von Verantwortlichen bzw. Auftragsverarbeitern zu berücksichtigen. Die Anforderung einer bloßen „Berücksichtigung" der Kriterien verdeutlicht, dass im Ergebnis das Erreichen des angemessenen Schutzniveaus entscheidend ist. Mit welchen Maßnahmen die Adressaten der Norm das Niveau erreichen, ist hingegen zunächst zweitrangig. Dies hat auch zur Folge, dass Art. 32 DSGVO nur in Ausnahmefällen eine Verpflichtung zur Implementierung einer bestimmten Maßnahme zu entnehmen sein dürfte. Lässt sich dasselbe Schutzniveau durch eine oder mehrere andere Maßnahmen realisieren, so können die Anforderungen des Art. 32 Abs. 1 DSGVO auch dadurch erfüllt werden. Nur in bestimmten Einzelfällen, in denen tatsächlich das angemessene Schutzniveau nur mit bzw. durch eine bestimmte Maßnahme gewährleistet werden kann, lässt sich eine solche Pflicht in Bezug auf eine einzelne konkrete Maßnahme aus Art. 32 Abs. 1 DSGVO ableiten.

Außerdem müssen die Maßnahmen nach dem Wortlaut der Norm nicht dem Stand der Technik entsprechen. Häufig wird dies zwar im Ergebnis der Fall sein und ggf. auch der Fall sein müssen – streng nach dem Wortlaut der Norm ist dies jedoch nicht zwingend, da nur die *Berücksichtigung* des Stands der Technik erforderlich ist.[261]

(1) Stand der Technik

Im Folgenden wird zunächst analysiert, wie der Rechtsbegriff „Stand der Technik" zu verstehen ist (vgl. Abschnitt (aa)). Darauf aufbauend wird analysiert, wie der Stand der Technik interdisziplinär ermittelt werden kann (vgl. Abschnitt (bb)).

(aa) Bestimmung des Begriffs Stand der Technik

Klärungsbedürftig ist hierfür zunächst, wie der Stand der Technik i. S. d. DSGVO zu verstehen ist. Der Begriff wird in diversen nationalen Gesetzen sowie in Rechtsakten der Union verwendet.[262] Im Rahmen der DSGVO ist der Begriff allerdings unionsrechtsautonom auszulegen. Insbesondere ist

260 Mantz, in: Sydow/Marsch DSGVO, Art. 32 Rn. 10.

261 Bartels/Backer, DuD 2018, 214 (216); Martini, in: Paal/Pauly DSGVO, Art. 32 Rn. 56.

262 Vgl. für eine Auflistung der nationalen Rechtsakte: Seibel, NJW 2013, 3000 (3002), für das Unionsrecht vgl. bspw. Art. 21 Abs. 1 NIS-2-RL sowie Art. 1 Abs. 2 der sog. Medizinprodukte-VO (Verordnung (EU) 2017/745 des Europäischen Parlaments und des Rates vom 5. April 2017 über Medizinprodukte, zur Änderung der Richtlinie 2001/83/EG, der Verordnung (EG) Nr. 178/2002 und der Verordnung (EG) Nr. 1223/2009 und zur Aufhebung der Richtlinien 90/385/EWG und 93/42/EWG des Rates).

es unzulässig, unionsrechtliche Begriffe pauschal durch Legaldefinitionen nationaler Normen oder durch sich auf nationale Normen stützende Rechtsprechung auszufüllen (Vorrang des Unionsrechts).[263]

Entscheidend ist für die Bestimmung des Stands der Technik einerseits, inwieweit technische Weiterentwicklungen und innovative wissenschaftliche Errungenschaften bereits vom Stand der Technik umfasst sind. Andererseits stellt sich die Frage, welche Technologien bereits unterhalb des Stands der Technik einzuordnen sind.

Relevant erscheint, dass im Rahmen des Gesetzgebungsprozesses das Europäische Parlament in Art. 25 DSGVO – welcher ebenso auf den Stand der Technik rekurriert – die Formulierung *„unter Berücksichtigung neuester technischer Errungenschaften*, des Stands der Technik, *bewährter internationaler Verfahren* und […]"[264] verwendete.[265] In Art. 30 des Parlamentsentwurfs – der heute Art. 32 DSGVO entspricht – wurde der Hinweis auf den Stand der Technik jedoch nicht in einen entsprechenden Kontext gesetzt.[266] Der Rat dagegen wollte eine Berücksichtigung der „verfügbaren Technologie" erreichen.[267] Aufgrund der nicht eindeutigen Übersetzung von „technology" in die deutsche Sprache[268] bleibt unklar, ob der Rat tatsächlich auf „verfügbare Technologie" – wie es die Dokumente nahelegen – oder auf „verfügbare Technik" abstellen wollte. Daher können hieraus keine Schlüsse für die Wortlautauslegung gezogen werden – selbst, wenn ein Unterschied in der Wortbedeutung vorliegen sollte.[269]

---

263 Ekrot/Fischer, in: Kipker, Cybersecurity, Kap. 4 Rn. 5a; Piltz, in: Gola/Heckmann DSGVO, Art. 32 Rn. 15; Hansen, in: Simitis/Hornung/Spiecker gen. Döhmann DSGVO, Art. 32 Rn. 27; Bartels/Backer, DuD 2018, 214 (215); Knopp, DuD 2017, 663 (665). Die Auslegung des Begriffs in nationalen Gesetzen richtet sich insbesondere nach den vorhandenen Legaldefinitionen, Verweisen und der sog. Kalkar-Entscheidung des BVerfG, vgl. BVerfG, Beschluss v 8.8.1978 – 2 BvL 8/77 – openJur 2011, 92758; zum Verständnis nach dieser Entscheidung vgl.: Seibel, NJW 2013, 3000 (3003 f.), sowie Knopp, DuD 2017, 663 (664).

264 Die kursiv gekennzeichneten Stellen sind vorgeschlagene Ergänzungen des Europäischen Parlaments.

265 ABl. C 378 v. 9.11.2017, S. 442; Mantz, in: Sydow/Marsch DSGVO, Art. 25 Rn. 37.

266 ABl. C 378 v. 9.11.2017, S. 445 f.

267 Ratsdokument Nr. 9565/15, S. 110, dort Art. 23 Abs. 1 sowie S. 118, dort Art. 30 Abs. 1; Piltz, in: Gola/Heckmann DSGVO, Art. 32 Rn. 16.

268 Vgl. hierzu auch Fn. 277.

269 Im heutigen Gebrauch werden die beiden Wörter häufig als Synonym verwendet, auch wenn vertreten wird, dass Technologie „jedoch besser als Wissenschaft von der Technik verstanden werden" solle (vgl. Brockhaus Enzyklopädie Online, Technik, abrufbar: https://brockhaus.de/ecs/enzy/article/technik-20); auch der Duden führt „Technik" als Synonym von „Technologie" (vgl. https://www.duden.de/rechtschreibung/Technologie).

Zumindest könnte den Änderungsvorschlägen jedoch entnommen werden, dass das Europäische Parlament und der Rat zwischen dem Stand der Technik und den jeweils eingefügten Begriffen Unterschiede sahen; da den Dokumenten zur Gesetzgebung allerdings keine genaueren Erläuterungen zu entnehmen sind, ist das genaue Verhältnis unklar.[270] Aufgrund des Wortlauts schien zumindest das Parlament davon auszugehen, dass der Stand der Technik weder neueste technische Errungenschaften noch bewährte internationale Verfahren enthält, da ansonsten eine zusätzliche explizite Nennung überflüssig wäre. Eindeutig ist dies jedoch nicht; insbesondere, dass bewährte internationale Verfahren nicht vom Stand der Technik umfasst sein sollen, erschiene auch inhaltlich nur schwer nachvollziehbar. Eine andere Deutung wäre daher, dass „unter Berücksichtigung neuester technischer Errungenschaften" und „bewährte internationaler Verfahren" – gerade aufgrund der Reihenfolge der Aufzählung – lediglich die Stufen ober- und unterhalb des Standes der Technik beschreiben sollten. Eine solche umfassende Aufzählung wiederum wäre selbst konturlos, weshalb auch diese Auslegung nicht zielführend erscheint. Basierend auf den Gesetzgebungsunterlagen ist daher eine Bestimmung des Begriffs des Stands der Technik nicht möglich.

Für nationale Normen dient der Literatur der sog. Kalkar-Beschluss des BVerfG[271] als Orientierung, welcher die sog. Drei-Stufen-Theorie aufgreift.[272] Dieser Theorie entsprechend nahm das BVerfG eine Abgrenzung zwischen den „allgemein anerkannten Regeln der Technik", dem „Stand der Technik" und dem „Stand von Wissenschaft und Technik" vor.[273] Aufgrund des Vorrangs des Unionsrechts ist allerdings keine pauschale Übertragung möglich.[274] Jedoch schließt auch nach dem Verständnis des EuGH jedenfalls der Begriff „Stand der Wissenschaft und Technik" den höchsten Stand ein.[275] Folglich ist der Stand der Technik zumindest unterhalb dieses Begriffs einzuordnen.[276] Dies stützen Teile der Literatur auch auf ErwG 84 S. 3 DSGVO, welcher – bezogen auf Fälle einer Datenschutz-Folgenabschätzung nach Art. 35 – auch bei hohen Risiken lediglich auf „geeignete Maß-

270 Piltz, in: Gola/Heckmann DSGVO, Art. 32 Rn. 16.

271 BVerfG, Beschluss v 8.8.1978 – 2 BvL 8/77 – openJur 2011, 92758.

272 Vgl. etwa Seibel, NJW 2013, 3000 (3003); Knopp, DuD 2017, 663 (664); Bartels/Backer, DuD 2018, 214 (215).

273 BVerfG, Beschluss v. 8.8.1978 – 2 BvL 8/77 – openJur 2011, 92758, Rn. 99–101.

274 Ekrot/Fischer, in: Kipker, Cybersecurity, Kap. 4 Rn. 5a; die Autoren weisen allerdings darauf hin, dass im Ergebnis dennoch keine gänzlich eigene Interpretation der Begriffe erforderlich sei, da es sich jeweils um gleiche Schutzziele handele.

275 EuGH, Urt. v. 29.05.1997 – C-300/95 – Rn. 26, 29.

276 Piltz, in: Gola/Heckmann DSGVO, Art. 32 Rn. 15; vgl. auch Mantz, in: Sydow/Marsch DSGVO, Art. 32 Rn. 10, Art. 25 Rn. 38; Martini, in: Paal/Pauly DSGVO, Art. 32 Rn. 56a; Kramer/Meints, in: Auernhammer DSGVO, Art. 32 Rn. 53.

nahmen in Bezug auf verfügbare Technik“[277] verweist. Wenn aber selbst bei hohem Risiko Maßnahmen nach der verfügbaren Technik ausreichten, müsse dies erst recht für die allgemeinere Vorschrift des Art. 32 Abs. 1 DSGVO gelten, die ein solches hohes Risiko nicht erfordere.[278]

Zu beachten ist allerdings, dass die Verweisung in ErwG 84 S. 3 DSGVO auf „verfügbare Technik“ einen anderen Sinn und Zweck verfolgt als dies bei der Verweisung auf den Stand der Technik in Art. 32 Abs. 1 DSGVO der Fall ist. Nach Art. 32 Abs. 1 DSGVO sollen die Normadressaten den Stand der Technik berücksichtigen, um angemessene technische und organisatorische Maßnahmen zu identifizieren und umzusetzen. Dagegen stellt ErwG 84 S. 3 auf die Fälle des Art. 35 und Art. 36 DSGVO ab. Die Regelung unterstellt eine aufgrund eines bereits als „hoch“ identifizierten Risikos erforderliche Datenschutz-Folgenabschätzung; des Weiteren gelingt es dem Verantwortlichen demnach auch durch Ergreifen ebenjener geeigneter Maßnahmen in Bezug auf die verfügbare Technik nicht, das hohe Risiko ausreichend einzudämmen. Für diese Fälle sieht ErwG 84 S. 3 DSGVO vor, dass Verantwortliche vor der Verarbeitung eine Aufsichtsbehörde konsultieren. Zwar erscheint es plausibel, dass eine solche Eindämmung typischerweise gerade mit Maßnahmen möglich ist, die zumindest dem Stand der Technik entsprechen. Allerdings ist die Zugehörigkeit der Maßnahmen zu diesem Stand der Technik (oder zur verfügbaren Technik) nicht das entscheidende Kriterium im Fall des ErwG 84 S. 3 DSGVO. Vielmehr ist es für den Sinn und Zweck des ErwG 84 S. 3 – ebenso wie für den Sinn und Zweck der Art. 35, 36 DSGVO – unerheblich, ob die implementierten Maßnahmen dem Stand der Technik entsprechen oder lediglich darunter einzuordnen sind, solange eine Eindämmung des Risikos erreicht werden kann. Umgekehrt wäre es auch nicht ausreichend, wenn Maßnahmen dem Stand der Wissenschaft und Technik entsprächen, ohne dass dies im konkreten Fall eine Risikoeindämmung zur Folge hätte.

Daher kann ErwG 84 S. 3 DSGVO – obwohl der ErwG die Begrifflichkeit „verfügbare Technik“ enthält – keine weiterführende Aussage zur Auslegung des Stands der Technik i. S. d. Art. 32 Abs. 1 DSGVO entnommen werden. Auch im Übrigen finden sich hierfür in der DSGVO keine weiteren Anhaltspunkte.

In Abgrenzung zu den oben genannten Begrifflichkeiten „allgemein anerkannte Regeln der Technik“ sowie „Stand von Wissenschaft und Technik“

277 Die englische Sprachfassung enthält mit „available technology“ eine mit der deutschen Sprachfassung übereinstimmende Formulierung. Zu beachten ist jedoch, dass „available technology“ uneinheitlich als „verfügbare Technik“ (vgl. ErwG 84 S. 3 und Art. 8 Abs. 2 DSGVO) und „verfügbare Technologie“ (vgl. ErwG 26 S. 4, ErwG 66 S. 2, ErwG 94 S. 1, Art. 17 Abs. 2 DSGVO) übersetzt wurde.

278 Piltz, in: Gola/Heckmann DSGVO, Art. 32 Rn. 18.

sowie im Hinblick auf die in der Literatur verwendeten Kriterien lassen sich jedoch zwei Definitionsmerkmale ableiten:

Zum einen darf eine Maßnahme nach dem Stand der Technik nicht nur rein theoretisch bzw. durch Forschungsarbeiten zugänglich sein; vielmehr muss es sich um eine am Markt erhältliche Maßnahme handeln.[279] Innerhalb dieses Rahmens soll die Maßnahme zum anderen den wirkungsvollsten Schutz gewährleisten.

Dies zugrunde gelegt, bezeichnet der Begriff des Stands der Technik i. S. d. DSGVO eine technische bzw. organisatorische Schutzmaßnahme, welche die am Markt verfügbare Bestleistung zur Erreichung des Schutzniveaus darstellt.[280] „Am Markt verfügbar" im Sinne der Definition umfasst auch organisatorische Maßnahmen – bspw. Vertraulichkeitsvereinbarungen – die nicht am Markt eingekauft werden.

Ob der Stand der Technik vom Gesetzgeber dabei als unbestimmter Rechtsbegriff[281] oder als Verweisungsbegriff[282] verwendet wird, ist für die vorliegende Untersuchung allerdings nicht erheblich.

(bb) Bestimmung des Stands der Technik

Während die Bestimmung *des Begriffs* des Stands der Technik rein rechtlich beurteilt werden kann, muss die Bestimmung des Stands der Technik – in Art. 32 DSGVO in Bezug auf einzelne technische und organisatorische Maßnahmen – zwingend einer interdisziplinären Beurteilung unterliegen. Juristisch verbleibt dabei lediglich der Rahmen der Begriffsbestimmung, innerhalb derer die Ausfüllung des Begriffs durch fachspezifische technische Kompetenzen erfolgen muss. Denn der europäische – ebenso wie der nationale – Gesetzgeber nutzt den Begriff der Stand der Technik gerade für eine dynamische Regulierung, welche sich fachspezifischen Entwicklungen anpassen können soll.[283] Damit können Weiterentwicklungen berücksichtigt

279 Hierzu und zum Folgenden vgl. auch Kremer/Meints, in: Auernhammer DSGVO, Art. 32 Rn. 53; Jandt, in: Kühling/Buchner DSGVO, Art. 32 Rn. 10; Hladjk, in: Ehmann/Selmayr DSGVO, Art. 32 Rn. 6.

280 Definition angelehnt an: TeleTrusT, Handreichung zum Stand der Technik, S. 11.

281 So etwa Seibel, NJW 2013, 3000 (3000).

282 Vgl. Bartels/Backer, DuD 2018, 214 (214, 215); Bartels/Backer/Schramm, Tagungsband IT-Sicherheitskongress 2017, 503 (503, 505). Demnach erhalte die objektiv-technische Information des Stands der Technik durch die Bezugnahme auf ein gesetzliches Schutzziel eine rechtliche Bedeutung. Der zugrunde liegenden Überlegung einer Differenzierung zwischen einem Rechtsbegriff und einem Begriff, der technische Umstände beschreibt, wird in der vorliegenden Untersuchung in Kapitel 3 B. II. 1. b. (1) Rechnung getragen.

283 Seibel, NJW 2013, 3000 (3000); BVerfG, Beschluss v. 8.8.1978 – 2 BvL 8/77, NJW 1979, 359 (362) = openJur 2011, 92758.

werden, ohne dass eine Gesetzesänderung erforderlich wäre bzw. gar konkrete technische Maßnahmen in das Gesetz aufgenommen werden müssten, welche stets der Gefahr des (schnellen) Veraltens unterliegen würden. Dieser Zielsetzung kann jedoch nur Genüge getan werden, wenn die Ausfüllung des Begriffs sodann durch technische Kompetenz im Rahmen der juristischen Begriffsbestimmung erfolgt. Ein weitergehender juristischer Einfluss auf die Bestimmung des Stands der Technik würde den Sinn und Zweck der Regelung dagegen untergraben.

Um diese Bestimmung vorzunehmen, wird in der Literatur etwa auf bestehende Standards oder staatliche Fachbehörden verwiesen.[284] Fraglich ist daher zunächst, inwieweit solche bestehende Standards – oder Zertifizierungen – Einfluss auf die Bestimmung des Stands der Technik haben können. Abgestellt wird etwa auf Standards bzw. Normen von Standardisierungsorganisationen wie bspw. der Internationalen Organisation für Normung (ISO) oder der Internet Engineering Task Force (IETF) und ist insbesondere abzugrenzen von Zertifizierungsverfahren gem. Art. 42 DSGVO und genehmigten Verhaltensregeln gem. Art. 40 DSGVO, wie sie in Art. 32 Abs. 3 DSGVO erwähnt werden. Nach der Auffassung des EDSA können solche Standards und Zertifizierungen ebenso wie bestehende und anerkannte Rahmenwerke,[285] Verhaltensregeln usw. für die Bestimmung des Stands der Technik im konkreten Fall relevant sein.[286] Zugleich formuliert der EDSA einschränkend, dass Verantwortliche diese Standards berücksichtigen sollten, soweit sie Betroffenen ein hohes Schutzniveau – in Übereinstimmung mit den rechtlichen Anforderungen oder darüber hinaus – bieten können.[287] Dies verdeutlicht eine maßgebliche Überlegung hinsichtlich der Konkretisierung des Begriffs Stand der Technik durch Standards, Normen, Zertifizierungen oder ähnliche Dokumente,[288] insbesondere wenn private Organisationen bei deren Erstellung wesentlich mitwirken: Entsprechende öffentliche Äußerungen können als Konkretisierung dienlich sein und dürften in vielen Fällen auch angemessene technische und organisatorische Maßnahmen enthalten. Allerdings bleiben in jedem Fall die rechtlichen Anforderungen aus Art. 32 Abs. 1 DSGVO sowie die tatsächlichen technischen Entwicklungen maßgeblich. Insbesondere würde das Niveau des in Art. 32 DSGVO genannten Stands der Technik sich auch dann verändern, wenn bspw. eine fortschreitende Entwicklung von kryptographischen Verschlüsselungsalgorithmen

284 Vgl. nur: Mantz, in: Sydow/Marsch DSGVO, Art. 32 Rn. 10; Martini, in: Paal/Pauly DSGVO, Art. 32 Rn. 57; Kramer/Meints, in: Auernhammer DSGVO, Art. 32 Rn. 54.

285 Die EDSA Leitlinien 4/2019 verwenden in Rn. 22 die Bezeichnung „Rahmen", was wohl eine missglückte Übersetzung von „frameworks" darstellt, weshalb vorliegend das Wort „Rahmenwerke" verwendet wird.

286 EDSA, Guidelines 4/2019, Rn. 22.

287 EDSA, Guidelines 4/2019, Rn. 22.

288 Im Folgenden kurz als „öffentliche Äußerungen" bezeichnet.

durch die entsprechenden Standardisierungsorganisationen (noch) nicht berücksichtigt würde.[289] Der Rechtsbegriff des Stands der Technik unterliegt daher nicht dem „Diktat" von Normungsorganisationen.[290]

Denkbar wäre allerdings, den Einfluss öffentlicher Stellen – etwa von Fachbehörden wie der ENISA oder dem BSI – stärker zu gewichten ist als den Einfluss privater (Normungs- bzw. Standardisierungs-)Organisationen. Eine solche grundsätzliche Differenzierung wäre jedoch bereits deshalb schwierig, weil sie einer individuellen Untersuchung der Kooperation und des Austausches zwischen öffentlichen und privaten Organisationen bedürfte. Dabei kann ein solcher Austausch zu neuen und praxistauglicheren Erkenntnissen führen und damit auch im Sinne der Zielsetzungen der rechtlichen Anforderungen förderlich sein, weshalb auch die Mitgliedschaft von Unternehmensvertretern in Standardisierungsgremien möglich ist.[291] Zudem existiert gerade für die Bestimmung des Stands der Technik eine gemeinsame Veröffentlichung der ENISA mit einer privaten Organisation.[292] Diese Veröffentlichung wird auch in der deutschen Literatur[293] sowie vom EDSA[294] zitiert. Gerade in Anbetracht solcher kooperativen Veröffentlichungen wäre eine Abgrenzung schwierig, selbst wenn sie aus inhaltlicher Sicht zu befürworten wäre.

Anders könnte dies zu beurteilen sein, wenn es sich um Veröffentlichungen einer der drei sog. Europäischen Normungsorganisationen[295] handelt. Diese sind in Art. 2 Nr. 8 i. V. m. Anhang I der Verordnung (EU) Nr. 1025/2012 als solche definiert. Explizit ergibt sich daraus jedoch nur dann ein gegenüber

---

289 Auf diese Dynamik weist auch die Literatur hin: Keber/Keppeler, in: Schwartmann/Jaspers/Thüsing/Kugelmann DSGVO, Art. 25 Rn. 46, 47.

290 Kritisch hierzu auch Seibel, NJW 2013, 3000 (3001, 3002), welcher u. a.in Bezug auf den Begriff der allgemein anerkannten Regeln der Technik vor einer „DIN-Gläubigkeit" warnt.

291 Vgl. nur der Standardisierungsprozess des ETSI: https://www.etsi.org/standards/standards-making. Beteiligte Mitglieder sind ausweislich der Webseite neben öffentlichen Forschungsorganisationen etwa auch Regierungen sowie Unternehmen verschiedener Größe: https://www.etsi.org/membership.

292 Zu beachten ist, dass lediglich die englische Sprachfassung in Kooperation mit der ENISA veröffentlicht wurde.

293 Vgl. etwa Mantz, in: Sydow/Marsch DSGVO, Art. 25 Rn. 39; Conrad, in: Auer-Reinsdorff/Conrad, Handbuch, § 33 Rn. 213; Raabe/Schallbruch/Steinbrück, CR 2018, 706 (713); Keber/Keppeler, in: Schwartmann/Jaspers/Thüsing/Kugelmann DSGVO, Art. 25 Rn. 47.

294 EDSA, Guidelines 4/2019, Rn. 18, Fn. 10; zu beachten ist, dass dies in der deutschen Sprachfassung der Fn. 9 entspricht.

295 Die europäischen Normungsorganisationen (auch: „European Standardisation Organisations (ESOs)") sind ausweislich Art. 2 Nr. 8 i. V. m. Anhang I der Verordnung (EU) Nr. 1025/2012: das European Committee for Standardisation (CEN), das European Committee for Electrotechnical Standardization (CENELEC) sowie das European Telecommunications Standards Institute (ETSI).

anderen Normungsorganisationen oder Veröffentlichungen hervorgehobener Einfluss, wenn der Gesetzgeber dies ausdrücklich festgelegt hat, etwa durch den Bezug auf harmonisierte Normen,[296] wie es z. B. in Art. 13 Abs. 14 S. 2, Art. 27 CRA festgelegt ist. Ein solcher Bezug findet sich in der DSGVO jedoch nicht, weder in Bezug auf den Stand der Technik noch im Rahmen eines anderweitigen Bezugs auf Normungsorganisationen. Ohne eine solche explizite Adressierung der Normungsorganisationen ist davon auszugehen, dass deren Normen oder andere Veröffentlichungen keine im Vergleich zu anderen privaten oder öffentlichen Standardisierungsorganisationen hervorgehobene Wirkung entfalten.

Daraus folgt, dass unabhängig vom Grad ihrer Anerkennung kein allein ausschlaggebender Einfluss öffentlicher Äußerungen von Normungsorganisationen, von Behörden oder anderen Organisationen auf die Bestimmung des Stands der Technik existiert. Die einzelnen Äußerungen können jedoch als Indizien für die Bestimmung dienen.[297] Dies wird auch in der Praxis so gehandhabt.[298] Dabei bleiben diese Indizien jedoch einer individuellen, unabhängigen Überprüfung sowohl durch Verantwortliche als auch durch Justiz und Aufsichtsbehörden zugänglich.

(2) Implementierungskosten

Durch die Berücksichtigung der Implementierungskosten ist auch ein ökonomischer Faktor Teil der Abwägung nach Art. 32 Abs. 1 Hs. 1 DSGVO.[299]

---

296 Harmonisierte Normen sind gem. Art. 2 Nr. 1 lit. c VO (EU) 1025/2012 europäische Normen, „die auf der Grundlage eines Auftrags der Kommission zur Durchführung von Harmonisierungsrechtsvorschriften der Union angenommen wurde[n]“. Europäische Normen sind gem. Art. 2 Nr. 1 lit. b VO (EU) 1025/2012 solche, die von einer europäischen Normungsorganisation angenommen wurden. Bei Normen i. S. d. Verordnung handelt es sich stets um technische Spezifikationen, deren Einhaltung nicht zwingend ist, Art. 2 Nr. 1 VO (EU) 1025/2012.

297 Kramer/Meints, in: Auernhammer DSGVO, Art. 32 Rn. 54.

298 So hatte etwa das LDA Brandenburg in einer Verwarnung gem. Art. 58 Abs. 2 lit. b DSGVO neben dem BSI IT-Grundschutzkompendium, die Handreichung „Stand der Technik“ des TeleTrust sowie Dokumente des „Open Web Application Security Project“ (OWASP) herangezogen und festgestellt, dass bestimmte dort genannte Maßnahmen als Stand der Technik einzuordnen sind. Hinsichtlich einiger Maßnahmen formulierte das LDA sogar, es sei aufgrund der Aufnahme in die genannten Dokumente evident, dass diese Maßnahmen dem Stand der Technik entsprechen. Vgl.: LDA Brandenburg, „Insufficient implementation of technical and organisational measures when operating a web shop – warning pursuant to Art. 58 para. 2 letter b of the General Data Protection Regulation (GDPR)“, 10.11.2021, abrufbar: https://edpb.europa.eu/system/files/2022-04/de_2021-11_decisionpublic.pdf; S. 6, S. 8.

299 Jandt, in: Kühling/Buchner DSGVO, Art. 32 Rn. 11; Martini, in: Paal/Pauly DSGVO, Art. 32 Rn. 60; Mantz, in: Sydow/Marsch DSGVO, Art. 32 Rn. 10, Art. 25 Rn. 45.

Umstritten war, ob *Implementierungs*kosten auch Kosten für die andauernde Aufrechterhaltung von Maßnahmen umfasst.[300] Der Wortlaut könne so verstanden werden, dass lediglich die Kosten für die initiale Implementierung umfasst seien.[301]

Dies dürfte jedoch lediglich auf der – im Vergleich zur deutschsprachigen Fassung der DSRL geänderten – Übersetzung von „cost of implementation" beruhen, sodass im Ergebnis neben den initialen Kosten auch Aufwendungen für die Aufrechterhaltung der Maßnahmen umfasst sind.[302] Hierfür spricht auch die Auslegung nach dem Sinn und Zweck der Norm: Die Pflicht zur Sicherheit der Datenverarbeitung begründet eine andauernde Abwägung, die etwa auch bei einer Entwicklung des Stands der Technik dynamisch ausfallen muss und fortlaufend Anpassungen erforderlich machen kann, um das geforderte Schutzniveau zu gewährleisten.[303] Es ist daher folgerichtig, auch das ökonomische Abwägungskriterium in diesem Sinne zu verstehen.

Klärungsbedürftig ist zudem, ob hinsichtlich der Höhe der Implementierungskosten auch die Leistungsfähigkeit des individuellen Verantwortlichen bzw. Auftragsverarbeiters zu berücksichtigen ist – oder, ob es sich vielmehr um ein objektives bzw. abstraktes Kriterium handelt. Für eine individuelle Betrachtung spricht, dass auch die in Art. 32 Abs. 1 DSGVO geregelte Abwägung und das bezweckte Schutzniveau eine Einzelfallbetrachtung darstellen.

Dennoch ist dies jedenfalls nicht dergestalt möglich, dass damit eine Unterschreitung des Schutzniveaus begründet werden könnte, welches die Norm

---

300 Vgl. hierzu und zum Folgenden: Mantz, in: Sydow/Marsch DSGVO, Art. 32 Rn. 10, Art. 25 Rn. 45. Insb. argumentierte Martini, in: Paal/Pauly DSGVO (2. Aufl.), Art. 32 Rn. 60, Art. 25 Rn. 41 streng am Wortlaut sowie im Vergleich zu Art. 17 Abs. 1 DSRL und verneinte daher die Berücksichtigung von Folgekosten.

301 So argumentierte Martini, in: Paal/Pauly DSGVO (2. Aufl.), Art. 32 Rn. 60, Art. 25 Rn. 41; diese Auffassung wird jedoch in der Folgeauflage nicht mehr formuliert: Martini, in: Paal/Pauly DSGVO (3. Aufl.), Art. 25 Rn. 41, Art. 32 Rn. 60a; ebenso in Bezug auf Art. 25 DSGVO: Lang, in Taeger/Gabel DSGVO, Art. 25 Rn. 59.

302 Mantz, in: Sydow/Marsch DSGVO, Art. 32 Rn. 10, Art. 25 Rn. 45; dieses Ergebnis vertreten auch: Jandt, in: Kühling/Buchner DSGVO, Art. 32 Rn. 11; Hansen, in: Simitis/Hornung/Spiecker gen. Döhmann DSGVO, Art. 32 Rn. 26, dort insb. Fn. 24 zur Übersetzung von „cost of implementation" im Vergleich zur DS-RL; die Formulierung „cost of implementation" ist in Art. 17 DS-RL und Art. 32 DSGVO identisch, wurde jedoch in der deutschen Sprachfassung jeweils unterschiedlich übersetzt, sodass die Literatur in Teilen zunächst davon ausging, der Gesetzgeber sei bewusst vom bisherigen Regelungsgehalt abgewichen. Zu beachten ist, dass sich die Ausführungen an der letztgenannten Fundstelle nur in der ersten, nicht mehr aber in der zweiten Auflage finden – ein weiterer Beleg dafür, dass der Streit entschieden sein dürfte.

303 Hierzu und zum Folgenden in Bezug auf Art. 25 DSGVO: Lang, in Taeger/Gabel DSGVO, Art. 25 Rn. 59.

nach Wortlaut und Sinn und Zweck sichern soll.[304] Dies folgt bereits aus Art. 24 DSGVO, der die Implementierungskosten im Kontext der Sicherstellung der Einhaltung der DSGVO durch den Verantwortlichen gerade nicht nennt.[305] Insoweit stellt das bezweckte Schutzniveau also den Ausgangspunkt der Abwägung dar, deren Ergebnis lediglich die Art und Weise der Umsetzung sein kann, nicht jedoch eine Änderung eben jenes Ausgangspunktes. Mit anderen Worten: Die Implementierungskosten sind nur für die Wahl der Maßnahmen, nicht aber für die Bestimmung des Schutzniveaus relevant. Insoweit können allerdings individuelle Umstände des Verantwortlichen in der Abwägung berücksichtigt werden.

Diese individuellen Umstände können etwa relevant sein, wenn bestimmte technische und organisatorische Maßnahmen – etwa aufgrund der personellen und räumlichen Größe der Organisation oder branchenspezifischer Rahmenbedingungen – kostenintensiver oder -günstiger sind. In Betracht kommt dies beispielsweise, wenn bspw. kleine Unternehmen statt Automatisierungslösungen – wie sie etwa mithilfe der Lizenzierung kostenintensiver IT-Sicherheitssoftware möglich wären – vielmehr personalintensivere, nicht automatisierte Sicherheitsüberprüfungen durch existierendes Personal einsetzen. Selbst wenn dies formal nicht kostengünstiger sein mag,[306] kann bspw. eine niedrige Auslastung des Personals ein Argument für diese Umsetzung sein. Solche individuellen Umstände könnten sodann im Rahmen der Abwägung berücksichtigt werden. Allerdings betreffen diese Sachverhalte schlicht die im Einzelfall anfallenden Kosten, weshalb eine genauere Befassung mit dem Begriff der „individuellen Leistungsfähigkeit" unterbleiben kann. Zudem sind diese Überlegungen zur individuellen Leistungsfähigkeit auch weitestgehend als theoretisch einzuordnen, da praktisch ohnehin nur das Verfehlen des Schutzniveaus eine Rechtsfolge nach sich ziehen dürfte.

---

304 Ebenso in Bezug auf Art. 25 DSGVO: Mantz, in: Sydow/Marsch DSGVO, Art. 25 Rn. 46.

305 Hansen, in: Simitis/Hornung/Spiecker gen. Döhmann DSGVO, Art. 32 Rn. 31.

306 In der Betriebswirtschaftslehre existiert für die Beschreibung solcher Effekte der Begriff der Opportunitätskosten. Entscheidet sich der Verantwortliche bspw. für den Einsatz existierenden Personals (im Gegensatz zum Einkauf einer Automatisierungslösung), so werden Personalressourcen gebunden, die etwa nicht für die Bearbeitung von Kundenaufträgen zur Verfügung stehen. Die dadurch ggf. ausbleibenden Einnahmen stellen in diesem Beispiel die Opportunitätskosten dar; abhängig von der Auftragslage sind diese Kosten höher oder geringer und können in den Vergleich zu den Kosten für die Automatisierungslösung gestellt werden. Das vorliegend beschriebene Beispiel („formal nicht kostengünstiger") stellt also den Fall dar, dass unter Berücksichtigung der Opportunitätskosten der Einsatz von existierendem Personal kostengünstiger ist. Vgl. für ein Beispiel zur Kostenminimierung in der logistischen Distribution: Thommen et al., Allgemeine Betriebswirtschaftslehre, S. 119 f.; vgl. daneben Morell, in: Towfigh/Petersen, Ökonomische Methoden im Recht, § 3 Rn. 132.

Davon unabhängig ist zutreffend, dass mangelnde finanzielle Mittel der Normadressaten für die Abwägung in Art. 32 Abs. 1 DSGVO angesichts der Zielsetzung der Norm sowie mangels entsprechender Grundlagen im Wortlaut nicht berücksichtigt werden können.[307] Dies zeigt auch Art. 24 Abs. 1 DSGVO, der zu Beginn des Kapitels 4 der Verordnung die Verantwortung des für die Verarbeitung Verantwortlichen regelt. Art. 24 Abs. 1 S. 1 DSGVO trifft die Maßgabe, dass der Verantwortliche geeignete technische und organisatorische Maßnahmen umsetzen muss, „um sicherzustellen und den Nachweis dafür erbringen zu können, dass die Verarbeitung gemäß dieser Verordnung erfolgt". Bei der Wahl der Maßnahmen sind gem. Art. 24 Abs. 1 S. 1 DSGVO zu berücksichtigen: Art, Umfang, Umstände und Zwecke der Verarbeitung sowie die unterschiedliche Eintrittswahrscheinlichkeit und Schwere der Risiken für die Rechte und Freiheiten natürlicher Personen. Insoweit sind die Kriterien bereits dem Wortlaut nach ähnlich zu Art. 32 DSGVO. Nicht genannt werden jedoch der Stand der Technik oder die Implementierungskosten. Wenn aber bereits bei der Verpflichtung zur Einhaltung aller Anforderungen der DSGVO – und dem Nachweis hierfür – ökonomische Faktoren nicht berücksichtigt werden sollen, ist es naheliegend, dass die Berücksichtigung von Implementierungskosten in Art. 32 Abs. 1 DSGVO im Ergebnis nicht dazu führen kann, dass Normadressaten mangels finanzieller Mittel von den Anforderungen zur Sicherheit der Datenverarbeitung ausgenommen werden. Damit kann die Berücksichtigung der Implementierungskosten nur das „Wie" bzw. die Auswahl der Maßnahmen beeinflussen, nicht jedoch die Erreichung des angemessenen Schutzniveaus (das „Ob").

Anders als in der Literatur vertreten, ist das Abwägungskriterium allerdings in Bezug auf die Bedeutung der Verarbeitung für den Verantwortlichen bzw. den Auftragsverarbeiter indifferent. So wird formuliert, dass grundsätzlich ein höherer Aufwand verlangt werden könne, wenn ein wirtschaftlicher Nutzen im Vordergrund der Verarbeitung steht.[308] Dies kann jedoch nicht überzeugen.

Bereits rein nach dem Wortlaut der Norm lassen sich Implementierungs*kosten* nicht mit der Berücksichtigung von wirtschaftlichem *Nutzen* vereinbaren. Zudem ist der Sinn und Zweck der Norm, Datenverarbeitungen dergestalt abzusichern, dass ein angemessenes Schutzniveau für die Rechte und Freiheiten der Betroffenen gewährleistet wird. Ob bei einer Verarbeitung ein wirtschaftlicher Nutzen entsteht, ist jedoch für das durch die Verarbeitung entstehende Risiko unerheblich. Dieses Risiko ist von wirtschaftlichen Faktoren völlig unabhängig. Andernfalls müsste für eine Verarbeitung trotz

307 Mantz, in: Sydow/Marsch DSGVO, Art. 32 Rn. 10, Art. 25 Rn. 46; Hansen, in: Simitis/Hornung/Spiecker gen. Döhmann DSGVO, Art. 32 Rn. 31.
308 Mantz, in: Sydow/Marsch DSGVO, Art. 32 Rn. 10, Art. 25 Rn. 46.

identischen Risikos und sonst identischen Rahmenbedingungen umfangreichere bzw. kostenintensivere technische und organisatorische Maßnahmen implementiert werden – allein, weil die Datenverarbeitung kostenpflichtig statt kostenlos angeboten wird oder ein anderer wirtschaftlicher Nutzen entsteht. Auch im Übrigen ist der DSGVO eine Betrachtung des wirtschaftlichen Nutzens fremd; ein vergleichbares Kriterium wird weder beim Anwendungsbereich[309] noch bei weitergehenden Pflichten wie der zu einer Datenschutz-Folgenabschätzung genannt.

Naheliegender wäre eine Berücksichtigung wirtschaftlichen Nutzens noch beim Kriterium der Art oder Umstände der Datenverarbeitung.[310] Implementierungskosten stellen dagegen ein Kriterium dar, das allein zur Steuerung der Wirtschaftlichkeit von Maßnahmen dient. Solange das bezweckte Schutzniveau durch mehrere verschiedene, alternative Maßnahmen erreicht werden kann, können Normadressaten in der Abwägung die jeweiligen Implementierungskosten insoweit berücksichtigen und sich für die kostengünstigste – aber dennoch wirksame – Maßnahme entscheiden.

(3) Art, Umfang, Umstände, Zwecke der Verarbeitung

Weitere Abwägungskriterien gem. Art. 32 Abs. 1 DSGVO stellen die Art, der Umfang, die Umstände sowie die Zwecke der Verarbeitung dar. Diese werden im Folgenden zunächst einzeln betrachtet, darauf aufbauend dann gemeinsam mit der Eintrittswahrscheinlichkeit – vgl. hierzu Abschnitt (4) – und der Schwere des Risikos für die Rechte und Freiheiten natürlicher Personen – vgl. Abschnitt (5) – als sog. risikobasierter Ansatz der DSGVO[311] analysiert.[312]

---

309 Der sachliche Anwendungsbereich nach Art. 2 DSGVO unterscheidet nicht nach einer wirtschaftlichen oder nicht-wirtschaftlichen Tätigkeit oder eines solchen Nutzens. Der räumliche Anwendungsbereich adressiert mit dem in Art. 3 Abs. 2 DSGVO geregelten sog. Marktortprinzip explizit auch Sachverhalte, „unabhängig davon, ob von [...] betroffenen Personen eine Zahlung zu leisten ist" (Art. 3 Abs. 2 lit. a DSGVO); vgl. Ennöckl, in: Sydow/Marsch DSGVO, Art. 3 Rn. 13; Schmidt, in: Taeger/Gabel DSGVO, Art. 3 Rn. 23; Ernst, in: Paal/Pauly DSGVO, Art. 3 Rn. 17.

310 Vgl. hierzu Abschnitt (3).

311 Zum risikobasierten Ansatz vgl. Abschnitt 2.

312 Da die genannten Abwägungskriterien – Art, Umfang, Umstände und Zwecke der Verarbeitung sowie Eintrittswahrscheinlichkeit und Schwere des Risikos für die Rechte und Freiheiten natürlicher Personen – in diesem Kontext neben Art. 32 DSGVO auch in den Art. 24 und 25 DSGVO genannt werden, wird im Folgenden teilweise für Art. 32 DSGVO relevante juristische Literatur auch dann herangezogen, wenn diese bspw. formal Art. 25 DSGVO kommentiert, aber in der Kommentierung zu Art. 32 DSGVO auf die vorherigen Ausführungen zu Art. 25 DSGVO verwiesen wird.

Das Tatbestandsmerkmal Art der Datenverarbeitung kann durch Heranziehung der Definition von „Verarbeitung" gem. Art. 4 Nr. 2 DSGVO bestimmt werden.[313] Daraus lassen sich auch grundsätzliche Aussagen zum Risiko der Verarbeitung ableiten, die im Einzelfall zu überprüfen sind. Beispielsweise dürfte eine Löschung personenbezogener Daten grundsätzlich risikomindernd wirken, sofern sie wirksam erfolgt und kein Interesse des Betroffenen an der andauernden Speicherung der Daten besteht.[314] Andere in Art. 4 Nr. 2 DSGVO genannte Verarbeitungsvorgänge wirken grundsätzlich risikosteigernd, etwa die Offenlegung durch Übermittlung an Dritte oder das Erheben von Daten. Umfasst ist von der Art der Datenverarbeitung außerdem, ob die Verarbeitung ganz oder teilweise automatisiert – oder nichtautomatisiert mit Speicherung in einem Dateisystem – erfolgt.[315]

Diskutiert wird in der Literatur außerdem, mit welcher dogmatischen Begründung die Art der *Daten* in der Abwägung berücksichtigt werden muss.[316] Nach dem Wortlaut umfasst Art. 32 Abs. 1 DSGVO nur die Art der *Datenverarbeitung*. Bereits der Gesetzgeber unterscheidet dies auch begrifflich, wie Art. 28 Abs. 3 S. 1 DSGVO zeigt, der die „Art und Zweck der Verarbeitung, die Art der personenbezogenen Daten," gleichberechtigt nebeneinander aufzählt.[317] Da gerade die Art der Daten einen engen Zusammenhang zu mit der Datenverarbeitung verbundenen Risiken aufweist,[318] ist jedoch mit Blick auf den Sinn und Zweck von Art. 32 Abs. 1 DSGVO festzustellen, dass die Art der Daten bereits über das Kriterium „Art der Datenverarbeitung" umfasst ist. Selbst wenn dies nicht der Fall wäre, müsste jedoch spätestens beim Kriterium der Schwere des Risikos[319] die Art der Daten berücksich-

---

313 Jandt, in: Kühling/Buchner DSGVO, Art. 32 Rn. 12; Martini, in: Paal/Pauly DSGVO, Art. 32 Rn. 55, Art. 24 Rn. 32.

314 Martini, in: Paal/Pauly DSGVO, Art. 32 Rn. 55, Art. 24 Rn. 32a. In Randfällen kann relevant werden, dass Art. 32 Abs. 1 DSGVO das Risiko natürlicher Personen allgemein – und nicht das Betroffener im Speziellen – nennt. So könnten etwa natürliche Personen ein Interesse an der andauernden Speicherung personenbezogener Daten haben, auch wenn Betroffene dies gerade nicht wünschen – bspw. im Fall interner Ermittlungen bei sog. Whistleblowing im Unternehmen oder wenn potentielles Beweismaterial für den Zivilprozess auf Smart-Home-Geräten gespeichert ist.

315 Piltz/Zwerschke, in: Kipker/Reusch/Ritter DSGVO, Art. 32 Rn. 26.

316 *Dass* die Art der Daten berücksichtigt werden muss, wird einheitlich so beurteilt, vgl. nur Martini, in: Paal/Pauly DSGVO, Art. 32 Rn. 55, Art. 24 Rn. 32b; Piltz, in: Gola/Heckmann DSGVO, Art. 32 Rn. 22, Art. 24 Rn. 36, 37.

317 Martini, in: Paal/Pauly DSGVO, Art. 32 Rn. 55, Art. 24 Rn. 32b; dieser Unterschied zwischen Art. 32 Abs. 1 und Art. 28 Abs. 3 S. 1 DSGVO findet sich auch in der englischen Sprachfassung.

318 Martini, in: Paal/Pauly DSGVO, Art. 32 Rn. 55, Art. 24 Rn. 32b nennt dies eine enge „Wechselbeziehung".

319 Hierzu vgl. Abschnitt (5).

tigt werden.[320] Dies lässt sich auch aus ErwG 75 ableiten, der beispielhaft verwirklichte Risiken von Datenverarbeitungen nennt, die gerade besondere Kategorien personenbezogener Daten umfassen.[321]

Der Umfang der Verarbeitung bezieht sich auf die Menge der Daten sowie auf die Anzahl der betroffenen Personen.[322] Unklar bleibt nach der DSGVO zumindest hinsichtlich der Menge der Daten, wie diese zu bestimmen ist. Weder Merkmale wie eine – willkürlich festlegbare – Einteilung in „Datensätze“ oder Datenbankeinträge noch eine Messung über den verbrauchten Speicherplatz ist hierfür sinnvoll. Im Ergebnis wird jedoch nach dem Sinn und Zweck der Norm ohnehin eine normative Wertung zielführend sein – bei der solche Merkmale als Annäherung an eine Bestimmung der Menge der Daten aufgegriffen werden können.

Die Umstände der Verarbeitung sind der innerhalb dieses Kriteriums wohl am weitesten auszulegende Begriff. Umfasst ist der gesamte Kontext der konkreten technischen und organisatorischen Umsetzung der Verarbeitung. Dies gilt sowohl für die Frage, bei wem die Daten erhoben wurden als auch für die übrigen Rahmenbedingungen der Verarbeitung, die sich auf die Sicherheit der Verarbeitung auswirken können – bspw. ob Dritte, Auftragsverarbeiter oder andere Verantwortliche eingebunden werden.[323] Diese Rahmenbedingungen der Verarbeitung betreffen auch eingesetzte technische Verfahren, die risikosteigernd oder risikomindernd sein können.[324] Ein Beispiel hierfür wäre der Einsatz von maschinellen Lernverfahren, welcher grundsätzlich als risikosteigernd eingeordnet werden muss. Auch der Ort sowie die Dauer der Datenverarbeitung können den Umständen der Verarbeitung zugeordnet werden.[325]

Zuletzt sind die Zwecke der Datenverarbeitung zu berücksichtigen. Unter anderem ist hierbei relevant, ob es sich um durch die von der DSGVO normativ privilegierten Zwecke handelt, etwa Forschungszwecke oder journalistische Zwecke.[326] Konkrete Auswirkungen privilegierter Zwecke zeigen sich etwa, wenn Abweichungen von Art. 32 DSGVO ermöglicht werden

---

320 Martini, in: Paal/Pauly DSGVO, Art. 32 Rn. 55, Art. 24 Rn. 32b.

321 Martini, in: Paal/Pauly DSGVO, Art. 32 Rn. 55, Art. 24 Rn. 32b; so im Ergebnis auch die EDSA Guidelines 4/2019, Rn. 28, Fn. 11.

322 Vgl. ErwG 75 DSGVO aE; Martini, in: Paal/Pauly DSGVO, Art. 32 Rn. 55, Art. 24 Rn. 33; vgl. daneben Jandt, in: Kühling/Buchner DSGVO, Art. 32 Rn. 12; Piltz/Zwerschke, in: Kipker/Reusch/Ritter DSGVO, Art. 32 Rn. 27.

323 Jandt, in: Kühling/Buchner DSGVO, Art. 32 Rn. 12; Piltz/Zwerschke, in: Kipker/Reusch/Ritter DSGVO, Art. 32 Rn. 28; Martini, in: Paal/Pauly DSGVO, Art. 32 Rn. 55, Art. 24 Rn. 34.

324 Jandt, in: Kühling/Buchner DSGVO, Art. 32 Rn. 12.

325 Lang, in: Taeger/Gabel DSGVO, Art. 24 Rn. 46.

326 Martini, in: Paal/Pauly DSGVO, Art. 32 Rn. 55, Art. 24 Rn. 35; Lang, in: Taeger/Gabel DSGVO, Art. 24 Rn. 47.

sollen, wie dies bspw. Art. 85 Abs. 2 DSGVO grundsätzlich zulässt. Außerdem besteht ein durch den in Art. 5 Abs. 1 lit. c DSGVO geregelten Datenminimierungsgrundsatz begründeter Zusammenhang mit dem Umfang der Verarbeitung, denn der Grundsatz regelt u. a., dass personenbezogene Daten „auf das für die Zwecke der Verarbeitung notwendige Maß beschränkt sein" müssen.[327] Um eine Berücksichtigung der Zwecke der Datenverarbeitung durch den Normadressaten zu ermöglichen, ist ein ausreichend präzise festgelegter, eindeutiger Zweck erforderlich, wie es auch der in Art. 5 Abs. 1 lit. b DSGVO geregelten Zweckbindungsgrundsatz vorsieht.[328] Sehr abstrakt festgelegte Zwecke wie beispielsweise „geschäftsmäßige Verarbeitung" werden dabei nicht als ausreichend angesehen – denn im Kontext des Art. 32 Abs. 1 DSGVO muss hiermit eine Risikobewertung möglich sein, die eine solche Zweckfestlegung jedenfalls ohne weitere Erläuterung nicht zulässt.[329]

Die Abwägungskriterien Art, Umfang, Umstände und Zwecke der Verarbeitung umschreiben daher alle Aspekte von Datenverarbeitungen, deren Risiko vom Normadressaten nach Art. 32 Abs. 1 DSGVO bestimmt werden soll.

(4) Eintrittswahrscheinlichkeit

Das Kriterium der Eintrittswahrscheinlichkeit macht explizit, dass die in Art. 32 Abs. 1 DSGVO verankerte Risikoabschätzung eine Prognose darstellt.[330] Die Prognose muss auf Grundlage der ex-ante-Sicht, also zum (jeweiligen) Zeitpunkt der Abschätzung, durch den Normadressaten aufgestellt werden. Die Eintrittswahrscheinlichkeit steht in engem Zusammenhang mit der Schwere des Risikos für die Rechte und Freiheiten natürlicher Personen. Sie kann insoweit als Korrektiv verstanden werden, sodass etwa auch bei einer nur geringen Schwere des Risikos eine hohe Eintrittswahrscheinlichkeit eine Verpflichtung des Verantwortlichen zu Schutzmaßnahmen auslösen kann.[331] Entsprechend ist offensichtlich, dass eine sehr geringe Eintrittswahrscheinlichkeit ein nur geringes Ausmaß an zu treffenden Maßnahmen zur Folge hat, wenn lediglich eine geringe Schwere des Risikos besteht.

---

327 Lang, in: Taeger/Gabel DSGVO, Art. 24 Rn. 47 nennt dies eine „Wechselwirkung".

328 Lang, in: Taeger/Gabel DSGVO, Art. 24 Rn. 47 f.; Jandt, in: Kühling/Buchner DSGVO, Art. 32 Rn. 12.

329 Konkret zu diesem Beispiel: Lang, in: Taeger/Gabel DSGVO, Art. 24 Rn. 48.

330 Bertermann, in: Ehmann/Selmayr DSGVO, Art. 24 Rn. 10; Lang, in: Taeger/Gabel DSGVO, Art. 24 Rn. 57 f.; Martini, in: Paal/Pauly DSGVO, Art. 32 Rn. 50, Art. 24 Rn. 30; Jandt, in: Kühling/Buchner DSGVO, Art. 32 Rn. 13.

331 Hierzu und zum Folgenden: Bertermann, in: Ehmann/Selmayr DSGVO, Art. 24 Rn. 10.

Mangels einer genauen Quantifizierbarkeit der Eintrittswahrscheinlichkeit[332] wird in der Literatur bspw. eine annähernde Bestimmung durch vier verschiedene Stufen vorgeschlagen („sehr sicher“, „wahrscheinlich“, „möglich“, „unwahrscheinlich“).[333] Ähnlich stufenartige Beschreibungen finden sich etwa auch in Dokumenten des BSI.[334] Nach Möglichkeit sollen gem. der Literatur zudem statistische Werte als Basis der Prognoseentscheidung genutzt werden.[335] Im Ergebnis ist es entscheidend, dass der Verantwortliche die Abwägung nach Art. 32 Abs. 1 DSGVO im Ganzen sowie die Einschätzung der Eintrittswahrscheinlichkeit im Speziellen überprüfbar und zutreffend durchführt und dokumentiert (vgl. Art. 5 Abs. 2 DSGVO). Soweit diese Maßgabe eingehalten wird, ist es nicht ausschlaggebend, welche konkreten – ggf. stufenartigen – Umschreibungen für die Abschätzung der Eintrittswahrscheinlichkeit verwendet werden.

(5) Schwere des Risikos für Rechte und Freiheiten natürlicher Personen

Hinsichtlich der Schwere des Risikos für die Rechte und Freiheiten natürlicher Personen – welche nach dem Wortlaut also gerade nicht zwingend betroffene Personen i. S. d. Art. 4 Nr. 1 DSGVO sein müssen[336] – stellt sich die Frage, wie die Schwere des Risikos zu bemessen ist. Auch für diese Bestimmung schlägt die Literatur stufenartige Umschreibungen vor.[337] Festzustellen ist daneben, dass Art. 32 Abs. 1 DSGVO die Kriterien „Schwere des Risikos für Rechte und Freiheiten natürlicher Personen“ und „Eintrittswahrscheinlichkeit“ – insoweit sprachlich unsauber – nebeneinander nennt. Dies gilt genauso für die restlichen Abwägungskriterien, sodass von einem gleichrangigen Verhältnis auszugehen wäre.[338] Wird allerdings ein Risiko-

332 Hierzu bereits: Kapitel 1 C. IV. 2 und 3. Vgl. auch Lang, in: Taeger/Gabel DSGVO, Art. 24 Rn. 57: „Die Eintrittswahrscheinlichkeit lässt sich ebenso wie die Schwere potenzieller Schäden regelmäßig nicht praktikabel in Zahlen fassen.“.

333 Lang, in: Taeger/Gabel DSGVO, Art. 24 Rn. 57; für eine ähnliche Einstufung vgl. Ritter/Reibach/Lee, ZD 2019, 531 (533) oder Witt, in: Koreng/Lachenmann, Formularhandbuch Datenschutzrecht, Form. C. V. 2. Anm. 3.

334 Vgl. BSI-Standard 200-3. Risikoanalyse auf der Basis von IT-Grundschutz, abrufbar: https://www.bsi.bund.de/SharedDocs/Downloads/DE/BSI/Grundschutz/BSI_Standards/standard_200_3.pdf?__blob=publicationFile&v=2, S. 26 f.

335 Lang, in: Taeger/Gabel DSGVO, Art. 24 Rn. 57 f., der dort zugleich anerkennt, dass die Eintrittswahrscheinlichkeit „regelmäßig nicht praktikabel in Zahlen [zu] fassen“ ist (vgl. bereits Fn. 332).

336 Vgl. hierzu bereits Fn. 314.

337 Vgl. nur Lang, in: Taeger/Gabel DSGVO, Art. 24 Rn. 59 f., u. a. mit Verweis auf Bieker/Bremert/Hansen, DuD 2018, 492 (493) sowie Ritter/Reibach/Lee, ZD 2019, 531 (533).

338 Martini, in: Paal/Pauly DSGVO, Art. 32 Rn. 50, Art. 24 Rn. 29; Art. 25 Rn. 37a.

begriff zugrunde gelegt, der die Kriterien „Eintrittswahrscheinlichkeit" und „Schwere der Schäden" umfasst, so sind diese beiden Kriterien zwangsläufig bereits durch den Begriff „Risiko" enthalten. Denn welche Schwere des Risikos vorliegt, ergibt sich dann gerade aus diesen Kriterien.[339] Es wäre also überflüssig, Eintrittswahrscheinlichkeit und Schwere zusätzlich im Normtext zu benennen.

Daher sind zwei Deutungen möglich, auf was sich „Schwere des Risikos" i. S. d. Art. 32 Abs. 1 DSGVO bezieht. Denkbar wäre, dass lediglich die Kriterien der Bestimmung des Risikos im Wortlaut genannt werden sollten; „Schwere" würde sich demnach auf potentielle Schäden beziehen. Teile der Literatur verstehen Art. 32 Abs. 1 DSGVO daher so, dass Eintrittswahrscheinlichkeit und „Schadensschwere" zu berücksichtigen sind.[340]

Diese Ansicht unterstellt eine sprachliche Unsauberkeit bei der Fassung des Art. 32 Abs. 1 DSGVO, die als solche grundsätzlich nicht unplausibel erscheint. Allerdings findet sich die Bezugnahme, wie sie in Art. 32 Abs. 1 DSGVO Eingang gefunden hat, vergleichbar auch in ErwG 75 S. 1 DSGVO:[341] „*Die Risiken* für die Rechte und Freiheiten natürlicher Personen – *mit unterschiedlicher Eintrittswahrscheinlichkeit und Schwere* – können aus einer Verarbeitung personenbezogener Daten hervorgehen, die [...]".[342] Außerdem wird in ErwG 76 S. 2 DSGVO zwischen „Risiko" und „hohes Risiko" differenziert, nachdem in ErwG 76 S. 1 DSGVO zuvor die „Schwere des Risikos" genannt wurde.[343] Auch ErwG 77 S. 1 DSGVO enthält einen sprachlichen Bezug der Schwere auf das Risiko.[344] Darüber hinaus lässt auch ein Vergleich mit der englischen Sprachfassung keine abweichende Bewertung zu, da auch dort entsprechende sprachliche Bezüge vorliegen.

Es erscheint daher plausibler, dass „Schwere" sich tatsächlich – wie Art. 32 Abs. 1 DSGVO es nach dem Wortlaut vorsieht – auf die Schwere *des Risikos* bezieht und die DSGVO insoweit die Schwere des Risikos synonym zur Höhe des Risikos verwendet.[345]

---

339 Vgl. Martini, in: Paal/Pauly DSGVO, Art. 32 Rn. 50, Art. 24 Rn. 29; Art. 25 Rn. 37a.

340 Martini, in: Paal/Pauly DSGVO, Art. 32 Rn. 50, Art. 24 Rn. 29; Art. 25 Rn. 37a; vgl. auch Lang, in: Taeger/Gabel Art. 24 Rn. 37, der ebenfalls die „terminologische Schwäche" kritisiert, sich allerdings keiner Auffassung anschließt.

341 Piltz, in: Gola/Heckmann DSGVO, Art. 32 Rn. 22, Art. 24 Rn. 27–29.

342 Hervorhebungen durch den Verf.

343 Piltz, in: Gola/Heckmann DSGVO, Art. 32 Rn. 22, Art. 24 Rn. 29.

344 ErwG 77 S. 1 DSGVO: „[...] Risikos, *dessen* Abschätzung in Bezug auf Ursache, Art, Eintrittswahrscheinlichkeit und *Schwere* [...]" (Hervorhebung durch den Verf.).

345 Piltz, in: Gola/Heckmann DSGVO, Art. 32 Rn. 22, Art. 24 Rn. 29.

Im Ergebnis ist es jedoch nicht entscheidend, welche der beiden Auffassungen vorzuziehen ist. Denn in beiden Fällen sind dieselben Kriterien von der Abwägung umfasst. Die Schadensschwere wäre jedenfalls im Risikobegriff enthalten, die Höhe des Risikos wiederum muss bereits dem Sinn und Zweck der Norm nach berücksichtigt werden; sie findet sich jedenfalls bei der Beurteilung des angemessenen Schutzniveaus (Art. 32 Abs. 1, 2 DSGVO) wieder.

Unabhängig von der Auslegung der einzelnen Kriterien des Art. 32 Abs. 1 DSGVO wird in den Tatbestandsmerkmalen der Art, des Umfangs, der Umstände und der Zwecke der Verarbeitung in Verbindung mit dem Kriterium der Eintrittswahrscheinlichkeit und Schwere des Risikos für die Rechte und Freiheiten natürlicher Personen die Verortung des sog. risikobasierten Ansatzes der DSGVO gesehen. Dieser ist für die Untersuchung zentral und auch für die Analyse von Art. 25 DSGVO relevant. Deshalb wird der sog. risikobasierte Ansatz im Folgenden losgelöst von Art. 32 Abs. 1 DSGVO und übergreifend für die gesamten hier betrachteten Normen der DSGVO untersucht.

2. Der sog. risikobasierte Ansatz der DSGVO – Bedeutung und Reichweite

Bereits die Datenschutz-Richtlinie als Vorgänger der DSGVO enthielt an verschiedenen Stellen Elemente einer Risikoregulierung.[346] Mit Einführung der DSGVO gewann der Risikobegriff jedoch deutlich an Relevanz.[347] Entsprechend dieser Bedeutung befasst sich die Literatur intensiv mit dem sog. risikobasierten Ansatz der DSGVO.[348] Im Gesetzgebungsprozess wurden

346 Von Grafenstein, The Principle of Purpose Limitation in Data Protection Laws, S. 79 f. unter Verweis auf Art.-29-Datenschutzgruppe, Statement on the role of a riskbased approach (WP 218), S. 2; vgl. daneben Heberlein, in: Ehmann/Selmayr DSGVO, Art. 5 Rn. 39 f.; Gärtner/Selzer, DuD 2023, 367 (368). Zur Abgrenzung zwischen risikobasierter Regulierung und Risikoregulierung sowie dem hier zugrunde gelegten Verständnis der Begriffe vgl. bereits Kapitel 1 C. I.

347 Vgl. nur: von Grafenstein, The Principle of Purpose Limitation in Data Protection Laws, S. 80; Macenaite, EJRR 2017, 506 (506, 507) unter Verweis auf Spina, welcher die Entwicklung als „riskification“ des EU-Datenschutzrechts bezeichnet, vgl. Spina, EJRR 2017, 88 (89).

348 Vgl. nur Gellert, The Risk-Based Approach to Data Protection, S. 1 ff.; 136 ff., 185 ff., 212 ff.; Gonçalves, JoRR 2020, 139 (140 ff.); Jung/Koch, ZD 2022, 656 (656 ff.), Quelle, EJRR 2018, 502 (504 ff.); Schröder, ZD 2019, 503 (503 ff.); Veil, ZD 2015, 347 (348 ff.); Veil, in: Gierschmann/Schlender/Stentzel/Veil DSGVO, Art. 24 Rn. 78–190; De Gregorio/Dunn, CMLR 2022, 473 (479 ff.); Gärtner/Selzer, DuD 2023, 367 (368); Diercks/Roth, ZdiW 2021, 313 (314 f.); von Grafenstein, The Principle of Purpose Limitation in Data Protection Laws, S. 79 f., Heberlein, in: Ehmann/Selmayr DSGVO, Art. 5 Rn. 40 f.

verschiedene Ausprägungen risikobasierter Regulierungen diskutiert, wobei sich sowohl das Europäische Parlament als auch der Rat für eine Berücksichtigung des Risikos einsetzten – wenn auch in unterschiedlichem Ausmaß und mit unterschiedlichen Zielrichtungen.[349]

In der verabschiedeten Fassung der DSGVO ist der risikobasierte Ansatz in Art. 24 Abs. 1 S. 1 DSGVO verankert.[350] Systematisch ist dies der Beginn des Kapitels 4 der DSGVO, was dafür sprechen könnte, dass der risikobasierte Ansatz nur für Verpflichtungen dieses Kapitels gilt. Hätte eine Geltung über dieses Kapitel hinaus geregelt werden sollen, wäre schließlich das Kapitel 2 („Grundsätze") bzw. Artikel 5 DSGVO („Grundsätze für die Verarbeitung personenbezogener Daten") der systematisch überzeugende Standort für die Vorschrift gewesen.[351] Auch die Historie des Gesetzgebungsprozesses zeigt, dass grundsätzlich „One-size-fits-all"[352] gelten soll und sich – im Vergleich zur Position des Rates – nur ein begrenzter risikobasierter Ansatz durchsetzen konnte.[353] Andererseits lautet die Überschrift von Art. 24 DSGVO allgemein „Verantwortung des für die Verarbeitung Verantwortlichen"; auch der Wortlaut von Art. 24 Abs. 1 S. 1 DSGVO nennt allgemein die Pflicht, Maßnahmen zu treffen, um sicherzustellen, „dass die Verarbeitung gemäß dieser Verordnung erfolgt". Zunächst wäre denkbar, dass dieses systematische Argument durch das Verhältnis von Art. 24 DSGVO und Art. 5 DSGVO relativiert werden könnte: Denn zutreffend ist, dass durch Art. 24 Abs. 1 S. 1 DSGVO die Rechenschaftspflicht nach Art. 5 Abs. 2 DSGVO konkretisiert wird.[354] Allerdings könnte hierbei wiederum danach differenziert werden, ob tatsächlich der gesamte Art. 24 Abs. 1 S. 1 DSGVO eine Konkretisierung der Rechenschaftspflicht darstellt – oder ob dies nur für Art. 24 Abs. 1 S. 1

349 Für eine Übersicht vgl. Veil, ZD 2015, 347 (352 f.).

350 Piltz, in: Gola/Heckmann DSGVO, Art. 24 Rn. 2, 4; Kramer/Meints, in: Auernhammer DSGVO, Art. 24 Rn. 1; Lang, in: Taeger/Gabel DSGVO, Art. 24 Rn. 3; Kipker, in: Kipker/Reusch/Ritter DSGVO, Art. 24 Rn. 1, 7; Bertermann, in: Ehmann/Selmayr DSGVO, Art. 24 Rn. 1; Hartung, in: Kühling/Buchner DSGVO, Art. 24 Rn. 1; Martini, in: Paal/Pauly DSGVO, Art. 24 Rn. 2; Veil, in: Gierschmann/Schlender/Stentzel/Veil DSGVO, Art. 24 Rn. 4, 24.

351 Ebenso aufgrund systematischer Erwägungen gegen eine allgemeinere Geltung des risikobasierten Ansatzes, hier speziell in Bezug auf Kapitel 2 der DSGVO: Schröder, ZD 2019, 503 (506).

352 Zum „One-size-fits-all"-Ansatz vgl. nur Veil, ZD 2015, 347 (347).

353 Zur Gesetzgebungshistorie sowie den unterschiedlichen Positionen des Rates und des Europäischen Parlaments vgl. Albrecht, in: Simitis/Hornung/Spiecker gen. Döhmann DSGVO, Einleitung Rn. 227; Schröder, ZD 2019, 503 (503 f.).

354 Diercks/Roth, ZdiW 2021, 313 (314) bezeichnen den Ansatz als „Kernelement des Konzepts der Rechenschaftspflicht"; vgl. auch: Piltz, in: Gola/Heckmann DSGVO, Art. 24 Rn. 5; Lang, in Taeger/Gabel DSGVO, Art. 24 Rn. 13; Martini, in: Paal/Pauly DSGVO, Art. 24 Rn. 25, 25a sowie EuGH v. 14.12.2023 – C-340/21 – Rn. 52 f., 57.

DSGVO a. E. („und den Nachweis dafür erbringen zu können“) gilt, sodass der risikobasierte Ansatz nicht in Art. 5 Abs. 2 DSGVO zu finden wäre.

Aus diesen Gründen ist aktuell ungeklärt, ob der risikobasierte Ansatz über das Kapitel 4 hinaus Anwendung findet. Praktisch relevant wurde diese Diskussion insbesondere im Nachgang zum sog. „Schrems II“-Urteil des EuGH[355], das Datenübermittlungen in sog. Drittstaaten – namentlich die USA – deutlich erschwerte.[356] Jedenfalls für die hier behandelten Vorschriften des Kapitels 4 der DSGVO ist aber aufgrund der expliziten Erwähnung im Wortlaut unstrittig, dass der risikobasierte Ansatz Anwendung findet. Ob dies auch für andere Normen in der DSGVO gilt, muss daher hier nicht genauer analysiert werden.

a. Zum Risikobegriff der DSGVO

Diese Untersuchung legt als Risiko i. S. d. DSGVO die *Kombination* aus *Eintrittswahrscheinlichkeit* und *Schwere der Beeinträchtigung* der Rechte und Freiheiten natürlicher Personen zugrunde. Anders als in den in Teilen der Literatur vertretenen Begriffen[357] sind hier also explizit Risiken potentiell jeder natürlichen Person – und nicht nur Risiken der durch die Datenverarbeitung betroffenen Personen[358] – umfasst. Die Wahl der Definition wird wie folgt begründet.

Zunächst ist festzustellen, dass die DSGVO keine explizite Definition von „Risiko“ enthält. Allerdings kann auf die übergreifenden Erläuterungen zum unionsrechtlichen Verständnis des Risikobegriffs in Kapitel 1 C. IV. 1 zurückgegriffen werden, das im Wesentlichen auch mit dem Verständnis weiterer dort berücksichtigter Disziplinen übereinstimmt. Dieses unionsrechtliche Verständnis lässt, in Kombination mit den festgestellten interdisziplinären Überschneidungen, den Schluss zu, dass eine ähnliche – und vergleichsweise simple – Definition anhand der Faktoren der Eintrittswahrscheinlichkeit und Schwere der Beeinträchtigung zielführend sein dürfte. Eine komplexere oder vom oben erläuterten unionsrechtlichen oder interdisziplinären Verständnis wesentlich abweichende Bestimmung würde nach hier vertretener Auffassung deutliche Anhaltspunkte erfordern. Solche Anhaltspunkte sind der DSGVO jedoch nicht zu entnehmen.

---

355 EuGH Urt. v. 16.7.2020 – Rs. C-311/18.

356 Vgl. etwa Diercks/Roth, ZdiW 2021, 313 (314 ff.), die dafür argumentieren, dass der risikobasierte Ansatz auch bei einem Transfer Impact Assessment im Rahmen von Art. 46 Abs. 2 lit. c DSGVO und den zugehörigen Standarddatenschutzklauseln berücksichtigt werden muss.

357 Vgl. Veil, CR-online.de Blog v. 2.5.2018: „Risiko ist das Produkt aus Eintrittswahrscheinlichkeit und Schwere einer Beeinträchtigung der Rechte und Freiheiten des Betroffenen.“; vgl. auch Martini, in: Paal/Pauly DSGVO, Art. 24 Rn. 28a.

358 Dieser Unterschied kann in Randfällen relevant werden, vgl. hierzu bereits Fn. 314.

Zu Recht kritisiert wurde in der Literatur dagegen die Definition der deutschen Aufsichtsbehörden.[359] Die Behörden leiten aus ErwG 75 und ErwG 94 S. 2 DSGVO die folgende Definition ab:

> *„Ein Risiko im Sinne der DS-GVO ist das Bestehen der Möglichkeit des Eintritts eines Ereignisses, das selbst einen Schaden (einschließlich ungerechtfertigter Beeinträchtigung von Rechten und Freiheiten natürlicher Personen) darstellt oder zu einem weiteren Schaden für eine oder mehrere natürliche Personen führen kann.“*[360]

Dabei habe ein Risiko zwei „Dimensionen“: die Schwere des Schadens und die Eintrittswahrscheinlichkeit von Ereignis und Folgeschäden.[361] Im sog. Standard-Datenschutzmodell[362] wird das Risiko identisch definiert.[363] Bereits auf rein sprachlicher Ebene ist die Gleichsetzung von Ereignis und Schaden falsch; denkbar wäre allenfalls ein Schaden als *Folge* eines Ereignisses. Die Literatur kritisiert an diesem Verständnis u. a., dass die DSK in der Erläuterung der Definitionen ausführt, unrechtmäßige Verarbeitungstätigkeiten stellten „Beeinträchtigungen des Grundrechts auf Datenschutz“[364] und „daher bereits ein Schadensereignis“[365] dar.[366] Wie ein Blick in den in der DSGVO geregelten Schadenersatzanspruch gem. Art. 82 Abs. 1 DSGVO zeigt, kann aber schon nach dem Wortlaut der Norm nicht jeder Verstoß gegen die DSGVO einen entstandenen Schaden zur Folge haben. Ansonsten wäre es auch nicht erforderlich gewesen, sowohl die Tatbestandsvoraussetzung „wegen eines Verstoßes gegen diese Verordnung“ einerseits als auch die Voraussetzung „Schaden entstanden“ andererseits aufzunehmen. Dies wird auch durch die Rechtsprechung des EuGH bestätigt.[367] Überzeugend führt der EuGH darüber hinaus aus, dass in der zusätzlichen Voraussetzung des Schadens gerade der systematische Unterschied zwischen Art. 82, Art. 83 Abs. 2 lit. a, c DSGVO und anderen Vorschriften besteht – etwa Art. 77 DSGVO, der Betroffenen ein Recht auf Beschwerde bei einer Aufsichtsbehörde einräumt, wenn sie der Ansicht sind, dass eine Verarbeitung ihrer personenbezogenen Daten gegen die DSGVO verstößt.[368] Ein Schaden

---

359 Vgl. Veil, CR-online.de Blog v. 2.5.2018; Schröder, ZD 2019, 503 (504); Bertermann, in: Ehmann/Selmayr DSGVO, Art. 24 Rn. 7.
360 Datenschutzkonferenz, Kurzpapier Nr. 18, S. 1.
361 Datenschutzkonferenz, Kurzpapier Nr. 18, S. 1.
362 Vgl. Kapitel 3 B. II. 3. e.
363 SDM, S. 49.
364 Datenschutzkonferenz, Kurzpapier Nr. 18, S. 2.
365 Datenschutzkonferenz, Kurzpapier Nr. 18, S. 2.
366 Vgl. Veil, CR-online.de Blog v. 2.5.2018; Schröder, ZD 2019, 503 (504).
367 EuGH v. 4.5.2023, Rs. C-300/21 – Österreichische Post – Rn. 33, 34.
368 Hierzu und zum Folgenden: EuGH v. 4.5.2023, Rs. C-300/21 – Österreichische Post – Rn. 39.

ist gerade keine Voraussetzung jener Norm, was nach dem EuGH die eigenständige Bedeutung des Tatbestandsmerkmals aufzeigt.

Die französische Aufsichtsbehörde CNIL legt in Dokumenten, die eine Methodik zur Durchführung von Datenschutz-Folgenabschätzungen[369] beschreiben, den folgenden Risikobegriff zugrunde:

> *„A risk is a hypothetical scenario that describes a feared event and all the threats that would allow this to occur"*[370]

Auch dieser Risikobegriff greift aber letztlich – bei der Bewertung des Risikos – auf die Bestandteile Schwere („severity") und Eintrittswahrscheinlichkeit („likelihood") zurück.[371]

Eine ähnliche Definition wird vom EDSA vertreten:

> *„A 'risk' is a scenario describing an event and its consequences, estimated in terms of severity and likelihood."*[372]

Die unterschiedlichen Definitionsansätze sind Folge des Versäumnisses des Gesetzgebers, den Risikobegriff explizit zu definieren, wie es in Art. 4 DSGVO für zahlreiche andere Begriffe geschehen ist. Gerade weil im Rahmen des Gesetzgebungsverfahrens auch unterschiedliche Regulierungsansätze hinsichtlich der Implementierung des risikobasierten Ansatzes vertreten wurden, wäre dies für die praktische Handhabung der Verordnung zielführend gewesen.[373] Sprachlich klar geregelt ist nun lediglich der Bezug des Risikos auf die Rechte und Freiheiten natürlicher Personen.

Im Ergebnis erscheint es unter Zugrundelegung der interdisziplinären Erkenntnisse und des allgemeinen Verständnisses von Risiko sowie der Erwähnung von Eintrittswahrscheinlichkeit und Schwere in Art. 24 Abs. 1 S. 1, Art. 32 Abs. 1 DSGVO nur zielführend, die Elemente „Eintrittswahrscheinlichkeit", „Schwere der Beeinträchtigung" sowie den Bezug auf „Rechte

369 Das Dokument mit dem Titel „Privacy Impact Assessment (PIA)" bezeichnet mit dem Kürzel PIA auch Data Protection Impact Assessments (DPIAs), vgl. CNIL, PIA methodology, S. 1.

370 CNIL, PIA methodology, S. 6; der Anhang des Dokuments (S. 9) enthält zudem eine Auflistung der Definitionen, wonach Risiko als „Scenario describing a feared event and all threats that make it possible" definiert wird. Zwar fehlt an dieser Stelle die explizite Erwähnung eines hypothetischen Szenarios; aufgrund des Kontextes („feared event") ist dennoch von einer inhaltlichen Übereinstimmung der Definitionen auszugehen.

371 CNIL, PIA methodology, S. 6, 9.

372 Vgl. EDSA Endorsement 1/2018 i. V. m. Artikel-29-Datenschutzgruppe, WP 248 rev.01, Guidelines on Data Protection Impact Assessment (DPIA) and determining whether processing is "likely to result in a high risk" for the purposes of Regulation 2016/679, abrufbar: https://ec.europa.eu/newsroom/article29/items/611236/en, S. 6.

373 Vgl. hierzu bereits Fn. 353.

und Freiheiten natürlicher Personen“ in die Definition aufzunehmen. Die Verbindung der Elemente ist sprachlich am sinnvollsten durch *Kombination* beschrieben, da die in der Literatur teils vertretene Beschreibung, dass das Risiko als *Produkt* von Eintrittswahrscheinlichkeit und Schadensschwere zu verstehen sei,[374] nur scheinbar präziser ist. Denn sie erfordert eine Quantifizierbarkeit von Eintrittswahrscheinlichkeit und Schadensschwere, die in der Regel nicht gegeben ist.[375]

Bestandteil der Fragestellung nach dem Risikobegriff der DSGVO ist außerdem, welche verschiedenen *Risikokategorien* – auch als Risikostufen bzw. Höhe oder Schwere des Risikos bezeichnet – die Verordnung vorsieht. Anders als bei den durch die Literatur vorgeschlagenen stufenartigen Umschreibungen zur Eintrittswahrscheinlichkeit sowie zur Schwere des Risikos für die Rechte und Freiheiten natürlicher Personen[376] lassen sich die Risikokategorien eindeutig aus der DSGVO ableiten, wie im Folgenden aufgezeigt wird.

Art. 35 Abs. 1 S. 1 DSGVO setzt voraus, dass Verantwortliche bei Vorliegen eines (voraussichtlich) hohen Risikos eine Datenschutz-Folgenabschätzung durchführen müssen. Dagegen sieht Art. 33 Abs. 1 S. 1 DSGVO eine Ausnahme für die Meldepflicht bei Verletzungen des Schutzes personenbezogener Daten vor, wenn die Verletzung „voraussichtlich nicht zu einem Risiko für die Rechte und Freiheiten natürlicher Personen führt“ – wenn also (voraussichtlich) kein Risiko vorliegt. Dem Sinn nach ergibt sich daher eine Einteilung „kein Risiko – Risiko – hohes Risiko“, auch wenn ein „einfaches“ Risiko in den Artikeln der Verordnung nicht explizit erwähnt wird. Lediglich ErwG 76 S. 2 DSGVO sieht eine – allerdings binäre, d. h. die Möglichkeit eines fehlenden Risikos nicht erwähnende – Einteilung in „ein Risiko oder ein hohes Risiko“ vor. Im selben Kurzpapier, in dem die DSK ihre Risikodefinition vorstellt, wird dagegen die Einteilung „geringes Risiko – Risiko – hohes Risiko“ eingeführt.[377] Denn obwohl die DSGVO die Formulierung „voraussichtlich nicht zu einem Risiko“ verwende, könne es keine vollständig risikofreien Verarbeitungen geben.[378] Daher sei diese Formulierung aufgrund einer Auslegung nach dem Sinn und Zweck der Norm

---

374 Jandt, in: Kühling/Buchner DSGVO, Art. 32 Rn. 13; Veil, CR-online.de Blog v. 2.5.2018; Martini, in: Paal/Pauly DSGVO, Art. 24 Rn. 28a; zu Risiko als Produkt von Eintrittswahrscheinlichkeit und Schwere der Risiken: Bertermann, in: Ehmann/Selmayr DSGVO, Art. 24 Rn. 7; vgl. auch allgemeiner Roth-Isigkeit, MMR 2024, 621 (622).

375 Dies gilt gleichbedeutend auch für das hier präferierte Element der „Schwere der Beeinträchtigung“. Vgl. zur fehlenden Quantifizierbarkeit bereits: Kapitel 1 C. IV. 2.

376 Vgl. zur Eintrittswahrscheinlichkeit: Kapitel 3 B. II. 1. b. (4) bzw. zur Schwere des Risikos: Kapitel 3 B. II. 1. b. (5).

377 Datenschutzkonferenz, Kurzpapier Nr. 18, S. 5.

378 Datenschutzkonferenz, Kurzpapier Nr. 18, S. 2.

als „voraussichtlich nur zu einem geringen Risiko“ führend zu verstehen.[379] Diese Auslegung stieß in Teilen der Literatur zu Recht auf Kritik,[380] wird teils jedoch auch kritiklos rezipiert.[381]

Zunächst handelt es sich dabei um eine Auslegung, die klar dem Wortlaut der DSGVO widerspricht. Die DSGVO nennt den Begriff des Risikos zwar an zahlreichen verschiedenen Stellen und auch in unterschiedlicher Art und Weise. Unter der Voraussetzung, dass ein inhaltlicher Bezug zu den Rechten und Freiheiten natürlicher Personen besteht, zeigt jedoch Tabelle 2, dass sich bei einer Analyse unter Berücksichtigung des Sinn und Zwecks der Formulierungen eine klare Systematik ergibt.

Für die dargestellte Auflistung gelten folgende Maßgaben: Da es lediglich um verschiedene Risikokategorien – i. S. v. Stufen oder Schweren von Risiko – geht, wird keine Unterscheidung getroffen, ob im Wortlaut explizit eine Prognose erwähnt wird („voraussichtlich“ kein Risiko, etwa Art. 33 Abs. 1 S. 1 DSGVO) oder nicht; außerdem werden die Normen ihrem Sinn nach eingeordnet. Dies führt bspw. dazu, dass die Formulierung in Art. 30 Abs. 5 DSGVO nicht als „Risiko“ eingeordnet wird, sondern dem Sinn der Ausnahme der Ausnahmeregelung nach als „kein Risiko“. Denn die Regelung – die kumulative Voraussetzungen vorsieht, bei deren Vorliegen die Verpflichtung zur Führung von Verzeichnissen der Verarbeitungstätigkeiten entfällt – verwendet die Formulierung „[…] es sei denn die […] Verarbeitung birgt ein Risiko für die Rechte und Freiheiten der betroffenen Personen“. Gemeint ist also „kein Risiko“, auch wenn die Norm bei einem Vorgehen streng nach dem Wortlaut der Kategorie „Risiko“ zuzuordnen wäre.

379 Datenschutzkonferenz, Kurzpapier Nr. 18, S. 2.

380 Veil, CR-online.de Blog v. 2.5.2018; Schröder, ZD 2019, 503 (504); Bertermann, in: Ehmann/Selmayr DSGVO, Art. 24 Rn. 7.

381 Lang, in: Taeger/Gabel DSGVO, Art. 24 Rn. 59: 3, Fn. 91; Ritter/Reibach/Lee, ZD 2019, 531 (531, dort insb. Fn. 6); vgl. auch Piltz, in: Gola/Heckmann DSGVO, Art. 24 Rn. 25; Hartung, in: Kühling/Buchner DSGVO, Art. 24 Rn. 16.

Tabelle 2: Risikokategorien der DSGVO (Normtextanalyse)

	Artikel	Erwägungsgründe
(wahrscheinlich/ voraussichtlich) Kein Risiko	Art. 27 Abs. 2 lit. a, Art. 30 Abs. 5, Art. 33 Abs. 1	ErwG 80, ErwG 85 S. 2
Risiko		ErwG 74, 76 S. 1, 2, ErwG 81 S. 3
(wahrscheinlich/voraussichtlich) Hohes Risiko	Art. 34 Abs. 1, Abs. 3 lit. b, Abs. 4, Art. 35 Abs. 1, Art. 36 Abs. 1, 2, Art. 70 Abs. 1 lit. h	ErwG 76 S. 2, ErwG 77 S. 2, ErwG 84 S. 1, S. 3, ErwG 86 S. 1, ErwG 89 S. 3, ErwG 90, ErwG 91 S. 1, 3, ErwG 94
Sammelbegriff	Art. 23 Abs. 2 lit. g, Art. 24 Abs. 1, Art. 25 Abs. 1, Art. 32 Abs. 1 Hs. 1, Abs. 2, Art. 35 Abs. 7 lit. c, d, Abs. 11 Hs. 2, Art. 39 Abs. 2, Art. 49 Abs. 1 lit. a	ErwG 28 S. 1, ErwG 38 S. 1, ErwG 39 S. 5, ErwG 75, ErwG 77 S. 1, ErwG 83, ErwG 86 S. 4, ErwG 96, ErwG 98

Wie Tabelle 2 zeigt, stützt der Normtext der DSGVO also die Einordnung „kein Risiko – Risiko – hohes Risiko“. Die Erwägungsgründe bestätigen insoweit das aus den einzelnen Artikeln folgende System. Zwar findet sich nach obiger Auflistung in den einzelnen Artikeln keine Verwendung eines „einfachen“ Risikos. Wie bereits dargelegt zeigt jedoch die explizite Verwendung von „kein Risiko“ und „hohes Risiko“, dass dem Sinn nach ein solches „einfaches“ Risiko existieren muss.

Die inhaltliche Abweichung zu anderen in der Literatur bestehenden Auflistungen[382] ist – neben den oben genannten Maßgaben – durch zwei Aspekte zu begründen. Zum einen verwendet die DSGVO „Risiko“ bzw. „Risiken“ an zahlreichen Stellen lediglich als Sammelbegriff (vgl. Tabelle 2). Exemplarisch kann dies anhand von Art. 32 Abs. 1 S. 1 DSGVO aufgezeigt werden: Es ist selbsterklärend, dass die Regelung nicht spezifisch „einfache“ Risiken für die Rechte und Freiheiten natürlicher Personen adressieren soll, sondern dass die Verwendung des Wortes hier für alle zu ermittelnden Risiken steht, die für die Etablierung eines angemessenen Schutzniveaus relevant sind.

382 Hervorgehoben werden soll hier insbesondere die besonders ausführliche Auflistung von Veil, CR-online.de Blog v. 2.5.2018 sowie detaillierter: Veil, in: Gierschmann/Schlender/Stentzel/Veil DSGVO, Art. 24 Rn. 148 ff. Vgl. daneben die Auflistung von Nwankwo, Towards a Transparent and Systematic Approach to Conducting Risk Assessment under Article 35 of the GDPR, S. 99, 248–249.

Zum anderen folgen existierende Auflistungen teils anderen Kriterien; teils sind sie nach hier vertretener Auffassung auch fehlerhaft.[383]

Die dargelegte Auffassung der DSK würdigt jedoch den klaren Wortlaut der DSGVO nicht ausreichend. Aber auch im Übrigen ist das Argument, es entspräche dem Sinn und Zweck, „kein Risiko“ mit „geringem Risiko“ gleichzusetzen, nicht überzeugend. Selbst wenn die Annahme, es gebe keine vollständig risikolosen Verarbeitungen, als zutreffend unterstellt wird,[384] ist die von der DSK vertretene teleologische Auslegung nicht überzeugend. Denn wie Tabelle 2 zeigt, wird die Kategorie „kein Risiko“ lediglich für drei bestimmte Fallgruppen in der DSGVO verwendet. Eine konkrete Betrachtung dieser Fallgruppen deutet darauf hin, dass die folgende teleologische Auslegung vorzugswürdig ist: „kein Risiko“ i. S. d. Normen ist nicht im Sinne eines „geringen Risikos“ zu verstehen, sondern im Sinne von: kein (durch die DSGVO) regulierungsbedürftiges Risiko.

Ein ggf. verbleibendes Risiko sah der Gesetzgeber somit als zu gering an, um es noch als Risiko i. S. d. DSGVO zu klassifizieren bzw. eine Rechtsfolge daran zu knüpfen. Diese Auslegung wird durch die konkrete Verwendung der Risikokategorie in den drei Fallgruppen der Art. 27 Abs. 2 lit. a, Art. 30 Abs. 5 und Art. 33 Abs. 1 DSGVO gedeckt. Es handelt sich jeweils um Ausnahmen, die eine Prognoseentscheidung des Normadressaten enthalten. Liegt nach dem Dafürhalten des Verantwortlichen – bzw. im Fall von Art. 30 Abs. 2, Abs. 5 DSGVO des Auftragsverarbeiters – kein Risiko im Sinne der

383 So ist es dem Verfasser in Teilen nicht möglich, die Darstellungen von Veil, CR-online.de Blog v. 2.5.2018 nachzuvollziehen: Bspw. wird Art. 27 Abs. 2 lit. a DSGVO dort sowohl für „voraussichtlich kein Risiko“, als auch für die – nicht näher begründete – Kategorie „geringeres als einfaches, aber größeres als kein Risiko“ genannt. Ein außerdem genanntes „Gesteigertes Risiko, das die Schwelle des einfachen Risikos überschreitet, die des hohen Risikos aber unterschreitet“, welches u. a. in „Art. 37 Abs. 1 lit. a, lit. b und lit. c“ DSGVO verortet wird, ist dort jedenfalls im Wortlaut nicht erkennbar. Es erscheint zwar plausibel, dass bspw. im Falle der Bestellpflicht von Datenschutzbeauftragten für öffentliche Stellen seitens des Gesetzgebers Risikoerwägungen ausschlaggebend waren – so *Veil* an anderer Stelle, vgl. Veil, in: Gierschmann/Schlender/Stentzel/Veil DSGVO, Art. 24 Rn. 161, zur gesamten Einordnung dort Rn. 148 ff. Mangels expliziten Bezugs zum Risikobegriff erscheinen diese und vergleichbare Normen, die diesen Bezug nicht aufweisen, für die Ermittlung der von der DSGVO vorgesehenen Risikokategorien ungeeignet.

384 Wie die folgende Argumentation zeigt, ist es für die vorliegende Untersuchung nicht entscheidend, ob diese allgemeine Aussage eine vorzugswürdige Ansicht darstellt. Hierzu vgl. deshalb nur die rechtsvergleichende Arbeit von *Drackert*, welche in Bezug auf die Behauptung, jede automatisierte Informationsverarbeitung stelle ein Risiko dar, zu folgendem Ergebnis kommt: „Diese Aussage mag zwar von einem allgemeinen Standpunkt aus zutreffen, sie ist jedoch in einer von Informationsverarbeitung geprägten Welt kein taugliches Leitmotiv mehr und muss daher fortentwickelt werden.“, s. Drackert, Die Risiken der Verarbeitung personenbezogener Daten, S. 319.

DSGVO vor, so kann die Verpflichtung zur Benennung eines Vertreters in der Union (Art. 27 Abs. 1 DSGVO) bzw. zur Führung von Verzeichnissen von Verarbeitungstätigkeiten (Art. 30 Abs. 1, 2 DSGVO) oder zur Meldung einer Verletzung des Schutzes personenbezogener Daten (Art. 33 Abs. 1 S. 1 DSGVO) entfallen. Dies stützt die Auslegung von „kein Risiko“ im Sine eines nicht durch weitere Verpflichtungen regulierungsbedürftigen Risikos. Aufgrund der in der DSGVO vorgesehenen Sanktionsmöglichkeiten – für den Fall, dass die Prognoseentscheidung des Normadressaten fehlerhaft sein sollte – ergibt sich auch keine Schutzlücke für Betroffene.

Der Verordnung ist nach ihrem Wortlaut also klar die Dreiteilung „kein Risiko – Risiko – hohes Risiko“ zu entnehmen. Wird auch der konkrete Sinn und Zweck dieser drei Normen betrachtet, ist also eine teleologische Auslegung möglich, die zugleich mit dem Wortlaut vereinbar ist. Eine abweichende Auslegung nach dem Sinn und Zweck zu befürworten, gegen die zudem der klare Wortlaut der DSGVO spricht, erscheint daher unzulässig.

Davon unbenommen ist es selbstredend möglich, im Rahmen des Datenschutz- oder allgemeinen Risikomanagements die Kategorie eines geringen Risikos zu verwenden – denn zwingend ist die genannte Dreiteilung auf der Umsetzungsebene der Compliance-Maßnahmen nicht. Bezogen auf Art. 27 Abs. 2 lit. a, Art. 30 Abs. 5 und Art. 33 Abs. 1 DSGVO ist es jedoch methodisch falsch, von einem „geringen Risiko“ zu sprechen. Auch wenn der Kritik in der Literatur also nicht in jedem Aspekt gefolgt werden kann, so ist die von der DSK vertretene Kategorisierung von Risiko nach der DSGVO dennoch abzulehnen.

Zugleich hat die Diskussion für die konkrete Normanwendung im Ergebnis kaum Auswirkungen. Denn ob in der Praxis etwa nach der Veröffentlichung von personenbezogenen Daten nach einem IT-Sicherheitsvorfall argumentativ „voraussichtlich kein Risiko“ oder „voraussichtlich nur ein geringes Risiko“ begründet werden kann, dürfte i. d. R. zu ähnlichen Ergebnissen führen. Ob es eine risikolose Verarbeitung geben kann – und was genau „kein Risiko“ i. S. d. DSGVO daher meint – ist jedoch für das Verständnis des Risikobegriffs nach der DSGVO und damit des risikobasierten Ansatzes durchaus relevant. Das methodische Vorgehen der Datenschutzaufsichtsbehörden im konkreten Kurzpapier[385] wird dieser Bedeutung insoweit nicht gerecht.

Die internationale Literatur befasst sich außerdem damit, inwiefern Risiko i. S. d. DSGVO als „Compliance-Risiko“ verstanden werden könnte, d. h. als Risiko, dass eine Verarbeitung nicht DSGVO-konform erfolgt.[386] Dies stünde im Gegensatz zum unmittelbaren Bezug des Risikos auf die Rechte und

385 Datenschutzkonferenz, Kurzpapier Nr. 18.
386 Gellert, CLSR 2018, 279 (282).

Freiheiten natürlicher Personen. Wie die Argumentation von *Gellert* zeigt, der dieses Verständnis zugrunde legt, ist der Bezug zu diesen Rechten und Freiheiten dennoch mittelbar vorhanden: Je niedriger die Compliance wäre, d.h. je gewichtiger das „non-compliance event", desto höher wäre demnach das Risiko für die Rechte der Betroffenen zu bewerten.[387] Nur mit diesem Verständnis, das Compliance direkt in den Prozess der Risikoanalyse integriert, könnten weitere Ziele, die mit dem risikobasierten Ansatz verknüpft sind, erreicht werden.[388] Dies gelte etwa für die Skalierbarkeit der rechtlichen Verpflichtungen oder die praktische Implementierung von wirksamen Datenschutzmaßnahmen.[389]

Trotz umfangreicher und auch teils einleuchtender Argumentation, warum eine solche Integration von Compliance-Erwägungen in den Risikobegriff der DSGVO zu erwägen sein könnte, wird jedoch nicht klar, welcher praktische Unterschied sich durch dieses Verständnis ergeben würde. Zwar ist es aus praktischer Sicht eine für Verantwortliche sicher einfacher zugängliche Sichtweise, das Risiko i. S. d. DSGVO im Sinne eines Risikos in Bezug auf potentielle Folgen dieses Verstoßes – in Form von behördlichen Sanktionen oder Schadenersatzforderungen – zu verstehen. Wäre dies tatsächlich gleichzusetzen mit dem Risiko i. S. d. DSGVO, könnte also eine Vermeidung von Compliance-Risiken gleichzeitig zu einer Vermeidung von Risiken für die Rechte und Freiheiten betroffener Personen führen. Allerdings ist der Bezug des Risikos i. S. d. DSGVO auf die Rechte und Freiheiten natürlicher Personen unmittelbar im Wortlaut der Verordnung angelegt. Dass in der Praxis auch die Compliance selbst ggf. risikobasiert gehandhabt wird, ist außerdem davon zu trennen, dass die hier untersuchten Normen an sich bereits risikobasiert sind. Auch das Argument, dass Skalierbarkeit von rechtlichen Verpflichtungen nur mit einem Verständnis des Risikos als Compliance-Risiko erreicht werden könne, überzeugt nicht. Denn der Risikobegriff wird – wie *Gellert* selbst anführt[390] – für sich genommen bereits als skalierbar begriffen, unabhängig von dessen Bezugspunkt. Auch die vorgeschlagene Vorstufe der Compliance-Erwägungen führt letztlich zu diesem Bezug des Risikos auf die Rechte und Freiheiten natürlicher Personen, wenn bspw. aus einem niedrigen Compliance-Niveau auf ein hohes Risiko i. S. d. DSGVO geschlossen wird. Jedenfalls für das hier verfolgte Ziel einer möglichst konkreten Ableitung von Schutzmaßnahmen ist dieser Ansatz daher nicht zu befürworten.

Abzugrenzen ist die hiesige Risikodefinition außerdem von Arbeiten, die den Risikobegriff in Bezug auf mögliche Schutzgüter des Datenschutzrechts

387 Gellert, CLSR 2018, 279 (282).
388 Gellert, CLSR 2018, 279 (286).
389 Gellert, CLSR 2018, 279 (284, 286).
390 Vgl. „Risk is therefore scalable and granular by definition.", Gellert, CLSR 2018, 278 (284).

betrachten und deshalb auf einer höheren Abstraktionsebene Risiken analysieren und systematisieren.[391] Erkenntnisse dieser Arbeiten können das abstrakte Fundament für einzelne Konkretisierungsmethoden bilden, für eine praktisch orientierte Herangehensweise sind sie jedoch nicht unmittelbar relevant.

Nachdem mit den obigen Ausführungen die Wahl des Risikobegriffs als Kombination aus Eintrittswahrscheinlichkeit und Schwere der Beeinträchtigung der Rechte und Freiheiten natürlicher Personen begründet wurde, wird im Folgenden dargelegt, ob und inwieweit sich das Risiko quantifizieren und bewerten lässt.

b. Quantifizierung von Risiko i. S. d. DSGVO

Nach ErwG 76 S. 2 DSGVO sollte Risiko i. S. d. Verordnung objektiv beurteilt werden.[392] Dass eine Quantifizierung von Risiko bzw. von Datenschutz nur schwer möglich ist, wurde bereits in Kapitel 1 abstrakt beschrieben.[393] Konkret zur Quantifizierung von Risiko i. S. d. DSGVO verfolgen *Gärtner/Selzer* einen empirischen Ansatz, der auf der Auswertung von (veröffentlichten) Gerichtsurteilen basiert, die für DSGVO-Verstöße Schadensersatzansprüche nach Art. 82 DSGVO bejahen.[394] Solche Auswertungen werden etwa durch die sog. Scraping-Fälle möglich, in denen eine Vielzahl gleichartiger Schadensersatzansprüche geltend gemacht wird, sodass eine größere Zahl von entsprechenden Urteilen publiziert wird. So untersuchten *Gärtner/Selzer* bspw. 34 veröffentlichte Gerichtsurteile.[395] Empirische Auswertungen im Allgemeinen bieten nach hier vertretener Auffassung durchaus Potential, die rechtswissenschaftliche Diskussion zu bereichern. Dabei gilt es jedoch zugleich zu beachten, welchen Grenzen die Aussagekraft der Auswertungen unterliegt. So gehen auch *Gärtner/Selzer* vor, die folgende Einschränkungen vornehmen. Erstens werden nur öffentlich verfügbare Informationen ausgewertet – nicht publizierte Gerichtsurteile fehlen also, sodass von einer Verfälschung auszugehen ist.[396] Zweitens wird das eingetretene Risiko mit dem

391 Für eine solche Systematisierung von Datenschutzrisiken im Kontext der sog. Schutzgutdebatte vgl. Drackert, Die Risiken der Verarbeitung personenbezogener Daten, S. 320 f., der folgerichtig auch von einer abstrakteren Definition des Risikobegriffs ausgeht, die sich nicht auf Eintrittswahrscheinlichkeit oder Schadensausmaß bezieht, sondern als Sachverhalt versteht, in dem „ein Schadenseintritt an einem Schutzgut möglich ist und eine darauf bezogene normative Regelung zur Abwehr dieses Schadens besteht.“, vgl. Drackert, Die Risiken der Verarbeitung personenbezogener Daten, S. 16.

392 So auch EuGH v. 14.12.2023 – Rs. C-340/21 – Rn. 36.

393 Vgl. Kapitel 1 C. IV. 2.

394 Gärtner/Selzer, DuD 2023, 289 (292).

395 Gärtner/Selzer, DuD 2023, 289 (292).

396 Gärtner/Selzer, DuD 2023, 289 (294).

zu erhaltenden Schadensersatz gleichgesetzt, was nur zutreffend ist, wenn die Höhe des Schadensersatzes in jedem Fall exakt dem eingetretenen Schaden entspricht, was jedoch nicht der Fall ist.[397]

Darüber hinaus ergeben sich allerdings weitere Einschränkungen. Im konkreten Fall beschränkte sich die Untersuchung offenbar auf deutsche Urteile.[398] Im Sinne einer unionsrechtlich autonomen Auslegung – und folglich auch Quantifizierung – wäre jedoch grundsätzlich eine EU-weite Auswertung zu bevorzugen. Dies gilt insbesondere in Bereichen, in denen im Vergleich der Mitgliedstaaten Unterschiede zu erwarten sind. Erwartbar sind diese Unterschiede gerade bei der Festsetzung der Höhe des Schadensersatzes nach Art. 82 DSGVO, die sich auch nach der Rechtsprechung des EuGH nach nationalen Grundsätzen richten soll.[399] Zutreffend ist allerdings auch, dass für eine EU-weite Auswertung unzweifelhaft höhere Aufwände bei der Untersuchung erforderlich werden und auch dieser Ansatz nur einen begrenzten Aussagegehalt zum Ergebnis haben wird. Außerdem könnte zunächst davon ausgegangen werden, dass sich etwaige Unterschiede hinsichtlich der Kaufkraft in den Mitgliedstaaten auch bei der Festsetzung des Schadenersatzes niederschlagen, sodass jedenfalls im Verhältnis der Verstöße zueinander vergleichbare Ergebnisse in den verschiedenen Mitgliedstaaten erzielt werden könnten.

Hier dürften allerdings etwa auch kulturelle Gegebenheiten die Vergleichbarkeit einschränken, bspw. weil der immaterielle Schaden einer Veröffentlichung des Gehalts einer Person je nach gesellschaftlichem Umfeld in den Mitgliedstaaten divergieren kann.

Davon abgesehen erscheint die Vorgehensweise auch grundsätzlich nicht für jede Art von Risiken denkbar, da zwingende Voraussetzung für die Datenbasis die prozessuale Durchsetzung eines Schadens als Folge des Risikos ist. Etwaige hohe Risiken, die jedoch schwer oder auch nur unzureichend prozessual durchsetzbar sind, sind daher nicht enthalten. Andererseits können auch zahlenmäßig wenige Vorfälle zugleich einen hohen Anteil an den veröffentlichten Urteilen ausmachen, wie dies etwa bei Scraping-Verfahren der Fall ist. Auch eine Ermittlung eines Durchschnittswertes hat nur einen begrenzten Aussagegehalt. Schließlich könnten sich auch durch das nationale Prozessrecht Besonderheiten ergeben, was das Erfordernis einer unionsweiten Betrachtung nochmals verdeutlicht.

---

397 Gärtner/Selzer, DuD 2023, 289 (294).

398 Vgl. Gärtner/Selzer, DuD 2023, 289 (292); zwar werden die ausgewerteten Urteile nicht genannt, allerdings deutet die Beschränkung auf Schadensersatzzahlungen deutscher Organisationen sowie die Nutzung von in Deutschland verbreiteten Rechercheportalen hierauf hin.

399 EuGH v. 4.5.2023 – C-300/21 – Rs. Österreichische Post, Rn. 54, 59.

Die nur unzureichenden Möglichkeiten zur Quantifizierung von Risiko im Datenschutz im Allgemeinen zeigen sich also auch konkret beim Risikobegriff der DSGVO. Im Ergebnis ist es daher nur möglich, eine normative Bewertung des Risikos auf Basis der oben getroffenen Definition vorzunehmen. Für die Strukturierung dieser Bewertung kommen verschiedene Elemente in Frage, deren Nutzung im Ermessen des Verantwortlichen bzw. Auftragsverarbeiters liegt. Hier zeigt sich erneut ein Kernelement der mit der DSGVO verfolgten Regulierungsmethodik: Es wird ein Ziel – nämlich die Erfüllung der Verpflichtungen der DSGVO und die Rechenschaft (Art. 5 Abs. 2 DSGVO) darüber – festgelegt; wie dieses Ziel erfüllt werden soll, wird jedoch dem Verantwortlichen überlassen. Dies mag gerade aus praktischer Hinsicht kritikwürdig sein, ist jedoch bereits in dieser Methodik begründet und insoweit nicht etwa als Versehen im Gesetzgebungsverfahren, sondern als logische Folge des gewählten Ansatzes anzusehen.

Im Folgenden werden überblicksartig verschiedene Elemente aufgezeigt, mit denen Normadressaten im Rahmen der DSGVO die Bewertung des Risikos strukturieren können.

c. Mögliche Elemente zur Strukturierung der Risikobewertung

Wie beschrieben sind Normadressaten von Art. 32 Abs. 1 DSGVO grundsätzlich frei darin, wie sie die erforderliche Risikobewertung vornehmen. Voraussetzung ist lediglich, dass die Zielsetzung der Norm erreicht wird und darüber Rechenschaft abgelegt werden kann (Art. 5 Abs. 2 DSGVO).

Abhängig von den jeweiligen Datenverarbeitungen können daher verschiedene Elemente zur Strukturierung der Risikobewertung zielführend sein. Neben empirischen Ansätzen (hierzu bereits Abschnitt b.) kann die normative Bewertung insbesondere durch Fragenkataloge strukturiert werden, die sich etwa anhand verschiedener Komponenten des Risikos und den Schutzzielen aus Art. 32 Abs. 1, 2 DSGVO ableiten lassen. Solche Ansätze lassen sich bspw. in der „Privacy Impact Assessment Methodology“ der CNIL erkennen.[400] Die CNIL unterteilt dabei die Eintrittswahrscheinlichkeit einerseits sowie die Schwere der Beeinträchtigung andererseits in je zwei Komponenten, die gesondert betrachtet werden.[401] Für Erstere sind dies mögliche Risikoquellen („risk sources“) sowie „supporting assets“, etwa die verwendete Soft- und Hardware. Es kommt demnach darauf an, welche Schwachstellen etwa die verwendete Software aufweist und wie diese von einer bspw. menschlichen Risikoquelle – etwa einem Innentäter – aus-

400 Zu den Risikokomponenten: CNIL, PIA methodology, S. 6, zu den Fragestellungen nach den Schutzzielen: CNIL, PIA methodology, S. 7, Ziffer 3.2, vgl. dort auch Fn. 18–20.

401 Hierzu und zum Folgenden: CNIL, PIA methodology, S. 6.

genutzt werden könnte. Betrachtete Komponenten der Schwere der Beeinträchtigung sind die jeweils verarbeiteten personenbezogenen Daten sowie die potentiellen Auswirkungen auf die Betroffenen. Die Risikobewertung wird sodann mithilfe dieser Komponenten strukturiert.[402]

Andere Ansätze verfolgen eine noch stärker ausdifferenzierte Risikobewertung. So schlagen etwa *Ritter/Reibach/Lee* ein systematisches Vorgehen mit fünf Schritten vor: Risikoidentifikation/-beschreibung, Risikoeinschätzung, Risikobewertung, Ermittlung des Gesamtrisikos und Ableitung von entsprechenden Handlungsempfehlungen (basierend auf dem ermittelten Risikoniveau).[403]

Dagegen präsentieren *Bieker/Bremert/Hansen* ein dreistufiges Vorgehen, bestehend aus Risikoidentifikation, Abschätzung von Eintrittswahrscheinlichkeit und Schwere möglicher Schäden und der Zuordnung zu Risikoabstufungen.[404]

Andere Arbeiten stellen auf die von der DSK vorgestellten Faktoren zur Risikobewertung ab[405] oder greifen auf das Standard-Datenschutzmodell zurück.[406]

Gegebenenfalls als Orientierungshilfe dienlich, in der Regel aber wohl als zu abstrakt für eine konkrete Strukturierung der Risikobewertung sind dagegen Ansätze zu bewerten, die sich abstrakter der Systematisierung von Datenschutzrisiken widmen.[407]

d. Fazit und Bewertung

Die vorstehenden Ausführungen zeigen, dass die DSGVO weder eine eindeutige Definition von Risiko noch eindeutige Maßgaben zu den verwendeten Risikokategorien enthält. Auch ist nicht erkennbar, dass sich einheitliche Methoden zur Quantifizierung von Risiko oder zur Strukturierung von Risikobewertungen durchsetzen werden. Kritische Stimmen in der Literatur sehen den Grund für diese Herausforderung im Versäumnis des Gesetzge-

402 CNIL, PIA methodology, S. 7.

403 Ritter/Reibach/Lee, ZD 2019, 531 (532, 535). Die auf den ersten Blick synonymen Begrifflichkeiten lassen sich vor allem dadurch erklären, dass nach der Vorgehensweise der Autoren zunächst feingranular einzelne Risikoszenarien analysiert werden und die Granularität in den folgenden Schritten verringert wird; so werden die Risikoszenarien etwa bei der Risikobewertung zuvor festgelegten Risikoklassen zugeordnet, auf deren Basis dann das Gesamtrisiko ermittelt wird.

404 Bieker/Bremert/Hansen, DuD 2018, 492 (493 ff.); vgl. auch Bieker, DuD 2018, 27 (29 f.).

405 Vgl. nur Gärtner/Selzer, DuD 2023, 289 (290 f.).

406 Kühne/Rost/Zwierlein, DuD 2021, 742 (742 ff.).

407 Vgl. nur die Systematisierung in Risikokategorien von Drackert, Die Risiken der Verarbeitung personenbezogener Daten, S. 280 ff. bzw. zusammenfassend vgl. S. 320 f.

bers, eine Regelung zum Schutzgut der DSGVO vorzusehen.[408] Zwar ist einerseits richtig, dass der Schutz von „Grundrechte[n] und Grundfreiheiten natürlicher Personen und insbesondere deren Recht auf Schutz personenbezogener Daten“ (Art. 1 Abs. 2 DSGVO) für eine praktische Handhabung einerseits als konturlos oder als zu allumfassend angesehen werden kann.

Andererseits ermöglicht gerade diese abwägungsoffene Gestaltung im Anwendungsbereich des risikobasierten Ansatzes die Konkretisierung im Einzelfall. Das Erfordernis – aber eben auch der sich dadurch ergebende Ermessensspielraum – für Normadressaten, bereits das Risiko bezogen auf den konkreten Fall zu quantifizieren bzw. dessen Bewertung kontextabhängig zu strukturieren, kann dann gerade als charakterisierende Eigenschaft der risikobasierten Regulierung und des in der DSGVO verfolgten *bottom-up approach* begriffen werden.[409]

Dies verringert zwar nicht die in der Literatur zutreffend kritisierte Unwägbarkeit bzw. die dadurch beim Normadressaten entstehenden Aufwände, zunächst zu einer Konkretisierung der rechtlichen Verpflichtungen zu gelangen, die eine Erfüllung dieser Verpflichtungen erst möglich macht. Jedoch stellt das gerade die zwingende Folge des gewählten Regulierungsinstruments dar. Zwar bedeutet das nicht, dass die Kritik an der fehlenden Definition des Schutzguts zu verwerfen wäre – oder dass eine solche Definition die Unwägbarkeit nicht dennoch verringern würde. Der genannte Ermessensspielraum für Normadressaten – und die regulatorisch zwingend damit einhergehende Unwägbarkeit – relativiert jedoch die praktischen Auswirkungen der fehlenden Definition. Denn der sich aus der Unklarheit ergebende Ermessensspielraum bedeutet dann nicht nur, dass der Normadressat das Risiko kontextabhängig konkretisieren und dessen Bewertung kontextabhängig mittels unterschiedlicher Methodiken strukturieren muss – sondern, dass er über diese Freiheit gerade auch verfügen darf, solange er eine vertretbare, objektiv überprüfbare Vorgehensweise wählt, die er im Rahmen seiner Rechenschaftspflicht begründen kann.

Dieser Ermessensspielraum muss sodann auch in der behördlichen bzw. gerichtlichen Überprüfung der Vorgehensweise berücksichtigt werden. Art. 32 DSGVO stellt dem Normadressaten lediglich Leitplanken auf dem Weg zu einer nur abstrakt beschriebenen Zielsetzung zur Verfügung – etwa die genannten Abwägungskriterien, die zu berücksichtigen sind und das abstrakte Ziel der Sicherheit der Datenverarbeitung bzw. eines angemessenen Schutz-

---

408 Vgl. nur *Veil:* „Der Maßstab aller Risikoüberlegungen bleibt somit offen“, Veil, in: Gierschmann/Schlender/Stentzel/Veil DSGVO, Art. 24 Rn. 115, sowie Rn. 115 ff. zur grundlegenden Herausforderung.

409 Zu risikobasierter Regulierung allgemein vgl. Kapitel 1 C. I, zum *bottom up approach* vgl. Kapitel 1 C. II.

niveaus, welches durch technische und organisatorische Maßnahmen sicherzustellen ist.

Die Geeignetheit – bzw. Angemessenheit[410] – dieser Maßnahmen ist konkret durch eine Prüfung der Abwägung des Verantwortlichen zu bewerten.[411] Auch eine jüngere Entscheidung des EuGH erkennt daher einerseits einen „gewissen Entscheidungsspielraum"[412] des Verantwortlichen bei der Festlegung geeigneter Schutzmaßnahmen an. Zugleich legt der EuGH dar, dass nationale Gerichte die getroffene Abwägung des Verantwortlichen überprüfen müssen, was auch eine „materielle Prüfung"[413] der getroffenen Maßnahmen anhand der Abwägungskriterien, der Umstände des Einzelfalls und der dem Gericht dafür zur Verfügung stehenden Beweismittel umfasst. Dies erfordert nach dem EuGH

> *„eine konkrete Untersuchung sowohl der Art als auch des Inhalts der vom Verantwortlichen getroffenen Maßnahmen, der Art und Weise, in der diese Maßnahmen angewandt wurden, und ihrer praktischen Auswirkungen auf das Sicherheitsniveau, das der Verantwortliche in Anbetracht der mit dieser Verarbeitung verbundenen Risiken zu gewährleisten hatte."*[414]

In derselben Entscheidung stellt der EuGH zutreffend klar, dass die Beweislast für die Eignung der getroffenen Schutzmaßnahmen i. S. d. Art. 32 DSGVO beim Verantwortlichen liegt.[415] Die Verordnung sieht also – wie der Generalanwalt in selbigem Verfahren formulierte – keine Automatismen vor und „verlangt von [...] Verantwortlichen ein hohes Maß an Verantwortung"[416] bei der Ermittlung und Implementierung der Schutzmaßnahmen. Zutreffend und prägnant – allerdings jedenfalls nicht explizit vom EuGH aufgegriffen – formulierte dies der Generalanwalt wie folgt: Der Gesetzgeber gehe von einer Methodik zur Ermittlung von risikomindernden Maßnahmen, „die über vorkonfigurierte und allgemein anwendbare Checklisten hinausgehen"[417] aus. Eben jener Maßstab der Überprüfung zeigt sich allerdings auch im obigen Zitat des EuGH bezüglich der von den nationalen Gerichten vorzunehmenden

410 Vgl. bereits Kapitel 3 B. II. 1 dazu, dass es sich bei der „Geeignetheit" um einen Übersetzungsfehler handelt und es daher korrekter wäre, den Begriff der Angemessenheit zu verwenden. In der in diesem Abschnitt dargelegten EuGH-Rechtsprechung wird jedoch der Begriff der Geeignetheit verwendet, weshalb auch die Ausführungen darauf rekurrieren.
411 EuGH v. 14.12.2023 – C-340/21 – Rn. 30.
412 EuGH v. 14.12.2023 – C-340/21 – Rn. 43.
413 EuGH v. 14.12.2023 – C-340/21 – Rn. 45.
414 EuGH v. 14.12.2023 – C-340/21 – Rn. 46.
415 EuGH v. 14.12.2023 – C-340/21 – Rn. 57.
416 Schlussanträge des Generalanwalts v. 27.4.2023 zur Rs. C-340/21, Rn. 35
417 Schlussanträge des Generalanwalts v. 27.4.2023 zur Rs. C-340/21, Fn. 12.

materiellen Prüfung der getroffenen Maßnahmen. Auch die behördliche und gerichtliche Überprüfung muss also die genannten Kriterien berücksichtigen und kann sich nicht auf die reine Anwendung allgemeiner Checklisten oder als erforderlich unterstellter Sicherheitsniveaus stützen. Normadressaten, die im Rahmen ihrer Rechenschaftspflicht nachweisbar vertretbare Verfahren angewendet haben, um das Risiko für die Betroffenen zu ermitteln und passend zum ermittelten Schutzniveau angemessene Schutzmaßnahmen identifiziert und implementiert haben, beeinflussen damit also ganz erheblich den Kontext der behördlichen bzw. gerichtlichen Überprüfung, sodass im Ergebnis die fehlende Definition eines Schutzguts – zumindest in der praktischen Anwendung des Art. 32 DSGVO – den Normadressaten im Rahmen einer solchen Überprüfung nicht zum Nachteil gereichen dürfte.

Im Ergebnis kann daher festgehalten werden, dass der den Normadressaten durch Art. 32 DSGVO übertragene Konkretisierungsaufwand insoweit nutzt, als es in ihrem Ermessen steht, auf welche – vertretbare, d. h. objektiv nachprüfbare – Methoden zur Quantifizierung bzw. zur Strukturierung der Risikobewertung sie im jeweiligen Einzelfall zurückgreifen. Dieser Gedanke des risikobasierten Ansatzes liegt Art. 32 DSGVO konzeptionell zugrunde, sodass davon auch Methoden zur Ableitung einzelner Schutzmaßnahmen umfasst sind. Dies ist auch mit dem Sinn und Zweck dieses Regulierungsinstruments vereinbar, der gerade vorsieht, für den jeweiligen Einzelfall passende Schutzmaßnahen zu ermitteln.[418]

Nachdem einzelne Methodiken zur Quantifizierung von Risiko bzw. zur Strukturierung von Risikobewertungen bereits oben dargelegt wurden (vgl. Abschnitte b., c.) werden daher im Folgenden Ansätze zur Konkretisierung bzw. Ableitung technischer und organisatorischer Schutzmaßnahmen erläutert.

3. Ansätze zur Ableitung technischer und organisatorischer Schutzmaßnahmen

Zunächst wird untersucht, inwieweit der in Art. 32 Abs. 1 Hs. 2 DSGVO bereits enthaltene Maßnahmenkatalog zur Konkretisierung bzw. Ableitung von Schutzmaßnahmen dienlich ist. Darauffolgend werden weitere Ansätze analysiert (vgl. ab Abschnitt c unten).

418 Vgl. hierzu prägnant auch Schlussanträge des Generalanwalts v. 27.4.2023 zur Rs. C-340/21, Rn. 27: „Die gesamte Verordnung verfolgt das Ziel, Risiken vorzubeugen und den Verantwortlichen in die Pflicht zu nehmen, und verfolgt daher einen teleologischen Ansatz, der auf das bestmögliche Ergebnis in Bezug auf die Wirksamkeit abzielt, d. h. weit entfernt von formalistischer Logik, die mit der bloßen Verpflichtung zur Einhaltung bestimmter Verfahren verbunden ist, die dazu dienen, sich von der Haftung zu befreien".

a. Maßnahmenkatalog nach Art. 32 Abs. 1 Hs. 2 DSGVO

Der Katalog in Art. 32 Abs. 1 Hs. 2 DSGVO nennt in lit. a–d vier Bereiche, in denen geeignete konkrete Maßnahmen getroffen werden können. Der Wortlaut – „diese Maßnahmen schließen gegebenenfalls unter anderem Folgendes ein […]“ – zeigt, dass es sich um eine nicht abschließende Auflistung handelt sowie dass die Maßnahmen nicht in jedem Fall verpflichtend sind.[419]

Zwar werden die in lit. a–d genannten Bereiche nach dem Wortlaut als Maßnahmen bezeichnet, weshalb auch in dieser Untersuchung Hs. 2 als Maßnahmenkatalog bezeichnet wird. Bei näherer Betrachtung offenbart sich die Wortwahl des Gesetzgebers aber als misslungen. Insbesondere stellen lit. b und c auf Fähigkeiten ab, etwas sicher- oder wiederherzustellen. Eine Fähigkeit kann jedoch bereits sprachlich keine Maßnahme darstellen.[420] Art. 32 Abs. 1 Hs. 2 lit. a–d DSGVO sind vielmehr als Bereiche zu begreifen, in welchen die Adressaten der Norm konkrete Maßnahmen implementieren können. So stellt auch Art. 32 Abs. 1 Hs. 2 lit. a DSGVO – im Vergleich zum restlichen Katalog – nur scheinbar konkret[421] auf die Pseudonymisierung und Verschlüsselung personenbezogener Daten ab;[422] dagegen enthält Art. 32 Abs. 1 Hs. 2 lit. d DSGVO eine vergleichsweise konkrete Beschreibung. Dennoch umschreiben auch diese Normen breite Bereiche, denen eine Vielzahl an Einzelmaßnahmen mit unterschiedlicher Funktionsweise, Implementierung und Wirksamkeit zugeordnet werden kann.

Die explizite Benennung der Maßnahmen in Art. 32 Abs. 1 Hs. 2 DSGVO wird teilweise so eingeordnet, dass der Gesetzgeber ihnen damit eine Priorität ausdrücken wollte.[423] Aufgrund der Abstraktheit der Formulierungen

---

419 Piltz/Zwerschke, in: Kipker/Reusch/Ritter DSGVO, Art. 32 Rn. 44; Mantz, in: Sydow/Marsch DSGVO, Art. 32 Rn. 9; Jandt, in: Kühling/Buchner DSGVO, Art. 32 Rn. 14; Martini, in: Paal/Pauly DSGVO, Art. 32 Rn. 32, der jedoch zumindest davon ausgeht, dass der Unionsgesetzgeber den Maßnahmen aufgrund ihrer expliziten Benennung „klare Priorität“ einräumt. Die ursprüngliche Übersetzung war insoweit fehlerhaft, sie enthielt die Formulierung „diese Maßnahmen schließen unter anderem Folgendes ein“, dies wurde jedoch durch das Corrigendum v. 19.04.2018 berichtigt, vgl. Dokument 2012/0011 (COD), 8088/18, S. 52, abrufbar: http://data.consilium.europa.eu/doc/document/ST-8088-2018INIT/en/pdf.

420 Diese sprachliche Ungenauigkeit könnte ihren historischen Ursprung in der Formulierung des Europäischen Parlaments haben; dieses verwendete im damaligen Art. 30 Abs. 1a DSGVO – dem heutigen Maßnahmenkatalog – die Bezeichnung „Sicherheitspolitik“, welche wiederum die heute in Art. 32 Abs. 1 Hs. 2 lit. b, c DSGVO genannte Fähigkeit umfassen sollte, vgl. ABl. C 378/399 v. 9.11.2017, S. 446.

421 Anders vgl. Piltz/Zwerschke, in: Kipker/Reusch/Ritter DSGVO, Art. 32 Rn. 45, die lit. a als „konkreteste der in lit. a–d normierten Beispielmaßnahmen“ bezeichnen.

422 Hierzu vgl. Abschnitt (1) unten.

423 Martini, in: Paal/Pauly DSGVO, Art. 32 Rn. 32. Vertiefend hierzu vgl. Abschnitt (1) unten; vgl. daneben bereits Fn. 419.

dürfte dies allerdings wenig wirkungsvoll sein. Im Folgenden wird daher untersucht, inwieweit der Katalog in Art. 32 Abs. 1 Hs. 2 DSGVO Einfluss auf Abwägung und Auswahl der gem. Art. 32 Abs. 1 Hs. 1 DSGVO erforderlichen technischen und organisatorischen Maßnahmen haben kann.

(1) Pseudonymisierung und Verschlüsselung (lit. a)

Art. 32 Abs. 1 Hs. 2 lit. a DSGVO nennt als Maßnahmen die Pseudonymisierung und Verschlüsselung personenbezogener Daten. Erstere definiert die DSGVO in Art. 4 Nr. 5 DSGVO als eine „Verarbeitung personenbezogener Daten in einer Weise, dass die personenbezogenen Daten ohne Hinzuziehung zusätzlicher Informationen nicht mehr einer spezifischen betroffenen Person zugeordnet werden können“. Diese zusätzlichen Informationen müssen nach der Norm „gesondert aufbewahrt werden und technischen und organisatorischen Maßnahmen unterliegen, die gewährleisten, dass die personenbezogenen Daten nicht einer identifizierten oder identifizierbaren natürlichen Person zugewiesen werden“. In Abgrenzung zu einer (wirksamen) Anonymisierung von personenbezogenen Daten liegen auch nach einer Pseudonymisierung weiterhin – zumindest für die jeweilige Stelle, die über die Zuordnungsinformationen verfügt – personenbezogene Daten vor. Da einerseits offenkundig ist, dass Pseudonymisierung das Datenschutz- bzw. Sicherheitsniveau von Datenverarbeitungen positiv beeinflussen kann, andererseits jedoch zahlreiche unterschiedliche Pseudonymisierungsverfahren existieren,[424] ist die Erwähnung der Maßnahme durch den Gesetzgeber jedenfalls für Zwecke der Konkretisierung zu treffender Maßnahmen wenig hilfreich.

Im Gegensatz zu Pseudonymisierung ist Verschlüsselung in der DSGVO nicht legaldefiniert.[425] Auch wenn Verschlüsselungsverfahren u. a. als Pseudonymisierungsverfahren genutzt werden können[426] – etwa, wenn der symmetrisch verschlüsselte Identifikator einer Person als Pseudonym verwendet wird – stellt nicht jede Verschlüsselung eine wirksame Pseudonymisierung i. S. d. Art. 4 Nr. 5 DSGVO dar. Beispielsweise könnte ein An-

---

424 Vgl. insbesondere die ausführlichen Übersichten der ENISA, auf die Piltz/Zwerschke, in: Kipker/Reusch/Ritter DSGVO, Art. 32 Rn. 45 hinweisen: ENISA, Pseudonymisation techniques and best practices, S. 11 ff. zu verschiedenen Konstellationen, S. 21 ff. zu verschiedenen Verfahren sowie ENISA, Data Pseudonymisation: Advanced Techniques and Use Cases, S. 14 ff. zu Verfahren sowie zu praktischen Anwendungsfällen S. 27 ff. und S. 38 ff. Vgl. daneben zu Pseudonymisierungsverfahren: ENISA, Recommendations on shaping technology according to GDPR provisions – An overview on data pseudonymisation, S. 19 ff.

425 Piltz/Zwerschke, in: Kipker/Reusch/Ritter DSGVO, Art. 32 Rn. 48.

426 Vgl. hierzu ENISA, Recommendations on shaping technology according to GDPR provisions – An overview on data pseudonymisation, S. 25 f.

bieter einer App für Smart TVs eine Verschlüsselung der Kommunikation zwischen den Servern, auf denen die App betrieben wird, und dem Smart TV implementieren. Dies stellt zwar eine Maßnahme zum Schutz der Vertraulichkeit der übermittelten Daten dar, hat jedoch nicht zur Folge, dass aus der Perspektive des App-Anbieters eine wirksame Pseudonymisierung i. S. d. Art. 4 Nr. 5 DSGVO vorliegt. Die gleichrangige Nennung der Begrifflichkeiten in Art. 32 Abs. 1 Hs. 2 lit. a DSGVO ist daher folgerichtig. Dass mit (wirksamer)[427] Verschlüsselung die Vertraulichkeit personenbezogener Daten geschützt werden kann, ist allerdings eine Erkenntnis, die dem Normanwender auch ohne die Existenz von Art. 32 Abs. 1 Hs. 2 DSGVO nicht verschlossen bliebe.

Teils wird vertreten, dass durch die explizite Erwähnung der Verschlüsselung im Maßnahmenkatalog „die Schwelle für eine Verschlüsselungspflicht niedrig angesetzt“[428] sei, auch wenn dies immer nach den konkreten Umständen der Verarbeitung zu beurteilen sei. So geht *Mantz* davon aus, dass jedenfalls ein mittleres Risiko dazu führen sollte, dass personenbezogene Daten „soweit wie möglich verschlüsselt werden“.[429] Dies schließt er auch aus einem Vergleich der Formulierungen von Art. 32 Abs. 1 Hs. 2 lit. a, d DSGVO einerseits und lit. b, c andererseits. Erstere stellten konkrete Maßnahmen dar, „die regelmäßig ergriffen werden sollten“.[430] Dagegen formuliert *Martini* bezogen auf den gesamten Maßnahmenkatalog, es handele sich „regelmäßig um Mindestvorgaben“;[431] zwar seien es „normstrukturell“[432] Regelbeispiele, durch die explizite Auflistung sei den Maßnahmen aber durch den Gesetzgeber „klare Priorität“[433] eingeräumt worden, sodass deren Umsetzung „wann immer es möglich und zumutbar ist“ zu erwarten sei.[434] Diese – zu Beginn dieses Abschnittes[435] bereits erwähnte – von *Martini* vertretene erwähnte Priorität wird hier nun konkret relevant und könnte zu im Einzelfall abweichenden Folgen führen. Konkrete, in der Praxis handhabbare Maßnahmen zur Umsetzung enthalten insbesondere die im Maßnah-

427 Relevant hierfür ist neben dem verwendeten Verfahren insbesondere die Schlüssellänge, vgl. nur Piltz/Zwerschke, in: Kipker/Reusch/Ritter DSGVO, Art. 32 Rn. 49; Martini, in: Paal/Pauly DSGVO, Art. 32 Rn. 34d; Ritter, in: Schwartmann/Jaspers/Thüsing/Kugelmann DSGVO, Art. 32 Rn. 37; vgl. hierzu auch BSI TR-02102-1, Kryptographische Verfahren: Empfehlungen und Schlüssellängen, Version 2024-01, Stand 2.2.2024, abrufbar: https://www.bsi.bund.de/dok/TR-02102.

428 Mantz, in: Sydow/Marsch DSGVO, Art. 32 Rn. 11.

429 Mantz, in: Sydow/Marsch DSGVO, Art. 32 Rn. 11.

430 Mantz, in: Sydow/Marsch DSGVO, Art. 32 Rn. 11.

431 Martini, in: Paal/Pauly DSGVO, Art. 32 Rn. 32.

432 Martini, in: Paal/Pauly DSGVO, Art. 32 Rn. 32.

433 Martini, in: Paal/Pauly DSGVO, Art. 32 Rn. 32.

434 Martini, in: Paal/Pauly DSGVO, Art. 32 Rn. 32.

435 Vgl. Kapitel 3 B. II. 3. a.

menkatalog beschriebenen „Fähigkeiten“ (lit. b, c) allerdings nicht, weshalb es i. d. R. praktisch keine Auswirkungen haben wird, ob diese als Mindestvorgaben zu verstehen sind. Gerade der Wortlaut, aus dem sich nach *Martini* ableiten soll, dass der Maßnahmenkatalog regelmäßig Mindestvorgaben enthält („schließen gegebenenfalls unter anderem Folgendes ein:“) deutet nach hier vertretener Auffassung auf das gegenteilige Ergebnis hin – nämlich einen Rückgriff auf den Maßnahmenkatalog, soweit dies im Einzelfall zielführend zur Erreichung des mit Art. 32 Abs. 1 Hs. 1 DSGVO bezweckten Schutzes ist. Dies gilt sowohl für die deutsche als auch die englische Sprachfassung,[436] auf die sich *Martini* ebenfalls stützt. Gleichzeitig relativiert *Martini* selbst die Aussage dahingehend, dass das im Rahmen der Mindestvorgaben zu erreichende Zielniveau sich nach den Abwägungskriterien des Hs. 1 richte, die Maßnahmen also „nicht in jedem Einzelfall zwingend geboten“[437] seien. Dieses Verständnis unterstellt, könnte also auch lediglich die Bezeichnung als „Mindestvorgaben“ misslungen, die Aussage im Kern jedoch als zutreffend eingeordnet werden.

Praktisch relevanter ist, ob die von *Mantz* vertretene Einordnung zu befürworten ist, dass jedenfalls Maßnahmen nach lit. a, d aufgrund der konkreteren Formulierung regelmäßig zu implementieren seien. Gerade für den hiesigen Untersuchungsgegenstand relevant formuliert er auf Basis dieser Auffassung, dass auch Daten auf IoT-Geräten stets zu verschlüsseln seien, sofern das Risiko eines physischen Zugriffs Dritter auf die Geräte besteht.[438] Darüber hinaus solle bei Datenübermittlungen bei IoT-Geräten „immer eine Ende-zu-Ende-Transportverschlüsselung verwendet werden“.[439] Auch

436 Dort lautet die relevante Passage: „including inter alia as appropriate“.

437 Martini, in: Paal/Pauly DSGVO, Art. 32 Rn. 32.

438 Mantz, in: Sydow/Marsch DSGVO, Art. 32 Rn. 11.

439 Mantz, in: Sydow/Marsch DSGVO, Art. 32 Rn. 11. Da üblicherweise zwischen „Ende-zu-Ende-Verschlüsselung“ und „Transportverschlüsselung“ unterschieden wird, bleibt an dieser Stelle unklar, welche Variante der Autor meint. Dieselbe Bezeichnung findet sich jedoch auch in der Kommentierung zu Art. 25 DSGVO (Mantz, in: Sydow/Marsch DSGVO, Art. 25 Rn. 56); dort wird der Begriff umschrieben als „Verschlüsselung von Daten in einer Art und Weise, dass auch der Verantwortliche auf die unverschlüsselten Daten nicht zugreifen kann („user-centric encryption“)“. Gemeint ist also die typischerweise mit „Ende-zu-Ende-Verschlüsselung“ umschriebene Variante – und nicht etwa eine Kombination von Transport- und Ende-zu-Ende-Verschlüsselung. Dieses Verständnis wird auch von den verwendeten Quellen gestützt. Davon unabhängig gilt, dass Transportverschlüsselung und Ende-zu-Ende-Verschlüsselung auch zusammenfallen können, je nachdem wie die zu verschlüsselnde Kommunikation abläuft. Wird etwa lediglich die Kommunikation eines Smart TV mit dem Router des Heimnetzwerks betrachtet, so sind Router und Smart TV die jeweiligen Endpunkte der Kommunikation, eine Transportverschlüsselung stellt dann zugleich eine Ende-zu-Ende-Verschlüsselung dar. Anders ist dies beim häufig diskutierten Beispiel der verschlüsselten E-Mail-Kommunikation, bei der die o. g. Unterscheidung greift.

Mantz verweist jedoch zuvor auf die „Abwägung nach Abs. 1", die konkreten Umstände sowie die Zumutbarkeit.[440]

Im Ergebnis steht nach hier vertretener Auffassung jedoch der Wortlaut von Art. 32 Abs 1 Hs. 2 DSGVO („schließen gegebenenfalls unter anderem Folgendes ein") einer den o. g. Auffassungen entsprechenden „Mindestvorgabe" und auch einem solchen Regelcharakter entgegen. Dies gilt jedenfalls für Art. 32 Abs. 1 Hs. 2 lit. a, b DSGVO.[441] Dies ändert jedoch nichts daran, dass etwa die Verschlüsselung von Kommunikation eine wirksame und wohl häufig kostengünstige Schutzmaßnahme darstellt, sodass sie bereits aufgrund der Abwägungskriterien in Art. 32 Abs. 1 Hs. 1 DSGVO regelmäßig als Schutzmaßnahme in Betracht kommen wird. Dies ist allerdings eine Konsequenz der technischen Realität und keine Folge einer normativen Priorisierung.

(2) Vertraulichkeit, Integrität, Verfügbarkeit und Belastbarkeit der Systeme und Dienste (lit. b)

Art. 32 Abs. 1 Hs. 2 lit. b DSGVO nennt als Maßnahme[442] „die Fähigkeit, die Vertraulichkeit, Integrität, Verfügbarkeit und Belastbarkeit der Systeme und Dienste im Zusammenhang mit der Verarbeitung auf Dauer sicherzustellen". „Systeme und Dienste" ist dabei sehr weit zu verstehen; erfasst ist etwa jede Art von Datenverarbeitungsanlage, die unter Art. 2 Abs. 1 DSGVO fällt, insbesondere IT-Systeme[443] jeglicher Art.[444] Aber auch rein papierhafte Verarbeitungen sind – vgl. Art. 2 Abs. 1 DSGVO – nicht ausgeschlossen.[445] Durch die Norm werden die Schutzziele der IT-Sicherheit aufgegriffen.

Allerdings ist nach hier vertretener Auffassung das Verständnis der in Art. 32 Abs. 1 Hs. 2 lit. b DSGVO genannten Schutzziele inhaltlich nicht vollständig deckungsgleich mit dem üblichen Verständnis der Schutzziele der IT-Sicherheit[446] – auch wenn im Ergebnis wesentliche Überschneidungen verbleiben, wie im Folgenden aufgezeigt wird.

---

440 Mantz, in: Sydow/Marsch DSGVO, Art. 32 Rn. 11.

441 Vgl. Abschnitt (3), (4) unten dazu, weshalb bei Art. 32 Abs. 1 Hs. 2 lit. c, d DSGVO eine Differenzierung hinsichtlich des Regelcharakters vertretbar erscheint.

442 Vgl. zu dieser sprachlichen Ungenauigkeit bereits: Kapitel 3 B. II. 3. a.

443 Nach dem hier zugrunde gelegten Verständnis umfasst der Begriff „IT-System" auch reine Softwareanwendungen (ebenso vgl. Eckert, IT-Sicherheit, S. 3).

444 Piltz/Zwerschke, in: Kipker/Reusch/Ritter DSGVO, Art. 32 Rn. 51; vgl. auch Hansen, in: Simitis/Hornung/Spiecker gen. Döhmann DSGVO, Art. 32 Rn. 43; Martini, in: Paal/Pauly DSGVO, Art. 32 Rn. 35c; Ritter, in: Schwartmann/Jaspers/Thüsing/Kugelmann DSGVO, Art. 32 Rn. 44.

445 Piltz/Zwerschke, in: Kipker/Reusch/Ritter DSGVO, Art. 32 Rn. 51.

446 Vgl. zu den Schutzzielen der IT-Sicherheit bereits Kapitel 2 A.

Dieses unterschiedliche Verständnis – trotz identischer Bezeichnung – lässt sich bereits aus dem Wortlaut der DSGVO ableiten.[447] Art. 5 Abs. 1 lit. f DSGVO definiert den Grundsatz der „Integrität und Vertraulichkeit" gemeinsam, sodass teilweise unklar bleibt, welche Definitionsbestandteile von der Integrität und welche von der Vertraulichkeit umfasst sein sollen. Im Ergebnis können die Bestandteile teils mehreren Schutzzielen zugeordnet werden, vgl. hierzu Tabelle 3 und die folgende Erläuterung.

Daneben gehen die in Art. 5 Abs. 1 lit. f DSGVO genannten Bestandteile teilweise auch über die Schutzziele der IT-Sicherheit hinaus (vgl. zum Überblick Tabelle 3). Bspw. kann der „Schutz vor unbefugter oder unrechtmäßiger Verarbeitung" aufgrund des weiten Begriffs der Verarbeitung nach der Definition in Art. 4 Nr. 2 DSGVO sowohl den Schutz vor Veränderung der Daten (und damit Integritätsschutz) bedeuten als auch den Schutz vor Offenlegung durch Übermittlung oder vor Verbreitung (und damit Vertraulichkeitsschutz) umfassen. Gleichzeitig ist „unrechtmäßig" auch im Zusammenhang mit Art. 5 Abs. 1 lit. a, Art. 6 DSGVO zu lesen – solche Aspekte der Rechtmäßigkeit sind von den Schutzzielen der IT-Sicherheit dagegen nicht umfasst.[448] Schutz vor „unbeabsichtigter Zerstörung oder unbeabsichtigter Schädigung" ist dem Integritätsschutz zuzuordnen – wobei auch das Schutzziel der Verfügbarkeit beeinträchtigt sein kann. Schließlich ist der Schutz „vor unbeabsichtigtem Verlust" ebenfalls dem Schutzziel der Verfügbarkeit zuzuordnen; im Kontext der Regelung in Art. 5 Abs. 1 lit. f DSGVO könnte ggf. zusätzlich ein mittelbarer Vertraulichkeitsschutz gemeint sein. Auch durch die Adressierung von Aspekten der Verfügbarkeit im Rahmen des Grundsatzes der Integrität und Vertraulichkeit ist das Verständnis der DSGVO daher umfassender als das der gleichlautenden Schutzziele der IT-Sicherheit.[449]

447 Ebenso: Jandt, in: Hornung/Schallbruch, IT-Sicherheitsrecht, § 17 Rn. 37, 44, die „allenfalls" von teilidentischen Schutzzielen ausgeht.

448 Jandt, in: Hornung/Schallbruch, IT-Sicherheitsrecht, § 17 Rn. 39.

449 Jandt, in: Hornung/Schallbruch, IT-Sicherheitsrecht, § 17 Rn. 39; mit Verweis auf Hansen, in: Simitis/Hornung/Spiecker gen. Döhmann DSGVO, Art. 32 Rn. 12 – nach der es „zur Klarheit beigetragen" hätte, wenn Art. 5 Abs. 1 lit. f DSGVO die Kurzbezeichnung „Vertraulichkeit, Integrität und Verfügbarkeit" erhalten hätte. Nach der Auffassung von Roßnagel, in: Simitis/Hornung/Spiecker gen. Döhmann DSGVO, Art. 5 Rn. 168 ist die Bezeichnung „unzutreffend". Selbst wenn im hiesigen Fall die von *Hansen* angesprochene Kurzbezeichnung unterstellt würde, bestünde aufgrund des Verweises auf eine „unrechtmäßige" Verarbeitung nach hier vertretener Auffassung dennoch ein Unterschied beim Verständnis der Schutzziele.

Tabelle 3: Vergleich: Art. 5 Abs. 1 lit. f DSGVO und Schutzziele der IT-Sicherheit

Grundsatz der Integrität und Vertraulichkeit, Art 5. Abs. 1 lit. f DSGVO	Vergleich: Betroffenes Schutzziel der IT-Sicherheit[450]
Schutz vor:	
„unbefugter oder unrechtmäßiger Verarbeitung“	Vertraulichkeit, Integrität
„unbeabsichtigtem Verlust“	Verfügbarkeit (ggf. mittelbar Vertraulichkeit)
„unbeabsichtigter Zerstörung“	Integrität, ggf. Verfügbarkeit
„unbeabsichtigter Schädigung“	Integrität, ggf. Verfügbarkeit

Zwar wäre denkbar, dass die Aufzählung in Art. 32 Abs. 1 Hs. 2 lit. b DSGVO nicht im Sinne der teils gleichlautenden Grundsätze des Art. 5 DSGVO zu verstehen ist, sondern tatsächlich als Verweis auf die Schutzziele der IT-Sicherheit gelten soll.[451] Ein solches Verständnis müsste jedoch auf tragfähige Argumente zurückgreifen können. Ein mögliches Argument könnte sich aus der unpräzisen Gestaltung von Art. 5 Abs. 1 lit. f DSGVO ergeben. Denn – wie oben und in Tabelle 3 aufgezeigt – sind vom Wortlaut mehr Aspekte umfasst, als die Bezeichnung „Integrität und Vertraulichkeit“ erwarten ließe. Letzteres spräche jedoch allenfalls dafür, dass die Bezeichnung anders – etwa, „Integrität, Vertraulichkeit und Verfügbarkeit“[452] – hätte lauten müssen. Eine unpräzise Formulierung in Art. 5 Abs. 1 lit. f DSGVO ist allerdings noch kein Argument für ein anderes Verständnis in Art. 32 Abs. 1 Hs. 2 lit. b DSGVO.

Des Weiteren erscheint es zunächst denkbar, aufgrund der Formulierung des Art. 5 Abs. 1 lit. f DSGVO davon auszugehen, dass es sich bereits aus formalen Gründen – anders als oben dargestellt – gar nicht um eine *Definition* des Grundsatzes der Integrität und Vertraulichkeit handele. Hierfür spräche die systematische Stellung in Art. 5 DSGVO statt Art. 4 DSGVO. Im Ergebnis kann jedoch auch dieses Argument nicht überzeugen. Denn selbst wenn es sich bei Art. 5 Abs. 1 lit. f DSGVO formal nicht um eine Definition handelte, so wäre durch die Norm dennoch das Verständnis des Gesetzgebers zum Grundsatz der Vertraulichkeit und Integrität i. S. d. DSGVO zum Ausdruck

---

450 In dieser Arbeit werden die Schutzziele durchgehend wie in Kapitel 2 A. definiert verstanden. Bestandteil des Schutzzielkatalogs ist demnach neben der Vertraulichkeit, Integrität und Verfügbarkeit auch die Authentizität, die von Art. 5 Abs. 1 lit. f DSGVO allerdings nicht explizit umfasst ist und daher in Tabelle 3 nicht genannt wird.

451 Die Literatur formuliert etwa, dass die Norm an die Schutzziele „anknüpft“ oder sich den Schutzzielen „bedient“, vgl. hierzu Fn. 456.

452 Für eine solche Bezeichnung: Hansen, in: Simitis/Hornung/Spiecker gen. Döhmann DSGVO, Art. 32 Rn. 12 (vgl. bereits Fn. 449).

gebracht worden. Hinweise, dass dieses Verständnis nur für Art. 5 DSGVO – oder jedenfalls nicht für Art. 32 Abs. 1 Hs. 2 lit. b DSGVO – gelten soll, sind nicht ersichtlich. Die Bezeichnung des Art. 5 DSGVO als „*Grundsätze* für die Verarbeitung personenbezogener Daten“[453] spricht vielmehr für das Gegenteil, also eine Geltung für die gesamte Verordnung. Außerdem erkennen Literatur und Rechtsprechung zutreffend an, dass die Grundsätze des Art. 5 DSGVO in den späteren Normen der Verordnung – insbesondere auch Art. 32 DSGVO – konkretisiert werden.[454] Es ist für die hier diskutierte Frage daher nicht entscheidend, ob in Art. 5 Abs. 1 lit. f DSGVO formal eine Definition gesehen werden kann oder nicht.

Trotz dieses in Teilen unterschiedlichen Verständnisses verbleiben hohe Überschneidungen, die hinsichtlich des jeweilig bezweckten Schutzes zu Synergieeffekten führen. Dies gilt gerade auch deshalb, weil die jeweils umzusetzenden Maßnahmen in der Praxis häufig nicht trennscharf genau ein Schutzziel adressieren. Werden etwa Maßnahmen zur Authentifizierung von Nutzern zum Vertraulichkeitsschutz i. S. d. Schutzziels der IT-Sicherheit implementiert, so können diese Maßnahmen zugleich häufig auch die Integrität der verarbeiteten Daten schützen, unabhängig davon, ob diese personenbezogen sind. Die Maßnahmen sorgen also auch für ein besseres Schutzniveau i. S. d. Art. 32 Abs. 1 DSGVO. Zugleich wird ein angemessenes Schutzniveau praktisch nicht dadurch sichergestellt werden, dass jede einzelne Verarbeitung geprüft und einzelne Schutzmaßnahmen zugewiesen werden. Vielmehr werden ganze IT-Systeme abgesichert, um das Schutzniveau aller Datenverarbeitungen zu verbessern. Aufgrund solcher Zusammenhänge ergibt sich also die häufig hohe Überschneidung zwischen Datenschutz- und IT-Sicherheitsmaßnahmen. Diese Realität erkennt der Gesetzgeber mit dem Bezug auf Systeme und Dienste in Art. 32 Abs. 1 Hs. 2 lit. b DSGVO an.

Daher soll mit den hiesigen Ausführungen solchen Stimmen in der Literatur nicht widersprochen werden, die eine *Heranziehung* des Verständnisses der

---

453 Hervorhebung durch den Verfasser.

454 Nach EuGH v. 14.12.2023 – C-340/21 – Rn. 34 präzisieren die Art. 24 Abs. 1, 3, Art. 32 Abs. 3 DSGVO die Verpflichtung aus Art. 5 Abs. 2 DSGVO, die sich auf Art. 5 Abs. 1 DSGVO bezieht. Folgerichtig zitiert der EuGH bei Äußerungen betreffend die Sicherheit der Verarbeitung den Grundsatz in Art. 5 Abs. 1 lit. f DSGVO gemeinsam mit Art. 32 DSGVO, vgl. EuGH v. 14.12.2023 – C-340/21 – Rn. 52, 71. Explizit zur Konkretisierung von Art. 5 Abs. 1 lit. f DSGVO durch Art. 32 DSGVO: Herbst, in: Kipker/Reusch/Ritter DSGVO, Art. 5 Rn. 1; Jandt, in: Kühling/Buchner DSGVO, Art. 32 Rn. 1; Hansen, in: Simitis/Hornung/Spiecker gen. Döhmann DSGVO, Art. 32 Rn. 1; daneben vgl. nur: Art. 32 als „Ausgestaltung“ des Grundsatzes in Art. 5 Abs. 1 lit. f DSGVO: Schultze-Melling in: Taeger/Gabel DSGVO Art. 32 Rn. 1; nach Martini, in: Paal/Pauly DSGVO, Art. 32 Rn. 2 „formt“ Art. 32 DSGVO „den allg. Grundsatz […] näher aus“; nach Voigt, in: Taeger/Gabel DSGVO, Art. 5 Rn. 39 wird Art. 5 Abs. 1 lit. f DSGVO durch Art. 32 Abs. 1 Hs. 2 lit. b DSGVO „substantiiert“.

IT-Sicherheit vorschlagen, um mit dem Begriff in der Praxis umzugehen.[455] Denn die beschriebenen Überschneidungen und Synergien führen dazu, dass ein praktischer Umgang in vielen Fällen auch mit diesem Verständnis gelingen kann. Nach hier vertretener Ansicht unzutreffend ist es allerdings, davon auszugehen, Art. 32 Abs. 1 Hs. 2 lit. b DSGVO *normiere* unmittelbar die Schutzziele der IT-Sicherheit (bzw. deren Verständnis).[456]

Unberührt von dieser Diskussion verbleiben inhärente Zielkonflikte zwischen Datenschutz und IT-Sicherheit. Denn die Implementierung von technischen Schutzmaßnahmen erfordert häufig die Verarbeitung personenbezogener Daten; in gewissen Situationen gibt es daher das Interesse aus der Perspektive der IT-Sicherheit, Informationen wie Logfiles – die auch personenbezogene Daten umfassen können – möglichst lange zu speichern und möglichst umfassend auszuwerten.[457] Die datenschutzrechtlichen Prinzipien der Datenminimierung und der Speicherbegrenzung (Art. 5 Abs. 1 lit. c, e DSGVO) fordern dagegen grundsätzlich eine Beschränkung der Speicherdauer.[458] Darüber hinaus hat Art. 32 Abs. 1 DSGVO immer die Sicherheit der einzelnen Verarbeitung personenbezogener Daten zum Gegenstand. Dies wird auch durch Art. 5 Abs. 1 lit. f DSGVO deutlich,[459] der sich ebenfalls nur auf die Verarbeitungen personenbezogener Daten bezieht. Konkret heißt das bspw., dass aus Perspektive der IT-Sicherheit an das wertvollste Geschäftsgeheimnis einer Organisation höchste Vertraulichkeitsanforderungen zu stellen sind, während dieselben Informationen schlicht aufgrund fehlenden Personenbezugs für das Datenschutzrecht irrelevant sein können.

Die Perspektive des Datenschutzes bezieht sich also bezüglich der genannten Schutzziele bereits auf einen anderen Schutzgegenstand; zudem bestehen die o. g. inhärenten Zielkonflikte. Nach hier vertretener Auffassung ist es daher folgerichtig, dass der Gesetzgeber – wie oben dargelegt – im Kontext der DSGVO von einem abweichenden Verständnis der Schutzziele ausgeht.

---

455 So etwa Piltz, in: Gola/Heckmann DSGVO, Art. 32 Rn. 31, der hierfür auf die Begriffsdefinitionen des BSI verweist.

456 So aber: Voskamp/Klein, in: Kipker, Cybersecurity, Kap. 7 Rn. 19b; so zu verstehen ist auch Kramer/Meints, in: Auernhammer DSGVO, Art. 32 Rn. 33, 36, wonach Art. 32 Abs. 1 Hs. 2 lit. b DSGVO an „an die international gebräuchlichen Ziele des Informationssicherheitsmanagements" anknüpft, die dortige Rn. 36 sowie Fn. 43 machen den Bezug zur ISO 27001 explizit. Nach Hansen, in: Simitis/Hornung/Spiecker gen. Döhmann DSGVO, Art. 32 Rn. 44 „bedient" sich Art. 32 Abs. 1 Hs. 2 lit. b DSGVO dieser Schutzziele.

457 Vgl. auch Kapitel 2 A., wo dieser Zielkonflikt bereits skizziert wurde.

458 Vgl. zu diesem Standardbeispiel ausführlicher: Jandt, in: Hornung/Schallbruch, IT-Sicherheitsrecht, § 17 Rn. 49 ff.

459 Vgl. Mantz, in: Sydow/Marsch DSGVO, Art. 32 Rn. 15, der in lit. f sogar eine Legaldefinition der Begriffe Vertraulichkeit und Integrität sieht.

Dem ließe sich entgegnen, dass die Schutzziele der IT-Sicherheit mit dem Schutzgegenstand „Informationen" schließlich auch den Schutz personenbezogener Daten umfassten. Der Schutz personenbezogener Daten wäre also eine Teilmenge des Schutzgegenstands der IT-Sicherheitsschutzziele. Daher könne das Verständnis der Schutzziele als deckungsgleich angesehen werden. Nach hier vertretener Auffassung würden jedoch die dargelegten Zielkonflikte damit nicht ausreichend berücksichtigt. Denn diese Konflikte entstehen gerade aufgrund des abweichenden Schutzgegenstandes. Es wäre deshalb widersprüchlich, wenn diese inhärenten Konflikte keinen Einfluss auf das Verständnis der Schutzziele hätten. Letztlich ist aber nicht entscheidend, welche Auffassung vorzugswürdig ist; denn wie oben unter Rückgriff auf den Wortlaut von Art. 5 Abs. 1 lit. f DSGVO erläutert wurde, hat sich der Gesetzgeber für ein vom üblichen Verständnis der IT-Sicherheitsschutzziele abweichendes Verständnis entschieden.

Für die Ableitung konkreter Schutzmaßnahmen bleibt es – unabhängig von der obigen Diskussion – erforderlich, die jeweils mit der Zielrichtung der Norm verbundene Perspektive einzunehmen. Denn neben Zielkonflikten können sich in diesem Kontext auch unterschiedliche *Schutzbedarfe* je nach Perspektive ergeben: handelt es sich im o. g. Beispiel etwa um ein wertvolles Geschäftsgeheimnis wie den Quellcode der von der Organisation entwickelten Software, bleiben die Vertraulichkeitsanforderungen aus Perspektive der IT-Sicherheit sehr hoch. Werden dabei als personenbezogene Daten etwa die Namen der Entwickler verarbeitet, löst dies zwar Pflichten nach Art. 32 Abs. 1 DSGVO aus – die sich aus dem Risiko für die Betroffenen ergebenden datenschutzrechtlichen Vertraulichkeitsanforderungen fallen jedoch ungleich geringer aus.[460] Vergleichbare Fälle lassen sich auch für die übrigen von Art. 32 Abs. 1 Hs. 2 lit. b DSGVO genannten „Fähigkeiten" (Integrität, Verfügbarkeit und Belastbarkeit) bilden. Es bleibt insoweit eine Einzelfallbetrachtung, welche Maßnahmen jedenfalls auch der Einhaltung von Art. 32 DSGVO dienen.

Als Ansatz zur Ableitung konkreter Maßnahmen ist die in Art. 32 Abs. 1 Hs. 2 lit. b DSGVO genannte Fähigkeit aufgrund dieser Abstraktheit untauglich. Denn dass die Sicherheit von Verarbeitungen etwa Vertraulichkeit oder Integrität der Verarbeitungen erfordert, wäre auch ohne die explizite Nennung in Art. 32 Abs. 1 Hs. 2 lit. b DSGVO evident. Zugleich sind die genannten Begriffe zu allgemein, um allein daraus einzelne Maßnahmen ableiten zu können. Zumindest verdeutlicht Art. 32 Abs. 1 Hs. 2 lit. b DSGVO allerdings den Zusammenhang zwischen Datenschutz- und IT-Sicherheitsmaßnahmen, was für den Ansatz dieser Untersuchung spricht, die Anforderungen der

460 Beispiel formuliert nach: Jandt, in: Hornung/Schallbruch, IT-Sicherheitsrecht, § 17 Rn. 41.

DSGVO an solche Maßnahmen nicht losgelöst von den Anforderungen des (übrigen) IT-Sicherheitsrechts zu betrachten.[461]

(3) Verfügbarkeit der – und Zugang zu – personenbezogenen Daten (lit. c)

Art. 32 Abs. 1 Hs. 2 lit. c DSGVO sieht als Maßnahme die „Fähigkeit, die Verfügbarkeit der personenbezogenen Daten und den Zugang zu ihnen bei einem physischen oder technischen Zwischenfall rasch wiederherzustellen" vor. In Verbindung mit der in lit. b genannten Verfügbarkeit der Systeme und Dienste macht dies deutlich, dass die DSGVO Betroffene auch vor dem Verlust ihrer Daten sowie dem Verlust des Zugangs zu den Daten aufgrund von Sicherheitsvorfällen bei Verantwortlichen und Auftragsverarbeitern schützen soll. Jedenfalls aufgrund des im Wortlaut genannten Zugangs zu den personenbezogenen Daten enthält Art. 32 Abs. 1 Hs. 2 lit. c DSGVO nicht nur Aspekte der Informationssicherheit (Security) sondern auch der Funktionssicherheit (Safety).[462] Es handelt sich im Ergebnis bei lit. c um eine deutlich konkreter umschriebene Maßnahme, die zeigt, dass etwa eine Löschung – oder ein vergleichbares Ereignis wie ein Datenverlust aufgrund eines Elementarschadens – aus Betroffenensicht nicht immer positiv zu bewerten ist. Denn nur weil sich mangels Datenverarbeitung dann keine aus dieser Verarbeitung folgenden Risiken mehr ergeben können, heißt dies nicht, dass die Rechte und Freiheiten der Betroffenen nicht tangiert werden. Normadressaten müssen also zumindest irgendeine Form der Wiederherstellung sicherstellen, was in der Regel durch Backups geschehen wird. Um auf mögliche Zwischenfälle vorbereitet zu sein und damit auch den Zugang zu Daten rasch wiederherstellen zu können, bietet sich insbesondere die Implementierung von sog. Business Continuity Management (Notfallmanagement) an, sodass auch bei Zwischenfällen besonders relevante Geschäftsprozesse nicht oder nur kurz unterbrochen werden.[463] Die konkrete Ausgestaltung – etwa Häufigkeit, Art und Weise sowie die technische Absicherung der Backups oder anderer Maßnahmen zur Herstellung von Redundanzen – ist abhängig vom Risiko nach den Kriterien des Art. 32 Abs. 1 Hs. 1 DSGVO zu bestimmen.

---

461 Vgl. die Ausführungen in Kapitel 5 dazu, wie Normadressaten mit den Überschneidungen von Datenschutz- und IT-Sicherheitsmaßnahmen umgehen können.

462 Zu diesen Begriffen vgl. bereits Kapitel 2 A. Vgl. auch Hansen, in: Simitis/Hornung/Spiecker gen. Döhmann DSGVO, Art. 32 Rn. 9, die allg. formuliert, dass „die Sicherheitsrisiken aus [Art. 32] Abs. 1 [DSGVO] nicht nur Security-, sondern auch Safety-Aspekte" betreffen.

463 Vgl. hierzu BSI-Standard 100-4 Notfallmanagement, zur Zielsetzung vgl. S. 1, für einen Überblick des Notfallmanagement-Prozesses vgl. S. 10 ff., abrufbar: https://www.bsi.bund.de/SharedDocs/Downloads/DE/BSI/Publikationen/ITGrundschutzstandards/BSI-Standard_1004.pdf?__blob=publicationFile&v=2.

(4) Verfahren zur regelmäßigen Überprüfung, Bewertung und Evaluierung der Wirksamkeit (lit. d)

Schließlich nennt Art. 32 Abs. 1 Hs. 2 lit. d DSGVO „ein Verfahren zur regelmäßigen Überprüfung, Bewertung und Evaluierung der Wirksamkeit der technischen und organisatorischen Maßnahmen zur Gewährleistung der Sicherheit der Verarbeitung“. Verdeutlicht wird damit, dass Art. 32 Abs. 1 Hs. 1 DSGVO eine andauernde Verpflichtung regelt; die Überprüfung der Einhaltung dieser Verpflichtung muss dabei einerseits bereits aufgrund dieses Regelungsgehalts regelmäßig geschehen, andererseits müssen auch inhaltliche Änderungen – etwa des Umfangs der verarbeiteten Daten oder des Sicherheitsniveaus einzelner Schutzmaßnahmen – berücksichtigt werden. Dies steht im Zusammenhang mit Art. 24 Abs. 1 S. 2 DSGVO, der vorsieht, dass die Maßnahmen zur Einhaltung der DSGVO „erforderlichenfalls überprüft und aktualisiert“ werden müssen. Vergleichbar mit Art. 32 Abs. 1 Hs. 2 lit. c DSGVO hat die Verpflichtung in lit. d daher eine sehr eng begrenzte Aussage. Ob der Norm überhaupt ein eigener Aussagegehalt zugeschrieben werden kann, erscheint zweifelhaft. Denn auch basierend auf Art. 24 Abs. 1 S. 2 DSGO sowie den Grundsätzen der Datenverarbeitungen ließe sich argumentieren, dass der Normadressat die Einhaltung der rechtlichen Anforderungen regelmäßig überwachen müsste. Zugleich ist Art. 32 Abs. 1 Hs. 2 lit. d DSGVO vergleichsweise konkret gehalten, sodass in der Gesamtschau jeder Normadressat zumindest irgendeine Form der Überprüfung implementieren muss. In Literatur und Praxis wird zur Umsetzung dieser Anforderungen etwa empfohlen, hierfür ein Datenschutz-Managementsystem (DSMS) zu etablieren, z. B. im Zusammenspiel mit einem ggf. bereits bestehenden Informationssicherheits-Managementsystem (ISMS).[464] Das Erfordernis der regelmäßigen Überprüfung, Bewertung und Evaluierung nach Art. 32 Abs. 1 Hs. 2 lit. d DSGVO wird dabei regelmäßig durch den sog. PDCA-Zyklus adressiert, was für „Plan, Do, Check, Act“ steht.[465]

(5) Zwischenergebnis

Im Ergebnis ist der Maßnahmenkatalog für die Konkretisierung rechtlicher Anforderungen zu konkreten Schutzmaßnahmen, wie sie Ziel dieser Untersuchung ist, aufgrund der Gestaltung durch den Gesetzgeber wenig hilfreich. Zutreffend ist zwar einerseits, dass eine sehr detaillierte Regelung einzelner Verfahren bereits aufgrund der stetigen Fortentwicklung des Stands

---

464 Zu den relevanten ISO-Normen vgl. die Ausführungen in Kapitel 3 B. II. 3. d.

465 Vgl. hierzu: Jung, ZD 2018, 208 (211); Mertens, CR 2024, 96 (99), wobei letzterer den PDCA-Zyklus fälschlicherweise als „PCDA-Zyklus“ bezeichnet; dem Kontext nach ist jedoch von inhaltlicher Übereinstimmung auszugehen.

der Technik nicht zielführend wäre.[466] Dies bedeutet aber andererseits nicht, dass jede (zusätzliche) abstrakte Umschreibung für den Normanwender brauchbar ist, was gerade an Art. 32 Abs. 1 DSGVO deutlich wird. Soweit dem Maßnahmenkatalog bspw. zu entnehmen ist, dass Pseudonymisierung und Verschlüsselung geeignete Maßnahmen sein können, bietet die Auflistung keinen Mehrwert hinsichtlich der Ableitung konkreter Schutzmaßnahmen. Der Katalog ist jedoch insoweit brauchbar, als er verdeutlicht, wie weitgehend die Zielsetzung des Art. 32 Abs. 1 S. 1 DSGVO zu verstehen ist. So wird durch den Katalog deutlich, dass Parallelen zu den Schutzzielen der IT-Sicherheit existieren (lit. b), dass die Verfügbarkeit personenbezogener Daten für Betroffene eine vom Datenschutzrecht umfasste Anforderung ist (lit. c) und dass die Sicherstellung eines angemessenen Schutzniveaus einen andauernden Evaluationsprozess erfordert (lit. d).

b. Verhaltensregeln und Zertifizierungen als Konkretisierungsinstrumente der DSGVO

Weitere potentielle Möglichkeiten zur Ableitung konkreter Schutzmaßnahmen aus den Anforderungen des Art. 32 Abs. 1 DSGVO könnten genehmigte Verhaltensregeln i. S. d. Art. 40 DSGVO und genehmigte Zertifizierungen i. S. d. Art. 42 DSGVO darstellen. So regelt Art. 32 Abs. 3 DSGVO explizit, dass solche Verhaltensregeln oder Zertifizierungen als Faktor herangezogen werden können, um die Erfüllung der in Art. 32 Abs. 1 DSGVO genannten Anforderungen nachzuweisen.

Verhaltensregeln sollen nach Maßgabe der Besonderheiten einzelner Verarbeitungsbereiche sowie der besonderen Bedürfnisse von KMU zur ordnungsgemäßen Anwendung der DSGVO beitragen, Art. 40 Abs. 1 DSGVO. Durch diese Regeln soll die Anwendung der Verordnung präzisiert werden. Explizit nennt Art. 40 Abs. 2 DSGVO u. a. die Pseudonymisierung personenbezogener Daten (Art. 40 Abs. 2 lit. d DSGVO) und die Maßnahmen und Verfahren nach Art. 24, 25 DSGVO sowie die Maßnahmen für die Sicherheit der Verarbeitung nach Art. 32 DSGVO (Art. 40 Abs. 2 lit. h DSGVO). Die Überwachung der Einhaltung der Verhaltensregeln erfolgt durch eine akkreditierte Stelle, Art. 40 Abs. 4, Art. 41 Abs. 1, 2 DSGVO, ohne dass hierdurch die Befugnisse der Aufsichtsbehörden eingeschränkt werden. Die Verhaltensregeln werden zuvor nach den Maßgaben des Art. 40 Abs. 5 DSGVO der zuständigen Aufsichtsbehörde vorgelegt und, sofern die Verhaltensregeln nach deren Auffassung ausreichende geeignete Garantien bieten, genehmigt. Beispielhaft genannt seien die am 5.5.2022 vom BfDI genehmigten Verhal-

466 Dieses Argument wird häufig unter der Bezeichnung der Technikneutralität vorgebracht, vgl. in Bezug auf Art. 32 Abs. 1 Hs. 2 lit. a DSGVO: Ritter, in: Schwartmann/Jaspers/Thüsing/Kugelmann DSGVO, Art. 32 Rn. 35.

tensregeln für Notarinnen und Notare,[467] die sehr konkrete technische und organisatorische Maßnahmen nach Art. 32 DSGVO enthalten.[468] Damit zeigen diese Verhaltensregeln, dass ein solches Instrument der Selbstregulierung durchaus Potentiale für eine Konkretisierung einzelner technischer und organisatorischer Maßnahmen bietet.

Für den hiesigen Untersuchungsgegenstand der Smart-Home-Geräte sind bisher allerdings keine einschlägigen Verhaltensregeln bekannt.[469] Am relevantesten dürften die Vorarbeiten der *Stiftung Datenschutz* sein, welche im Rahmen eines Forschungsprojektes „Grundsatzregeln für die Anonymisie-

467 „Verhaltensregeln zu technischen und organisatorischen Maßnahmen der Notarinnen und Notare im Hinblick auf elektronische Aufzeichnungen und Hilfsmittel", abrufbar: https://www.bfdi.bund.de/SharedDocs/Downloads/DE/DokumenteBfDI/Verhaltensregeln/VerhaltensregelnNotarinnen-Notare.pdf?__blob=publicationFile&v=6; vgl. auch: https://www.bfdi.bund.de/SharedDocs/Pressemitteilungen/DE/2022/07_Verhaltensregeln-Notare.html. Weitere Beispiele sind die vom LDI NRW genehmigten „Verhaltensregeln für die Prüf- und Löschfristen von personenbezogenen Daten durch die deutschen Wirtschaftsauskunfteien", abrufbar: https://www.ldi.nrw.de/system/files/media/document/file/dw_coc_loeschfristen_20200101_1.pdf; die vom LfDI BW genehmigten Verhaltensregeln „Anforderungen an die Auftragsverarbeiter nach Artikel 28 DS-GVO – Trusted Data Processor", abrufbar: https://www.verhaltensregel.eu/; vgl. auch: https://www.baden-wuerttemberg.datenschutz.de/verhaltensregeln-fuer-auftragsverarbeiter/; der von der belgischen Datenschutzaufsichtsbehörde genehmigte, transnationale „EU Cloud Code of Conduct", abrufbar: https://eucoc.cloud/en/home; sowie der von der CNIL genehmigte, transnationale „CISPE Data Protection Code of Conduct", abrufbar: https://www.cnil.fr/sites/cnil/files/atoms/files/data_protection_code_of_conduct_for_cloud_infrastructure_services_providers_-_cispe_-_english_version.pdf: vgl. auch: https://www.cnil.fr/fr/la-cnil-approuve-le-premier-code-de-conduite-europeen-dedie-aux-fournisseurs-de-services. Vgl. daneben die vom EDSA geführte Liste: https://edpb.europa.eu/our-work-tools/accountability-tools/register-codes-conduct-amendments-and-extensions-art-4011_en; vgl. außerdem die ausführliche rechtstatsächliche Untersuchung von *Templin*: Templin, Verhaltensregeln, S. 39 ff..

468 So sehen die Verhaltensregeln etwa – neben diversen anderen Maßnahmen – die Einrichtung eines separaten Gäste-WLAN vor und enthalten Regelungen dazu, wann bei Routern oder Access Points die WPS-Funktion eingesetzt werden darf, vgl. „Verhaltensregeln zu technischen und organisatorischen Maßnahmen der Notarinnen und Notare im Hinblick auf elektronische Aufzeichnungen und Hilfsmittel", abrufbar: https://www.bfdi.bund.de/SharedDocs/Downloads/DE/DokumenteBfDI/Verhaltensregeln/VerhaltensregelnNotarinnen-Notare.pdf?__blob=publicationFile&v=6, Ziffer II. 1. C sowie Ziffer II. 2. Vgl. hierzu auch Templin, Verhaltensregeln, S. 74, der in Bezug auf die Verhaltensregeln darauf hinweist, dass sowohl unmittelbar umsetzbare als auch „weiter konkretisierungsbedürftigen Vorgaben" enthalten sind.

469 Wie *Templin* aufzeigt, sind trotz der Verpflichtung in Art. 40 Abs. 11 DSGVO nicht alle genehmigten Verhaltensregeln im öffentlichen Register des EDSA gelistet, vgl. Templin, Verhaltensregeln, S. 39, dort Fn. 1.

rung personenbezogener Daten“[470] erarbeiten ließ. Diese Grundsatzregeln stellen selbst keine Verhaltensregeln nach Art. 40 DSGVO dar, sollen jedoch explizit als Basis für mögliche Verhaltensregeln dienen.[471] Einschränkend ist außerdem darauf hinzuweisen, dass sich Verhaltensregeln i. S. d. Art. 40 DSGVO immer auf bestimmte Branchen bzw. Bereiche beziehen.[472] Datenverarbeitungen durch Smart-Home-Geräte sind allerdings in sehr vielen, teils sehr unterschiedlichen Einsatzszenarien und damit auch zahlreichen Branchen und Bereichen denkbar. Es erscheint daher tendenziell unwahrscheinlich, dass zukünftig Verhaltensregeln existieren werden, die diese Breite abdecken und gleichzeitig die Anforderungen des Art. 32 DSGVO für diese Einsatzszenarien konkretisieren können. Dies gilt umso mehr, weil auf rechtstatsächlicher Ebene zu beobachten ist, dass die Konkretisierung technischer und organisatorischer Maßnahmen – soweit ersichtlich – bisher i. d. R. nur durch beispielhafte Aufzählungen erfolgt und typischerweise nicht den Schwerpunkt der Verhaltensregeln darstellt.[473]

Zertifizierungsverfahren, Datenschutzsiegel und Datenschutzprüfzeichen nach Art. 42 DSGVO sollen dem Nachweis der Einhaltung der DSGVO dienen. Der Nachweis erfolgt für eine konkrete Datenverarbeitung.[474] Während Verhaltensregeln nach dem Wortlaut von Art. 40 Abs. 2 DSGVO also der (praktisch häufig branchen- oder tätigkeitsspezifischen) Konkretisierung der rechtlichen Anforderungen dienen,[475] ist der Zweck einer Zertifizierung nach Art. 42 DSGVO stets der Nachweis der Einhaltung der Verordnung.[476] Zugleich sieht Art. 32 Abs. 3 DSGVO für genehmigte Verhaltensregeln und genehmigte Zertifizierungsverfahren dieselbe rechtliche Wirkung vor; beide Instrumente können „als Faktor herangezogen werden, um die Erfüllung der in Absatz 1 des vorliegenden Artikels genannten Anforderungen nachzuweisen“. Praktisch führt die abstrakte Gestaltung der rechtlichen Vorgaben

470 Vgl. Schwartmann/Jaspers/Lepperhoff/Weiß, Grundsatzregeln für die Anonymisierung personenbezogener Daten, abrufbar: https://stiftungdatenschutz.org/fileadmin/Redaktion/Dokumente/Anonymisierung_personenbezogener_Daten/SDS_Studie_Grundsatzregeln_Web_01.pdf.

471 Schwartmann/Jaspers/Lepperhoff/Weiß, Grundsatzregeln für die Anonymisierung personenbezogener Daten, S. 1.

472 Raschauer, in: Sydow/Marsch DSGVO, Art. 40 Rn. 4, 5.

473 Eine Ausnahme hiervon bilden die oben bereits genannten Verhaltensregeln zu technischen und organisatorischen Maßnahmen der Notarinnen und Notaren, vgl. Fn. 468.

474 Raschauer, in: Sydow/Marsch DSGVO, Art. 42 Rn. 1; Kinast, in: Taeger/Gabel DSGVO Art. 42 Rn. 1; Bergt/Pesch, in: Kühling/Buchner, Art. 42 Rn. 1.

475 Nach dem Wortlaut von Art. 40 Abs. 2 DSGVO erfolgt eine Präzisierung: „[…] Verhaltensregeln ausarbeiten oder ändern oder erweitern, mit denen die Anwendung dieser Verordnung beispielsweise zu dem Folgenden *präzisiert* wird“ (Hervorhebung durch den Verfasser).

476 Raschauer, in: Sydow/Marsch DSGVO, Art. 42 Rn. 8; vgl. auch Bergt/Pesch, in: Kühling/Buchner DSGVO, Art. 42 Rn. 1, Art. 40 Rn. 1.

dazu, dass auch während der Gestaltung der Zertifizierungskriterien eine Konkretisierung erfolgen muss. Obwohl dies vom Wortlaut also nicht explizit vorgesehen ist, können daher auch genehmigte Zertifizierungsverfahren als Konkretisierungsmöglichkeit dienen. Das vom EDSA gem. Art. 42 Abs. 8 DSGVO geführten Register von Zertifizierungsverfahren, Datenschutzsiegeln und -prüfzeichen weist aktuell vier Einträge auf.[477]

Beispielhaft seien die „EuroPrise-Kriterien" des European Privacy Seal genannt, dessen Einsatzbereich die Zertifizierung von Verarbeitungsvorgängen von Auftragsverarbeitern ist.[478] Diese Kriterien benennen zumindest „allgemeine Pflichten", die relativ konkrete technische und organisatorische Schutzmaßnahmen als MUSS-Kriterien enthalten;[479] nur sehr knapp werden auch „technologiespezifische Anforderungen" zu Verschlüsselung, Pseudonymisierung und Anonymisierung beschrieben.[480] Ebenso wie bei Verhaltensregeln ist es allerdings – wie auch bereits genehmigte Zertifizierungsschemata zeigen[481] – nicht zwingend, dass die Zertifizierung einen Fokus auf die Anforderungen zur Sicherheit der Verarbeitung legt und insoweit relevante Konkretisierungen erzielt.

Sofern Verantwortliche also in einer Branche tätig sind, für die genehmigte Verhaltensregeln existieren – und soweit diese Verhaltensregeln zumindest auch technische und organisatorische Maßnahmen enthalten – ist es grundsätzlich empfehlenswert, die dort konkretisierten Maßnahmen zu beachten.

---

477 Vgl. EDSA, Register of certification mechanisms, seals and marks, abrufbar: https://edpb.europa.eu/our-work-tools/accountability-tools/certification-mechanisms-seals-and-marks_de.

478 EuroPriSe-Kriterien, Verarbeitungsvorgänge von Auftragsverarbeitern, abrufbar: https://euprivacyseal.com/wp-content/uploads/2024/03/Kriterienkatalog_Verarbeitungsvorgange-von-AV_DE_DE_v3_0.pdf; vgl. auch: https://www.ldi.nrw.de/ldi-nrw-erteilt-die-befugnis-fuer-erste-deutsche-zertifizierungsstelle.

479 EuroPriSe-Kriterien, Verarbeitungsvorgänge von Auftragsverarbeitern, S. 72–110.

480 EuroPriSe-Kriterien, Verarbeitungsvorgänge von Auftragsverarbeitern, S. 110–113. Die Benennung als „allgemeine Pflichten" und „technologiespezifische Anforderungen" stammt aus diesem Kriterienkatalog, wobei unklar bleibt, weshalb dergestalt differenziert wird.

481 Vgl. etwa das von der luxemburgischen Aufsichtsbehörde entwickelte Zertifizierungsschema GDPR-CARPA, das die Begrenzung des Anwendungsbereichs des Zertifizierungsschemas u. a. wie folgt beschreibt: „Obwohl Elemente der Informationssicherheit in das Schema aufgenommen wurden, bilden sie nicht den Fokus dieses Zertifizierungsmechanismus. GDPR-CARPA zertifiziert nicht die Sicherheit der Verarbeitung in seinem Anwendungsbereich […]", vgl. https://cnpd.public.lu/de/professionnels/outils-conformite/certification/gdpr-carpa.html. Das Schema enthält lediglich beispielhafte Aufzählungen, die eine geringe, zu üblichen Handreichungen oder allgemeinen Empfehlungen vergleichbare Konkretisierung erreichen, vgl. etwa GDPR-CARPA certification criteria as adopted by the CNPD on 13th of May 2022, S. 68 ff. für Verantwortliche sowie S. 77 ff. für Auftragsverarbeiter.

Entsprechendes gilt auch für Datenschutzsiegel und -prüfzeichen bzw. die vorgelagerten Zertifizierungsverfahren. Es ist daher begrüßenswert, dass der Gesetzgeber an den Verhaltensregeln als Instrument der (regulierten) Selbstregulierung festgehalten hat.[482] Dies gilt umso mehr, weil auch Normadressaten hiervon profitieren, die die Möglichkeiten nach Art. 40, 42 DSGVO nicht unmittelbar nutzen, soweit die Verhaltensregeln bzw. die Zertifizierungsverfahren so öffentlich zugänglich sind, dass sich die Normadressaten an der getroffenen Konkretisierung orientieren können.

c. Weitere Zertifizierungen als Konkretisierung

Neben der Zertifizierung nach Art. 42 DSGVO hat der EU-Gesetzgeber weitere Zertifizierungsmechanismen geregelt, die den Bereich der Sicherheit von Datenverarbeitungen tangieren. Relevant ist dabei primär der sog. Cybersecurity Act (CSA)[483], der vor allem eine Umstrukturierung der ENISA[484] sowie die Schaffung eines europäischen Zertifizierungsrahmens für Cybersicherheit für IKT-Produkte, -Dienste und -Prozesse[485] zum Gegenstand hat. Dieser Zertifizierungsrahmen hat also eine abweichende Zielsetzung und existiert parallel zu den in Art. 42, 43 DSGVO vorgesehenen Regelungen; insbesondere wird keine zu Art. 32 Abs. 3, Art. 40, 42 DSGVO vergleichbare Regelung getroffen, die eine Nachweiswirkung hinsichtlich der Einhaltung der DSGVO zur Folge hätte. Auch wenn es inhaltliche Überschneidungen zwischen den die Cybersicherheit adressierenden Zertifizierungsrahmen und den rechtlichen

---

482 Vgl. für eine vertiefte rechtspolitische Bewertung: Templin, Verhaltensregeln, S. 210 ff.; allgemeiner zur Selbstregulierung in der DSGVO vgl.: Kinast, in: Taeger/Gabel DSGVO, Art. 40 Rn 5; Schneider, in: Forgó/Helfrich/Schneider, Betrieblicher Datenschutz, Teil II Kap. 6 Rn. 11; zur Bedeutung der Verhaltensregeln in Art. 27 DS-RL und § 38a BDSG-alt vgl. nur: Talidou, Regulierte Selbstregulierung im Bereich des Datenschutzes, S. 140–143.

483 Verordnung (EU) 2019/881 des Europäischen Parlaments und des Rates vom 17. April 2019 über die ENISA (Agentur der Europäischen Union für Cybersicherheit) und über die Zertifizierung der Cybersicherheit von Informations- und Kommunikationstechnik und zur Aufhebung der Verordnung (EU) Nr. 526/2013 (Rechtsakt zur Cybersicherheit).

484 Kipker, MMR-Aktuell 2019, 417982; vgl. Titel II des CSA.

485 Vgl. Art. 46 ff. CSA; hierzu: Weiß, in: Kipker/Reusch/Ritter CSA, Art. 46 Rn. 2 ff.; inzwischen wurde das EUCC-Schema – betreffend Produkte der Informations- und Kommunikationstechnik – als erstes Zertifizierungsschema fertiggestellt, der erforderliche Durchsetzungsrechtsakt ist bereits im Amtsblatt veröffentlicht, vgl. Durchführungsverordnung (EU) 2024/482 der Kommission vom 31. Januar 2024 mit Durchführungsbestimmungen zur Verordnung (EU) 2019/881 des Europäischen Parlaments und des Rates hinsichtlich der Annahme des auf den Gemeinsamen Kriterien beruhenden europäischen Systems für die Cybersicherheitszertifizierung (EUCC). „IKT“ verwendet die Verordnung als Abkürzung für „Informations- und Kommunikationstechnologien“, vgl. ErwG 1 CSA.

Anforderungen des Art. 32 DSGVO gibt,[486] können solche Regelungen daher nicht zur Ableitung konkreter Maßnahmen aus datenschutzrechtlichen Anforderungen herangezogen werden. Denkbar wäre allerdings, dass der Zertifizierungsrahmen in interdisziplinären Ansätzen (hierzu vgl. Abschnitt d unten) berücksichtigt werden kann. Um hierzu verlässlichere Aussagen treffen zu können, müssen allerdings zunächst zukünftige praktischen Erfahrungen abgewartet werden. Dasselbe gilt für rein privatwirtschaftliche Zertifizierungsverfahren bzw. Prüfsiegel, die keinerlei gesetzliche Grundlage aufweisen.

d. Interdisziplinäre Ansätze zur Konkretisierung

Wie aufgezeigt, sind die gesetzlich verankerten Konkretisierungsmöglichkeiten nur teilweise zielführend. Im Folgenden werden daher ausgewählte interdisziplinäre Ansätze zur Ableitung konkreter Schutzmaßnahmen analysiert, die in der Literatur beschrieben werden.

So verbinden *Koolen* et al. die rechtliche Anforderung, angemessene technische und organisatorische Maßnahmen umzusetzen, mit dem Konzept der „cybersecurity maturity models“[487] – also mit sog. Reifegradmodellen. Ein Reifegradmodell besteht aus einem Bündel von Merkmalen, Attributen, Indikatoren oder Mustern, die ein Niveau von Fähigkeiten und Fortschritte in einem bestimmten Bereich bzw. einer bestimmten Disziplin beschreiben.[488] Es stellt einen Maßstab dar, anhand dessen eine Organisation den aktuellen Stand ihrer Fähigkeiten und ihres Fortschrittes in diesem Bereich bewerten und darstellen kann. Hierfür verfügen die Modelle i. d. R. über eine Skala, die verschiedene Reifegrade definiert. Ein Reifegradmodell im Bereich der IT-Sicherheit soll Organisationen also dabei behilflich sein, ihr IT-Sicherheitsniveau zu bestimmen und zu verbessern.[489] *Koolen* et al. identifizieren die in Art. 32 Abs. 1 DSGVO geforderten angemessenen technischen und organisatorischen Maßnahmen als Maßstab („benchmark“) und argumentieren, dass Reifegradmodelle aufgrund ihrer Adaptivität für den einzelnen Kontext für solch risikobasierte Maßstäbe geeignet seien.[490] Die Au-

486 Vgl. Martini, in: Paal/Pauly DSGVO, Art. 32 Rn. 17b f.
487 Koolen/Wuyts/Joosen/Valcke, CLSR 2024, 105914, S. 2.
488 Hierzu und zum Folgenden: Cybersecurity Capability Maturity Model, Version 2.1, U. S. Department of Energy, S. 15, abrufbar: https://www.energy.gov/sites/default/files/2022-06/C2M2%20Version%202.1%20June%202022.pdf; vgl. auch: CMMC Glossary and Acronyms Version 2.0, S. 16, abrufbar: https://dodcio.defense.gov/Portals/0/Documents/CMMC/Glossary_MasterV2.0_FINAL_202111217_508.pdf; allg. zum CMMC vgl.: Cybersecurity Maturity Model Certification (CMMC) Model Overview, abrufbar: https://dodcio.defense.gov/Portals/0/Documents/CMMC/ModelOverview_V2.0_FINAL2_20211202_508.pdf; vgl. daneben, insb. zu Reifegradmodellen im Datenschutz: Roth, Verzeichnis von Verarbeitungstätigkeiten, Rn. 524–544.
489 Koolen/Wuyts/Joosen/Valcke, CLSR 2024, 105914, S. 2, 4.
490 Koolen/Wuyts/Joosen/Valcke, CLSR 2024, 105914, S. 3, 5.

toren stellen exemplarisch ein bestimmtes Reifegradmodell, das Software Assurance Maturity Model (SAMM) der OWASP[491] vor.[492] Dabei werden Anknüpfungspunkte für technische und organisatorische Maßnahmen deutlich – etwa wenn die Autoren die Vorgehensweise des Modells beschreiben, welches die Entwicklung bzw. den Betrieb von IT-Systemen in verschiedene Phasen einteilt, in denen unterschiedliche Sicherheitsmaßnahmen in Betracht kommen.[493] So wird bspw. die Bedrohungsanalyse („threat assessment") der *Design*-Phase zugeordnet,[494] Sicherheitstests der *Verification*-Phase[495] sowie das Incident Managment der *Operations*-Phase.[496] Auch wenn die Autoren in den einzelnen Phasen keine explizite Verknüpfung mit den rechtlichen Anforderungen herstellen,[497] wird deutlich, dass durch das Modell eine strukturiertere Betrachtung der Abwägungskriterien des Art. 32 Abs. 1 DSGVO möglich ist, sodass auch die dort regulierten Sicherheitsanforderungen an Datenverarbeitungen durch die Verwendung eines solchen Modells konkretisiert umsetzbar sind. Auch wenn Reifegrademodellen naturgemäß keine gesetzliche Wirkung i. S. v. Verhaltensregeln zukommt kann durch die Konkretisierung sodann mittelbar eine präzisere Ableitung der im Einzelfall angemessenen technischen und organisatorischen Maßnahmen erfolgen.

Andere Ansätze setzen auf eine direktere Zuordnung von technischen Maßnahmen zu Anforderungen der DSGVO. In einer strukturierten Art und Weise kann dies etwa im Rahmen von sog. Privacy Frameworks geschehen, wie *Kounoudes/Kapitsaki* speziell in Bezug auf ein IoT-Privacy-Framework aufzeigen.[498] Privacy Frameworks sind demnach Modelle, die darauf

491 OWASP steht für die Organisation „Open Worldwide Application Security Project", vgl. https://owasp.org/about/. Zum Reifegradmodell vgl. https://owaspsamm.org/model/ sowie OWASP SAMM Version 2, abrufbar: https://drive.google.com/file/d/1cI3Qzfrly_X89z7StLWI5p_Jfqs0-OZv/view.

492 Koolen/Wuyts/Joosen/Valcke, CLSR 2024, 105914, S. 5 ff.

493 Koolen/Wuyts/Joosen/Valcke, CLSR 2024, 105914, S. 5.

494 Koolen/Wuyts/Joosen/Valcke, CLSR 2024, 105914, S. 5.

495 Koolen/Wuyts/Joosen/Valcke, CLSR 2024, 105914, S. 6 f.

496 Koolen/Wuyts/Joosen/Valcke, CLSR 2024, 105914, S. 7.

497 Eine explizite Verknüpfung erfolgt dafür bei der Risikobewertung, bei der auf die OWASP Risk Rating Methodology verwiesen wird, die eine Strukturierung der Risikobewertung ermöglicht, vgl. Koolen/Wuyts/Joosen/Valcke, CLSR 2024, 105914, S. 8.

498 Kounoudes/Kapitsaki, Internet of Things 2020, 100179. Für weitere Arbeiten, die im Vergleich zu *Kounoudes/Kapitsaki* aber primär die technische Perspektive einnehmen: vgl. nur Malina, Lukas, et al. A privacy-enhancing framework for internet of things services. In: Network and System Security: 13th International Conference, NSS 2019, Sapporo, Japan, December 15–18, 2019, Proceedings 13. Springer International Publishing, 2019. S. 77–97 oder Perera, Charith, et al. Privacy-by-design framework for assessing internet of things applications and platforms. In: Proceedings of the 6th International Conference on the Internet of Things, 2016, S. 83–92.

abzielen, einen strukturierten Rahmen für das Management[499] personenbezogener Daten zu bieten, der von Entwicklern bzw. allgemein von Organisationen genutzt werden kann, um die Anforderungen der DSGVO zu erfüllen.[500] Basierend auf rechtswissenschaftlichen Arbeiten zu den Anforderungen der DSGVO[501] schlagen *Kounoudes/Kapitsaki* bestimmte Merkmale für ein IoT-Privacy-Framework vor, das Anwender bei der Einhaltung der DSGVO unterstützen soll.[502] Darüber hinaus verknüpfen die Autoren existierende Ansätze aus der technischen Datenschutzforschung mit diesen Merkmalen.[503] Während das Ergebnis selbst noch kein IoT-Privacy-Framework darstellt,[504] so wird durch die Vorgehensweise dennoch bereits deutlich, dass solche Frameworks – eine korrekte Konzipierung hinsichtlich der Anforderungen und der Schutzmaßnahmen vorausgesetzt – für die konkrete Implementierung von technischen und organisatorischen Maßnahmen dienlich sein können. Darüber hinaus ist bereits die Zuordnung von aktuellen Lösungsansätzen der technischen Datenschutzforschung zu rechtlichen Anforderungen der DSGVO eine hilfreiche Konkretisierungsmöglichkeit, unabhängig von Privacy Frameworks.

Ein weiterer Ansatz ist das sog. Requirements Engineering, das bspw. in den Arbeiten von *Ringmann* et al.[505] verwendet wird. Requirements Engineering wird im Kern definiert als strukturierter Ansatz zur Spezifizierung und zum Management von Anforderungen, mit dem Ziel, die Erfordernisse und Bedürfnisse der relevanten Stakeholder an ein IT-System zu berücksichtigen und das Risiko zu minimieren, dass diese Anforderungen nicht

499 Meint wohl: den Umgang.

500 So die Definition von: Kounoudes/Kapitsaki, Internet of Things 2020, 100179, S. 2.

501 *Kounoudes/Kapitsaki* stützen sich dabei vor allem auf Wachter, CLSR 2018, 436 (438 ff.), vgl. Kounoudes/Kapitsaki, Internet of Things 2020, 100179, S. 2 ff.

502 Kounoudes/Kapitsaki, Internet of Things 2020, 100179, S. 5 ff. Für Privacy Frameworks im Hinblick auf den Privacy-by-Design-Grundsatz, vgl. Kapitel 3 B. III. 1. c.

503 Kounoudes/Kapitsaki, Internet of Things 2020, 100179, S. 3–12; für eine Übersicht vgl. Tabelle 1.

504 Kounoudes/Kapitsaki, Internet of Things 2020, 100179, S. 15 f.

505 Später unter dem Namen Zinsmaier, vgl. Ringmann, Sandra Domenique; Langweg, Hanno; Waldvogel, Marcel. Requirements for legally compliant software based on the GDPR. In: On the Move to Meaningful Internet Systems. OTM 2018 Conferences: Confederated International Conferences: CoopIS, C&TC, and ODBASE 2018, Valletta, Malta, October 22–26, 2018, Proceedings, Part II. Springer International Publishing, 2018, S. 258–276; Zinsmaier, Sandra Domenique; Langweg, Hanno; Waldvogel, Marcel. A Practical Approach to Stakeholder-driven Determination of Security Requirements based on the GDPR and Common Criteria. In: Proceedings of the 6th International Conference on Information Systems Security and Privacy – ICISSP, 2020, S. 473–480.

erfüllt werden.[506] Ziel der Arbeiten von *Ringmann* et al. ist die Definition von technischen Anforderungen, deren Implementierung DSGVO-konforme Software ermöglicht.[507] Um eine Wiederverwendbarkeit der Ergebnisse auf diverse verschiedene Softwareanwendungen sicherzustellen, werden allgemeine (technische) Anforderungen definiert.[508] Diese Vorgehensweise allein erzeugt allerdings im Beispiel von *Ringmann* et al. noch keinen wesentlichen Mehrwert.[509] Wie die Autoren selbst thematisieren, dürfte dies zumindest zum Teil an der abstrakten Zielsetzung liegen, die darin lag, für zahlreiche verschiedene Softwareanwendungen wiederverwendbare Anforderungen zu ermitteln.[510] Allerdings erscheint auch darüber hinaus fraglich, ob Requirements Engineering als solches einen Mehrwert bietet. Denn auch andere Arbeiten, deren Ergebnisse durchaus konkretere technische Schutzmaßnahmen darstellen, sind vor allem durch ihren prozessbasierten

506 Vgl. Glinz, Requirements Engineering Glossary, CPRE 2024, S. 22, abrufbar: https://www.ireb.org/content/downloads/1-cpre-glossary/ireb_cpre_glossary_en_2.1.pdf; vgl. daneben: Pohl, Klaus. The three dimensions of requirements engineering: a framework and its applications. Information Systems, 1994, Vol. 19, Nr. 3, S. 243–258.

507 Ringmann, Sandra Domenique; Langweg, Hanno; Waldvogel, Marcel. Requirements for legally compliant software based on the GDPR. In: On the Move to Meaningful Internet Systems. OTM 2018 Conferences: Confederated International Conferences: CoopIS, C&TC, and ODBASE 2018, Valletta, Malta, October 22–26, 2018, Proceedings, Part II. Springer International Publishing, 2018, S. 258–276 (259).

508 Ringmann, Sandra Domenique; Langweg, Hanno; Waldvogel, Marcel. Requirements for legally compliant software based on the GDPR. In: On the Move to Meaningful Internet Systems. OTM 2018 Conferences: Confederated International Conferences: CoopIS, C&TC, and ODBASE 2018, Valletta, Malta, October 22–26, 2018, Proceedings, Part II. Springer International Publishing, 2018, S. 258–276 (259).

509 Vgl. nur die sehr knapp und allgemein ermittelten technischen Anforderungen etwa zum Vertraulichkeitsschutz (S. 262 f.), zum Integritätsschutz (S. 263 f.) und zur Verfügbarkeit (S. 265), Ringmann, Sandra Domenique; Langweg, Hanno; Waldvogel, Marcel. Requirements for legally compliant software based on the GDPR. In: On the Move to Meaningful Internet Systems. OTM 2018 Conferences: Confederated International Conferences: CoopIS, C&TC, and ODBASE 2018, Valletta, Malta, October 22–26, 2018, Proceedings, Part II. Springer International Publishing, 2018, S. 258–276 (262–272).

510 Ringmann, Sandra Domenique; Langweg, Hanno; Waldvogel, Marcel. Requirements for legally compliant software based on the GDPR. In: On the Move to Meaningful Internet Systems. OTM 2018 Conferences: Confederated International Conferences: CoopIS, C&TC, and ODBASE 2018, Valletta, Malta, October 22–26, 2018, Proceedings, Part II. Springer International Publishing, 2018, S. 258–276 (259, 273); auch eine auf diesen Arbeiten basierende Veröffentlichung mit konkretem Anwendungsszenario lässt keine wesentliche Konkretisierung der Maßnahmen erkennen: Zinsmaier, Sandra Domenique; Langweg, Hanno; Waldvogel, Marcel. A Practical Approach to Stakeholder-driven Determination of Security Requirements based on the GDPR and Common Criteria. In: Proceedings of the 6th International Conference on Information Systems Security and Privacy – ICISSP, 2020, S. 473–480 (477–479).

Ansatz geprägt: Bspw. ergibt sich die Zuordnung von technischen Schutzmaßnahmen zu rechtlichen Anforderungen etwa im von *Ayala-Rivera/Pasquale* entwickelten Ansatz „*GuideMe*" im Kern durch die Umformulierung der Grundsätze des Art. 5 DSGVO in allgemeinverständlichere „business requirements".[511] Diesen verständlicher formulierten Anforderungen werden – nach einer Schutzbedarfsanalyse – Schutzmaßnahmen aus einem zuvor erstellten Katalog zugeordnet.[512] Der sechsstufige Ansatz definiert dabei eine klare prozessbasierte Vorgehensweise, die die verschiedenen zu beteiligenden Akteure[513] einbindet und deren Zusammenarbeit strukturiert. Mittels dieser Vorgehensweise können geeignete Schutzmaßnahmen identifiziert werden.[514] Allerdings liegt der Fokus des Ansatzes auf dem für die Organisation passenden Prozess zur Identifizierung der Maßnahmen, nicht auf der Ableitung einzelner Schutzmaßnahmen auf Basis der rechtlichen Anforderungen. Insoweit ergibt sich ein deutlicher Unterschied zu den zuvor thematisierten Frameworks und Reifegradmodellen, die für die hiesige Untersuchung vorzugswürdig sind. Im Ergebnis kann der von *Ayala-Rivera/Pasquale* erarbeitete Ansatz dennoch für Organisationen zur Identifizierung und Umsetzung von Schutzmaßnahmen dienlich sein.

Bereits in ihrer Zielsetzung vergleichbar prozessbasiert sind Ansätze, die sich im Wesentlichen auf die Implementierung von Datenschutz-Managementsystemen[515] berufen. Beispielhaft sei hier die ISO-Norm 27701 genannt.[516] Die Norm wurde u. a. dafür geschaffen, Anforderungen

511 Ayala-Rivera, Vanessa; Pasquale, Liliana. The grace period has ended: An approach to operationalize GDPR requirements. In: 2018 IEEE 26th International Requirements Engineering Conference (RE), IEEE, 2018, S. 136–146 (138 f.). Für einen vergleichbaren Ansatz im Hinblick auf Art. 25 DSGVO vgl. Kapitel 3 B. III. 1. c.

512 Ayala-Rivera, Vanessa; Pasquale, Liliana. The grace period has ended: An approach to operationalize GDPR requirements. In: 2018 IEEE 26th International Requirements Engineering Conference (RE), IEEE, 2018, S. 136–146 (141).

513 Demnach sind etwa folgende Akteure bzw. Rollen beteiligt: Data processors, Data privacy expert, Legal expert und IT professional, vgl.: Ayala-Rivera, Vanessa; Pasquale, Liliana. The grace period has ended: An approach to operationalize GDPR requirements. In: 2018 IEEE 26th International Requirements Engineering Conference (RE), IEEE, 2018, S. 136–146 (139, Fig. 4).

514 Vgl. hierzu insb. die Evaluationsergebnisse: Ayala-Rivera, Vanessa; Pasquale, Liliana. The grace period has ended: An approach to operationalize GDPR requirements. In: 2018 IEEE 26th International Requirements Engineering Conference (RE), IEEE, 2018, S. 136–146 (142–145).

515 Zu Datenschutz- und Informationssicherheitsmanagementsystemen und deren Verhältnis zueinander bzw. zu Verzeichnissen von Verarbeitungstätigkeiten vgl. Roth, Verzeichnis von Verarbeitungstätigkeiten, Rn. 422–435.

516 Vgl. ISO/IEC DIS 27701:2019, Security techniques — Extension to ISO/IEC 27001 and ISO/IEC 27002 for privacy information management — Requirements and guidelines; die Norm wird vssl. durch die ISO/IEC DIS 27701.2 ersetzt werden, vgl.: https://www.iso.org/standard/85819.html.

der DSGVO zu adressieren. Sie ergänzt die – bekanntere und lange etablierte – ISO-Norm 27001, die Informationssicherheitsmanagementsysteme (ISMS) zum Gegenstand hat.[517] Dies zeigt sich auch daran, dass die ISO-Norm 27701 an diversen Stellen auf die ISO-Norm 27001 verweist – etwa bei den verwendeten Begriffen[518] oder den Maßnahmen zur Informationssicherheit.[519] Auch diese konkreten Maßnahmen bauen auf der ISO-Norm 27001 auf. Ergänzt werden etwa Maßgaben zu Privacy by Design und by Default und zu allgemeinen Schutzmaßnahmen wie Vertraulichkeitsvereinbarungen und Backups.[520]

Datenschutz-Managementsysteme sind jedoch im Kern auf die Etablierung eines geeigneten Prozesses bzw. Compliance-Systems gerichtet; die Ableitung konkreter Schutzmaßnahmen aus rechtlichen Vorgaben ist dabei – ebenso wie bei dem oben erläuterten Requirements Engineering – nicht die primäre Zielrichtung.

Hinsichtlich möglicher interdisziplinärer Ansätze zur Ableitung konkreter technischer Maßnahmen aus rechtlichen Vorgaben ist daher eine Differenzierung erforderlich. Während Privacy Frameworks und Reifegradmodelle für die in dieser Untersuchung verfolgten Zwecke i. d. R. hilfreich sein können, sind primär prozessbasierte Ansätze wie Managementsysteme und Anforderungsanalysen (Requirement Engineering) grundsätzlich als wenig hilfreich für diese Zwecke einzuordnen. Diese Aussage ist jedoch lediglich als Grundsatz bzw. als Leitlinie zu sehen. Denn es ist aufgrund der Vielzahl möglicher Kombinationen und Schwerpunktsetzungen durchaus denkbar, etwa Managementsysteme zu entwickeln, die trotz dieser grundsätzlichen Einschätzung für die hiesigen Zwecke hilfreich sind. Dies könnte etwa der Fall sein, wenn Managementsysteme mit IoT-Privacy-Frameworks kombiniert werden. Insoweit bleibt also stets eine Einzelfallbetrachtung etwaiger interdisziplinärer Ansätze erforderlich, um deren Mehrwert für die Ableitung konkreter Schutzmaßnahmen aus rechtlichen Vorgaben zu beurteilen.

517 Maseberg/Michael/Müller/Seidel, in: Kipker, Cybersecurity, Kap. 5 Rn. 68 f., 286.

518 Lachaud, EDPL 2020, 194 (200 f.).

519 Zu letzteren: Shipman/Watkins, ISO/IEC 27701:2019: An Introduction to Privacy Information Management, S. 20 f.

520 Shipman/Watkins, ISO/IEC 27701:2019: An Introduction to Privacy Information Management, S. 32; für eine Übersicht vgl. S. 30–38 sowie Rost/Sowa DuD 2020, 659 (661 f.).

e. Konkretisierung technischer Maßnahmen mit dem sog. Standard-Datenschutzmodell

Schließlich ist als weitere Konkretisierungsmöglichkeit das Standard-Datenschutzmodell (SDM) zu nennen. Nach einer Erprobungsphase[521] und mehreren Überarbeitungen[522] wurde das SDM zuletzt in der Version 3.1 am 14.5.2024 von der DSK beschlossen.[523] Es soll eine „Methode zur Datenschutzberatung und -prüfung auf der Basis einheitlicher Gewährleistungsziele" darstellen.[524] Nach dem im beschlossenen Dokument beschriebenen Zweck des SDM formuliere das Modell keine Anforderungen, die über das Datenschutzrecht hinaus gingen.[525] Die DSK empfiehlt die Anwendung des SDM für Verarbeitungstätigkeiten von Verantwortlichen in Wirtschaft und Verwaltung. Neben der DSK haben weitere öffentliche Institutionen das SDM mindestens berücksichtigt. So empfiehlt der IT-Planungsrat seinen Mitgliedern die Anwendung des SDM.[526] Außerdem existiert im aktuellen IT-Grundschutz-Kompendium (Edition 2023) der Baustein „CON.2 Datenschutz", der eine Beschreibung des SDM enthält. Der Baustein definiert des Weiteren die Basis-Anforderung, dass die gesetzlichen Bestimmungen zum Datenschutz eingehalten werden müssen. Sofern hierfür die SDM-Methodik nicht berücksichtigt wird, „die Maßnahmen also nicht auf der Basis der Gewährleistungsziele systematisiert und mit dem Referenzmaßnahmen-Katalog des SDM abgeglichen [werden], SOLLTE dies begründet und dokumentiert werden."[527] Für den öffentlichen Bereich hat das SDM also eine gewisse Anerkennung erfahren, auch wenn keine empirischen Erkenntnisse zur Nutzung des Modells bekannt sind. Rechtsverbindlich ist die Verwendung des Modells hierdurch jedoch nicht, weder für privatwirtschaftlich organisierte Verantwortliche noch für öffentliche Stellen. Denn weder existiert hierfür eine gesetzliche Grundlage, noch entfalten Empfehlungen der DSK Rechtskraft für Verantwortliche.

---

521 Vgl. die Erprobungsfassung V1.1: https://www.datenschutzkonferenz-online.de/media/ah/201804_ah_sdm.pdf.

522 Vgl. nur die V2.0b: https://www.datenschutzkonferenz-online.de/media/ah/SDM-Methode_V20b.pdf.

523 Abrufbar: https://www.datenschutz-mv.de/datenschutz/datenschutzmodell/.

524 SDM, S. 1.

525 SDM, S. 7. Kritisch zu dieser Behauptung auch Hansen-Oest, DSB 2023, 318 (319 f.).

526 Bezogen auf die Version 2.0a des SDM, vgl. IT-Planungsrat, 31. Sitzung, 25.3.2020, Beschluss 2020/06, abrufbar: https://www.it-planungsrat.de/beschluss/beschluss-2020-06.

527 IT-Grundschutz-Kompendium, Baustein CON. 2 Datenschutz (Edition 2023, 1.2.2023), S. 5, abrufbar: https://www.bsi.bund.de/SharedDocs/Downloads/DE/BSI/Grundschutz/IT-GS-Kompendium_Einzel_PDFs_2023/03_CON_Konzepte_und_Vorgehensweisen/CON_2_Datenschutz_Edition_2023.pdf.

Das SDM soll jedoch nach seiner Zielsetzung geeignete Mechanismen bieten, um die rechtlichen Anforderungen aus Art. 5, 12, 24, 25 und 32 DSGVO „in technische und organisatorische Maßnahmen zu überführen“,[528] bzw. „die Transformation abstrakter rechtlicher Anforderungen in konkrete technische und organisatorische Maßnahmen“[529] unterstützen. Daher erscheint es zunächst sinnvoll, das Modell auch für die vorliegende Untersuchung näher zu betrachten. Hierfür werden im Folgenden zunächst die Kernaussagen des Modells skizziert.

Um die Auswahl geeigneter Schutzmaßnahmen zu unterstützen, wird im SDM zum einen eine Systematisierung dieser Maßnahmen nach sog. Gewährleistungszielen vorgenommen.[530] Diese sieben „Gewährleistungsziele des Datenschutzes“[531] beschreibt das SDM selbst.[532] Um zum anderen die rechtlichen Anforderungen unter Berücksichtigung dieser Ziele zu systematisieren, werden einzelnen Normen der DSGVO ein oder mehrere entsprechende Gewährleistungsziele zugeordnet.[533] Als Ziele benennt das Modell Datenminimierung, Verfügbarkeit, Integrität, Vertraulichkeit, Nichtverkettung, Transparenz und Intervenierbarkeit.[534] Bemerkenswert ist, dass zwar beschrieben wird, dass diese Gewährleistungsziele sich in den Schutzzielen der Informationssicherheit wiederfänden.[535] Allerdings findet sich ebenso die explizite Aussage, dass Datenschutz die Gewährleistungsziele jedoch aus der Perspektive des Betroffenen interpretiere, nicht aus der Perspektive der Organisation.[536] Das SDM betrachte die Gewährleistungsziele daher „in ihrer Gesamtheit“.[537] Zwar wird erläutert, wie sich die Gewährleistungsziele zu den Anforderungen aus der DSGVO verhalten sollen.[538] Weshalb die Perspektive des Betroffenen der der Organisation vorzuziehen sein soll, ist jedoch mangels Begründung nicht ersichtlich. Denn es ist auch nicht grundsätzlich evident, dass der von der DSGVO bezweckte Schutz von Betroffenen es erforderlich machen würde, die zu ihrem Schutz geschaffenen Vorschriften aus deren Perspektive zu interpretieren – zumal die DSGVO daneben auch noch den freien Datenverkehr in der Union bezweckt, vgl.

528 SDM, S. 5.
529 SDM, S. 6.
530 SDM, S. 7.
531 SDM, S. 10.
532 SDM, S. 25–28.
533 Vgl. die Darstellung in der Tabelle, SDM, S. 28 f.
534 SDM, S. 10.
535 SDM, S. 10.
536 SDM, S. 10.
537 SDM, S. 10.
538 SDM, S. 10, S. 28 f.

Art. 1 Abs. 1, 3 DSGVO.[539] Darüber hinaus bleibt auch weitestgehend unklar, wodurch sich diese Perspektive der Betroffenen – offenbar im Gegensatz zu einer Perspektive der Organisation – auszeichnet. Anhaltspunkte liefern die Ausführungen zum Zusammenwirken von SDM und BSI-Grundschutz, nach denen die „Gewährleistungsziele des Datenschutzes“[540] ein „etwas erweitertes Verständnis“[541] der Schutzziele der IT-Sicherheit[542] erforderten. Diese „erweiterte Schutz-Perspektive“[543] betrachte auch Risiken, „die von [sic!]den Aktivitäten der Organisation selbst innerhalb und außerhalb ihrer Geschäftsprozesse für die Rechte und Freiheiten natürlicher Personen bestehen“.[544] Doch selbst wenn diese Aussagen als zutreffend einzuordnen wären – es also zutreffend wäre, dass die Schutzziele der IT-Sicherheit die genannten Risiken nicht adressierten[545] – ist keine Begründung ersichtlich, weshalb damit eine Betrachtung aus der Perspektive des Betroffenen zwingend wäre. Insbesondere erfolgt keine rechtliche Begründung der Vorzugswürdigkeit dieser Perspektive im Vergleich zu einer Perspektive der – durch die DSGVO explizit adressierten – Verantwortlichen.[546]

Neben dem methodischen Rückgriff auf Gewährleistungsziele sieht das SDM vor, bei einzelnen Datenverarbeitungen nach ihren „Ebenen“ und „Komponenten“ zu differenzieren. Eingesetzte Fachverfahren (1. Ebene), Fachapplikationen (2. Ebene) und Infrastruktur (3. Ebene) sollen dann in Zusammenhang zu den drei Komponenten einer Datenverarbeitung (die personenbezogenen Daten, eingesetzten technischen Systeme und Dienste, sowie Prozesse der Verarbeitung) gebracht werden.[547]

Anders als die hiesige Untersuchung widmet sich das SDM ausschließlich datenschutzrechtlichen Anforderungen. Zwar befasst sich auch die vorlie-

539 Hansen-Oest, DSB 2023, 318 (319). Zum freien Datenverkehr als von der DSGVO formuliertes Ziel: Hornung/Spiecker gen. Döhmann, in: Simitis/Hornung/Spiecker gen. Döhmannn DSGVO, Art. 1 Rn. 5; Sydow, in: Sydow/Marsch DSGVO, Art. 1 Rn. 1; Schmidt, in: Taeger/Gabel DSGVO, Art. 1 Rn. 1.

540 SDM, S. 67.

541 SDM, S. 67.

542 Es ist davon auszugehen, dass die Bezeichnungen „Schutzziele der IT-Sicherheit“ und „Schutzziele der Informationssicherheit“ im Dokument als Synonym verwendet werden.

543 SDM, S. 67.

544 SDM, S. 67.

545 Zur hier vorgenommenen Abgrenzung der Schutzziele der IT-Sicherheit zu den in Art. 32 DSGVO genannten Zielen vgl. Kapitel 3 B. II. 3. a. (2).

546 *Scheja* sieht dagegen – in einer kritischen Replik auf *Hansen-Oest* (vgl. Fn. 539) – die Perspektive des Verantwortlichen dennoch als ausreichend vom SDM einbezogen an, vgl. Scheja, DSB 2024, 58 (58 f.); eine Begründung für die vom SDM statuierte Vorzugswürdigkeit der Perspektive des Betroffenen wird allerdings auch hieraus nicht ersichtlich.

547 SDM, S. 40 f., S. 45.

gende Analyse mit den durch das Datenschutzrecht adressierten technischen Schutzzielen und deren Verhältnis zu den Schutzzielen der IT-Sicherheit[548] – welche im SDM unter der Formulierung „Gewährleistungsziele“ Berücksichtigung finden.

In der vorliegenden Untersuchung soll jedoch nicht nur die Konkretisierung technischer Maßnahmen aus datenschutzrechtlichen Anforderungen im Vordergrund stehen, sondern auch das Verhältnis von Art. 25, 32 DSGVO zu inhaltlich nahestehenden und insoweit vergleichbaren Normen des IT-Sicherheitsrechts. Letztere gehen aber über den Anwendungsbereich des SDM hinaus – etwa, wenn der Schutz von Geschäftsgeheimnissen oder die Cybersicherheit von Produkten mit digitalen Elementen reguliert wird. Auf diese Bereiche ist die Methodik des SDM folglich nicht übertragbar, was bereits die nach dem Modell einzunehmende Perspektive der Betroffenen auf die Gewährleistungsziele zeigt – denn zu Betroffenen vergleichbare Akteure sind bspw. im Geschäftsgeheimnisschutz nicht ersichtlich. Die vorliegende Untersuchung behandelt also in wesentlichem Ausmaß Normen, die außerhalb des Anwendungsbereichs des SDM liegen, sowie deren Verhältnis zueinander. Unabhängig von einer Positionierung zum SDM – welche hier folglich unterbleiben kann – ist das Modell also für die hier verfolgte Untersuchung nicht ausschlaggebend. Eine weitere Befassung mit dem SDM unterbleibt daher.

f. Fazit

Hinsichtlich der Ableitung konkreter Schutzmaßnahmen aus den rechtlichen Anforderungen des Art. 32 Abs. 1 DSGVO können Normadressaten auf verschiedene Ansätze zurückgreifen. Der in Art. 32 Abs. 1 Hs. 2 DSGVO enthaltene Maßnahmenkatalog ist aufgrund der gesetzgeberischen Gestaltung allerdings wenig hilfreich.[549] Soweit keine in der DSGVO verankerten Konkretisierungsmöglichkeiten – wie etwa genehmigte Verhaltensregeln nach Art. 40 DSGVO[550] – einschlägig sind, bieten sich im Bereich der Smart-Home-Geräte vor allem interdisziplinäre Ansätze[551] an, um die in Kapitel 2 C. dargelegten Risikoszenarien zu adressieren. Im Detail wird die Umsetzung dieser Ansätze im Kontext der hier untersuchten Smart-Home-Geräte in Kapitel 5 erläutert.

Im Folgenden wird zunächst der Regelungsgehalt des Art. 25 DSGVO analysiert, wobei der Fokus auf den Unterschieden zu Art. 32 DSGVO liegt.

---

548 Vgl. insb. die Ausführungen unter Kapitel 3 B. II. 3. a. (2).
549 Vgl. Abschnitt a oben.
550 Vgl. Abschnitt b oben.
551 Vgl. Abschnitt d oben.

III. Art. 25 DSGVO

Art. 25 DSGVO regelt die Grundsätze des Privacy by Design (Art. 25 Abs. 1 DSGVO, vgl. Abschnitt 1) und des Privacy by Default (Art. 25 Abs. 2 DSGVO, vgl. Abschnitt 2).

1. Art. 25 Abs. 1 DSGVO – Privacy by Design

Art. 25 Abs. 1 DSGVO trifft Regelungen über Datenschutz durch Technikgestaltung (sog. Privacy-by-Design-Grundsatz).[552]

a. Zielrichtung und Verhältnis zu Art. 32 DSGVO

Bereits der Wortlaut von Art. 25 Abs. 1 DSGVO zeigt drei Unterschiede zu Art. 32 DSGVO auf. Zunächst verpflichtet Art. 25 Abs. 1 DSGVO – ebenso wie Art. 25 Abs. 2 DSGVO[553] – nur den Verantwortlichen. Anders als in Art. 32 Abs. 1 DSGVO sind Auftragsverarbeiter also keine Normadressaten. Darüber hinaus trifft Art. 25 Abs. 1 DSGVO eine Aussage über den für die Verpflichtung relevanten Zeitpunkt. Während Art. 32 DSGVO eine andauernde Verpflichtung des Verantwortlichen darstellt, der Normtext daher keine explizite Angabe des Zeitpunktes enthält, nennt Art. 25 Abs. 1 DSGVO konkret den „Zeitpunkt der Festlegung der Mittel für die Verarbeitung" sowie den „Zeitpunkt der eigentlichen Verarbeitung". Verdeutlicht wird damit der Grundgedanke, dass die Grundsätze des Datenschutzes bereits vor Beginn der eigentlichen Datenverarbeitung berücksichtigt werden müssen, also etwa bereits bei der Konzeption von Prozessen, in denen Daten verarbeitet werden oder in der Auswahl der Smart-Home-Geräte, mittels derer die Datenverarbeitung stattfinden soll. Damit zusammenhängend besteht der dritte Unterschied in der Zielrichtung der Norm, denn diese ist bei Art. 25 Abs. 1 DSGVO deutlich umfassender: Während Art. 32 DSGVO primär die Sicherheit der Verarbeitung adressiert – und damit insbesondere den Grundsatz der Integrität und Vertraulichkeit nach Art. 5 Abs. 1 lit. f DSGVO konkreti-

552 Zur Herkunft des Begriffs vgl. Mantz, in: Sydow/Marsch DSGVO, Art. 25 Rn. 3; darüber hinaus vgl.: 32nd International Conference of Data Protection and Privacy Commissioners, Jerusalem, Israel 27–29 October, 2010, Resolution on Privacy by Design, abrufbar: https://www.edps.europa.eu/sites/default/files/publication/10-10-27_jerusalem_resolutionon_privacybydesign_en.pdf; vgl. daneben das gleichnamige Proposal, abrufbar: https://lists.w3.org/Archives/Public/public-privacy/2010OctDec/att-0039/PbD_Resolution.pdf; sowie: Cavoukian, Ann. Patience, persistence, and faith: Evolving the gold standard in privacy and data protection. In: IFIP International Information Security Conference, 2011, S. 1–16. Vor dem Hintergrund dieser langjährigen Diskussion kritisch zur Umsetzung durch den Gesetzgeber: Waldman, CORNELL INT ' L L. J. Vol 53, 2020, 147 (149).

553 Hierzu vgl. Abschnitt 2.

siert[554] – bezieht sich Art. 25 Abs. 1 DSGVO explizit auf „die Datenschutzgrundsätze“ und nennt beispielhaft den Grundsatz der Datenminimierung. Dadurch wird deutlich, dass Art. 25 Abs. 1 DSGVO den gesamten Katalog des Art. 5 DSGVO miteinbezieht und die wirksame Umsetzung sowie die Implementierung der notwendigen Garantien in die Verarbeitungsprozesse verlangt. Identisch zu Art. 32 DSGVO sind dagegen die in beiden Normen genannten Abwägungskriterien zu interpretieren.[555]

b. „Garantien“

In Verbindung mit der Umsetzung der Datenschutzgrundsätze nach Art. 5 DSGVO nennt Art. 25 Abs. 1 DSGVO auch notwendige Garantien, die „in die Verarbeitung aufzunehmen“ sind, um den Anforderungen der DSGVO zu genügen und die Rechte der Betroffenen zu schützen. Die Bezeichnung „Garantien“ verwendet der europäische Gesetzgeber in der DSGVO in verschiedenen Kontexten, ohne sie genauer zu erläutern.[556] Auch eine Legaldefinition fehlt. Die Auslegung des Wortlauts allein ist deshalb wenig ergiebig. Daher stellt sich die Frage, in welchem Verhältnis die Begriffe (technische und organisatorische) „Maßnahmen“ (Art. 25 Abs. 1, Art. 32 Abs. 1 Hs. 1 DSGVO) und „Garantien“ (Art. 25 Abs. 1 DSGVO) stehen.

ErwG 94 DSGVO nennt neben Garantien auch Sicherheitsvorkehrungen und Mechanismen, was eine Unterscheidung zwischen diesen Begriffen nahelegt.[557] Die Leitlinien des EDSA verwenden die Begriffe „technische und organisatorische Maßnahmen“ und „notwendige Garantien“ nebeneinander, ohne eine Differenzierung vorzunehmen;[558] demnach sollen darunter „im weiten Sinne alle Methoden oder Mittel verstanden werden, die ein Verantwortlicher bei der Verarbeitung anwenden kann“.[559] Gegen eine Differenzierung spricht, dass sowohl die geeigneten Maßnahmen als auch die notwendigen Garantien letztlich demselben Zweck dienen sollen.[560] Sprachlich könnte darin die Verdeutlichung liegen, dass nicht nur die Sicherheit der Datenverarbeitung adressiert werden soll, sondern die oben beschriebene umfassendere Zielsetzung von Art. 25 Abs. 1 DSGVO. Dies wird jedoch bereits

---

554 Vgl. bereits Fn. 454.

555 Hartung, in: Kühling/Buchner DSGVO, Art. 25 Rn. 19; Mantz, in: Sydow/Marsch DSGVO, Art. 32 Rn. 10; vgl. in Bezug auf den risikobasierten Ansatz auch EDSA, Guidelines 4/2019, Rn. 27, 29. Im Detail zu den Kriterien vgl. bereits Kapitel 3 B. II. 1 sowie zum risikobasierten Ansatz: Kapitel 3 B. II. 2.

556 Vgl. Veil, CR-online.de Blog v. 8.8.2022.

557 Mantz, in: Sydow/Marsch DSGVO, Art. 25 Rn. 20.

558 Vgl. nur die durchgängig verwendete Formulierung der „Maßnahmen und Garantien“ in den EDSA Leitlinien 4/2019, S. 7–12, 17–19, 21, 30, 33, 36.

559 EDSA Leitlinien 4/2019, Rn. 8.

560 EDSA Leitlinien 4/2019, Rn. 7.

durch den Verweis auf die Datenschutzgrundsätze und die Einhaltung der Anforderungen der DSGVO ausreichend klargestellt. Auch in der Literatur ergibt sich kein einheitliches Meinungsbild.[561] Letztlich ist die Frage nach der Differenzierung der Begrifflichkeiten ohne Auswirkung für die Auslegung der Norm und für diese Untersuchung daher nicht relevant.

c. Ansätze zur Ableitung konkreter technischer Schutzmaßnahmen

Hinsichtlich der Ansätze zur Ableitung konkreter Maßnahmen kann auf die Ausführungen zu Art. 32 DSGVO verwiesen werden. Dies gilt insbesondere für die dort dargestellten Zertifizierungen nach Art. 42 DSGVO, die weiteren – nicht in der DSGVO geregelten – Zertifizierungen sowie die interdisziplinären Ansätze.[562] Im Folgenden werden daher nur speziell in Bezug auf Art. 25 DSGVO konzipierte Ansätze skizziert.

Dies sind etwa Privacy Frameworks,[563] wie sie *Perera* et al. vorschlagen – allerdings, ohne dabei explizit rechtliche Anknüpfungspunkte zu formulieren.[564] Vergleichbar wie die in den Ausführungen zu Art. 32 Abs. 1 DSGVO dargestellten Privacy Frameworks[565] integriert der Ansatz von *Perera* et al. die Anforderungen an Privacy by Design und soll Softwareentwicklern eine systematische Bewertung von IoT-Produkten ermöglichen, um etwaige „Privacy Gaps“ zu identifizieren.[566]

Löber/Roßnagel schlagen darüber hinaus vor, sog. Anforderungs- und Entwurfsmuster zu verwenden, um im Rahmen interdisziplinärer Zusammenarbeit Entwicklern zu ermöglichen, rechtliche Anforderungen aus Art. 25 DSGVO umzusetzen.[567] Dieser Vorschlag baut auf vorherigen Arbeiten zu

561 Für einen Überblick vgl. nur: Lang, in: Taeger/Gabel DSGVO, Art. 25 Rn. 39.

562 Vgl. hierzu Kapitel 3 B. II. 3. Der dort thematisierte Maßnahmenkatalog sowie Verhaltensregeln nach Art. 40 DSGVO sind allerdings mangels Erwähnung in Art. 25 DSGVO nicht übertragbar.

563 Allgemein hierzu vgl. bereits Kapitel 3 B. II. 3. d.

564 Perera, Charith, et al. Privacy-by-design framework for assessing internet of things applications and platforms. In: Proceedings of the 6th International Conference on the Internet of Things, 2016, S. 83–92.

565 Vgl. hierzu Kapitel 3 B. II. 3. d.

566 Vgl. Perera, Charith, et al. Privacy-by-design framework for assessing internet of things applications and platforms. In: Proceedings of the 6th International Conference on the Internet of Things, 2016, S. 83–92 (90).

567 Löber/Roßnagel, DuD 2023, 137 (139). Ausführlich zum zugrunde liegenden Projekt zu Anforderungs- und Entwurfmustern vgl.: Dickhaut et al., Handlungsbroschüre. Anforderungs- und Entwurfsmuster zur rechtsverträglichen und qualitätszentrierten Gestaltung kontextsensitiver Applikationen (AnEkA), dort vgl. S. 18 ff. zum Zusammenspiel von Anforderungs- und Entwurfsmustern.

Anforderungs- und Entwurfsmustern auf.[568] In Anforderungsmustern werden dabei etwa die Datenschutzgrundsätze konkretisiert und allgemein verständlich dargelegt.[569] Aber auch Anforderungen an die Funktionalität etwa eines IoT-Produktes werden in Anforderungsmuster überführt. Anforderungsmuster enthalten daher auch mögliche Konflikte zwischen rechtlichen Anforderungen und solchen an die Funktionalität.[570] Sie dienen dabei explizit nicht der Lösung konkreter Umsetzungsprobleme, sondern der Unterstützung bei der Konkretisierung von Anforderungen.[571] Entwurfsmuster bieten dagegen Lösungsansätze für wiederholt auftretende Problemstellungen.[572] Diese Vorgehensweise ist grundsätzlich auch auf Art. 32 DSGVO übertragbar. Die Vorgehensweise mittels Anforderungs- und Entwurfsmustern ist jedoch primär auf die Strukturierung des Prozesses und der Kooperation der einzelnen Beteiligten gerichtet. Insoweit ist sie etwa mit dem oben bei den interdisziplinären Ansätzen zur Konkretisierung der Anforderungen von Art. 32 DSGVO genannten „GuideMe"-Ansatz vergleichbar.[573] Gerade soweit für Verantwortliche der Rückgriff auf bereits erstellte Anforderungs- und Entwurfsmuster möglich ist, dürften diese zur Ableitung konkreter technischer Schutzmaßnahmen hilfreich sein, auch ohne dass Verantwortliche in jedem Fall für ihre spezifischen Umstände einzelne Muster konzipieren müssten.

2. Art. 25 Abs. 2 DSGVO – Privacy by Default

Art. 25 Abs. 2 DSGVO enthält den Grundsatz zu „datenschutzfreundlichen Voreinstellungen", nach dem Verantwortliche[574] geeignete technische und organisatorische Maßnahmen treffen müssen, die sicherstellen, dass „durch Voreinstellung" nur personenbezogene Daten verarbeitet werden, deren Verarbeitung für den jeweiligen Verarbeitungszweck erforderlich ist. Hierdurch werden primär die Grundsätze der Datenminimierung nach Art. 5 Abs. 1 lit. c DSGVO sowie der Zweckbindung nach Art. 5 Abs. 1 lit. b DSGVO konkreti-

568 Für einen Überblick vgl. nur Dickhaut et al., Handlungsbroschüre. Anforderungs- und Entwurfsmuster zur rechtsverträglichen und qualitätszentrierten Gestaltung kontextsensitiver Applikationen (AnEkA), S. 7 f.; vgl. ebd. m. w. N. zur historischen Entwicklung, demnach wurden *Entwurfs*muster ursprünglich im Bereich der Architektur eingesetzt und in der Folge für die Entwicklung von IT-Systemen adaptiert; in diesem Kontext wurden auch *Anforderungs*muster etabliert.

569 Hierzu und zum Folgenden: Löber/Roßnagel, DuD 2023, 137 (140), vgl. dort auch Abbildung 1 für ein beispielhaftes Anforderungsmuster.

570 Dickhaut/Thies/Janson, DuD 2020, 584 (586).

571 Dickhaut/Thies/Janson, DuD 2020, 584 (586).

572 Dickhaut/Thies/Janson, DuD 2020, 584 (585); für ein Beispiel vgl. dort S. 587, Abbildung 1.

573 Vgl. hierzu Kapitel 3 B. II. 3. d.

574 Ebenso wie bei Art. 25 Abs. 1 DSGVO sind Auftragsverarbeiter keine Adressaten der Norm.

siert. Dies zeigt auch die explizite Aufzählung in Art. 25 Abs. 2 S. 2 DSGVO, nach der die Verpflichtung für die Menge der erhobenen personenbezogenen Daten, den Umfang ihrer Verarbeitung und die Speicherfrist gilt. Außerdem wird dort auch die Zugänglichkeit der personenbezogenen Daten genannt. Nach S. 3 der Norm muss etwa sichergestellt sein, dass personenbezogene Daten nur bei Eingreifen der Person – d. h. nicht bereits per Voreinstellung – einer unbestimmten Zahl natürlicher Personen zugänglich gemacht werden.

Nach der Literatur sollen auch der Grundsatz der Zweckbindung und im Hinblick auf S. 2 der Grundsatz der Speicherbegrenzung durch Art. 25 Abs. 2 DSGVO konkretisiert werden.[575] Außerdem soll Abs. 2 eine Konkretisierung des Privacy-by-Design-Grundsatzes aus Abs. 1 darstellen.[576]

Aufgrund dieser Gestaltung als Konkretisierung sind für Art. 25 Abs. 2 DSGVO spezifische Ansätze zur Ableitung technischer Schutzmaßnahmen zur Umsetzung des Privacy-by-Default-Grundsatzes i. d. R. nicht erforderlich. Der Regelungsgehalt der Norm kann vielmehr in den oben dargelegten Ansätzen zur Ableitung konkreter Schutzmaßnahmen ausreichend berücksichtigt werden.

3. Fazit

Der Wortlaut von Art. 25 DSGVO ist sowohl hinsichtlich des Privacy-by-Design-Grundsatzes als auch des Privacy-by-Default-Grundsatzes sehr abstrakt formuliert. Vergleichbar zu Art. 32 DSGVO liegt die Ursache in den Abwägungskriterien – die in beiden Normen dieselbe Bedeutung aufweisen – und der ebenso nur vereinzelten und beispielhaften Nennung konkreter Maßnahmen. Dennoch hat die Norm gerade in Bezug auf den hiesigen Untersuchungsgegenstand der Smart-Home-Geräte einen eigenen Regelungsgegenstand, der für die Sicherheit von Verarbeitungen sehr bedeutsam ist. Denn die von Art. 32 DSGVO abweichende Zielsetzung, die nur Verantwortliche adressiert und eine möglichst frühzeitige Berücksichtigung der – i. S. v.: aller – Datenschutzgrundsätze bezweckt, soll mit dem Bezug auf diese Grundsätze auch die Sicherheit der Datenverarbeitungen schützen. Gerade bei Verarbeitungen mittels Smart-Home-Geräten kann es aufgrund teilweise nur geringer Einwirkungsmöglichkeiten der Nutzer – bspw. aufgrund beschränkter Funktionalitäten von Sensoren oder wegen des Einsatzes von Drittanbieterapps bei Smart TVs – auf die Einstellungen bzw. Sicherheitsvorkehrungen essentiell sein, dass diese Vorkehrungen *by Design*

575 Lang, in: Taeger/Gabel DSGVO, Art. 25 Rn. 68; Hansen, in: Simitis/Hornung/Spiecker gen. Döhmann DSGVO, Art. 25 Rn. 41.

576 Lang, in: Taeger/Gabel DSGVO, Art. 25 Rn. 68; Mantz, in: Sydow/Marsch DSGVO, Art. 25 Rn. 7, 62; Baumgartner, in: Ehmann/Selmayr DSGVO, Art. 25 Rn. 25; i. E. auch Brüggemann, in: Auernhammer DSGVO, Art. 25 Rn. 23–26.

und *by Default* implementiert sind. Dies gilt bspw. für die Verschlüsselung der Kommunikation zwischen einzelnen Geräten.

Es ist daher ebenso wie bei Art. 32 DSGVO erforderlich, aus den rechtlichen Vorgaben des Art. 25 DSGVO konkrete technische Maßnahmen abzuleiten. Hierfür kann auf vergleichbare Ansätze zurückgegriffen werden.

C. Zentrale Ergebnisse und Thesen des Kapitels

Im Folgenden werden die zentralen Ergebnisse und Thesen des Kapitels zusammengefasst.

1. Selbst wenn für Nutzer von Smart-Home-Geräten die Haushaltsausnahme zu bejahen ist, bleibt die DSGVO nach hier vertretener Auffassung anwendbar auf Service Provider und Hersteller – je nach konkreter Zweck- und Mittelbestimmung gem. analoger Anwendung von Art. 28 DSGVO oder unmittelbar als Verantwortliche nach Art. 4 Nr. 7 DSGVO (vgl. Abschnitt A. II. 2. a).

2. Deshalb sowie wegen des faktisch beschränkten Einflusses von Nutzern auf das Sicherheitsniveau von Datenverarbeitungen von Smart-Home-Geräten bei gleichzeitig hoher Relevanz von Service Providern und Herstellern für die Funktionalität der Geräte sind die Art. 25, 32 DSGVO unabhängig vom Vorliegen der Haushaltsausnahme relevant für die vorliegende Untersuchung (vgl. Abschnitt A. II. 1. b).

3. Der in Art. 32 Abs. 1 Hs. 1 DSGVO fundierte risikobasierte Ansatz ist ein zentrales Kriterium zur Bestimmung und Skalierung geeigneter technischer und organisatorischer Maßnahmen durch Verantwortliche und Auftragsverarbeiter. Er ermöglicht den Adressaten der Norm einen sehr weiten Ermessensspielraum; Sinn und Zweck ist gleichzeitig stark an der Erreichung des angemessenen Schutzniveaus ausgerichtet. Gemessen an diesem Ziel müssen im jeweiligen Verarbeitungskontext Konkretisierungen durch die Adressaten der Norm erfolgen (vgl. Abschnitt B. II. 2. d).

4. Die Bestimmung des Begriffs des Stands der Technik ist von der Bestimmung des Stands der Technik zu unterscheiden. Während ersteres eine rein rechtliche Beurteilung darstellt, ist zweiteres zwingend das Ergebnis eines interdisziplinären Zusammenwirkens. Stellungnahmen, Standards und ähnliche öffentliche Äußerungen von Normungsorganisationen, staatlichen Fachbehörden oder von anderen Gremien allein können dabei unabhängig vom Grad ihrer Anerkennung kein allein ausschlaggebender Faktor für die Bestimmung des Stands der Technik sein. Allerdings stel-

len die einzelnen Äußerungen Indizien dar, welche der unabhängigen Überprüfung zugänglich sind (vgl. Abschnitt B. II. 1. b (1)).

5. Die Bestimmung des „Risikos" i. S. v. Art. 32 Abs. 1 Hs. 1 DSGVO kann durch verschiedene (interdisziplinäre) Methoden erfolgen, deren Auswahl grundsätzlich im Ermessen des Verantwortlichen steht (vgl. Abschnitt B. II. 2. d).

6. Für die Ableitung konkreter technischer Maßnahmen aus den Vorgaben des Art. 32 Abs. 1 DSGVO bietet die Verordnung den Normadressaten in Form des Maßnahmenkatalogs in Art. 32 Abs. 1 Hs. 2 DSGVO ein nur unzureichendes Hilfsmittel. Daraus ergibt sich ein den Ausführungen zur Bestimmung des Risikos vergleichbarer Ermessensspielraum der Normadressaten, auf weitere Ansätze zur Ableitung solcher Maßnahmen zurückzugreifen. Soweit den Normadressaten keine einschlägigen Verhaltensregeln oder Zertifizierungen zur Verfügung stehen, ist insbesondere der Rückgriff auf interdisziplinäre Ansätze zielführend (vgl. Abschnitt B. II. 3).

7. Im Kontext des Untersuchungsgegenstandes der Smart-Home-Geräte bieten sich insbesondere sog. IoT-Privacy-Frameworks zur Umsetzung der Vorgaben des Art. 32 Abs. 1 DSGVO an. Erforderlich ist dabei, dass rechtliche mit technischen Anforderungen verknüpft werden. Weniger zielführend erscheinen Ansätze, die primär eine Strukturierung des dahinerstehenden Prozesses bezwecken (vgl. Abschnitte B. II. 3. d, B. II. 3. f).

8. Aufgrund der Ermessensspielräume des Verantwortlichen bei der Auswahl geeigneter technischer und organisatorischer Maßnahmen ist aus Art. 32 DSGVO nur in engen Ausnahmefällen eine Verpflichtung zu einer bestimmten konkreten Maßnahme dergestalt ableitbar, dass Nichtumsetzung zwingend zu einem Verstoß gegen die Norm führen würde. Vielmehr werden typischerweise verschiedene Maßnahmen(-kombinationen) zu dem bezweckten angemessenen Schutzniveau führen (vgl. Abschnitt B. II. 1. b).

9. Hinsichtlich der hier primär untersuchten Ableitung konkreter Schutzmaßnahmen gelten diese Ausführungen entsprechend auch für Art. 25 DSGVO (vgl. Abschnitt B. III. 1. c).

10. Das SDM ist für die hiesige Untersuchung bereits deshalb nicht ausschlaggebend, weil es gemäß seines Zwecks ausschließlich datenschutzrechtliche Regelungen – und folglich wesentliche Teile der vorliegend untersuchten Normen und ihres Verhältnisses zueinander gerade nicht – adressiert (vgl. Abschnitt B. II. 3. e).

Kapitel 4 – Fragestellungen des (weiteren) IT-Sicherheitsrechts

Im Folgenden werden weitere Fragestellungen des IT-Sicherheitsrechts i. w. S. analysiert. In Abgrenzung zum vorherigen Kapitel handelt es sich dabei schwerpunktmäßig nicht um datenschutzrechtliche Normen,[577] sodass es für die folgenden Ausführungen weitgehend unerheblich ist, ob personenbezogene Daten vorliegen. Zunächst wird jedoch das hier zugrundeliegende Verständnis für den Begriff des IT-Sicherheitsrechts dargelegt.

A. Begriff des IT-Sicherheitsrechts i. w. S.

In der Literatur existieren verschiedene Auffassungen dazu, was der Begriff des IT-Sicherheitsrechts umfassen soll. *Hornung/Schallbruch* vertreten etwa ein weites Verständnis, welches gerade keine trennscharfe Unterscheidung zum Datenschutzrecht zum Ziel hat.[578] Andere verfolgen aufgrund der unterschiedlichen Zielsetzungen und Schutzrichtungen der jeweiligen Normen eine Abgrenzung von Datenschutzrecht zu IT-Sicherheitsrecht und befürworten hierfür ein enges Begriffsverständnis.[579] Danach sollen – angelehnt an die Gesetzesbegründung zum IT-Sicherheitsgesetz[580] – nur Normen umfasst sein, die unmittelbar auf IT-Sicherheit gerichtet sind, und den Schutz im Hinblick auf die Schutzgüter der IT-Sicherheit verbessern, um hierdurch Gefährdungen der IT-Sicherheit wirksam zu adressieren.[581]

Zutreffend wird im Sinne dieses Begriffsverständnisses angeführt, dass für das Normverständnis und die Normauslegung die Zielsetzung der gesetzlichen Anforderungen berücksichtigt werden muss, welche bei Datenschutz- und IT-Sicherheitsrecht zu unterscheiden ist.[582] Eine Gleichsetzung der zwei Rechtsbereiche sei daher aufgrund der verschiedenen Schutzziele etwaiger

---

577 Eine Ausnahme gilt im Ergebnis bei Teilen des § 19 TDDDG, vgl. hierzu Kapitel 4 C. III. 3.

578 Hornung/Schallbruch, in: Hornung/Schallbruch, IT-Sicherheitsrecht, § 1 Rn. 20 f. Für eine ebenso weite Definition: Conrad, in: Auer-Reinsdorff/Conrad, Handbuch, § 33 Rn. 9; Stevens, CR 2021, 841 (841, Fn. 7). Weitere Definitions- und Systematisierungsansätze finden sich bei Raabe/Schallbruch/Steinbrück, CR 2018, 706 (707).

579 Jandt, in: Hornung/Schallbruch, IT-Sicherheitsrecht, § 17 Rn. 7–9.

580 Entwurf eines Gesetzes zur Erhöhung der Sicherheit informationstechnischer Systeme (IT-Sicherheitsgesetz), BT-Drs. 18/4096, S. 1.

581 Jandt, in: Hornung/Schallbruch, IT-Sicherheitsrecht, § 17 Rn. 9. Die von der Autorin verwendete Bezeichnung der „Schutzgüter" ist gleichbedeutend mit der hier verwendeten Bezeichnung der „Schutzziele" der IT-Sicherheit zu verstehen.

582 Jandt, in: Hornung/Schallbruch, IT-Sicherheitsrecht, § 17 Rn. 8.

implementierter Maßnahmen sowie der normativen Zielsetzung zu unterlassen.[583]

Zwar kann diesem methodischen Hinweis auf die normative Zielsetzung – wie auch dem Verweis auf unterschiedliche Ziele der Schutzmaßnahmen – grundsätzlich zugestimmt werden. Dem widerspricht es jedoch nicht, die dahinterstehenden Normen durch eine gemeinsame Definition zu erfassen – denn eine differenzierte Betrachtung der Normen nach ihrer Zielsetzung sowie ihrer Schutzrichtung ist auch innerhalb einer gemeinsamen Definition durchaus möglich.

Daher erscheint es – jedenfalls in Bezug auf die folgende Untersuchung – zweckmäßig, solche Normen unter den Begriff des IT-Sicherheitsrechts zu fassen, welche mittelbar oder unmittelbar Anforderungen an IT-Sicherheitsmaßnahmen von technischen Systemen regeln. Dabei ist es für die Begriffsbestimmung in dieser Untersuchung unerheblich, welchen Schutzgegenstand die jeweilige Norm dabei adressiert – sofern nicht ohnehin mehrere Schutzgegenstände einschlägig sind. Solche Schutzgegenstände sind z. B. IT-Systeme selbst – etwa, wenn primär deren Verfügbarkeit geschützt werden soll. Zudem können auch die auf den IT-Systemen verarbeiteten Daten oder Informationen[584] Schutzgegenstand sein, was häufig wiederum mittelbare Anforderungen an die Sicherheit der IT-Systeme zur Folge hat. Entscheidend ist diese Differenzierung nach den Schutzgegenständen jedoch – zumindest in der vorliegenden Untersuchung – nicht im Rahmen der Begriffsbestimmung von IT-Sicherheitsrecht, sondern vielmehr bei der Auslegung der einzelnen Normen.

Im Folgenden wird daher diese, als weit einzuordnende Definition von IT-Sicherheitsrecht zugrunde gelegt: Vom Begriff IT-Sicherheitsrecht sind alle Rechtsvorschriften umfasst, die – mittelbar oder unmittelbar – Anforderungen an Sicherheitsmaßnahmen für IT-Systeme regeln. Nach diesem Verständnis erfolgt also gerade keine trennscharfe, definitorische Abgrenzung zum Datenschutzrecht.

Im Folgenden werden daher die Normen betrachtet, die – neben dem in Kapitel 3 ausführlich diskutierten Datenschutzrecht – nach den Ausgangsüberlegungen der vorliegenden Untersuchung[585] als risikobasiertes IT-Sicherheitsrecht einschlägig sind.

583 Jandt, in: Hornung/Schallbruch, IT-Sicherheitsrecht, § 17 Rn. 8.

584 Zur Differenzierung zwischen Daten und Informationen – die jedoch in der vorliegenden Untersuchung keine weitere Relevanz hat – vgl. bereits Fn. 114.

585 Vgl. hierzu bereits Kapitel 1 A. sowie Kapitel 1 B.

B. Bedeutung der angemessenen Geheimhaltungsmaßnahmen nach dem GeschGehG

Zunächst wird analysiert, welche Bedeutung den „angemessenen Geheimhaltungsmaßnahmen" nach dem GeschGehG im Rahmen dieser Untersuchung beizumessen ist. Nach § 1 Abs. 1 GeschGehG dient das Gesetz dem Schutz von Geschäftsgeheimnissen vor unerlaubter Erlangung, Nutzung und Offenlegung. Geheimnisse i. S. d. Gesetzes sind nur Informationen, die – neben anderen relevanten Voraussetzungen – „Gegenstand von den Umständen nach angemessenen Geheimhaltungsmaßnahmen durch ihren rechtmäßigen Inhaber" sind, § 2 Nr. 1 lit. b GeschGehG.

Dieses – im Gegensatz zur alten Regelung in § 17 UWG a. F. – neue Tatbestandsmerkmal stellt eine objektive Voraussetzung dar, die vom Inhaber zu beweisen ist.[586] Welche Anforderungen an diese Maßnahmen zu stellen sind, hat der Gesetzgeber in Teilen in der Gesetzesbegründung zum GeschGehG niedergelegt. Demnach richtet sich die Art der Maßnahmen nach „der Art des Geschäftsgeheimnisses im Einzelnen und den konkreten Umständen der Nutzung";[587] konkret sind sowohl physische Zugangsbeschränkungen als auch vertragliche Sicherungsmechanismen möglich.[588] Daneben können „grundsätzlich Maßnahmen für bestimmte Kategorien von Informationen"[589] bzw. „allgemeine interne Richtlinien und Anweisungen [...] auch in Arbeitsverträgen"[590] ausreichen; eine einzelne Kennzeichnung jedes potentiellen Geschäftsgeheimnisses ist ausdrücklich nicht zwingend erforderlich.

Ebenso sind der Gesetzesbegründung Maßgaben zur Angemessenheit der Schutzmaßnahmen zu entnehmen. Hier können mehrere Kriterien berücksichtigt werden, insbesondere:

- der Wert des Geschäftsgeheimnisses und dessen Entwicklungskosten,
- die Natur der Informationen,
- die Bedeutung für das Unternehmen,
- die Art der Kennzeichnung der Informationen sowie
- die vereinbarten vertraglichen Regelungen mit Arbeitnehmern und Geschäftspartnern.[591]

Wie die Gesetzesbegründung zeigt, verlangt § 2 Nr. 1 lit. b GeschGehG vom Adressaten der Norm ebenso wie Art. 32 Abs. 1 DSGVO eine Abwägungs-

586 BT-Drs. 19/4724, S. 24; Fuhlrott, in: BeckOK GeschGehG, § 2 Rn. 19, 20.
587 BT-Drs. 19/4724, S. 24.
588 BT-Drs. 19/4724, S. 24.
589 BT-Drs. 19/4724, S. 24.
590 BT-Drs. 19/4724, S. 24.
591 So ausdrücklich BT-Drs. 19/4724, S. 24 f.

entscheidung. Typischerweise wird sich das erforderliche Schutzniveau durch unterschiedliche Maßnahmen erreichen lassen. In diesem Fall ist dem Adressaten der Norm auch hier ein Beurteilungsspielraum hinsichtlich der Auswahl konkreter Maßnahmen überlassen.[592] Im Kern lässt sich auch diese Norm über das Tatbestandsmerkmal der Angemessenheit – zwar nicht explizit, jedenfalls aber in ihrer Umsetzung und der Identifizierung geeigneter (technischer) Maßnahmen – als risikobasierte Norm begreifen. Aufgrund der Implementierung dieser Maßnahmen – die Informationen vor unberechtigtem Zugriff schützen sollen – besteht ein unmittelbarer Zusammenhang zum Schutzziel der Vertraulichkeit und damit zu einer (risikobasierten) Regulierung von IT-Sicherheit. Dies begründet zugleich die nähere Betrachtung im Rahmen dieser Untersuchung, auch hinsichtlich möglicher Zusammenhänge mit weiteren Schutzzielen der IT-Sicherheit.

Im Folgenden wird zunächst der Schutzgegenstand des GeschGehG genauer analysiert. Darauf aufbauend wird das Verhältnis zwischen angemessenen Geheimhaltungsmaßnahmen i. S. d. § 2 Nr. 1 lit. b GeschGehG und technischen und organisatorischen Maßnahmen i. S. d. DSGVO untersucht, wobei auch Zusammenhänge mit den Schutzzielen der IT-Sicherheit dargelegt werden. Anschließend werden spezifische Aspekte von Geheimhaltungsmaßnahmen beim Einsatz von Smart-Home-Geräten skizziert.

I. Schutzgegenstand des GeschGehG

Ein zentraler Unterschied zum Datenschutzrecht besteht zunächst im Schutzgegenstand des GeschGehG. Geschützt werden Geschäftsgeheimnisse und damit ausweislich § 2 GeschGehG „Informationen" – im Gegensatz zum Datenschutzrecht unabhängig von ihren Personenbezug.[593] Nach der Gesetzesbegründung ist „Geschäftsgeheimnisse" synonym zum Begriff des Know-how bzw. des Betriebsgeheimnisses zu verstehen – zumindest soweit die in § 2 GeschGehG geregelten Voraussetzungen erfüllt sind.[594] Umfasst sind beispielsweise Forschungsergebnisse von Universitäten, Herstellungsverfahren, Kunden- und Lieferantenlisten, Unternehmensdaten oder Prototypen.[595] Erforderlich ist außerdem ein wirtschaftliches Element (§ 2 Nr. 1 lit. a GeschGehG); rein private und nicht im geschäftlichen Verkehr verwert-

592 Alexander, in: Köhler/Bornkamm/Feddersen UWG, GeschGehG § 2 Rn. 66; Schönknecht, in: Keller/Schönknecht/Glinke GeschGehG, § 2 Rn. 77.

593 Der bezeichnete Gegensatz bezieht sich hier ausschließlich auf die Frage des Personenbezugs; denn ausweislich Art. 4 Nr. 1 DSGVO schützt das Datenschutzrecht trotz der Bezeichnung als personenbezogene *Daten* ebenso „Informationen".

594 BT-Drs. 19/4724, S. 24.

595 So ausdrücklich BT-Drs. 19/4724, S. 24.

bare Informationen stellen keine Geschäftsgeheimnisse dar.[596] Daneben ist ein legitimes Interesse an der Geheimhaltung erforderlich[597] (§ 2 Nr. 1 lit. c GeschGehG).

Informationen i. S. v. § 2 Nr. 1 GeschGehG können damit einen Personenbezug aufweisen – etwa bei Listen von Kunden und Lieferanten, Unternehmensdaten oder Forschungsergebnissen. Erforderlich ist dies jedoch nicht. § 2 Nr. 1 GeschGehG reguliert vielmehr die Voraussetzungen für den Schutz des Geheimnisinhabers. Das Datenschutzrecht dagegen normiert Anforderungen an Verantwortliche bzw. Auftragsverarbeiter – so etwa in Art. 25, 32 Abs. 1 DSGVO –, die den Schutz natürlicher Personen bezwecken. Insoweit liegen unterschiedliche Schutzgegenstände vor.[598]

1. Angemessenheit i. S. d. § 2 GeschGehG

Unklar ist allerdings, wie die Angemessenheit i. S. d. GeschGehG zu beurteilen ist und wie sich dies auf den Schutzgegenstand sowie den Risikobezug des Gesetzes auswirkt. Zu beachten ist, dass das GeschGehG auf der RL 2016/943 beruht.[599] Art. 2 Nr. 1 lit. c RL 2016/943 nennt jedoch ebenso wie § 2 GeschGehG angemessene Geheimhaltungsmaßnahmen, ohne diese genauer zu spezifizieren. Hierin ist eine Parallele zu Art. 32 Abs. 1 DSGVO zu sehen, welcher ebenso – über das zu erreichende Schutzniveau – die Angemessenheit als ein Kriterium für die Auswahl von Schutzmaßnahmen formuliert.

Klärungsbedürftig ist jedoch, ob der Begriff „angemessen" insoweit gleichgesetzt werden kann. Nach dem Grundsatz der Relativität der Rechtsbegriffe ist eine andere Bedeutung möglich, auch wenn der Begriff in mehreren Unionsrechtsakten vorkommt.[600] Insbesondere soll dies gelten, wenn eine teleologische Auslegung – etwa aufgrund unterschiedlicher Schutzgegenstände der Normen – ein solches Verständnis erfordert.

Zumindest soll „angemessen" i. S. d. § 2 Nr. 1 lit. b GeschGehG nach der Literatur bedeuten, dass die Maßnahmen keine absolute Sicherheit[601] bieten müssen. Dass „absolute Sicherheit" nicht möglich ist, stellt in der Diskus-

596 BT-Drs. 19/4724, S. 24.
597 BT-Drs. 19/4724, S. 24.
598 Vgl. auch Lauck, GRUR 2019, 1132 (1132).
599 BT-Drs. 19/4724, S. 1.
600 Vgl. hierzu und zum Folgenden, bezogen auf das Verhältnis von Primär- und Sekundärrecht, insoweit allerdings übertragbar: Leible/Domröse, in: Riesenhuber, Europäische Methodenlehre, § 8 Rn. 5.
601 Vgl. nur: Schur, in: Leupold/Wiebe/Glossner, IT-Recht, Teil 6.8 Rn. 25; Ohly, in: Ohly/Sosnitza UWG, GeschGehG § 2 Rn. 13; Schönknecht, in: Keller/Schönknecht/Glinke GeschGehG, § 2 Rn. 75.

sion von rechtlichen Anforderungen an IT-Sicherheitsmaßnahmen allerdings einen ebenso allgegenwärtigen wie wenig aussagekräftigen Allgemeinplatz dar.

Überwiegend lässt sich der Literatur zudem entnehmen, dass eine höhere Schutzbedürftigkeit ein höheres Niveau an Schutzmaßnahmen erforderlich macht.[602] Es handelt sich also um ein schutzbedarfsorientiertes Verständnis der Angemessenheit der Geheimhaltungsmaßnahmen.

a. Subjektiv-erwartungsorientierte Betrachtung der Angemessenheit

Teilweise in der Literatur konstatierte Ähnlichkeiten zur DSGVO bei der Ermittlung der Schutzmaßnahmen[603] werden jedoch nach der von *Weigert* formulierten Ansicht verneint, da die Angemessenheitsprüfung nicht – wie im Datenschutzrecht – dem Ausgleich der Interessen von Verantwortlichen und Betroffenen, sondern von Geheimnisinhaber und potentiellen Rechtsverletzern dienen müsse.[604] Die Angemessenheit sei demnach in Bezug auf die „Legitimität der Geheimhaltungserwartung des Geheimnisinhabers"[605] zu beurteilen.[606] Bei steigendem Schutzbedarf einer Information seien in geringerem Umfang Schutzmaßnahmen erforderlich als bei niedrigem Schutzbedarf – der wiederum hohe Anforderungen an die zu implementierenden Maßnahmen zur Folge habe.[607] Diese Ansicht kann damit als subjektiv-erwartungsorientiert beschrieben werden. Da diese Auffassung das für die vorliegende Untersuchung entscheidende Verhältnis zwischen angemessenen Geheimhaltungsmaßnahmen i. S. d. GeschGehG einerseits und technischen und organisatorischen Maßnahmen i. S. d. DSGVO andererseits also gerade gegenteilig zur herrschenden Auffassung beschreibt,[608] wird die von *Weigert* vertretene Argumentation im Folgenden genauer analysiert. Im Ergebnis überzeugen die Argumente jedoch nicht.[609]

Nach *Weigert* steht der herrschenden Auffassung die Vorstellung des Gesetzgebers entgegen, wonach die Definition des Geschäftsgeheimnisses im Wesentlichen der alten Rechtslage entsprechen und den Geheimnisschutz

---

602 Vgl. nur: Schubert, in: Franzen/Gallner/Oetker, EuArbRK, GeschGehG-RL, Art. 2 Rn. 13; Leister, GRUR-Prax 2019, 75 (76); Fuhlrott, in: BeckOK GeschGehG, § 2 Rn. 23; Maaßen, GRUR 2019, 352 (356); Scholtyssek/Judis/Krause, CCZ 2020, 23 (24); Kalbfus, GRUR-Prax 2017, 391 (393); Heinzke, CCZ 2016, 179 (182); Baranowski/Glaßl, BB 2016, 2563 (2565).

603 Vgl. hierzu Fn. 641.

604 Weigert, NZA 2020, 209 (210 f.).

605 Weigert, NZA 2020, 209 (214).

606 Weigert, NZA 2020, 209 (210 f.).

607 Weigert, NZA 2020, 209 (209 ff.).

608 Weigert, NZA 2020, 209 (211).

609 Vgl. auch: Jonas, DB 2020, 1738 (1739).

verbessern soll.[610] Dagegen hätte eine von der subjektiv-erwartungsorientierten Auslegung abweichende Sichtweise eine deutliche Veränderung des Begriffsverständnisses und der praktischen Auswirkungen zur Folge – zumindest unterstellt, potentielle Rechteinhaber träfen keinerlei angemessene Schutzmaßnahmen.[611]

Zwar wurde nach der nationalen Gesetzesbegründung mit Schaffung des GeschGehG tatsächlich eine Verbesserung des Schutzes von Geschäftsgeheimnissen bezweckt, was für die subjektiv-erwartungsorientierte Auslegung sprechen könnte.[612] Allerdings ist der nationalen Gesetzesbegründung nicht zu entnehmen, dass dies durch die Definition des Geschäftsgeheimnisses erfolgen soll.[613] Vielmehr wird darauf rekurriert, dass die Definition im Wesentlichen der alten Rechtslage entsprechen solle: Die Verbesserung des Schutzes wird dagegen – neben einer allgemeinen Formulierung[614] – an zwei weiteren Stellen der Gesetzesbegründung auf Regelungen zur Geheimhaltung in gerichtlichen Verfahren[615] sowie den Ausbau zivilrechtlicher Ansprüche[616] präzisiert. Die zugrundeliegende RL 2016/943 erläutert in den ErwG 6, 7, dass trotz des internationalen TRIPS-Abkommens „erhebliche Unterschiede hinsichtlich des Schutzes von Geschäftsgeheimnissen“[617] in den Mitgliedsstaaten der Union bestehen. Beispielsweise hätten nicht alle Mitgliedsstaaten eine nationale Definition von Geschäftsgeheimnissen eingeführt.[618] Daneben werden weitere Unterschiede aufgezählt, etwa im Bereich der Rechtsdurchsetzung.[619] Die Richtlinie bezweckt daher, die unterschiedlichen Regelungen anzugleichen,[620] auch wenn lediglich eine Teilharmonisierung vorgesehen ist, die Mitgliedsstaaten also unter den Bedingungen des Art. 1 Abs. 1 UAbs. 2 RL 2016/943 auch strengere Vorschriften vorsehen können.[621] Der Wille des unionsrechtlichen Gesetzgebers ist daher auf die Angleichung des Schutzniveaus auf das in der Richtlinie definierte Minimum zu beziehen. Damit soll eine Verbesserung des Schutzes von Geschäftsgeheimnissen im Binnenmarkt insgesamt erreicht werden;

610 Weigert, NZA 2020, 209 (211).
611 Weigert, NZA 2020, 209 (211).
612 Insoweit zutreffend Weigert, NZA 2020, 209 (211).
613 Auch *Weigert* hält die Gesetzesbegründung zum jedenfalls in Bezug auf die Formulierung „angemessene Geheimhaltungsmaßnahmen“ für wenig aussagekräftig, vgl. Weigert, NZA 2020, 209 (211).
614 BT-Drs. 19/4724, S. 19: „Mit dem vorliegenden Entwurf wird der Schutz von Geschäftsgeheimnissen entsprechend unionsrechtlichen Vorgaben verbessert.“
615 BT-Drs. 19/4724, S. 19 (a. E.).
616 BT-Drs. 19/4724, S. 22.
617 ErwG 6 S. 1 RL 2016/943.
618 ErwG 6 S. 2 RL 2016/943.
619 ErwG 6 S. 3, ErwG 7 RL 2016/943.
620 ErwG 10 S. 1 RL 2016/943.
621 Vgl. auch ErwG 10 S. 2 RL 2016/943.

nicht zwingend verbunden ist damit eine Verbesserung des Schutzes in einem einzelnen Mitgliedsstaat. Es ist daher fraglich, ob der tatsächlich bezweckten Verbesserung des Schutzes das von *Weigert* entworfene Argument in Bezug auf die Reichweite der Definition des Geschäftsgeheimnisses entnommen werden kann.[622]

Insoweit *Weigert* jedoch argumentiert, die herrschende Auffassung habe nicht nur keine Verbesserung, sondern gar eine Verschlechterung des Schutzniveaus zur Folge, ist dies grundsätzlich bedenkenswert. Denn richtig ist, dass die Definition dem gesetzgeberischen Willen nach im Wesentlichen der alten Rechtslage entsprechen soll.[623] Diesbezüglich beschreibt *Weigert* zutreffend, dass eine strenge Handhabung der Anforderungen an angemessene Geheimhaltungsmaßnahmen bei etwaigen Fehlern – oder gar einer Untätigkeit von Geheimnisinhabern seit Schaffung des GeschGehG – zu einer Einschränkung des Geschäftsgeheimnisschutzes führen könnte.[624] Damit wäre durch die Einführung des Erfordernisses angemessener Geheimhaltungsmaßnahmen zumindest in der praktischen Wirkung eine wesentliche Verschlechterung des Schutzes zu verzeichnen.

Zum einen ist im Falle einer Untätigkeit jedoch ohnehin fraglich, inwieweit der potentielle Geheimnisinhaber dann als schutzbedürftig gelten sollte. Zum anderen ist anerkannt, dass kein absoluter Schutz gefordert wird. Somit führt nicht jeder Fehler bei der Implementierung von Geheimhaltungsmaßnahmen dazu, dass kein Geschäftsgeheimnisschutz vorliegt. Schließlich lässt sich die befürchtete Verschlechterung des Schutzes methodisch überzeugender verringern, indem die Anforderungen an die Angemessenheit der Geheimhaltungsmaßnahmen nicht zu hoch angesetzt werden. Eine entsprechende Tendenz ist der Rechtsprechung inzwischen auch zu entnehmen.[625]

Im Ergebnis wenig überzeugend ist auch der Verweis auf ErwG 14 RL 2016/943,[626] welcher die Bedeutung einer homogenen Definition des Geschäftsgeheimnisbegriffs betont. Zwar lautet die entsprechende Textpassage in ErwG 14 S. 2 RL 2016/943, die „Definition sollte daher so beschaffen sein, dass sie […] Informationen abdeckt, bei denen sowohl ein legitimes Interesse an ihrer Geheimhaltung besteht als auch die legitime Erwartung, dass diese Vertraulichkeit gewahrt wird".[627] Angemessene Geheimhaltungsmaßnahmen sollen also tatsächlich die legitime Erwartung wecken, diese

---

622 Weigert, NZA 2020, 209 (211).
623 BT-Drs. 19/4724, S. 24.
624 Weigert, NZA 2020, 209 (211).
625 Vgl. die Übersicht bei Apel/Nickl, K&R 2022, 385 (388); die dort behandelten gerichtlichen Entscheidungen deuten auf einen nicht zu strengen Maßstab hin; vgl. daneben Fuhlrott, in: BeckOK GeschGehG, § 2 Rn. 20.1.
626 Weigert, NZA 2020, 209 (212).
627 Weigert, NZA 2020, 209 (212).

Vertraulichkeit zu wahren. *Weigert* verweist insoweit jedoch erneut auf die zentrale These seiner Auffassung, dies bedeute, dass potentielle Rechtsverletzer bei besonders geheimhaltungsbedürftigen Unterlagen – wie etwa einer Forschungsakte – von sich aus und ohne bedeutende Maßnahmen erkennen würden, dass diese geheimhaltungsbedürftig seien.[628] Daher sei es angemessen, auf Geheimhaltungsmaßnahmen zu verzichten, die weiter gehen, als dies bei weniger geheimhaltungsbedürftigen Informationen der Fall ist. Bei letzteren seien vielmehr umso wirksamere Maßnahmen erforderlich, um das Geheimhaltungsbedürfnis an potentielle Rechtsverletzer zu kommunizieren.

Diese These unterstellt jedoch, dass der Gesetzgeber potentiellen Rechtsverletzern eine Einschätzungskompetenz zugetraut hat, welche Informationen besonders schützenswert sind. Insbesondere müssten diese besonders schützenswerte Informationen erkennen können – und zwar ohne, dass diese Erkenntnis sich aus der Existenz besonders hoher Geheimhaltungsmaßnahmen ergibt. Diese Annahme dürfte jedoch nicht der Realität entsprechen.[629] Zur Verdeutlichung wird im Folgenden unterstellt, dass es sich nicht klar erkennbar um eine besonders geheimhaltungsbedürftige Information handelt. Damit der Geheimnisinhaber in diesem Fall die legitime Erwartung haben kann, dass die erforderliche Vertraulichkeit gewahrt wird, bräuchte es hier gerade besondere Maßnahmen, um diese Erwartung zu begründen bzw. zu verdeutlichen. Es wäre vor allem für fachunkundige potentielle Rechtsverletzer – aber auch für solche mit vertiefter Fachkunde – geradezu kontraintuitiv, wenn eine wertvolle, geheimhaltungsbedürftige Information weniger geschützt wäre als eine weniger geheimhaltungsbedürftige Information. Zwar soll die Definition des Geschäftsgeheimnisses gem. ErwG 14 S. 5 RL 2016/943 belanglose Informationen ausdrücklich ausschließen. Dies bedeutet jedoch nicht, dass jede geheimhaltungsbedürftige Information als solche erkennbar ist; vielmehr kann der Bedarf an Geheimhaltung gerade für fachunkundige Personen in vielen Fällen nicht oder nur schwer erkennbar sein.

Kontraintuitiv dürfte dies für diese Personen auch deshalb erscheinen, da in anderen Rechtsgebieten eine Vielzahl von Warn-, Transparenz- oder anderweitigen Informationspflichten existieren, mit denen Menschen in ihrem Alltag konfrontiert werden. Die resultierenden Effekte und Folgen werden unter dem Stichwort „information overload" etwa im Datenschutzrecht diskutiert.[630] Es erscheint daher plausibel zu vermuten, dass dies die Intuition

---

628 Vgl. hierzu und zum Folgenden: Weigert, NZA 2020, 209 (212).

629 Ebenso: Jonas, DB 2020, 1738 (1739).

630 Vgl. Paal/Hennemann, in: Paal/Pauly DSGVO, Art. 12 Rn. 5; Heckmann/Paschke, in: Ehmann/Selmayr DSGVO, Art. 12 Rn. 12; in der Literatur diskutierte, effektivere Methoden der Informationsvermittlung – vgl. hierzu nur Strassemeyer, K&R 2020, 176 (177 ff.) – sind in der Praxis bisher kaum zu beobachten.

der Menschen beeinflusst, sodass ein Ausbleiben oder weniger stark ausgeprägte Hinweise eher dazu führen, eine Information als weniger geheimhaltungsbedürftig anzusehen.[631] Auch rechtsvergleichende Erwägungen kommen zu dem Ergebnis, dass die Anforderung angemessener Geheimhaltungsmaßnahmen primär bezwecke, dass „jene Personen, die mit einem Geschäftsgeheimnis in Berührung kommen, sich diesem Umstand aufgrund äußerer Anzeichen bewusst oder sich dessen nur durch eigene Fahrlässigkeit nicht bewusst sind."[632] Damit werde eine Warnfunktion erfüllt.[633]

Eine andere Auslegung erschiene auch hinsichtlich der weiteren Interessen des Geheimnisinhabers kontraintuitiv. So dürfte dieser i. d. R. auch jenseits des durch das GeschGehG gewährten Schutzes ein Interesse daran haben, besondere Schutzmaßnahmen zu implementieren, um geheimhaltungsbedürftige Informationen zu schützen – etwa vor Industriespionage oder anderweitigen Verletzungen der Vertraulichkeit der Informationen.

Die Erwartung potentieller Rechtsverletzer ist damit genau gegenteilig zur Auffassung von *Weigert* zu beurteilen. Zwar ist das Argument, eine Auslegung erfolge gegenteilig zur Intuition der adressierten Personen – seien es fachkundige oder fachunkundige Personen – für sich genommen nicht stark genug, um die Auffassung von *Weigert* zu verwerfen. Denn eine allgemeine Regel, dass Auslegungen nach der Intuition der adressierten Personen immer vorzugswürdig wären, existiert nicht. Allerdings wäre es, um die Ansicht von *Weigert* zu bejahen, zumindest erforderlich, dass sich die angenommene kontraintuitive Erwartungshaltung des Gesetzgebers an die adressierten Personen im Gesetz oder den Gesetzgebungsmaterialien wiederfindet. Dies ist jedoch nicht der Fall.

Daneben kann es auch nicht überzeugen, im Rahmen einer historischen Auslegung[634] aus einem etwaigen „Charakter als Nachfolgeregelung"[635] Argumente abzuleiten. Denn es handelt sich beim GeschGehG um eine Umsetzung von EU-Recht, sodass eine Auslegung anhand der zuvor rein nationalrechtlich geschaffenen Vorgängernorm unzulässig ist.

Im Ergebnis ist die Ansicht von *Weigert* daher abzulehnen und wird im Folgenden daher für die Auslegung des Angemessenheitsbegriffs i. S. d. GeschGehG nicht herangezogen.

---

631 Auch *Weigert* ist der Ansicht, dass ein rechtlicher Laie Hinweise benötigen würde, damit diesem etwa die Geheimhaltungsbedürftigkeit einer Personalakte bewusst wird, vgl. Weigert, NZA 2020, 209 (213).
632 Partsch/Rump, NJW 2020, 118 (120).
633 Partsch/Rump, NJW 2020, 118 (120).
634 Vgl. Weigert, NZA 2020, 209 (212).
635 Weigert, NZA 2020, 209 (212).

b. Wirtschaftlicher Wert als Kriterium

Nach einer weiteren Ansicht in der Literatur soll der wirtschaftliche Wert einer Information – entgegen der Gesetzesbegründung zur deutschen Umsetzung der RL (EU) 2016/943[636] – für die Angemessenheit der Geheimhaltungsmaßnahmen nicht relevant sein.[637] Die Argumentation beschränkt sich auf den wirtschaftlichen Wert der Information als vom nationalen Gesetzgeber benanntes Merkmal. In einem Aspekt argumentiert sie jedoch vergleichbar mit *Weigert*: Zutreffend wird ausgeführt, dass höhere Schutzvoraussetzungen in Bezug auf die zu implementierenden Maßnahmen dazu führen, dass weniger Informationen in den Schutzbereich des GeschGehG gelangen.[638] Der Zweck des GeschGehG könne daher umso besser erfüllt werden, je niedriger die Anforderungen an die Angemessenheit der Maßnahmen sei. Ein gesetzlicher Geheimnisschutz diene auch dem Zweck, Kosten und damit Anforderungen zu senken.[639] Selbst wenn dies als zutreffend unterstellt wird, so ist es jedoch nicht überzeugend, den Wert der Information bereits deshalb als völlig irrelevant zu klassifizieren. Gefordert werden angemessene, nicht in jedem denkbaren Fall unumgehbare Maßnahmen.[640] Diese Abwägung ermöglicht damit durchaus, auch andere Kriterien – wie sie von der Gesetzesbegründung genannt werden – neben dem Wert der Information zu berücksichtigen, sodass dieser nicht allein ausschlaggebend ist.

2. Fazit

Festzuhalten ist also, dass die Auslegung des Begriffs der Angemessenheit der Geheimhaltungsmaßnahmen grundsätzlich nach dem – hier als solchen bezeichneten – schutzbedarfsorientierten Verständnis erfolgen muss. Zugleich wurde jedoch aufgezeigt, dass die Schutzgegenstände des GeschGehG und der Schutzmaßnahmen nach der DSGVO unterschiedlich und nicht unmittelbar vergleichbar sind. In der Literatur wird zum Teil angenommen, dass die zu treffenden Maßnahmen jedoch in Bezug auf ihre praktische Wirkung dennoch eine gewisse Vergleichbarkeit bzw. Überschneidungen

636 Vgl. BT-Drs. 19/4724, S. 24 a. E., S. 25: „Bei der Wertung der Angemessenheit der Schutzmaßnahmen können insbesondere berücksichtigt werden: *der Wert des Geschäftsgeheimnisses* und dessen Entwicklungskosten, die Natur der Informationen, die Bedeutung für das Unternehmen, die Größe des Unternehmens, die üblichen Geheimhaltungsmaßnahmen in dem Unternehmen, die Art der Kennzeichnung der Informationen und vereinbarte vertragliche Regelungen mit Arbeitnehmern und Geschäftspartnern." (Hervorhebung durch den Verfasser).

637 Lauck, GRUR 2019, 1132 (1132).

638 Hierzu und zum Folgenden: Lauck, GRUR 2019, 1132 (1133).

639 Lauck, GRUR 2019, 1132 (1133) mit Verweis auf Ohly, GRUR 2019, 441 (443).

640 Ohly, GRUR 2019, 441 (443).

aufweisen.[641] Dies bedeutet, dass Schutzmaßnahmen, wie sie nach Art. 32 Abs. 1 DSGVO zum Schutz der Betroffenen implementiert wurden, ebenso zur Darlegung der angemessenen Geheimhaltungsmaßnahmen i. S. d. GeschGehG dienen können. Die getroffenen Maßnahmen können daher den Datenschutz und den Geheimnisschutz zugleich adressieren.[642] Denkbar ist dies sowohl bei technischen Maßnahmen wie Zugriffskonzepten nach dem sog. Need-to-Know-Prinzip oder anderweitigen Zugangshürden wie Zwei-Faktor-Authentifizierung als auch bei organisatorischen bzw. vertraglichen Maßnahmen. Diese können etwa durch eine sog. Clean-Desk-Policy[643] oder Vereinbarungen zu Sorgfaltspflichten bei Datenverarbeitungen realisiert werden.

Eine methodisch überzeugende Begründung hierfür fehlt jedoch. Daher soll diese These im Folgenden systematischer untersucht werden.

II. Vergleich auf sekundärer Ebene

Bei einer Betrachtung der Schutzgegenstände muss die Vergleichbarkeit der Normen verneint werden. Daneben existiert ein weiterer zentraler Unterschied zwischen den Anforderungen aus Art. 25, 32 DSGVO und den Anforderungen an angemessene Geheimhaltungsmaßnahmen nach dem GeschGehG: Letztere sind für die Adressaten der Norm nicht in jedem Fall verpflichtend umzusetzen, es ist also grundsätzlich keine Schaffung eines bestimmtes Schutzniveaus erforderlich.[644] Dennoch ist die Schaffung eines solchen Schutzniveaus durch angemessene Geheimhaltungsmaßnahmen praktisch äußerst relevant, da ohne solche Maßnahmen die zu schützenden Informationen keine Geschäftsgeheimnisse nach dem GeschGehG darstel-

641 Nach Schuster, CR 2020, 726 (729) sollen Datenschutz und Geheimnisschutz in der Praxis häufig mit den gleichen technischen Maßnahmen geschützt werden können. Nach Gola, DuD 2019, 569 (570) sollen Maßnahmen, die gesetzlichen Datenschutzanforderungen genügen, in der Regel auch Anforderungen des GeschGehG erfüllen; zumindest könne auf den nach der DSGVO erforderlichen Maßnahmen aufgebaut werden. Apel/Nickl, K&R 2022, 385 (388) bezeichnen die Geheimhaltungsmaßnahmen – in Bezug auf deren konkrete Umsetzung – als „konzeptionell vergleichbar" mit technischen bzw. organisatorischen Maßnahmen nach Art. 28 Abs. 1, 32 DSGVO.

642 Vgl. Schuster, CR 2020, 726 (729).

643 Gemeint ist eine – typischerweise an Beschäftigte formulierte – Vorgabe, vertrauliche Unterlagen bei Verlassen des Arbeitsplatzes wegzuschließen. Damit soll bspw. die Kenntnisnahme durch Reinigungspersonal oder andere unberechtigte Personen verhindert werden. Vgl. nur die Umsetzungshinweise des BSI zum entsprechenden IT-Grundschutz-Baustein: BSI, Umsetzungshinweise zum Baustein INF.7 Büroarbeitsplatz, S. 2, abrufbar: https://www.bsi.bund.de/SharedDocs/Downloads/DE/BSI/Grundschutz/Umsetzungshinweise/Umsetzungshinweise_2022/Umsetzungshinweis_zum_Baustein_INF_7_Bueroarbeitsplatz.pdf.

644 Schuster, CR 2020, 726 (727).

len (§2 Nr.1 GeschGehG) und auch der damit verbundene Rechtsschutz entfällt. Das GeschGehG setzt damit die Entscheidung bzw. den Willen des (potentiellen) Geheimnisinhabers voraus, die Informationen durch das GeschGehG zu schützen, indem entsprechende Maßnahmen umgesetzt werden.[645] Dies steht im Gegensatz zu den Verpflichtungen der DSGVO – etwa Art.32 Abs.1 DSGVO –, die unmittelbar an die Verarbeitung personenbezogener Daten durch Verantwortliche anknüpfen. Letztere sind sodann kraft Gesetzes verpflichtet – etwa dazu, die Sicherheit von Datenverarbeitungen zu gewährleisten.

Von diesen Unterschieden abgesehen wäre es jedoch denkbar, dass auf einer sekundären Ebene – welche auch die Implementierung der durch die Normen geforderten Schutzmaßnahmen sowie deren Wirkung in den Blick nimmt – dennoch eine methodisch begründbare Vergleichbarkeit festgestellt werden kann. Im Folgenden soll daher der Sinn und Zweck der zu treffenden Maßnahmen näher beleuchtet werden. Als hierfür geeignete Methodik erscheint die Einordnung in die Schutzziele der IT-Sicherheit.[646]

Ausweislich Art.32 Abs.1 Hs.2 Nr.2 DSGVO sollen die dort zu treffenden geeigneten Maßnahmen u.a. die Fähigkeit umfassen, die Vertraulichkeit, Integrität, Verfügbarkeit und Belastbarkeit der verwendeten Systeme und Dienste sicherzustellen. Diese Schutzziele werden auch in Art.32 Abs.2 DSGVO widergespiegelt, welcher u.a. – bezogen auf das Schutzziel der Vertraulichkeit – eine unbefugte Offenlegung bzw. einen unbefugten Zugang zu personenbezogenen Daten thematisiert. Die Anforderungen der Norm an die zu treffenden Maßnahmen sind also, bezogen auf die Schutzziele der IT-Sicherheit, umfassend und beschränken sich insoweit nicht nur auf einzelne Schutzziele.

Zu klären ist jedoch, ob dies beim Schutz von Geschäftsgeheimnissen i.S.d. GeschGehG ebenso zu beurteilen ist. Ausdrücklich adressiert wird das Schutzziel der Vertraulichkeit,[647] welches durch die von §2 Nr.1 lit.b GeschGehG geforderten angemessenen Geheimhaltungsmaßnahmen gewahrt werden soll.

Zunächst nicht ersichtlich ist jedoch, inwieweit diese Maßnahmen auch die Schutzziele der Integrität oder der Verfügbarkeit adressieren.

645 Hierzu und zum Folgenden vgl.: Lauck, GRUR 2019, 1132 (1132).

646 Zur Erläuterung der Schutzziele vgl. Kapitel 2 A.

647 Bereits die Bezeichnung der zugrundeliegenden RL 2016/943 nennt „den Schutz vertraulichen Know-hows und vertraulicher Geschäftsinformationen (Geschäftsgeheimnisse)“, daneben wird die Vertraulichkeit innerhalb der Richtlinie mehrfach ausdrücklich adressiert, auch in Bezug auf die Definition des Geschäftsgeheimnisses, vgl.: ErwG 1 a.E., ErwG 2 S.2 ErwG 7 S.4, ErwG 14 S.2, ErwG 23 S.1, ErwG 24 S.1, Art.9 RL 2016/943.

Zwar ist es für Informationen, die hinsichtlich ihrer Vertraulichkeit als so relevant eingestuft werden, dass sie Geschäftsgeheimnisse darstellen, typischerweise auch relevant, dass deren Verfügbarkeit gesichert wird. Allerdings stellt dies ein originäres Interesse des Rechteinhabers dar, welches durch das GeschGehG nicht adressiert wird. Auch abseits des Wortlautes der Norm lässt sich kein Wille des Gesetzgebers erkennen, über die Geheimhaltung von Informationen hinaus Verpflichtungen an den Rechteinhaber zu formulieren. Dies ist auch hinsichtlich des Grundkonzepts des GeschGehG stimmig, welches dem Rechteinhaber ermöglichen soll – nach bewusster Entscheidung und durch Schaffung entsprechender Geheimhaltungsmaßnahmen – hinsichtlich der geheim zu haltenden Informationen den Rechtsschutz des GeschGehG zu genießen. Hierfür ist jedoch primär die Vertraulichkeit der Informationen relevant. Daher ist dem GeschGehG keine Anforderung an Schutzmaßnahmen zu entnehmen, welche explizit dem Schutzziel der Verfügbarkeit dienen.

Klärungsbedürftig ist jedoch, ob das GeschGehG dem Schutzziel der Integrität dienen soll. Denkbar wäre eine Integritätsverletzung aufgrund (unerlaubter) Nutzung i. S. d. GeschGehG. Denn eine bloße (unerlaubte) Erlangung einer Information bedingt zwar einen Zugriff darauf und damit eine Verletzung der Vertraulichkeit. Nicht zwingend jedoch wird die Information dabei verändert. Durch die Adressierung unerlaubter Nutzungen könnte das GeschGehG also insoweit die Integrität von Informationen schützen.

Die Gesetzesbegründung definiert Nutzung als „jede Verwendung des Geschäftsgeheimnisses, solange es sich nicht um Offenlegung handelt“.[648] Das reine Innehaben des Geheimnisses stellt jedoch noch keine Nutzung i. S. d. GeschGehG dar. Zwar lässt sich dem GeschGehG selbst – wie der zugrundeliegenden RL (EU) 2016/943 – keine explizite Abgrenzung der Tatbestände entnehmen. Implizit deutet jedoch § 4 Abs. 1, 2 GeschGehG zum einen darauf hin, dass die Erlangung zwingend zeitlich vor der Nutzung bzw. Offenlegung liegen muss.[649] Zum anderen kann aus der Norm abgeleitet werden, dass das reine Innehaben noch keine Nutzung darstellt.[650]

---

648 BT-Drs. 19/4724, S. 27.

649 Nach Alexander, in: Köhler/Bornkamm/Feddersen UWG, GeschGehG § 4 Rn. 10 steht das Erlangen „in einer gedachten Verwertungskette eines Geschäftsgeheimnisses“; Ohly, GRUR 2019, 441 (445) bezeichnet dies als „Kaskade der Verletzungshandlungen“; Hauck/Kamlah, in: MüKo GeschGehG, § 4 Rn. 21 bezeichnet Nutzung und Offenlegung in Bezug auf § 4 Abs. 1 Nr. 1 GeschGehG als Folgehandlungen.

650 So formuliert § 4 Abs. 1 Nr. 1 GeschGehG in Bezug auf eine unerlaubte Erlangung „unbefugten Zugang zu, unbefugte Aneignung oder […] von Dokumenten, Gegenständen […] oder elektronischen Dateien“, was beides – Zugang und Aneignung – ein Innehaben zur Folge hätte; vgl. daneben Hauck/Kamlah, in: MüKo GeschGehG, § 4 Rn. 22; Hiéramente, in: BeckOK GeschGehG, § 4 Rn. 53.

Dagegen nimmt das Handlungsverbot hinsichtlich der Nutzung oder Offenlegung in § 4 Abs. 2 Nr. 1 GeschGehG explizit Bezug auf den Tatbestand der Erlangung, setzt diesen voraus und grenzt sich damit von den in § 4 Abs. 1 Nr. 1 GeschGehG genannten Tatbeständen ab. Daher stellt auch nach der neuen Rechtslage ein reines Innehaben von Geschäftsgeheimnissen Dritter noch keine unerlaubte Nutzung oder Offenlegung dar, sondern lediglich eine unerlaubte Erlangung.[651]

Davon abgesehen ist eine unerlaubte Nutzung i. S. d. GeschGehG dennoch sehr weit zu verstehen. Der Begriff beinhaltet auch Weiterverarbeitungen von Informationen, die keine Veränderung dieser Informationen zur Folge haben. Solche Weiterverarbeitungen entsprechen ebenso wie die Erlangung i. d. R. einer Vertraulichkeitsverletzung. Eine Integritätsverletzung ist dagegen im Rahmen einer Erlangung oder einer Nutzung möglich, jedoch nicht zwingend. Die Weiterverarbeitung elektronischer Daten kann zwar auch ohne Veränderung des eigentlichen Inhalts veränderte Metadaten[652] zur Folge haben. Deren Integrität wird jedoch nicht vom GeschGehG geschützt. Das Gesetz dient dem Schutz von Informationen aufgrund ihres wirtschaftlichen Wertes für den Rechteinhaber; ein Schutz von Metadaten – wie etwa des letzten Änderungsdatums eines Dokuments – ist nicht vom Schutzbereich umfasst.

Doch auch eine Veränderung von Inhaltsdaten stellt nicht immer eine Nutzung i. S. d. GeschGehG dar – auch wenn diese stets eine Integritätsverletzung ist. Dem Sinn und Zweck des GeschGehG nach muss die Nutzung einen wirtschaftlichen Konnex aufweisen; nicht jedes zufällige, ggf. unbewusste Verwenden der (digitalen) Daten kann hiervon umfasst sein. Denn wie oben bereits erläutert ist das bloße Innehaben noch keine Nutzung i. S. d. GeschGehG. Übertragen auf digitale gespeicherte Informationen bedeutet dies, dass etwa die reine Speicherung des Geschäftsgeheimnisses – nach zuvor erfolgter rechtswidriger Erlangung – noch keine Nutzung i. S. d. GeschGehG darstellt. Dies muss auch dann gelten, wenn zur Speicherung nur aufgrund technischer Gegebenheiten weitere Verarbeitungen hinzutreten, wie Verarbeitungen für Zwecke der besseren Durchsuchbarkeit des Speichermediums (sog. Indexierung) oder bei der verschlüsselten Speicherung von Informationen. Denn betroffen wäre nach der Erlangung der digital gespeicherten Information nur eine Kopie derselben; eine Integritätsverletzung der originalen Datei läge dann gerade nicht vor.

Allerdings sind Szenarien vorstellbar, in denen eine Nutzung i. S. d. GeschGehG gerade eine Veränderung der Inhaltsdaten zur Folge hat, etwa wenn

651 So – allerdings ohne Bezug auf Offenlegung – auch: Hiéramente, in: BeckOK GeschGehG, § 4 Rn. 53.

652 Vgl. hierzu bereits Fn. 120 a. E.

die wirtschaftliche Verwertung aus der Weiterverarbeitung des Geschäftsgeheimnisses folgt. In diesen Fällen liegt nach dem GeschGehG ein von der Erlangung des Geheimnisses getrennt geregeltes Handlungsverbot vor (vgl. § 4 Abs. 2 GeschGehG). Durch diese Regelung schützt das GeschGehG also zumindest auf einer sekundären Ebene auch die Integrität von Informationen.

Grundsätzlich bezwecken die in § 2 Nr. 1 lit. b GeschGehG genannten angemessenen Geheimhaltungsmaßnahmen aber auch auf der sekundären Ebene primär den Schutz der Vertraulichkeit, sie sollen also bereits die (unerlaubte) Erlangung der Geschäftsgeheimnisse verhindern. Nur soweit die unerlaubte Nutzung von Geschäftsgeheimnissen als Folge der unerlaubten Erlangung der Geheimnisse auftritt, kann auf der hier betrachteten sekundären Ebene auch ein Schutz der Integrität von Informationen vom Sinn und Zweck des GeschGehG umfasst sein.

III. Zwischenergebnis

§ 2 Nr. 1 lit. b GeschGehG ist auch auf dieser sekundären Ebene nur begrenzt mit Art. 25, 32 DSGVO vergleichbar. Hinsichtlich der Umsetzung können sich jedoch methodisch begründbare Synergieeffekte bezüglich der Einhaltung von Art. 25, 32 DSGVO und der Einhaltung von § 2 Nr. 1 lit. b GeschGehG ergeben. Dies gilt vor allem in Bezug auf den Vertraulichkeitsschutz der Maßnahmen; zumindest in Teilen aber auch für den Schutz der Integrität.[653]

IV. Spezifische Aspekte des Smart Home

In Bezug auf die hier untersuchten Produktkategorien[654] ergeben sich insbesondere beim Einsatz im beruflichen Kontext Risiken für den Geschäftsgeheimnisschutz. Dies gilt etwa bei der Verwendung von Smart-Home-Geräten unmittelbar in Büroräumen oder in Räumlichkeiten, die für Homeoffice-Tätigkeiten genutzt werden. Ein zentrales Risiko für Geheimnisinhaber besteht darin, dass der Einsatz von Smart-Home-Geräten im Rahmen der Abwägung, welche angemessenen Geheimhaltungsmaßnahmen erforderlich sind, nicht oder nur unzureichend berücksichtigt wird. Denn durch den Einsatz

653 Im Detail zu den Synergieeffekten und deren Begründung vgl. Kapitel 5.
654 Vgl. Kapitel 2 B. I sowie Abbildung 1.

ergibt sich in Bezug auf den Schutzzweck des GeschGehG primär die Gefahr eines unberechtigten Datenabflusses.[655]

Denkbar ist dies zum einen etwa, wenn mit Schadsoftware infizierte Smart-Home-Geräte auch die IT-Sicherheit von im selben Netzwerk eingebundenen, beruflich genutzten Geräten beeinträchtigen. Einfallstor hierfür können etwa die Betriebssysteme von Smart-Home-Geräten oder Apps von Drittanbietern sein.[656] Letzteres ist bei Smart TVs oder digitalen, cloudbasierten Sprachassistenten relevant. Zum anderen kann auch durch die Beschaffenheit der Geräte selbst das Risiko einer unerlaubten Erlangung von Geschäftsgeheimnissen bestehen, etwa wenn bei Sprachassistenten einzelne Sprachaufnahmen an Dritte übertragen werden.[657] Schließlich können auch unberechtigte Zugriffe auf Kameras im Innenbereich ein Risiko darstellen, falls diese so ausgerichtet sind, dass sie Geschäftsgeheimnisse erfassen können.

Diese Risiken müssen bei der Beurteilung der Angemessenheit von Geheimhaltungsmaßnahmen i. S. d. § 2 Nr. 1 lit. b GeschGehG berücksichtigt werden. Falls die Angemessenheit der Geheimhaltungsmaßnahmen nicht mit entsprechenden Maßnahmen erreicht werden kann, ist es erforderlich, die Verarbeitung in Räumen mit Smart-Home-Geräten zu unterbinden – insbesondere, wenn sich die Geräte mit dem Internet verbinden können. Welche konkreten technischen Maßnahmen für die in der vorliegenden Untersuchung betrachteten Produktkategorien in Frage kommen können – und welche Ansätze zur Verknüpfung der untersuchten Anforderungen einerseits mit den konkreten Maßnahmen andererseits eingesetzt werden können – wird in Kapitel 5 dargelegt.

C. Einfluss des Telekommunikationsrechts sowie des TDDDG

Neben den Regelungen aus der DSGVO sind für diese Untersuchung auch sektorspezifische Anforderungen relevant. Nationalgesetzlich ist zum 1.12.2021 das Telekommunikation-Telemedien-Datenschutz-Gesetz

655 Daneben könnte die Geheimhaltung etwa aufgrund einer unberechtigten Kenntnisnahme der Informationen durch weitere Bewohner oder anderen Risiken für die IT-Sicherheit im Homeoffice verletzt werden. Da es sich dabei jedoch nicht um für den Untersuchungsgegenstand spezifische Risiken handelt, werden diese hier nicht analysiert.

656 Zu diesem Risiko vgl. bereits Kapitel 2 C.I.

657 Vgl. hierzu die Medienberichte von heise v. 11.04.2019, „Amazon-Mitarbeiter tippen zum Teil Alexa-Sprachbefehle ab“, abrufbar: https://heise.de/-4374871; sowie v. 04.08.2019, „Bericht: Amazon lässt Alexa-Mitschnitte im Homeoffice auswerten“, abrufbar: https://heise.de/-4487911.

(TTDSG) in Kraft getreten, welches – in Teilen – die ePrivacy-RL umsetzt und kürzlich durch das Durchführungsgesetz[658] zum Digital Services Act[659] in TDDDG umbenannt wurde. Im Folgenden werden die einschlägigen Normen des TDDDG analysiert. Zunächst wird jedoch kurz erläutert, inwieweit die kürzlich erfolgte Umbenennung relevante inhaltliche Auswirkungen auf diese Untersuchung hat.

I. Änderungen durch das Durchführungsgesetz zum Digital Services Act

Das am 14.5.2024 in Kraft getretene Durchführungsgesetz zum Digital Services Act sieht als Artikelgesetz Anpassungen an mehreren Gesetzen vor.[660] Außerdem wird das Digitale-Dienste-Gesetz (DDG) geschaffen, vgl. Art. 1 DSA-Durchführungsgesetz.[661]

Die folgenden Ausführungen beschränken sich auf die für die hiesige Untersuchung relevanten Änderungen.[662] Dies ist vor allem die Ersetzung des Begriffs der „Telemedien“ durch „digitale Dienste“, was auch die Änderung der Bezeichnung des Gesetzes zu „Telekommunikation-Digitale-Dienste-Gesetz (TDDDG)“ zur Folge hat, vgl. Art. 8 DSA-Durchführungsgesetz. Fraglich ist allerdings zum einen, ob damit eine inhaltliche Änderung verbunden ist sowie zum anderen – falls dies der Fall ist – ob die Änderung für die hiesige Untersuchung Relevanz hat.

---

658 Gesetz zur Durchführung der Verordnung (EU) 2022/2065 des Europäischen Parlaments und des Rates vom 19. Oktober 2022 über einen Binnenmarkt für digitale Dienste und zur Änderung der Richtlinie 2000/31/EG sowie zur Durchführung der Verordnung (EU) 2019/1150 des Europäischen Parlaments und des Rates vom 20. Juni 2019 zur Förderung von Fairness und Transparenz für gewerbliche Nutzer von Online-Vermittlungsdiensten und zur Änderung weiterer Gesetze (im Folgenden: DSA-Durchführungsgesetz).

659 Verordnung (EU) 2022/2065 des Europäischen Parlaments und des Rates vom 19. Oktober 2022 über einen Binnenmarkt für digitale Dienste und zur Änderung der Richtlinie 2000/31/EG (Gesetz über digitale Dienste).

660 Das Telemediengesetz tritt hierdurch vollständig außer Kraft; soweit die dortigen Normen national-rechtliche Besonderheiten regeln oder etwa die E-Commerce-RL umsetzen, werden sie ins DDG übernommen, hierzu vgl. BT-Drs. 20/10031, S. 54 sowie Kraul, K&R 2024, 379 (381).

661 Die gewählte Bezeichnung des Gesetzgebers ist dabei in hohem Maß irritierend, da sie der deutschsprachigen Bezeichnung des DSA – „Gesetz über digitale Dienste“ – sehr ähnlich ist. In dieser Untersuchung werden daher zur Klarstellung die bereits eingeführten Abkürzungen DSA, DDG und DSA-Durchführungsgesetz verwendet.

662 Für eine Übersicht zu den übrigen Änderungen vgl. Kraul, K&R 2024, 379 (380 ff.) sowie Jungbluth/Engel, CR 2024, 401 (402 ff.).

Bereits im Gesetzgebungsverfahren kritisierte der Bundesrat die Anpassung, da „die Gefahr von unerwünschten Regelungslücken und Anwendungsschwierigkeiten“[663] bestehe. Der Begriff „Telemedien“ erfasse auch unentgeltliche Dienstleistungen und sei damit sei weiter zu verstehen als „digitale Dienste“.[664] Die Bundesregierung dagegen sah keine solche Gefahr und verwies in ihrer Gegenäußerung darauf, dass das Unionsrecht den Begriff des Telemediums nicht kenne und vor dem Hintergrund der harmonisierten Vorschriften „kein Raum für diesen rein national vorgeprägten Begriff“[665] verbleibe.[666] Sowohl Bundesrat als auch Bundesregierung verweisen auf die weite Auslegung des (unionsrechtlichen) Begriffs „Dienst der Informationsgesellschaft“ in der Rechtsprechung des EuGH. Demnach ist es für eine Bejahung der Entgeltlichkeit des Dienstes nicht erforderlich, dass derjenige, der den Dienst in Anspruch nimmt, die Vergütung leistet.[667] Vielmehr ist etwa eine Vergütung von Dritten oder auch eine indirekte Erzielung von Einnahmen ausreichend, etwa durch Umlage der Kosten auf Waren oder Dienstleistungen.

Weist die Tätigkeit keinerlei wirtschaftlichen Bezug auf – wie es etwa bei Privatpersonen der Fall sein kann – so liegt kein „Dienst der Informationsgesellschaft“ vor. Mit diesem unionsrechtlichen Begriff sind „digitale Dienste“ i. S. d. DDG nach § 1 Abs. 4 Nr. 1 DDG gleichgesetzt. Der nationale Begriff des Telemediums dagegen konnte auch ohne wirtschaftlichen Bezug bejaht werden.[668] Von dieser bisher geltenden überschießenden Umsetzung wird nun mit dem DDG bewusst abgewichen, wie die o. g. Gegenäußerung der Bundesregierung sowie die explizite Adressierung auch unentgeltlicher Dienste in § 7 DDG zeigt.[669]

---

663 BT-Drs. 20/10281, S. 10.

664 BT-Drs. 20/10281, S. 10. Zur Einordnung und möglichen Folgeproblemen – noch zum Referentenentwurf – vgl. Spindler, CR 2023, 602 (603).

665 BT-Drs. 20/10281, S. 14.

666 BT-Drs. 20/10281, S. 14.

667 Hierzu und zum Folgenden: EuGH, Urt. v. 15.9.2016 – C-484/14 – Rn. 41 f., m. Anm Weisser/Färber, ZD 2016, 578 (582) vgl. auch Anm. v. Hoeren/Klein, MMR 2016, 760 (764); EuGH, Urt. v. 11.9.2014 – C-291/13 – Rn. 28–30. Zwar erging die Rechtsprechung zur Begriffsdefinition nach Art. 2 lit. a E-Commerce-RL, die wiederum auf die Art. 1 Nr. 2 der RL 98/34/EG in der Fassung der RL 98/48/EG verweist. Letztere wurde allerdings durch die RL 2015/1535 ersetzt, demnach gelten Verweise auf die RL 98/34/EG inzwischen als Verweise auf die RL 2015/1535 (vgl. Art. 10 Abs. 1 sowie Abs. 2 i. V. m. Anhang IV RL 2015/1535). Vgl. hierzu auch: EuGH, Urt. v. 3.12.2020 – C-62/19 – Rn. 38, Sesing-Wagenpfeil, ZRP 2023, 115 (115).

668 Auch der nationale Gesetzgeber beschränkte den Anwendungsbereich jedoch vereinzelt mittels der zusätzlichen Anforderung einer geschäftsmäßigen Tätigkeit, vgl. §§ 3, 5 TMG; zur Übersicht vgl. nur Sesing-Wagenpfeil, ZRP 2023, 115 (115).

669 Vgl. zu letzterer: Kraul, K&R 2024, 379 (380); Rössel, ITRB 2024, 126 (126).

Für die hiesige Untersuchung würden sich allerdings nur dann Unterschiede ergeben, wenn einzelne Akteure[670] ohne wirtschaftlichen Bezug Dienste anböten. Dies ist jedoch nicht der Fall.[671] Insbesondere Anbieter von Apps für Smart TVs oder Betreiber von App-Stores[672] bieten ihre Dienste regelmäßig gegen Gebühren, Vergütungen oder werbefinanziert an.[673] Insoweit ergibt sich im Kontext dieser Untersuchung durch den im nationalen Recht neuen Begriff der digitalen Dienste keine inhaltliche Änderung.[674]

II. Zum Verhältnis von TDDDG, ePrivacy-RL und DSGVO

Des Weiteren ist das Verhältnis von TDDDG, ePrivacy-RL und DSGVO zu analysieren. Dieses richtet sich hierarchisch nach den allgemeinen Regeln der Normenkollision.[675] Formal stehen Richtlinien und Verordnungen auf der gleichen Ebene.[676] Dagegen geht die DSGVO gem. Art. 288 Abs. 2 AEUV als Verordnung grundsätzlich nationalen Vorschriften wie dem TDDDG vor. Eine Ausnahme gilt, wenn die DSGVO eine Öffnungsklausel enthält.[677] Komplizierter ist dagegen das Verhältnis zwischen der DSGVO und nationalen Normen – etwa solchen des TDDDG –, welche Bestimmungen der ePrivacy-RL umsetzen.

Dies ist durch mehrere Umstände begründet. Zum einen enthält die ePrivacy-RL mehrere Regelungsgegenstände. Überwiegend trifft die Richtlinie sektorspezifische Regelungen im Bereich Telekommunikationsdatenschutz. Deren Verhältnis zur DSGVO regelt Art. 95 DSGVO, dessen Auslegung in der Literatur jedoch umstritten ist:[678]

670 Vgl. zur Übersicht: Kapitel 2 B. II.

671 Zwar wäre dies bei von privaten Nutzern selbstbetriebenen Smart-Home-Diensten grundsätzlich denkbar; solche Szenarien sind hier jedoch nicht Teil des Untersuchungsgegenstandes; vgl. hierzu auch zur Übersicht der Akteure Kapitel 2 B. II sowie zu den Risikoszenarien vgl. Kapitel 2 C. I.

672 Hierzu vgl. die folgenden Abschnitte 1. und 2.

673 Vgl. Kapitel 4 C. III. 2 zu weiteren Erläuterungen, wann im Smart Home Dienste der Informationsgesellschaft vorliegen.

674 Aufgrund dieser inhaltlichen Nähe sowie der Aktualität der Gesetzesänderung werden im Folgenden daher einige Quellen zitiert, die sich noch auf das TTDSG beziehen. Soweit keine anderweitige Kennzeichnung erfolgt, sind die dortigen Aussagen jedoch auf das TDDDG übertragbar.

675 Golland, NJW 2021, 2238 (2238).

676 Golland, in: Taeger/Gabel DSGVO, Art. 95 Rn. 5.

677 Golland, NJW 2021, 2238 (2238).

678 Vgl. Heun, in: Auernhammer DSGVO, Art. 95 Rn. 7 ff.; Grages, CR 2021, 834 (836); Golland, NJW 2021, 2238 (2238); Golland, in: Taeger/Gabel DSGVO, Art. 95 Rn. 4; Kühling/Raab, in: Kühling/Buchner DSGVO, Art. 95 Rn. 5; Karg, in: Simitis/Hornung/Spiecker gen. Döhmann DSGVO, Art. 95 Rn. 1, 19; Jenny, in: Plath DSGVO, Art. 95 Rn. 7; Gierschmann, MMR 2023, 22 (24 ff.); Böhm/Halim, MMR 2020, 651 (652 ff.).

> *„Diese Verordnung erlegt natürlichen oder juristischen Personen in Bezug auf die Verarbeitung in Verbindung mit der Bereitstellung öffentlich zugänglicher elektronischer Kommunikationsdienste in öffentlichen Kommunikationsnetzen in der Union keine zusätzlichen Pflichten auf, soweit sie besonderen in der Richtlinie 2002/58/EG festgelegten Pflichten unterliegen, die dasselbe Ziel verfolgen."*

Trifft die ePrivacy-RL also eine Regelung im Bereich des Datenschutzes – indem sie besondere, festgelegte Pflichten für natürliche oder juristische Personen definiert – geht diese Regelung als lex specialis der jeweiligen DSGVO-Norm vor. Dies gilt jedenfalls, solange die dadurch definierten Pflichten „dasselbe Ziel verfolgen". Wie dem Wortlaut zu entnehmen ist, gilt in diesen Fällen allein die ePrivacy-RL („keine zusätzlichen Pflichten"), eine Geltung der DSGVO neben der ePrivacy-RL kommt nicht in Betracht.

Dem Wortlaut nach soll das Normenverhältnis also maßgeblich danach richten, ob die Regelungen „dasselbe Ziel verfolgen". Bezogen auf die ePrivacy-RL bzw. die DSGVO in der Gesamtheit ihrer Regelungen ist dies nicht möglich. Neben dem Regelungsgegenstand des Telekommunikationsdatenschutzes – welcher für sich bereits einen von der DSGVO unterschiedlichen Schutzzweck verfolgt – reguliert die ePrivacy-RL daneben auch Aspekte des Wettbewerbsrechts bzw. zum Schutz der Integrität von Endgeräten.[679] Selbst bei isolierter Betrachtung des Telekommunikationsdatenschutzes ist der Anwendungsbereich nicht deckungsgleich – zwar werden auch personenbezogene Daten geschützt, allerdings umfasst der Schutz darüber hinaus sowohl spezifisch das Recht auf Privatsphäre und Vertraulichkeit in Bezug auf Telekommunikation (Art. 1 Abs. 1 ePrivacy-RL) als auch juristische Personen (Art. 1 Abs. 2 S. 2 ePrivacy-RL).

Diese Differenzierung der Schutzrichtung ist grundlegender Natur. Konzeptuell ist der Anwendungsbereich der DSGVO sehr weit gestaltet – es soll ein möglichst niedrigschwelliger Schutz erreicht werden, der in vielen völlig unterschiedlichen Sachverhalten greift. Dagegen bezieht sich der Schutz der Privatsphäre stets auf spezifische, eng(er) begrenzte Schutzbereiche. Die Privatsphäre wird etwa personell durch bestimmte Berufspflichten von Ärzten oder Anwälten, in Bezug auf technische Vorgänge der Kommunikation mittels des Telekommunikationsgeheimnisses oder – über Art. 5 Abs. 3

679 Vgl. die Umsetzung von Art. 13 ePrivacy-RL in § 7 UWG, vgl. hierzu Heun, in: Auernhammer DSGVO, Art. 95 Rn. 16; zum Schutz der Integrität von Endgeräten vgl. die Ausführungen zu § 25 TDDDG in Kapitel 4 C. III. 4.

ePrivacy-RL – in Bezug auf die informationelle Integrität des Endgeräts geschützt.[680]

Ohne dass es an dieser Stelle einer tieferen Betrachtung des Verhältnisses zwischen Art. 7 und Art. 8 GrCh bedarf,[681] lässt sich zumindest festhalten, dass die ePrivacy-RL in großen Teilen das Grundrecht auf Vertraulichkeit der Kommunikation[682] nach Art. 7 GrCh adressiert. Insoweit bezieht sich die ePrivacy-RL spezifisch auf einen eng abgegrenzten Schutzbereich – der jedoch stark mit dem der DSGVO verflochten ist, was sich bereits an der Bezugnahme auf den Personenbezugsbegriff in der ePrivacy-RL zeigt. Eine trennscharfe Abgrenzung der Schutzbereiche der Rechtsakte ist damit nicht möglich.

Aufgrund dessen ist es nicht zielführend, die zwei Rechtsakte als jeweils Ganzes hinsichtlich einer Verfolgung desselben Ziels i. S. d. Art. 95 DSGVO zu untersuchen. Wie bereits der Wortlaut nahelegt, ist vielmehr eine Betrachtung der einzelnen Normen der Rechtsakte erforderlich; nur wenn eine Norm der ePrivacy-RL eine Pflicht statuiert, welche dasselbe Ziel wie eine Norm der DSGVO verfolgt, gilt allein die Norm der ePrivacy-RL als lex specialis.[683]

Besonders relevant wird dies bei Regelungsgegenständen der ePrivacy-RL, welche nicht dem Telekommunikationsdatenschutz zuzuordnen sind. Dies gilt etwa für Art. 5 Abs. 3 ePrivacy-RL, der den Schutz der Integrität von Endgeräten regelt. Der Schutzbereich der Norm ist unabhängig vom Personenbezug von Daten.[684]

Verkompliziert wird das Verhältnis der Unionsrechtsakte (bzw. deren nationalen Umsetzung) zueinander außerdem dadurch, dass der deutsche Gesetz-

---

680 Assion, Cookie-Urteil: Neue Klarheit, neue Fragen und eine „informationelle Integrität des Endgeräts“, heise v. 2.10.2019, abrufbar: https://heise.de/-4544344; zum Begriff der Integrität des Endgeräts vgl. auch: Anm. Hanloser, ZD 2019, 556 (562); Golland NJW 2021, 2238 (2239 f., 2242); Heun, in: Auernhammer DSGVO, Art. 95 Rn. 2, 4, 8; Seip, DB 2020, M4–M5.

681 Vgl. hierzu die Ausführungen zum grundrechtlichen Rahmen des Datenschutzes von Schneider, in: BeckOK DatenschutzR, Syst. B. Rn. 22 ff., insbesondere zur weitgehenden „Gleichsetzung der sachlichen Schutzbereiche durch den EuGH“ vgl. Rn. 31 f.; Schiedermair, in: Simitis/Hornung/Spiecker gen. Döhmann, DSGVO Einleitung Rn. 171 f.; zur Kombination der Grundrechte durch den EuGH vgl. außerdem Marsch, Das europäische Datenschutzgrundrecht, S. 205 ff.

682 Heun, in: Auernhammer DSGVO, Art. 95 Rn. 8; Gierschmann, MMR 2023, 22 (24); Klabunde/Selmayr, in: Ehmann/Selmayr DSGVO, Art. 95 Rn. 14.

683 Vgl. Golland, in: Taeger/Gabel DSGVO, Art. 95 Rn. 9; Heun, in: Auernhammer DSGVO, Art. 95 Rn. 30 f.; Kühling/Raab, in: Kühling/Buchner DSGVO, Art. 95 Rn. 5; Karg, in: Simitis/Hornung/Spiecker gen. Döhmann DSGVO, Art. 95 Rn. 20 f.; Sydow, in: Sydow/Marsch DSGVO, Art. 95 Rn. 4.

684 EuGH v. 01.10.2019 – C-673/17 – Rs. Planet 49, Rn. 69–71; Grages, CR 2021, 834 (835); Böhm/Halim, MMR 2020, 651 (651); Hanloser, ZD 2021, 399 (399); Nebel, CR 2021, 666 (668); Scharpf, K&R 2022, 153 (154); vgl. hierzu auch die Ausführungen zu § 25 TDDDG: Kapitel 4 C. III. 4.

geber bei der Umsetzung der ePrivacy-RL teilweise über deren Regelungsgehalt hinaus gegangen ist. Dies ist zulässig, da die ePrivacy-RL lediglich eine Mindestharmonisierung vorsieht.[685] In der Folge werden jedoch seit Geltung der DSGVO nationale Vorschriften, die in ihrem Regelungsbereich über die Mindestharmonisierung der ePrivacy-RL hinaus gehen, von der DSGVO verdrängt.[686] Dies gilt jedenfalls, soweit die Normen nicht auf einer Öffnungsklausel der DSGVO beruhen.[687]

Zusammenfassend muss also die jeweilige nationale Norm in einem ersten Schritt daraufhin überprüft werden, ob sie überhaupt den Anwendungsbereich der DSGVO tangiert – was etwa nicht der Fall ist, wenn sie die Verarbeitung personenbezogener Daten nicht adressiert.[688] Ist dies jedoch der Fall, ist in einem zweiten Schritt zu prüfen, ob die Norm eine Umsetzung der ePrivacy-RL darstellt – und, falls dies der Fall ist, ob es sich nicht um eine überschießende Umsetzung handelt –, oder ob sie auf einer Öffnungsklausel der DSGVO beruht. Nur in dem Fall, dass die Norm eine direkte Umsetzung der ePrivacy-RL ist, ist die oben beschrieben Prüfung des Kriteriums „dasselbe Ziel" i. S. d. Art. 95 DSGVO relevant. In anderen Fällen ist die nationale Norm anwendbar (aufgrund einer entsprechenden Öffnungsklausel) oder wird von der DSGVO verdrängt (im Fall einer überschießenden Umsetzung der ePrivacy-RL).

Daneben erfordert Art. 95 DSGVO, dass es sich um Verarbeitungen „in Verbindung mit der Bereitstellung öffentlich zugänglicher elektronischer Kommunikationsdienste in öffentlichen Kommunikationsnetzen in der Union" handelt. Erforderlich ist demnach ein Telekommunikationsbezug.[689] Da zugleich ErwG 173 S. 1 DSGVO eine solche Einschränkung nicht enthält, besteht Uneinigkeit in der Literatur, wie streng diese Voraussetzung auszulegen ist.[690] Der Wortlaut von ErwG 173 S. 1 DSGVO beinhaltet zwar auch das Kriterium „dasselbe Ziel". Allerdings enthält der Wortlaut keine weitere Einschränkung auf Regelungsbereiche der ePrivacy-RL – insbesondere nicht auf öffentlich zugängliche elektronische Kommunikationsdienste. Erwägungsgründe sind keine selbstständige Rechtsquelle;[691] und sind aufgrund dessen auch nach der Rechtsprechung des EuGH rechtlich nicht

685 Kühling/Raab, in: Kühling/Buchner DSGVO, Art. 95 Rn. 11a; Heun, in: Auernhammer DSGVO, Art. 95 Rn. 14; Golland, in: Taeger/Gabel DSGVO, Art. 95 Rn. 17.

686 Heun, in: Auernhammer DSGVO, Art. 95 Rn. 14; Golland, in: Taeger/Gabel DSGVO, Art. 95 Rn. 17; Kühling/Raab, in: Kühling/Buchner DSGVO, Art. 95 Rn. 11a, 13.

687 Golland, in: Taeger/Gabel DSGVO, Art. 95 Rn. 18; Kühling/Raab, in: Kühling/Buchner DSGVO, Art. 95 Rn. 13.

688 Hierzu und zum Folgenden: Golland, in: Taeger/Gabel DSGVO, Art. 95 Rn. 18.

689 Nebel, CR 2021, 666 (667).

690 Nebel, CR 2021, 666 (667 f.); Golland, in: Taeger/Gabel DSGVO, Art. 95 Rn. 7; Piltz, in: Gola/Heckmann DSGVO, Art. 95 Rn. 15, 16; Haberer, MMR 2020, 810 (812).

691 Köndgen/Mörsdorf, in: Riesenhuber, Europäische Methodenlehre, § 6 Rn. 76.

verbindlich.[692] Dennoch sind sie, aufgrund ihrer hervorgehobenen Stellung in den Rechtsakten sowie der Handhabe des EuGH, die Erwägungsgründe regelmäßig gemeinsam mit den relevanten Vorschriften aus den Unionsrechtsakten zu zitieren,[693] von einer besonderen Bedeutung, gerade für die teleologische Auslegung.[694]

ErwG 173 S. 1 DSGVO ist dahingehend zu verstehen, dass der Unionsgesetzgeber das Verhältnis zur ePrivacy-RL bei Vorliegen des Kriteriums „dasselbe Ziel“ zugunsten der Geltung der ePrivacy-RL regeln wollte. Zwar besteht insoweit ein Widerspruch zu Art. 95 DSGVO, der dies einschränkender regelt. Für einen Redaktionsfehler des Unionsgesetzgebers bei der Verfassung von Art. 95 DSGVO liegen jedoch keine Anhaltspunkte vor; vielmehr ist gerade aufgrund des Vergleichs mit dem Wortlaut von ErwG 173 S. 1 DSGVO davon auszugehen, dass Art. 95 DSGVO wortlautgetreu auszulegen ist. Die Einschränkung „in Verbindung mit der Bereitstellung öffentlich zugänglicher elektronischer Kommunikationsdienste in öffentlichen Kommunikationsnetzen“ ist zudem als direktes Zitat in Art. 3 ePrivacy-RL wiederzufinden.[695] Hiermit wird noch einmal die Einschränkung auf diesen Regelungsbereich der ePrivacy-RL verdeutlicht. Im Ergebnis ist die abweichende Formulierung des Erwägungsgrundes daher für die Auslegung nicht ausschlaggebend. Erwägungsgründe sind auch nach der Rechtsprechung des EuGH rechtlich nicht verbindlich und gehen einem offensichtlich entgegenstehenden Wortlaut des verfügenden Teils des Rechtsakts nicht vor.[696] Überzeugender erscheint es daher, Art. 95 DSGVO tatsächlich nur dann heranzuziehen, wenn ein Telekommunikationsbezug vorliegt.

Sofern dieses sowie die weiteren Tatbestandsmerkmale des Art. 95 DSGVO erfüllt sind, ist die Rechtsfolge klar: die DSGVO soll in diesen Fällen „keine zusätzlichen Pflichten“ auferlegen. Die Anwendung der DSGVO entfällt also, soweit diese zu weiteren Verpflichtungen – im Sinne von rechtlichen Anforderungen – hinsichtlich der Verarbeitung von Daten führen würde.[697] Dies gilt sowohl für den klar im Wortlaut („zusätzlich“) angelegten Fall, dass die DSGVO strengere Vorschriften als die ePrivacy-RL vorsieht als auch für den Fall, dass die ePrivacy-RL strengere Regelungen als die DSGVO festlegt.[698]

---

692 EuGH v. 19.06.2014 – Rs. C-345/13 – Rn. 31.

693 Köndgen/Mörsdorf, in: Riesenhuber, Europäische Methodenlehre, § 6 Rn. 76.

694 Köndgen/Mörsdorf, in: Riesenhuber, Europäische Methodenlehre, § 6 Rn. 78.

695 Heun, in: Auernhammer DSGVO, Art. 95 Rn. 22.

696 EuGH v. 19.06.2014 – C-345/13 – Rn. 31, mit Verweis auf EuGH v. 24.11.2005 – C-136/04 – Deutsches Milch-Kontor Rn. 32 m. w. N. auf EuGH v. 19.11.1998 – C-162/97 – Rn. 54 sowie EuGH v. 25.11.1998 – C-308/97 – Rn. 30.

697 Heun, in: Auernhammer DSGVO, Art. 95 Rn. 29, 30; Karg, in: Simitis/Hornung/Spiecker gen. Döhmann DSGVO, Art. 95 Rn. 20 f..

698 Heun, in: Auernhammer DSGVO, Art. 95 Rn. 29.

Im Ergebnis muss die Abgrenzung zwischen der ePrivacy-RL bzw. dem TDDDG und der DSGVO – auch aufgrund der oben beschriebenen unterschiedlichen Schutzrichtungen – für jede Norm einzeln analysiert werden. In Bezug auf den vorliegenden Untersuchungsgegenstand sind die §§ 19, 25 TDDDG relevant, ihre Anwendbarkeit wird im Folgenden analysiert.

III. Datenschutz bei digitalen Diensten sowie Integrität von Endeinrichtungen

Das TDDDG ist in vier Teile gegliedert. Neben den allgemeinen Vorschriften in Teil 1 sowie den Straf- und Bußgeldvorschriften und solchen zur Zuständigkeit der Aufsicht in Teil 4 werden Regelungen zum Datenschutz und dem Schutz der Privatsphäre in der Telekommunikation (Teil 2) sowie zu Endeinrichtungen und zum Datenschutz bei digitalen Diensten (Teil 3) getroffen. Der im Folgenden zunächst analysierte § 19 TDDDG regelt dabei Verpflichtungen für Anbieter von digitalen Diensten.

1. Anbieter von digitalen Diensten im Smart Home

Gemäß § 2 Abs. 2 Nr. 1 TDDDG sind Anbieter von digitalen Diensten „jede natürliche oder juristische Person, die eigene oder fremde digitale Dienste erbringt, an der Erbringung mitwirkt oder den Zugang zur Nutzung von eigenen oder fremden digitalen Diensten vermittelt“. Die Definition umfasst damit auch Personen, die an der Erbringung lediglich mitwirken. Um die Reichweite des Begriffs zu erfassen, ist jedoch auch eine Bestimmung des Begriffs „digitale Dienste“ erforderlich.

2. Digitale Dienste im Smart Home

Wie bereits in Abschnitt I skizziert verwendet das TDDDG nun den Begriff der digitalen Dienste. Anders als noch Telemedien i. S. d. TTDSG (sowie zuvor des TMG) sind digitale Dienste vom Gesetzgeber mit dem unionsrechtlichen Begriff des Dienstes der Informationsgesellschaft gleichgesetzt, wie der Verweis auf Art. 1 Abs. 1 lit. b RL 2015/1535 in § 2 Abs. 1 TDDDG i. V. m. § 1 Abs. 4 Nr. 1 DDG zeigt.[699]

Nach Art. 1 Abs. 1 lit. b RL 2015/1535 umfasst ein solcher Dienst „jede in der Regel gegen Entgelt elektronisch im Fernabsatz und auf individuellen Abruf eines Empfängers erbrachte Dienstleistung“. Angesichts der bereits

699 Krings/Schmieke, K&R 2024, Beilage 1 zu Heft 9, 11 (13). Vgl. hierzu auch Gerdemann, ZUM 2024, 680 (681), wobei der vom Autor genannte Verweis auf „Art. 3 lit. b der Richtlinie (EU) 2015/1535“ als Verweis auf Art. 1 Abs. 1 lit. b dieser Richtlinie zu lesen ist; Kraul, K&R 2024, 379 (380, 381).

oben thematisierten weiten Auslegung des Entgeltkriteriums sowie der auch im Übrigen weitgehend gestalteten Definitionsmerkmale liegen im Smart Home regelmäßig solche Dienste der Informationsgesellschaft vor.

Dies gilt etwa für Apps von Drittanbietern oder App-Stores, wobei jeweils derjenige, der die App bzw. den App-Store bereitstellt[700] als Anbieter des digitalen Dienstes einzuordnen ist. Denn wenn Nutzer mit Diensten wie Drittanbieterapps agieren, handelt sich zum einen stets um Dienstleistungen, die ohne gleichzeitige physische Anwesenheit der Vertragsparteien erbracht werden. Damit liegen „im Fernabsatz erbrachte Dienstleistung[en]“ nach Art. 1 Abs. 1 lit. b RL 2015/1535 vor. Zum anderen werden diese Dienste auch regelmäßig auf die individuelle Anforderung des Nutzers hin durch die Übertragung von Daten erbracht.[701] Schließlich ist auch das Merkmal der elektronischen Erbringung regelmäßig erfüllt; so wird eine „elektronisch erbrachte Dienstleistung“ – sehr weitgehend – wie folgt definiert wird als:

> *„Dienstleistung, die mittels Geräten für die elektronische Verarbeitung (einschließlich digitaler Kompression) und Speicherung von Daten am Ausgangspunkt gesendet und am Endpunkt empfangen wird und die vollständig über Draht, über Funk, auf optischem oder anderem elektromagnetischem Wege gesendet, weitergeleitet und empfangen wird“.*

Beispielhaft sei dies anhand der Bereitstellung eines App-Stores aufgezeigt. Die Bereitstellung des App-Stores selbst stellt dabei die Dienstleistung dar; mittels der Übertragung über das Internet sind die Merkmale „gesendet“ und „empfangen“ erfüllt. Die hierfür eingesetzten Server des Anbieters bzw. etwa der Smart TV des Nutzers sind dabei die eingesetzten Geräte i. S. d. Definition. Auch wenn dies sprachlich skurril wirken mag, ist dieses Ergebnis jedenfalls vom Sinn und Zweck der Definition gedeckt, wie auch die Rechtsprechung des EuGH zeigt. Demnach ist etwa eine Taxi-App für Smartphones ein Dienst der Informationsgesellschaft,[702] was einen technisch gesehen ähnlich gelagerten Fall darstellt. Auch sind Apps von Drittanbietern oder App-Stores nicht unter Anhang I der RL 2015/1535 zu fassen, der eine – teils veraltete – Beispielliste von Diensten enthält, die nicht unter die Definition des Dienstes der Informationsgesellschaft fallen.

Teile der Literatur differenzieren zudem danach, ob die Dienste *online* oder *offline* erbracht werden – wobei erstere regelmäßig vom Begriff des Dienstes der Informationsgesellschaft umfasst sein sollen, bei letzteren sei dies

700 Noch zur alten Rechtslage vgl. Kremer, in: Auer-Reinsdorff/Conrad, Handbuch, § 28 Rn. 21.

701 Anders ist dies etwa bei linearen Fernseh- und Rundfunkangeboten, vgl. Kampert, in: Sydow/Marsch DSGVO, Art. 4 Rn. 270; Arning/Rothkegel, in: Taeger/Gabel DSGVO, Art. 4 Rn. 503.

702 EuGH, Urt. v. 3.12.2020 – C-62/19 – Rs. Star Taxi App.

grundsätzlich nicht der Fall.[703] Diese Unterteilung ist im Ergebnis richtig und auch auf Smart-Home-Geräte übertragbar. So ist etwa die nur lokal aufrufbare Oberfläche zur Konfiguration der Smart-Home-Zentrale kein Dienst der Informationsgesellschaft, auch das Betriebssystem des Smart TV stellt keinen solchen Dienst dar.

Die normative Begründung hierfür liegt jedoch nicht unmittelbar in der Art der Erbringung – on- oder offline – als solcher, sondern darin, dass bspw. das Betriebssystem einer Smart-Home-Zentrale keine von diesem Produkt abgrenzbare, eigenständige Dienstleistung darstellt.[704] Vielmehr ist das Betriebssystem bereits ein integraler Bestandteil des Produkts.[705] Daneben können jedoch weitere Dienste angeboten werden, die über das Produkt selbst hinausgehen. Bietet der Hersteller bspw. eine App an, die aus den Informationen verschiedener über die Smart-Home-Zentrale verbundener Sensoren Empfehlungen zur Optimierung der Temperatur eines Gebäudes ableitet, so stellt dies eine eigenständige Dienstleistung dar.[706] Dies wird häufig – aber technisch nicht zwingend – mit einer Verbindung über das Internet einhergehen. Ob vom Hersteller angebotene Dienste als Dienste der Informationsgesellschaft einzuordnen sind, ist daher im Einzelfall zu prüfen.

Die o. g. Beispiele machen jedoch bereits deutlich, dass für den vorliegenden Untersuchungsgegenstand sowohl Hersteller als auch Service Provider[707] in verschiedenen Fällen als Anbieter von digitalen Diensten qualifiziert werden können, zumal nach § 2 Abs. 2 Nr. 1 TDDDG auch die Mitwirkung an der Erbringung bzw. die Vermittlung eines Zugangs zur Nutzung eigener oder fremder Dienste ausreicht.[708]

Im Folgenden wird deshalb zunächst die Relevanz von § 19 Abs. 1–4 TDDDG thematisiert, welcher sich an Anbieter von digitalen Diensten richtet.

3. § 19 TDDDG

§ 19 TDDDG enthält Regelungen zu technischen und organisatorischen Vorkehrungen, die Anbieter von digitalen Diensten erfüllen müssen. Die

703 Heckmann/Paschke, in: Ehmann/Selmayr DSGVO, Art. 8 Rn. 19.

704 Vgl. zu dieser Abgrenzung: Piltz, in: Plath DSGVO, § 25 TTDSG, Rn. 87; vgl. allgemein zum primärrechtlichen Dienstleistungsbegriff: Arning/Rothkegel, in: Taeger/Gabel DSGVO, Art. 4 Rn. 498.

705 Vgl. hierzu: Piltz, in: Plath DSGVO, § 25 TTDSG, Rn. 87; Hanloser, ZD 2022, 135 (136).

706 Allgemein zu dieser Abgrenzung vgl.: Piltz, in: Plath DSGVO, § 25 TTDSG, Rn. 87; Hanloser, ZD 2022, 135 (136).

707 Vgl. zur Übersicht der Akteure Abbildung 2.

708 Vgl. bereits Abschnitt 1.

Norm hat große Ähnlichkeit mit der bisherigen Regulierung im TMG bzw. TTDSG[709] und beruht nicht auf der ePrivacy-RL.[710] Vielmehr wurde sie in Teilen (Abs. 4) 2015 durch das IT-Sicherheitsgesetz geschaffen;[711] andere Teile (Abs. 1–3) existieren bereits seit 1997 in vorherigen Rechtsakten.[712] In welchem Verhältnis die Norm zur DSGVO steht – soweit diese anwendbar ist – ist umstritten.[713] Hiervon unbenommen ist die Anwendbarkeit der Norm, wenn die DSGVO nicht einschlägig ist, also etwa wenn keine personenbezogenen Daten verarbeitet werden – der verbleibende Anwendungsbereich ist dann jedoch gering.[714]

Im Folgenden wird zwischen § 19 Abs. 4 TDDDG und den Abs. 1–3 differenziert. Nach vorzugswürdiger Ansicht, die auf die Fundierung von § 19 Abs. 4 TDDDG im IT-Sicherheitsgesetz und die verfolgte Zielsetzung, die Sicherheit von – damals noch – Telemediendiensten zu erhöhen, abstellt, hat der Gesetzgeber jedenfalls im Kern keine Datenschutzregelung geschaffen; Abs. 4 wird daher nicht von der DSGVO verdrängt.[715]

---

709 Im Rahmen des Gesetzgebungsprozesses zum TTDSG wurde jedoch der Verweis auf die Verletzung des Schutzes personenbezogener Daten in Abs. 4 gestrichen. Eine offensichtliche Überschneidung mit Regelungsbereichen der DSGVO (insbesondere mit Art. 32 DSGVO) liegt insoweit nun nicht mehr vor, weshalb die Anwendbarkeit der Norm gegenüber dem unionsrechtlichen Datenschutzrecht nicht eingeschränkt ist.

710 Eckardt/Lepperhoff, in: Schwartmann/Jaspers/Eckhardt TTDSG, § 19 Rn. 1; a. A. zumindest in Bezug auf § 13 Abs. 7 TMG a. F.: Conrad/Hausen, in: Auer-Reinsdorff/Conrad, Handbuch, § 36 Rn. 9; in Teilen auch: Moos, in: Taeger/Gabel TTDSG, § 19 Rn. 3; ebenso a. A. in Bezug auf § 19 Abs. 1 Alt. 2 TDDDG, der als Umsetzung von Art. 5 Abs. 1 ePrivacy-RL anzusehen sei: Schürmann, in: Auernhammer DSGVO, § 19 TTDSG, Rn. 6.

711 Eckhardt/Lepperhoff in: Schwartmann/Jaspers/Eckhardt TTDSG, § 19 Rn. 3; Moos, in: Taeger/Gabel TTDSG, § 19 Rn. 30; Golland, in: Taeger/Gabel DSGVO, Art. 95 Rn. 26; trotz Schaffung durch das IT-Sicherheitsgesetz ist die Norm keine Umsetzung der NIS-Richtlinie, vgl. Schneider, in: Assion TTDSG, § 19 Rn. 5.

712 Moos, in: Taeger/Gabel TTDSG, § 19 Rn. 2; Jandt, in: Kühling/Buchner DSGVO, Art. 32 Rn. 45; Piltz, in: Plath DSGVO, § 19 TTDSG, Rn. 2.

713 Ohne klares Ergebnis: Moos, in: Taeger/Gabel TTDSG, § 19 Rn. 3; für eine Verdrängung (jedenfalls) von § 19 Abs. 4 TDDDG durch Art. 32 DSGVO: Piltz/Zwerschke, in: Kipker/Reusch/Ritter DSGVO, Art. 32 Rn. 97; die Verdrängung beschränkend auf § 19 Abs. 1–3 TDDDG: Eckhardt/Lepperhoff in: Schwartmann/Jaspers/Eckhardt TTDSG, § 19 Rn. 6; für eine vollständige Verdrängung: Piltz, in: Plath DSGVO, § 19 TTDSG, Rn. 5, 6; für eine Anwendbarkeit von einem „Großteil“ von § 19 TDDDG: Schürmann, in: Auernhammer DSGVO, § 19 TTDSG, Rn. 5, differenzierend in Rn. 6–9; für eine teilweise Verdrängung von § 19 Abs. 1, 2, 4 TDDDG: Witt, in: Säcker/Körber TTDSG, § 19 Rn. 4–7.

714 Piltz, in: Plath DSGVO, § 19 TTDSG, Rn. 5, 6; Eckhardt/Lepperhoff in: Schwartmann/Jaspers/Eckhardt TTDSG, § 19 Rn. 11.

715 Eckhardt/Lepperhoff, in: Schwartmann/Jaspers/Eckhardt TTDSG, § 19 Rn. 10, 11; Deusch/Eggendorfer, in: Taeger/Pohle, ComputerR-HdB, 50.1 Rn. 421. Vgl. im Detail hierzu Abschnitt b.

a. § 19 Abs. 1–3 TDDDG

Komplexer ist die Rechtslage dagegen in Bezug auf § 19 Abs. 1–3 TDDDG. Die DSGVO wirkt vollharmonisierend;[716] der nationale Gesetzgeber darf nur in den ihm (etwa durch Öffnungsklauseln) überlassenen Spielräumen weitere datenschutzrechtliche Regelungen treffen. Diese Einschränkung umfasst auch bereichsspezifische Konkretisierungen. Soweit § 19 Abs. 1–3 TDDDG also eine datenschutzrechtliche Zielsetzung aufweist, wird die Regelung grundsätzlich von der DSGVO verdrängt.

Bemerkenswert ist, dass die aus dem TMG ohne weitere Begründung in den Gesetzgebungsmaterialien zum TTDSG[717] bzw. TDDDG übernommenen Regelungen in § 19 Abs. 1–3 TDDDG bereits in das TMG ohne wesentliche Änderungen – und ohne weitere Begründung – übernommen wurden.[718] Die aktuelle Begründung des Gesetzgebers zu diesen Vorschriften stammt damit aus der Gesetzesbegründung zum Informations- und Kommunikationsdienste-Gesetz (IuKDG)[719], welches als Artikelgesetz 1997 das Teledienstedatenschutzgesetz (TDDSG) schuf. Dort waren bereits Regelungen enthalten, welche nun den § 19 Abs. 1–3 TDDDG entsprechen:

Tabelle 4: Gegenüberstellung TDDSG und TDDDG

Regelung im TDDSG	Entsprechende Regelung im TDDDG
§ 4 Abs. 1	§ 19 Abs. 2
§ 4 Abs. 2 Nr. 1	§ 19 Abs. 1 Alt. 1
§ 4 Abs. 2 Nr. 3	§ 19 Abs. 1 Alt. 2
§ 4 Abs. 3	§ 19 Abs. 3

Mit dem TDDSG verfolgte der Gesetzgeber das Ziel, „eine verläßliche Grundlage für die Gewährleistung des Datenschutzes im Bereich der Tele-

716 Der EuGH hatte dies bereits für die DS-RL entschieden; die Argumentation ist insoweit übertragbar, vgl. hierzu: Franzen, in: Franzen/Gallner/Oetker, EuArbRK, DSGVO, Art. 88 Rn. 8 f.; EuGH v. 24.11.2011 – Rs. C-468/10, C-469/10 – Rn. 29; EuGH v. 06.11.2003 – Rs. C-101/01 – Rn. 96 f.; dass die zahlreichen Öffnungsklauseln dem gewünschten Effekt einer Vollharmonisierung entgegenwirken können, ändert nichts an der grundsätzlich vollharmonisierenden Wirkung der Verordnung, vgl. auch Hornung/Spiecker gen. Döhmann, in: Simitis/Hornung/Spiecker gen. Döhmann DSGVO, Einleitung Rn. 260 ff.; Wybitul/Sörup/Pötters, ZD 2015, 559 (559) sowie ErwG 10 DSGVO.

717 BT-Drs. 19/27441, S. 37.

718 Vgl. Hoeren, NJW 2007, 801 (804): „Hier werden nur die Bestimmungen des alten Teledienstdatenschutzes 1 : 1 übernommen. Die Chance für eine grundsätzliche Reform des Internet-Datenschutzes ist damit vertan.“; BT-Drs. 16/3078, S. 15, 16.

719 Vgl. BT-Drs. 13/7385.

dienste zu bieten [...]".[720] Ausgangspunkt für die Regelungen sei „das verfassungsrechtlich verbürgte Recht auf informationelle Selbstbestimmung".[721] §4 TDDSG sollte die in §3 TDDSG aufgestellten datenschutzrechtlichen Grundsätze konkretisieren.[722] Im Falle von §4 Abs. 1 TDDSG war dies das Ziel der Datenvermeidung,[723] bei §4 Abs. 2 TDDSG die „Grundsätze des Systemdatenschutzes und der Datenvermeidung".[724] Durch §4 Abs. 2 Nr. 3 TDDSG sollte „das Fernmeldegeheimnis im Bereich der Teledienste zusätzlich abgesichert"[725] werden. §4 Abs. 3 TDDSG hatte den Zweck, Transparenz für den Nutzer zu schaffen. Ohne eine solche Regelung könne „weder das Auskunftsrecht des Nutzers noch eine datenschutzrechtliche Kontrolle wirksam wahrgenommen werden".[726] Ausweislich der damaligen Gesetzesbegründung stellte der Gesetzgeber also klar auf eine datenschutzrechtliche Zielsetzung ab. Mangels anderweitiger Begründung in TMG und TTDSG bzw. TDDDG ist diesbezüglich auch keine Veränderung feststellbar. Vielmehr finden sich die Vorschriften auch heute im TDDDG noch unter der Überschrift „Datenschutz bei digitalen Diensten" wieder.

Diese datenschutzrechtliche Zielsetzung findet sich auch weiterhin im Wortlaut der Vorschriften wieder. So verpflichtet § 19 Abs. 1 TDDDG Anbieter von digitalen Diensten dazu, durch technische und organisatorische Vorkehrungen die Erreichung zweier Vorgaben sicherzustellen. Zum einen soll der Nutzer die Nutzung des Dienstes jederzeit beenden können (§ 19 Abs. 1 Nr. 1 TDDDG). Diese Regelung entstammt wohl früheren Herausforderungen mit sog. „Exit-Popups"[727] und dürfte hinsichtlich der damals bezweckten Regelungswirkung inzwischen kaum mehr praktisch relevant sein – auch wenn ggf. neuere Sachverhalte im Bereich des Smart Home darunter fallen könnten. Unter anderem diese jederzeitige Möglichkeit des Abbruchs der „Kommunikationsbeziehung"[728] soll nach dem Gesetzgeber der Datenvermeidung sowie dem Systemdatenschutz dienen;[729] der Gesetzgeber unterstellt wohl, dass mit der Beendigung des Dienstes auch die Datenverarbeitung endet – oder zumindest in relevantem Umfang minimiert wird. Dies ist freilich denkbar, jedoch nicht zwingend.

Zum anderen soll der Nutzer gem. § 19 Abs. 1 Nr. 2 TDDDG digitale Dienste geschützt gegen die Kenntnisnahme Dritter in Anspruch nehmen können.

720 BT-Drs. 13/7385, S. 21.
721 BT-Drs. 13/7385, S. 21.
722 BT-Drs. 13/7385, S. 23.
723 BT-Drs. 13/7385, S. 23.
724 BT-Drs. 13/7385, S. 23.
725 BT-Drs. 13/7385, S. 23.
726 BT-Drs. 13/7385, S. 24.
727 Schneider, in: Assion TTDSG, § 19 Rn. 10.
728 BT-Drs. 13/7385, S. 23.
729 BT-Drs. 13/7385, S. 23.

Ebenso wie § 19 Abs. 1 Nr. 1 TDDDG weist dies einen Bezug zu den datenschutzrechtlichen Grundsätzen des Art. 5 DSGVO auf. Der Schutz gegen die Kenntnisnahme Dritter adressiert den Grundsatz der Datenvermeidung nach Art. 5 Abs. 1 lit. c DSGVO sowie dessen Konkretisierung, etwa in Art. 25 Abs. 1, 2 DSGVO. Insoweit bei der historischen Einführung des Regelungsgehalts von § 19 Abs. 1 Nr. 2 TDDDG in § 4 Abs. 2 Nr. 3 TDDSG der Grundsatz des Systemdatenschutzes Zielsetzung der Norm war,[730] entspricht dies Art. 5 Abs. 1 lit. f DSGVO sowie dessen Konkretisierungen, etwa in Art. 32 DSGVO.[731]

Auch die jederzeitige Beendigungsmöglichkeit lässt sich als Maßnahme zur Datenminimierung (Art. 5 Abs. 1 lit. c DSGVO) sowie zur Transparenz gegenüber Betroffenen und zur Verarbeitung nach Treu und Glauben (Art. 5 Abs. 1 lit. a DSGVO) einordnen. Ebenso kann sie dem Grundsatz der Integrität und Vertraulichkeit (Art. 5 Abs. 1 lit. f DSGVO) dienen, wenn etwa durch die Möglichkeit der jederzeitigen Beendigung ein Schutz vor unbefugter oder unrechtmäßiger Verarbeitung bzw. vor unbeabsichtigtem Verlust gewährleistet wird.

Daneben weist auch der Wortlaut von § 19 Abs. 2 TDDDG, der eine Möglichkeit zur anonymen oder pseudonymen Nutzung sowie die Information des Nutzers hierüber vorsieht, einen klaren Bezug zum Grundsatz der Datenminimierung sowie dem Grundsatz der Transparenz auf. Letzteres gilt ebenso für § 19 Abs. 3 TDDDG, nach dem den Nutzern eine Weitervermittlung zu anderen Anbietern von digitalen Diensten anzuzeigen ist.

Die Regelungen in § 19 Abs. 1–3 TDDDG sind damit klar datenschutzrechtlicher Natur. Dies zeigen sowohl der aktuelle Wortlaut als auch die vom Gesetzgeber geäußerte Zielsetzung. Die letzte ergiebige Gesetzesbegründung stammt zwar von 1997. Zugleich ist den Gesetzgebungsmaterialien auch keine Begründung aus jüngerer Zeit zu entnehmen; aufgrund des gleichzeitig nur geringfügig abweichenden Wortlautes ist die historische Zielsetzung damit dennoch als aktuell anzusehen. Die oben beschriebenen Überschneidungen der Regelungen mit Vorschriften der DSGVO betreffen sowohl die in Art. 5 DSGVO genannten Grundsätze als auch Konkretisierungen, etwa in Art. 13, Art. 25 Abs. 1, 2 oder Art. 32 DSGVO. Da keine Öffnungsklausel ersichtlich ist und auch Art. 95 DSGVO nicht greift, gilt die Vollharmonisierungswirkung der DSGVO. § 19 Abs. 1–3 TDDDG wird daher von der DSGVO verdrängt. Relevanz haben die Regelungen nur außerhalb des Geltungsbereichs der DSGVO, also z. B. wenn keine personenbezogenen Daten verarbeitet werden.

---

730 Vgl. bereits Fn. 724.

731 Vgl. für detailliertere Ausführungen zu Art. 32 DSGVO: Kapitel 3 B. II sowie zu Art. 25 DSGVO: Kapitel 3 B. III.

Eine denkbare Differenzierung ergibt sich lediglich durch die Bezugnahme zum Fernmeldegeheimnis in der Begründung zu § 4 Abs. 2 Nr. 3 TDDSG.[732] Fraglich ist, ob diese Wertung des Gesetzgebers auch auf die heutige Regelung in § 19 Abs. 1 Alt. 2 TDDDG übertragbar ist. Das Fernmeldegeheimnis ist unionsrechtlich in Art. 5 Abs. 1 ePrivacy-RL geregelt. Dass das Fernmeldegeheimnis zusätzlich abgesichert wird, sofern digitale Dienste gegen die Kenntnisnahme Dritter geschützt in Anspruch genommen werden können, erscheint insoweit zunächst plausibel. Zu beachten ist jedoch, dass Anbieter von digitalen Diensten zwar grundsätzlich auch Anbieter von Telekommunikationsdiensten sein können – in aller Regel ist dies auch der Fall, etwa wenn Internetzugangsdienstanbieter neben ihrem eigentlichen Dienst auch eine Webseite betreiben – jedoch gilt dies nicht in Bezug auf denselben Dienst. § 3 Abs. 2 S. 1 TDDDG verpflichtet nur Anbieter von (öffentlich zugänglichen oder von zumindest teilweise geschäftsmäßig angebotenen) Telekommunikationsdiensten sowie an der Erbringung mitwirkende Personen (Nr. 1, 2), Betreiber öffentlicher Telekommunikationsnetze (Nr. 3) und Betreiber von Telekommunikationsanlagen (Nr. 4) zur Wahrung des Fernmeldegeheimnisses. Ein Anbieter von digitalen Diensten ist also – jedenfalls ohne, dass weitere Voraussetzungen hinzukommen – nicht gem. § 3 TDDDG zur Wahrung des Fernmeldegeheimnisses verpflichtet. § 19 Abs. 1 Alt. 2 TDDDG kann bereits deshalb nicht so verstanden werden, dass er zum Schutz des Fernmeldegeheimnisses geschaffen wurde. Es geht hierbei um den Schutz der Nutzer vor Kenntnisnahme Dritter bei der Nutzung eines digitalen Dienstes, nicht um den Schutz des Nutzers im Rahmen von spezifischen Risiken der Telekommunikation. Demnach liegt auch keine teilweise Umsetzung von Art. 5 Abs. 1 ePrivacy-RL vor. Folglich besteht das oben beschriebene Verhältnis der § 19 Abs. 1–3 TDDDG zur DSGVO auch für § 19 Abs. 1 Alt. 2 TDDDG. Die Norm wird daher ebenso im Anwendungsbereich der DSGVO von dieser verdrängt.

Klärungsbedürftig erscheint damit lediglich, ob mögliche Datenverarbeitungen außerhalb des Anwendungsbereiches der DSGVO existieren, welche für den vorliegenden Untersuchungsgegenstand relevant sind. Dies ist nur in Grenzfällen denkbar; typischerweise werden Datenverarbeitungen vorliegen – etwa die Kommunikation zwischen einzelnen Smart-Home-Geräten – bei welchen nicht in jedem Fall die binäre Festlegung „Verarbeitung ohne personenbezogene Daten" bzw. „Verarbeitung mit personenbezogenen Daten" möglich sein wird. Dies gilt gerade aufgrund der Rechtsprechung

---

732 Ohne nähere Begründung aber ggf. auch deshalb deutet Moos, in: Tager/Gabel TTDSG, § 19 Rn. 3 an, dass § 19 TTDSG (inzwischen TDDDG) teilweise eine Umsetzung von Art. 4, 5 ePrivacy-RL sein könnte.

des EuGH, die einen weiten Personenbezugsbegriff zugrunde legt.[733] Auch hinsichtlich der eng auszulegenden Haushaltsausnahme[734] ergibt sich keine entscheidende Einschränkung, welche einen relevanten Anwendungsbereich von § 19 Abs. 1–3 TDDDG eröffnen würde. Von einer weiteren Behandlung dieser Vorschriften wird deshalb im Folgenden abgesehen.

b. § 19 Abs. 4 TDDDG

§ 19 Abs. 4 TDDDG reguliert technische und organisatorische Vorkehrungen, die von Anbietern von digitalen Diensten zu treffen sind. Die Norm entspricht in weiten Teilen § 13 Abs. 7 TMG, wie dieser durch das IT-Sicherheitsgesetz in das TMG eingefügt wurde.[735] Ausweislich der damaligen Gesetzesbegründung lag ein wesentliches Ziel der Regulierung in der Eindämmung eines der Hauptverbreitungswege von Schadsoftware.[736] Diese werde durch das Nutzen manipulierter Webseiten unbemerkt[737] heruntergeladen (sog. Drive-by-Downloads). Als mögliche Gegenmaßnahmen nennt der Gesetzgeber das Einspielen von Sicherheitspatches sowie vertragliche Vereinbarungen mit Werbedienstleistern, mit denen diese zu Schutzmaßnahmen verpflichtet werden sollen. Dadurch soll die Gefahr durch kompromittierte Werbebanner gesenkt werden.

Als wesentliche Änderung gegenüber der vorherigen Fassung im TMG ist lediglich die Streichung der Vorgabe an Anbieter von Telemedien zu verzeichnen, die Telemedienangebote gegen Verletzungen des Schutzes personenbezogener Daten zu sichern. Dies ist nur folgerichtig, da Art. 32 DSGVO

733 Vgl. hierzu nur EuGH v. 19.10.2016 – C-582/14 – Rs. Breyer; EuGH v. 20.12.2017 – C-434/16 – Rs. Nowak; EuGH v. 9.11.2023 – C-319/22 – Rs. Scania; EuGH v. 7.3.2024 – C-604/22 – Rs. IAB Europe; EuGH v. 7.3.2024 – C-479/22 P – Rs. OLAF; EuG v. 26.4.2023 – T-557/20 – Rs. SRB (beim EuGH anhängig unter dem Az. C-413/23 P).

734 Vgl. zur Haushaltsausnahme bereits Kapitel 3 A. II. 1.

735 BT-Drs. 18/4096, S. 15; BT-Drs. 19/27441, S. 37; Moos, in: Taeger/Gabel DSGVO, § 19 TTDSG Rn. 30. Erstaunlich erscheint in diesem Zusammenhang allerdings, dass der Gesetzgeber – anders, als es noch im TMG a. F. der Fall war – für einen Verstoß gegen § 19 Abs. 4 TDDDG keine Sanktion in Form eines Bußgeldes vorsieht, vgl. hierzu Schneider, in: Assion TTDSG, § 19 Rn. 25.

736 Vgl. dazu und zum Folgenden: BT-Drs. 18/4096, S. 34. Da der Gesetzgeber bei der Schaffung des TTDSG auf eine Begründung zu § 19 Abs. 4 TTDSG verzichtet hat, ist weiterhin auf die Begründung zum IT-Sicherheitsgesetz zurückzugreifen.

737 In der technischen Literatur wird ein Drive-by-Download als *unbeabsichtigtes* (teils auch unbewusstes; nicht zwingend als *unbemerktes*) Herunterladen von Schadsoftware verstanden, vgl. Eckert, IT-Sicherheit, S. 157 f.; Pohlmann, Cyber-Sicherheit, S. 728. Beide Varianten sind vom Begriff umfasst, von einer Einschränkung des Regelungsgehalts durch den Gesetzgeber auf unbemerkte Downloads ist nicht auszugehen.

hinsichtlich dieser Regulierung Vollharmonisierungswirkung hat und die deutsche Regelung somit ohnehin unionsrechtswidrig war.[738]

Fraglich ist jedoch auch, welchen Anwendungsbereich die verbleibenden Regelungen des § 19 Abs. 4 TDDDG haben. Die Norm ist keine Umsetzung eines Unionsrechtsakts, insbesondere soll sie keine Bestandteile der NIS-RL[739] oder der ePrivacy-RL[740] umsetzen. Zugleich handelt es sich ausweislich der Überschrift von Teil 3 des TDDDG um eine Regelung des *Datenschutzes* bei digitalen Diensten – auch wenn gemäß der Gesetzesbegründung zum TTDSG die Bestimmungen zum (damaligen) Telemediendatenschutz nicht von der DSGVO verdrängt werden sollten.[741] Allerdings reguliert bereits die DSGVO in den Art. 32 Abs. 1, 25 Abs. 1 und Abs. 2 zu ergreifende Schutzmaßnahmen für die Sicherheit von Verarbeitungen personenbezogener Daten. Zu klären ist also, in welchem Verhältnis § 19 Abs. 4 TDDDG zu Art. 32, 25 DSGVO steht. Naturgemäß unproblematisch ist dies dann, wenn der Anwendungsbereich der DSGVO gar nicht eröffnet ist – also etwa, wenn keine personenbezogenen Daten verarbeitet werden oder wenn deren Verarbeitung z. B. unter die sog. Haushaltsausnahme nach Art. 2 Abs. 2 lit. c DSGVO fällt.[742]

Im Übrigen ist das Normverhältnis jedoch umstritten.[743] Trotz der Überschrift von Teil 3 des TDDDG sprechen allerdings im Ergebnis die überzeugenderen Argumente für eine parallele Geltung von § 19 Abs. 4 TDDDG neben Art. 25, 32 DSGVO. Dies zeigt auch das Schutzziel der Norm, welches neben der Gesetzeshistorie – der Einführung der Vorgängernorm durch das IT-Sicherheitsgesetz – für eine solche Auslegung spricht. Ausweislich der Gesetzesbegründung sollte u. a. die Eindämmung von Schadsoftware bezweckt werden. Damit richtet sich die Zielsetzung der Norm nicht auf den Schutz der Rechte und Freiheiten betroffener Personen – wie dies bei der DSGVO der Fall ist, vgl. Art. 1 DSGVO. Vielmehr soll die IT-Infrastruktur der angebotenen digitalen Dienste – und damit mittelbar die Geräte der Nutzer der Dienste – geschützt werden.

Diese Unterscheidung zeigt sich auch, wenn die Norm auf ihren Bezug zu den Schutzzielen der IT-Sicherheit betrachtet wird. So haben die vorgesehenen Schutzmaßnahmen gegen unerlaubten Zugriff (§ 19 Abs. 4 S. 1 Nr. 1 TDDDG) einen Schutz der Vertraulichkeit, die vorgesehenen Maßnahmen zur Sicherung gegen Störungen (§ 19 Abs. 4 S. 1 Nr. 2 TDDDG) einen Schutz

---

738 Vgl. dazu im Gesetzgebungsverfahren zum TTDSG: Assion, Stellungnahme TTDSG, S. 8.

739 Schneider, in: Assion TTDSG, § 19 Rn. 5.

740 Eckhardt/Lepperhoff, in: Schwartmann/Jaspers/Eckhardt TTDSG, § 19 Rn. 6.

741 BT-Drs. 19/27441, S. 36.

742 Eckhardt/Lepperhoff, in: Schwartmann/Jaspers/Eckhardt TTDSG, § 19 Rn. 11.

743 Vgl. bereits Fn. 713.

der Verfügbarkeit zur Folge. Jedenfalls unter Heranziehung der Zielsetzung des Gesetzgebers, die Verbreitung von Schadsoftware zu vermeiden, lässt sich i. V. m. den genannten Maßnahmen außerdem ein Schutz der Integrität herleiten, auch wenn Schadsoftware nur eine einzelne von sehr vielen potentiellen Bedrohungen der Integrität darstellt. Der Bezugspunkt sind jedoch – anders als bei den durch die DSGVO verfolgten Schutzzielen[744] – stets die für das Angebot der digitalen Dienste genutzten technischen Einrichtungen. Deren Sicherheit ist zwar aus technischer Perspektive mit der Sicherheit der Datenverarbeitungen untrennbar verbunden; es handelt sich rechtlich jedoch um eine abweichende Zielsetzung. Dies spricht ebenfalls dafür, dass der Gesetzgeber mit der Norm keine originäre Datenschutzvorschrift schuf[745] – was wiederum zur Folge hat, dass die Norm auch nicht von der DSGVO verdrängt wird.[746]

Dennoch erscheint – auch nach dieser Ansicht – teils fraglich, welche praktische Relevanz § 19 Abs. 4 TDDDG in diesen Konstellationen entfalten kann. Werden (wie wohl i. d. R. der Fall) ohnehin personenbezogene Daten verarbeitet – gelten also die Anforderungen aus Art. 32, 25 DSGVO – so wird zumindest diesen Fällen die Verpflichtung aus § 19 Abs. 4 TDDDG kein „Mehr“ an Schutzmaßnahmen für zur Folge haben. Dies gilt dann, wenn die Vorschriften faktisch denselben Adressaten haben – so fallen im Bereich Smart Home die Rollen des Anbieters von digitalen Diensten und des Verantwortlichen i. S. v. Art. 4 Nr. 7 DSGVO häufig zusammen, etwa bei der Nutzung von Apps, die von Service Providern bereitgestellt werden.[747] Insoweit könnte sich dann auf tatsächlicher Ebene kein „Mehr“ an zu fordernden Schutzmaßnahmen aus § 19 Abs. 4 TDDDG ergeben. Denn häufig dürften die technischen und organisatorischen Maßnahmen zu Sicherung gegen Störungen bzw. gegen unerlaubte Zugriffe dann deckungsgleich sein zu Maßnahmen, welche nach Art. 32 Abs. 1 DSGVO zu treffen sind.

Hinsichtlich der praktischen Relevanz wäre es dann nahezu unerheblich, ob die Ansicht vorzugswürdig wäre, welche in § 19 Abs. 4 TDDDG in sei-

---

744 Vgl. hierzu und zum abweichenden Verständnis der DSGVO: Kapitel 3 B. II. 3. a. (2).

745 Eckhardt/Lepperhoff, in: Schwartmann/Jaspers/Eckhardt TTDSG, § 19 Rn. 10; Zum Ziel von § 19 Abs. 1 Nr. 1 TDDDG vgl. auch: Schneider, in: Assion TTDSG, § 19 Rn. 5, 19.

746 Eckhardt/Lepperhoff, in: Schwartmann/Jaspers/Eckhardt TTDSG, § 19 Rn 10; Schreiber, in: Geppert/Schütz TTDSG, § 19 Rn. 22; so noch zu § 13 Abs. 7 TMG a. F.: Mantz/Spittka, in: Sassenberg/Faber, Rechtshandbuch, § 6 Rn. 171 sowie OLG Hamburg, Urteil v. 28.11.2019, Az. 15 U 29/19 = GRUR-RS 2019, 39901, Rn. 60.

747 Vgl. zur datenschutzrechtlichen Verantwortlichkeit bei den vorliegenden Produktkategorien bereits Kapitel 3 A. II. 2.

ner Gesamtheit eine Datenschutzbestimmung sieht – und nach welcher die Norm somit vollständig von der DSGVO verdrängt werden würde.[748]

Andererseits existieren auch beim vorliegenden Untersuchungsgegenstand Szenarien, in denen die Gestaltung von § 19 Abs. 4 TDDDG andere Wertungen zur Folge haben kann als dies bei Art. 25, 32 DSGVO der Fall ist. Dies kommt etwa in Betracht, wenn aufgrund der Verarbeitung personenbezogener Daten nur ein geringes Risiko besteht – aus der Perspektive der IT-Sicherheit jedoch ein höheres Risiko zu berücksichtigen ist. Beispielhaft sei hierfür die Bereitstellung einer App genannt, mittels derer das smarte Türschloss bedient wird. Die dabei anfallenden personenbezogenen Daten – etwa eine Nutzerkennung, IP-Adressen oder dokumentierte Zeitpunkte der Öffnung und Schließung der Tür – dürften in vielen Fällen nur ein geringes datenschutzrechtliches Risiko mit sich bringen. Gerade falls keine zusätzliche manuelle Möglichkeit der Türöffnung ohne Nutzung der App existiert, sind die Anforderungen an den Schutz vor Störungen nach § 19 Abs. 4 Nr. 2 TDDDG – etwa der für die Bereitstellung der App genutzten Server des Anbieters – dagegen deutlich höher zu bewerten. Auch mit der Smart-Home-Zentrale verbundene Sensoren zur Detektion von Wasser oder Rauch verarbeiten häufig nur eingeschränkt nach Art. 25, 32 DSGVO zu schützende Daten – eine Störung der zur Steuerung der Sensoren angebotenen digitalen Dienste kann dagegen durchaus schwerer wiegen.

Im Ergebnis ist die parallele Geltung von § 19 Abs. 4 TDDDG neben Art. 25, 32 DSGVO nicht nur rein theoretischer Natur, sondern hat auch praktische Unterschiede zur Folge. Die oben genannten Beispiele zeigen zudem auf, dass auch § 19 Abs. 4 TDDDG aufgrund des Bezuges zu den Schutzzielen der IT-Sicherheit – vergleichbar wie zum GeschGehG ausgeführt[749] – zumindest hinsichtlich der konkreten Ausgestaltung der Maßnahmen als (mittelbar) risikobasiert angesehen werden kann.

Konkrete Schutzmaßnahmen nach § 19 Abs. 4 TDDDG sowie das Verhältnis zu den weiteren hier untersuchten Normen werden in Kapitel 5 näher erläutert.

---

748 Vgl. Piltz/Zwerschke, in: Kipker/Reusch/Ritter DSGVO, Art. 32 Rn. 97; Schneider, in: Assion TTDSG, § 19 Rn. 27; so vertreten für § 13 Abs. 7 TMG: Nink, in: Spindler/Schuster, §§ 11–15 TMG, Rn. 1, 4.

749 Vgl. Kapitel 4 B.

4. § 25 TDDDG

Mit nahezu übereinstimmendem Wortlaut[750] hat der deutsche Gesetzgeber die Vorgaben aus Art. 5 Abs. 3 ePrivacy-RL in § 25 TDDDG umgesetzt. So ist gem. § 25 Abs. 1 S. 1 TDDDG die Speicherung von Informationen in der Endeinrichtung des Endnutzers bzw. der Zugriff auf Informationen, die bereits in der Endeinrichtung gespeichert sind, nur auf Grundlage einer Einwilligung zulässig. Für die Anforderungen an die Einwilligung – sowie die vor Erteilung zu erfolgende Information des Endnutzers – verweist § 25 Abs. 1 S. 2 TDDDG auf die DSGVO. Das Erfordernis einer Einwilligung entfällt nach § 25 Abs. 2 TDDDG in zwei Fällen. Dies gilt zum einen dann, wenn der alleinige Zweck der Speicherung von Informationen bzw. des Zugriffs auf Informationen die Durchführung der Übertragung einer Nachricht über ein öffentliches Telekommunikationsnetz ist (§ 25 Abs. 2 Nr. 1 TDDDG). Zum anderen kann auf eine Einwilligung verzichtet werden, wenn Speicherung oder Zugriff unbedingt erforderlich sind, damit der Anbieter eines digitalen Dienstes diesen Dienst zur Verfügung stellen kann. Es muss sich dabei um einen vom Nutzer ausdrücklich gewünschten digitalen Dienst handeln (§ 25 Abs. 2 Nr. 2 TDDDG).

Art. 5 Abs. 3 ePrivacy-RL – bzw. seine nationalgesetzliche Umsetzung in § 25 TDDDG bzw. der vorherigen Normierung – wird in der Literatur schwerpunktmäßig im Bereich der Cookie-Regulierung diskutiert.[751] Dies wird der Norm jedoch nicht gerecht. Wie im Folgenden aufgezeigt wird, sind deutlich mehr Sachverhalte vom Anwendungsbereich der Vorschrift erfasst – auch wenn die exakte Reichweite nur schwer eindeutig zu bestimmen ist.

Bereits die Überschriften der Norm – bzw. ihrer nationalen Umsetzung – lassen auf eine weitergehende Bedeutung schließen. Art. 5 ePrivacy-RL adressiert demnach die Vertraulichkeit der Kommunikation, § 25 TDDDG nennt den Schutz der Privatsphäre bei Endeinrichtungen. Primär ist der weite Anwendungsbereich jedoch mittels der Auslegung der Begriffe „Informationen“ und „Endeinrichtung“[752] zu begründen.

---

750 Grages, CR 2021, 834 (835) sieht eine Regulierung in „quasi direkter Umsetzung von Art. 5 Abs. 3 ePrivacy-Richtlinie“, der Gesetzgeber beschreibt eine enge Orientierung an diesem Wortlaut, vgl. BT-Drs. 19/27441, S. 37.

751 Ettig, in: Taeger/Gabel DSGVO, § 25 TTDSG Rn. 1–3; Scharpf, K&R 2022, 153 (155) bezeichnet Cookies als „Hauptanwendungsfall“ der Regelung; ebenso: Werkmeister, in: Säcker/Körber TTDSG, § 25 Rn. 12; vgl. daneben auch Schmitz, in: Geppert/Schütz TTDSG, § 25 Rn. 1, 2; Schneider, in: Assion TTDSG, § 25 Rn. 2.

752 Das TDDDG verwendet den Begriff „Endeinrichtung“, Art. 5 Abs. 3 ePrivacy-RL dagegen den Begriff „Endgerät“. Die Begriffe sind im Folgenden synonym zu verstehen; dennoch werden aus Präzisionsgründen hinsichtlich des Gesetzeswortlautes beide Begriffe (je nach Bezug auf das TDDDG oder die ePrivacy-RL) verwendet.

Letztere definiert § 2 Abs. 2 Nr. 6 Hs. 1 TDDDG als eine

- direkt oder indirekt
- an die Schnittstelle eines öffentlichen Telekommunikationsnetzes angeschlossene
- Einrichtung
- zum Aussenden, Verarbeiten oder Empfangen von Nachrichten.[753]

Die Verbindung kann über Draht, optische Faser oder elektromagnetisch hergestellt werden (§ 2 Abs. 2 Nr. 6 Hs. 2 TDDDG); unter indirektem Anschluss versteht die Norm, dass zwischen Endeinrichtung und Schnittstelle des öffentlichen Netzes ein (weiteres) Gerät geschaltet ist (§ 2 Abs. 2 Nr. 6 Hs. 3 TDDDG).

Eine ausgesendete, verarbeitete oder empfangene Nachricht kann nach § 2 Abs. 2 Nr. 4 Hs. 1 TDDDG jede Information sein, die zwischen einer endlichen Zahl von Beteiligten über einen Telekommunikationsdienst ausgetauscht oder weitergeleitet wird.[754]

Erfasst sind damit eine Vielzahl von Geräten – faktisch ist lediglich die Anbindung an ein öffentliches Kommunikationsnetz als beschränkende Voraussetzung anzusehen. Sind Geräte in einem internen Netzwerk – etwa einem geschlossenen Firmennetzwerk[755] – eingebunden, sind sie von der Regelung nicht umfasst.[756] Unklar erscheint, ob die Anbindung an ein öffentliches Kommunikationsnetz auch dann verneint werden kann, wenn eine Endeinrichtung zwar hardwareseitig – etwa durch eine LAN-Verbindung – an das öffentliche Kommunikationsnetz angebunden wäre, diese Verbindung jedoch softwareseitig – z. B. durch eine entsprechend konfigurierte Firewall – geblockt wird.[757] Da die Definition hier vor allem im Bereich des Schutzes der Privatsphäre relevant ist,[758] dürfte der Sinn und Zweck der Norm darin liegen, gerade eine Bedrohung der Privatsphäre zu adressieren. Folglich sollte im Ergebnis darauf abgestellt werden, ob sich für die Integrität des

---

753 Darstellung als Aufzählung durch den Verfasser.

754 Das Kriterium „endlich“ dient dabei der Abgrenzung von Informationen „die als Teil eines Rundfunkdienstes über ein öffentliches Kommunikationsnetz weitergeleitet“ werden und damit „für einen potenziell unbegrenzten Personenkreis bestimmt“ sind. Solche Informationen sollen gem. ErwG 16 S. 1 ePrivacy-RL keine Nachricht i. d. S. darstellen. Vgl. hierzu Ettig, in: Taeger/Gabel DSGVO, § 2 TTDSG Rn. 41.

755 So ausdrücklich die Gesetzesbegründung: BT-Drs. 19/27441, S. 38.

756 Burkhardt/Reif/Schwartmann, in: Schwartmann/Jaspers/Eckhardt, TTDSG, § 25 Rn. 16.

757 Ein solcher Fall könnte im Bereich des Smart Home etwa vorliegen, wenn Kameras zwar hardwareseitig über die Smart-Home-Zentrale mit dem Internet verbunden sind, jedoch faktisch die Software der Smart-Home-Zentrale nur Zugriffe aus dem IP-basierten Netzwerk des Haushalts zulässt.

758 Vgl. die Überschrift von § 25 TDDDG: „Schutz der Privatsphäre bei Endeinrichtungen“.

Endgeräts Risiken unter Nutzung des öffentlichen Kommunikationsnetzes – d. h. hier über das Internet – als Angriffsweg ergeben. Ist dies der Fall, wäre eine Anbindung an das öffentliche Kommunikationsnetz zu bejahen. Dies führt dazu, dass bei korrekter Konfiguration der o. g. Firewall keine Anbindung an ein öffentliches Kommunikationsnetz vorliegen würde. Ergäbe sich trotz der Firewall – etwa aufgrund eines Konfigurationsfehlers – eine Möglichkeit, dass sich Risiken für die Integrität des Endgeräts realisieren, wäre die Anbindung wiederum zu bejahen. Nach dieser funktionalen Auslegung sind Geräte auch dann i. S. d. § 2 Abs. 2 Nr. 6 TDDDG an ein öffentliches Kommunikationsnetz angeschlossen, wenn nur ein Teil der darauf befindlichen Software eine solche Anbindung aufweist – etwa, weil aufgrund der Konfiguration nur bestimmte Ports[759] hierfür genutzt werden können.

Es verbleibt also ein weiter Anwendungsbereich, der neben den hier untersuchten Produktkategorien auch vernetzte Küchengeräte, Alarmsysteme und Heizkörperthermostate umfasst.[760] Diskutiert wird daneben auch, in welchem Ausmaß vernetzte Fahrzeuge – bzw. deren einzelne Bauteile[761] – vom Begriff der Endeinrichtung umfasst sein können.[762] Ein indirekter Anschluss an das öffentliche Telekommunikationsnetz liegt bspw. bei der Kommunikation von Smart-Home-Geräten – etwa smarten Türschlössern – vor, welche zunächst z. B. mittels ZigBee mit der Smart-Home-Zentrale kommunizieren, die wiederum über einen Router mit dem Internet verbunden ist.[763]

Informationen i. S. v. § 25 TDDDG sind nicht gesetzlich definiert. Aufgrund der Schutzrichtung der Norm – dem Schutz vor unbefugter Beeinträchti-

759 Ein Port dient dazu, eine Ende-zu-Ende-Verbindung zwischen einzelnen Diensten herzustellen. Jedes versendete Datenpaket enthält die jeweilige Port-Nummer, von der das Paket stammt bzw. an die das Paket übermittelt werden soll. Für weit verbreitete Dienste – sog. Standarddienste – sind bestimmte Ports reserviert. Vgl. zur Funktionsweise auch RfC 793, RfC 9293; vgl. zum Port-Konzept nach dem Transmission-Control-Protokoll: Eckert, IT-Sicherheit, S. 113–115.

760 Ettig, in: Taeger/Gabel DSGVO, § 2 TTDSG Rn. 51; Scharpf, K&R 2022, 153 (154); BT-Drs. 19/27441, S. 38; Burkhardt/Reif/Schwartmann, in: Schwartmann/Jaspers/Eckhardt, TTDSG, § 25 Rn. 16.

761 Ettig, in: Taeger/Gabel DSGVO, § 2 TTDSG Rn. 51 mit Verweis auf die Stellungnahme von VW v. 30.04.2022 zu den EDSA Guidelines; die Stellungnahme verweist auf die spezifische Prüfung einzelner Komponenten: https://edpb.europa.eu/sites/default/files/webform/public_consultation_reply/statement_volkswagen_ag.pdf, S. 7.

762 Ettig, in: Taeger/Gabel DSGVO, § 2 TTDSG Rn. 51 mit Verweis auf die Guidelines des EDSA, Guidelines 1/2020 on processing personal data in the context of connected vehicles and mobility related applications, V1.0, 28.01.2020, Rn. 13; Hanloser, ZD 2021, 121 (122); sowie die Stellungnahme des Verbands der Automobilindustrie zum Referentenentwurf des TTDSG v. 13.01.2021: https://www.bmwk.de/Redaktion/DE/Downloads/Stellungnahmen/Stellungnahmen-TTDSG/vda.pdf?__blob=publicationFile&v=4, S. 3.

763 Vgl. Abbildung 1.

gung der Integrität des Endgeräts – ist der Begriff grundsätzlich weit auszulegen. Insbesondere ist es nicht erforderlich, dass ein Personenbezug i. S. d. Art. 4 Nr. 1 DSGVO vorliegt.[764] Außerdem soll auch die Veränderung von „Meta-Informationen", also bspw. Zugriffsrechten auf Dateien, oder ein automatisierter Download von Daten – unabhängig von ihrem Personenbezug – genauso von § 25 Abs. 1 TDDDG umfasst sein[765] wie der Zugriff auf Daten über den Zustand von Geräten.[766]

Aufgrund dieser weiten Auslegung der Begriffe „Endeinrichtung" und „Informationen" diskutiert die Literatur weitere „Technologien" – neben dem „Hauptanwendungsfall"[767] Cookies –, welche von § 25 TDDDG umfasst sein können.[768] In Bezug auf die Sicherheit von Smart-Home-Geräten können drei Fallgruppen identifiziert werden, in denen die Reichweite von § 25 TDDDG konkrete Auswirkungen zeigt. Kern der Fragestellung ist dabei stets, ob eine Speicherung von Informationen in der Endeinrichtung des Endnutzers oder ein Zugriff auf bereits dort gespeicherte Informationen vorliegt.

a. Föderierte Lernsysteme

Die erste Fallgruppe betrifft den Einsatz von maschinellen Lernsystemen in Smart-Home-Geräten. Insbesondere bei digitalen, cloudbasierten Sprachassistenten werden föderierte Lernsysteme[769] eingesetzt – beispielsweise, um die Erkennung der sog. wake words zu verbessern.[770] Dabei erfolgt eine dezentrale Datenverarbeitung auf den einzelnen Sprachassistenten – d. h. die Erkennung des wake words soll lokal optimiert werden, ohne dass die Sprachaufnahmen das Gerät verlassen müssen. Anders als bei maschinellen Lernsystemen üblich, müssen damit (personenbezogene) Trainingsdaten – etwa die Spracheingaben der Nutzer des Sprachassistenten – nicht an eine zentrale Stelle übermittelt werden, um dort auf einem umfangreichen Datenpool die Lerniterationen des maschinellen Lernsystems durchzuführen und das sog. ML-Modell zu trainieren. Die Trainingsdaten verbleiben vielmehr in den Endgeräten, sind also dezentral gespeichert. Die Lerniterationen wer-

---

764 Vgl. bereits Fn. 684.

765 Schneider, in: Assion TTDSG, § 25 Rn. 23.

766 Burkhardt/Reif/Schwartmann, in: Schwartmann/Jaspers/Eckhardt TTDSG, § 25 Rn. 29.

767 Scharpf, K&R 2022, 153 (155); Werkmeister, in: Säcker/Körber TTDSG, § 25 Rn. 12.

768 Vgl. nur Ettig, in: Taeger/Gabel DSGVO, § 25 TTDSG Rn. 23; Scharpf, K&R 2022, 153 (155).

769 Hierzu und zur folgenden Erläuterung der Funktionsweise vgl. bereits Leicht/Dessani, K&R 2022, Beilage 2 zu Heft 12, 70 (70 ff.); grundlegend hierzu vgl. McMahan, Brendan, et al. Communication-Efficient Learning of Deep Networks from Decentralized Data. In: Artificial Intelligence and Statistics, PMLR, 2017, S. 1273–1282.

770 Vgl. nur den Einsatz beim „Google Assistant": https://support.google.com/assistant/answer/10176224?hl=en.

den damit an die einzelnen Endgeräte ausgelagert. Innerhalb einer Iteration erhalten ausgewählte Endgeräte die aktuelle Version des globalen Modells. Dieses wird sodann auf den Endgeräten verwendet und mit den lokalen Daten trainiert. Danach wird das verbesserte Modell bzw. einzelne Modellparameter von den Endgeräten zurück an die zentrale Stelle geschickt. Dort werden alle von den einzelnen Endgeräten übermittelten Informationen aggregiert und zu einem neuen globalen Modell zusammengeführt. Diese Iterationen werden vielfach durchgeführt, um das globale Modell weiter zu optimieren.[771]

Es ergeben sich damit zwei Vorgänge, welche im Hinblick auf § 25 TDDDG relevant sein können: Zum einen wird ein neues Modell auf den Endgeräten gespeichert. Damit könnte eine „Speicherung von Informationen" i. S. d. § 25 TDDDG vorliegen. Zum anderen müssen die Modellparameter von den Endgeräten an eine zentrale Stelle übermittelt werden, um das globale Modell zu verbessern. Damit könnte ein Zugriff auf bereits im Endgerät gespeicherte Informationen vorliegen. Hierbei ist es nun zunächst relevant, ob ein Zugriff von außen auf diese Modellparameter erfolgt – oder ob die Modellparameter vom Gerät selbst ausgesendet werden.[772] Im ersten Fall wäre lediglich zu klären, ob die Modellparameter vom Begriff der Information i. S. d. § 25 TDDDG umfasst sind. Im zweiten Fall dagegen scheint der Wortlaut zunächst eindeutig zu sein: Ein „Aussenden" von Daten ist nach dem alltäglichen Sprachgebrauch kein „Zugriff" eines Dritten, welcher die informationelle Integrität eines Endgeräts beeinträchtigen könnte. Nach *Piltz* soll auch die historische Entwicklung von Art. 5 Abs. 3 ePrivacy-RL im Rahmen des Gesetzgebungsprozesses dafürsprechen, dass lediglich Zugriffe von außen – etwa durch „Eindringen" in das Endgerät – nicht aber das Aussenden von Informationen ohne vorherigen Einfluss von außen durch die Norm reguliert werden sollen.[773]

Aus einer technischen Perspektive ist diese Differenzierung jedoch als problematisch anzusehen. Nach den oben genannten Argumenten wäre es

771 Vgl. Leicht/Dessani, K&R 2022, Beilage 2 zu Heft 12, 70 (71 f.), vgl. dort insb. Abbildung 1; McMahan, Brendan, et al. Communication-Efficient Learning of Deep Networks from Decentralized Data. In: Artificial Intelligence and Statistics, PMLR, 2017, S. 1273–1282.

772 Die jeweiligen technischen Implementierungen unterscheiden sich insoweit nur unwesentlich voneinander. In der Literatur existieren neben Beschreibungen, die eine rein passive Rolle nahelegen, auch Gestaltungen, die aktive und passive Elementen kombinieren; vgl. hierzu: Fn. 782 sowie Abbildung 4.

773 Piltz, Der „Zugriff" auf Endeinrichtungen nach § 25 TTDSG – ein historischer Blick auf den Schutzzweck der Norm, de lege data v. 11.02.2022, abrufbar: https://www.delegedata.de/2022/02/der-zugriff-auf-endeinrichtungen-nach-§-25-ttdsg-ein-historischer-blick-auf-den-schutzzweck-der-norm/; Piltz, in: Plath DSGVO, § 25 TTDSG Rn. 32, 34; im Ergebnis auch: Schmitz, in: Geppert/Schütz TTDSG, § 25 Rn. 36.

schlüssig, einen „Zugriff" i. S. d. § 25 TDDDG tatsächlich nur dann anzunehmen, wenn eine Möglichkeit (aus-)genutzt wird, ein Speichermedium einer Endeinrichtung von außen auszulesen. Erhält die Endeinrichtung dagegen ein Datenpaket, dessen Inhalt zur Herausgabe derselben Information auffordert – und folgt die Endeinrichtung dieser Aufforderung – so werden dieselben im Endgerät gespeicherten Informationen übermittelt. Gerade dieser Vorgang ist aus technischer Sicht deutlich üblicher als die Möglichkeit eines unmittelbaren Zugriffs durch Ausnutzung einer Möglichkeit, ein Speichermedium von außen auszulesen.[774] Dennoch würde dies – die obige Argumentation als zutreffend unterstellt – ein *Aussenden von* Informationen und keinen *Zugriff auf* Informationen darstellen. Insoweit könnte zwar noch auf die Reaktion der Endeinrichtung auf die Aufforderung abgestellt werden, welche von der Endeinrichtung schließlich ignoriert oder negativ beantwortet werden könnte. Eine solche Argumentation würde jedoch vernachlässigen, dass dieses Verhalten in der Endeinrichtung typischerweise[775] fest konfiguriert ist – und gerade nicht durch Endnutzer verändert werden kann. Dieser kann damit der Beeinträchtigung der Integrität seiner Endeinrichtung nicht entgegentreten – genau dies wird jedoch von § 25 TDDDG bezweckt.

Davon betroffen sind auch Fälle, in denen die Reaktion des Endgeräts gerade durch diejenige Stelle vorbestimmt sein kann, welche auf die Daten zugreifen möchte. Dies ist z. B. bei digitalen, cloudbasierten Sprachassistenten der Fall, die föderierte Lernsysteme einsetzen. Der Hersteller, welcher die Modellparameter für die Verbesserung des globalen Modells benötigt, ist zugleich derjenige, der das für den Informationsaustausch relevante technische Verfahren festlegt. So könnte er sich sowohl einen Zugriff auf diese Parameter im Endgerät einrichten – als auch die Reaktion des Endgeräts auf einem entsprechenden Befehl determinieren. Alternativ wäre auch ein vorgegebenes, regelmäßiges Aussenden der Informationen an einen festgelegten Server möglich. Bei einer engen Auslegung des Zugriffs i. S. d. § 25 TDDDG wäre nur der erste Fall von der Norm umfasst – obwohl die übermittelten Informationen dieselben wären und die technische Vorgehensweise sich nur in Details unterscheidet. In dieser Konstellation ist also die Stelle,

774 Ob eine solche Konstellation – in der also ein Zugriff auf ein Endgerät erfolgt, ohne dass zuvor ein Datenpaket an das Endgerät verschickt wurde – in der Praxis aus technischer Sicht überhaupt existiert, kann wegen der folgenden Argumentation dahinstehen. Daneben vgl. etwa zur technischen Funktionsweise von Cookies: Request for Comments (RFC) 6265, April 2011, abrufbar: https://datatracker.ietf.org/doc/html/rfc6265.

775 Im Fall von Cookies ist es wäre es zwar denkbar, den verwendeten Browser – bspw. mittels eines zusätzlich installierten Plugins – so zu konfigurieren, dass er keine Informationen herausgibt. Insoweit es sich aber um Browser handelt, die auf Smart TVs oder digitalen Sprachassistenten ausgeführt werden, sind die Möglichkeiten der Konfiguration für Endnutzer bereits wieder deutlich beschränkter.

welche Zugriff auf die Informationen erhält (oder einem Zugriff auf die Informationen ähnliche Möglichkeiten ausüben kann) mit der Stelle identisch, welche die Entscheidungsgewalt darüber hat, wie Informationen die Endeinrichtung verlassen. Zumindest in diesen Fällen – welche typischerweise den Hersteller der Endeinrichtung umfassen werden[776] – könnte also darüber nachgedacht werden, ob „Zugriff" i. S. d. § 25 TDDDG weiter ausgelegt werden soll. Dagegen sprechen zwar die o. g. Argumente mit Verweis auf den Wortlaut sowie die Historie des Gesetzgebungsprozesses. Zugleich ist jedoch auf den Sinn und Zweck der – auch nicht in Bezug auf spezifische technische Gegebenheiten formulierten – Norm abzustellen. Demnach soll die informationelle Integrität von Endeinrichtungen geschützt werden. Wird eine enge Auslegung von „Zugriff" zugrunde gelegt, kann dieser Schutz jedoch durch eine simple Variation der technischen Gestaltungsweise des Informationsaustausches umgangen werden.

Diese Argumentation unterstellt, wäre in der Folge jedoch – insbesondere im Hinblick auf den in § 25 Abs. 2 Nr. 2 TDDDG enthaltenen Rechtsgedanken – fraglich, ob eine solche Umgehung durch eine simple Variation der technischen Gestaltung in jedem Fall dem Sinn und Zweck der Norm widersprechen würde. Hierfür entscheidend ist, welche Schutzrichtung Art. 5 Abs. 3 ePrivacy-RL verfolgt, d. h. ob die Norm vor jeglicher Beeinträchtigung der informationellen Integrität der Endgeräte schützen soll – oder ob lediglich spezifische Gefahren adressiert werden sollen. Der Wortlaut selbst ist insoweit offen gestaltet; mögliche Konkretisierungen lassen sich jedoch den ErwG 65 und 66 ePrivacy-RL entnehmen. ErwG 65 benennt „Spähsoftware" sowie Viren als „ernste Bedrohung für die Privatsphäre des Nutzers"[777]. Als Spähsoftware werden Computerprogramme definiert, welche „heimlich zugunsten Dritter das Verhalten des Nutzers überwachen oder die Funktionsweise seines Endgerätes beeinträchtigen"[778]. Die Privatsphäre der Nutzer soll demnach davor geschützt werden, dass „unerwünschte Spähprogramme oder Viren versehentlich über elektronische Kommunikationsnetze heruntergeladen werden"[779]. Dies stellt der Wertung von ErwG 66 S. 1 nach ein unberechtigtes Eindringen in die Privatsphäre dar. Der Gesetzgeber intendierte somit offenbar, Endnutzer insbesondere vor den Gefahren von Spähsoftware und Viren zu schützen. Jedoch werden diese in ErwG 66 nur beispielhaft für das unberechtigte Eindringen in die Privatsphäre genannt. Dies deutet – ebenso wie der Wortlaut von Art. 5 Abs. 3 ePrivacy-RL, welchem keine dahingehende spezifische Schutzrichtung zu entnehmen ist –

776 Jedenfalls dürfte dies typischerweise für Hersteller von Smart-Home-Geräten gelten; für andere Produkte – etwa PCs – gilt dies nicht bzw. nicht im selben Ausmaß.

777 ErwG 65 S. 1 RL 2009/136/EG.

778 ErwG 65 S. 1 RL 2009/136/EG.

779 ErwG 65 S. 2 RL 2009/136/EG.

darauf hin, dass mit der Schaffung der Norm durchaus Schutz vor einem unberechtigten Eindringen in die Privatsphäre in Form der Integrität des Endgeräts als solchem bezweckt wurde. Eine Beschränkung auf spezifische Gefahren wie Spähsoftware, Viren oder gar lediglich Cookies ist daher zu verneinen.

Als Folge dieser technologieneutralen Ausgestaltung erhält die Norm einen sehr weiten Anwendungsbereich. Damit ist es nicht mit dem Sinn und Zweck von Art. 5 Abs. 3 ePrivacy-RL vereinbar, wenn Hersteller die Norm durch eine lediglich technisch geprägte Variation des Informationsaustausches umgehen könnten. Bezogen auf die Fallgruppe, in der eine Identität zwischen Hersteller des Endgeräts und die informationelle Integrität des Endgeräts beeinträchtigende Stelle herrscht, muss Art. 5 Abs. 3 ePrivacy-RL daher dergestalt teleologisch ausgelegt werden, dass auch ein Aussenden von Informationen einem Zugriff i. S. v. Art. 5 Abs. 3 ePrivacy-RL entspricht.[780] Im Wege der richtlinienkonformen Auslegung ist dies ebenso bei § 25 Abs. 1 TDDDG zu beachten.

In den übrigen Fallgruppen – wenn also die Reaktion des Endgeräts nicht durch diejenige Stelle vorbestimmt ist, die auch auf die Informationen zugreift – schützt die Norm jedoch, übereinstimmend mit ihrem Wortlaut sowie der Historie des Gesetzgebungsprozesses, lediglich gegen Zugriffe von außen. Ein Verbot des Aussendens von Daten ist damit folglich nicht verbunden.

Hierin mag zwar eine Lücke im Schutz der Privatsphäre des Nutzers gesehen werden. Diese wird jedoch durch das Normenverhältnis zwischen Art. 5 Abs. 3 ePrivacy-RL, § 25 TDDDG und den Normen der DSGVO begrenzt. Werden personenbezogene Daten verarbeitet, so ist zumindest in den Phasen der Weiterverarbeitung – d. h. nach dem Zugriff auf die Informationen im Endgerät bzw. nach der Speicherung der Informationen im Endgerät – die DSGVO anwendbar.[781]

Im Ergebnis ist es nach der hier vertretenen Auffassung daher nicht relevant, wie genau der Informationsaustausch zwischen (durch den Hersteller betriebenen) Server und den einzelnen Sprachassistenten erfolgt. Dies gilt jedenfalls, soweit die oben beschriebene Fallgruppe vorliegt, bei welcher der Hersteller den Informationsaustausch einseitig beeinflussen könnte – was bei Sprachassistenten typischerweise der Fall ist. Es ist somit nicht entscheidend, ob der Server sich hinsichtlich des Informationsaustausches passiv verhält – also lediglich auf Anfragen der einzelnen Sprachassistenten reagiert (vgl. Abbildung 4, „Passiv-Variante") – oder ob er eine aktivere Rolle einnimmt,

---

780 So im Ergebnis auch: EDSA Guidelines 2/2023, Rn. 33.

781 Zum Verhältnis zwischen DSGVO und ePrivacy-RL bzw. TDDDG vgl. Kapitel 4 C. II.

bei der zumindest das Versenden des Modells an ausgewählte Clients durch den Server erfolgt (vgl. Abbildung 4, „Aktiv/Passiv-Variante“).

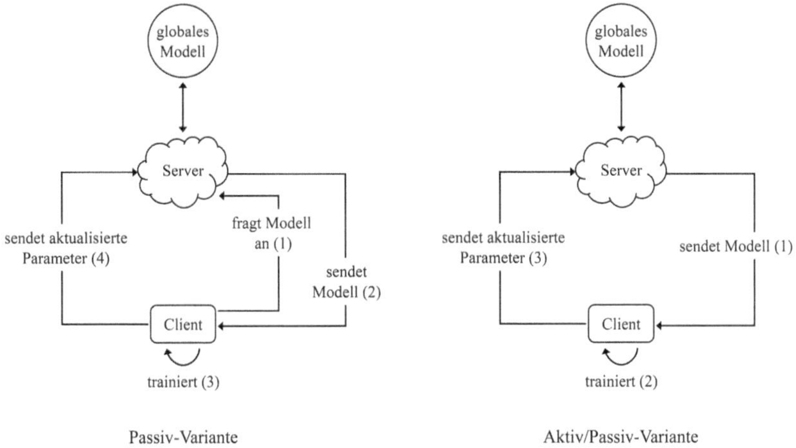

Abbildung 4: Informationsaustausch Server-Client (Föderiertes Lernen)

Die Abbildungen stellen diese Varianten vereinfachend dar. Beide Varianten werden in der Literatur diskutiert,[782] wobei rechtliche Rahmenbedingungen für die Wahl der Variante bisher keine Rolle spielen – was, die hier vertretene Auffassung unterstellt, auch in Zukunft der Fall sein dürfte. Zudem muss die herangezogene technische Literatur insoweit etwas vorsichtig betrachtet werden: Nicht immer sind derartige Implementierungsdetails eine bewusste

782 Vgl. zur passiven Variante: Shokri, Reza; Shmatikov, Vitaly. Privacy-Preserving Deep Learning. In: Proceedings of the 22nd ACM SIGSAC Conference on Computer and Communications Security, 2015, S. 1310–1321 (1313, insb. fig. 2); vgl. zur Aktiv/Passiv-Variante: Huth, in: Kaulartz/Braegelmann, Rechtshandbuch Artificial Intelligence und Machine Learning, Kap. 2.3, Rn. 24; Briggs, Christopher; Fan, Zhong; Andras, Peter. A Review of Privacy-Preserving Federated Learning for the Internet-of-Things. Federated Learning Systems, 2021, S. 21–50, insb. fig. 1, unter Verweis auf den FedAvg-Algorithmus; McMahan, Brendan, et al. Communication-Efficient Learning of Deep Networks from Decentralized Data. In: Artificial Intelligence and Statistics, PMLR, 2017, S. 1273–1282; Yang, Timothy, et al. Applied federated learning: Improving google keyboard query suggestions. arXiv preprint arXiv:1812.02903, 2018; dieser Algorithmus wurde auch für den Bereich der Spracherkennung untersucht, vgl.: Guliani, Dhruv; Beaufays, Françoise; Motta, Giovanni. Training speech recognition models with federated learning: A quality/cost framework. In: ICASSP 2021-2021 IEEE International Conference on Acoustics, Speech and Signal Processing (ICASSP), IEEE, 2021, S. 3080–3084.; sowie Leroy, David, et al. Federated learning for keyword spotting. In: ICASSP 2019-2019 IEEE International Conference on Acoustics, Speech and Signal Processing (ICASSP), IEEE, 2019, S. 6341–6345.

bzw. explizit enthaltene Information. Oftmals ist dagegen davon auszugehen, dass auch ein anders notierter Pfeil – was hier etwa eine Datenzusendung statt eine Datenanfrage zur Folge hätte – für die Autoren der technischen Überlegungen funktional gleichwertig wäre. Dies bestärkt die o. g. Argumentation, welche zumindest in den genannten Fällen der Abgrenzung zwischen „Aussenden aus dem Gerät" und „Zugriff auf das Gerät" bei einer exakten technischen Betrachtung keine entscheidende Bedeutung zumisst.

Schließlich lässt sich die obige Argumentation ebenso auf den Vorgang der Speicherung von Informationen in Endgeräten übertragen. Auch dort kann es – die o. g. Gründe zugrunde gelegt – keinen Unterschied machen, ob aufgrund einer externen Anfrage Informationen im Endgerät gespeichert werden – oder ob dies aufgrund eines direkten Zugriffs eines Dritten geschieht.

b. Sicherheitsupdates

Die zweite Fallgruppe betrifft die Bereitstellung von (Sicherheits-)Updates für Smart-Home-Geräte. Wie bereits in der rechtswissenschaftlichen Literatur behandelt wird, erfordert etwa die Installation von Updates auf Endgeräten eine Speicherung von Informationen auf dem jeweiligen Endgerät.[783] Dies erlangt auch im Bereich des Smart Home aktuell zunehmende Bedeutung, einerseits durch die auch in dieser Untersuchung thematisierten Anforderungen des CRA,[784] andererseits auch durch die Update-Pflicht nach der DID-RL bzw. der WK-RL.[785] Dabei ist jedoch zwischen der Bereitstellung von Updates einerseits und der tatsächlichen (ggf. automatischen) Installation von Updates zu unterscheiden. Zunächst ist anerkannt, dass ein Zugriff bzw. eine Speicherung zulässig ist, wenn dies zu Zwecken der IT-Sicherheit des digitalen Dienstes geschieht. Dies gilt – trotz fehlender ausdrücklicher Regelung in § 25 Abs. 2 TDDDG – gerade auch, wenn der Anbieter dadurch eine gesetzliche Pflicht erfüllt.[786] Fraglich ist jedoch, ob Softwareupdates im Allgemeinen sowie Sicherheitsupdates im Speziellen darunter fallen können. Zunächst ist festzuhalten, dass aufgrund des weiten Anwendungsbereichs von § 25 Abs. 1 TDDDG sowohl die Information über das neue Update – welche etwa vom Softwarehersteller an das Endgerät übermittelt wird – als auch die Speicherung der Installationsdatei auf dem Endgerät in die Integrität des Endgeräts eingreifen und somit einer Rechtfertigung be-

---

783 Vgl. Burkhardt/Reif/Schwartmann, in: Schwartmann/Jaspers/Eckhardt TTDSG, § 25 Rn. 138.

784 Vgl. hierzu Kapitel 4 D. II. 2.

785 Vgl. hierzu nur Ewald/Schneider, MMR 2022, 709 (712 f.).

786 Burkhardt/Reif/Schwartmann, in: Schwartmann/Jaspers/Eckhardt TTDSG, § 25 Rn. 136; Piltz, CR 2021, 555 (562); Wiesemann, MMR 2022, 343 (345); Hanloser, ZD 2021, 399 (401); EDSA Leitlinien 01/2020, S. 36 f.; bezgl. des Einsatzes von Cookies zu Sicherheitszwecken: Schneider, in: Assion TTDSG, § 25 Rn. 37.

dürfen. Bezogen auf den Untersuchungsgegenstand sind neben Updates für das Betriebssystem der Smart-Home-Geräte auch Updates für Software von Drittanbietern umfasst. Dadurch bedarf es typischerweise einer Einwilligung des Endnutzers zur Installation von Updates, welche jedoch auch bei der Erstkonfiguration dauerhaft in Bezug auf zukünftige Softwareupdates erteilt werden kann.[787] Die Verantwortung für die Installation selbst verbleibt damit beim Endnutzer; dies entspricht auch der Wertung des § 327f Abs. 2 BGB.[788] Damit fallen grundsätzlich alle Arten von Updates in den Anwendungsbereich von § 25 Abs. 1 TDDDG; ihre Durchführung muss mittels Einholung einer Einwilligung realisiert werden. Eine Ausnahme kann vorliegen, wenn trotz Hinweis über das Update keine Installation durch den Endnutzer zu erwarten ist und dadurch eine Gefährdung Dritter entstehen könnte.[789]

c. Verwendung von Drittanbieterapps

Schließlich können auch in Smart-Home-Geräten – etwa bei Smart TVs oder bei digitalen, cloudbasierten Sprachassistenten – Apps von Drittanbietern verwendet werden, welche z. B. zur Speicherung von Nutzerpräferenzen Cookies verwenden. Darüber hinaus ist es hierdurch möglich, Endgeräte wiederzuerkennen und zu tracken. In diesem Kontext ergeben sich jedoch keine Fragestellungen, welche spezifisch für Smart-Home-Geräte wären – weshalb auf die ausführlichen Abhandlungen in der Literatur zur Verwendung und Regulierung von Cookies zu diesen Zwecken verwiesen werden kann.[790]

d. Rechtfertigung nach § 25 Abs. 2 TDDDG

Sofern die obigen Anwendungsfälle unter § 25 Abs. 1 S. 1 TDDDG fallen, ist für den Zugriff bzw. die Speicherung – wie bereits dargestellt – eine Einwilligung erforderlich, welche nach § 25 Abs. 1 S. 2 TDDDG gemäß der DSGVO zu erfolgen hat. Diese Einwilligung ist jedoch gem. Abs. 2 in zwei Fällen nicht erforderlich. Zum einen ist dies der Fall, wenn der alleinige Zweck der Speicherung oder des Zugriffs die Durchführung der Übertragung einer Nachricht über ein öffentliches Telekommunikationsnetz ist (§ 25

---

787 Burkhardt/Reif/Schwartmann, in: Schwartmann/Jaspers/Eckhardt TTDSG, § 25 Rn. 138.

788 Vgl. Burkhardt/Reif/Schwartmann, in: Schwartmann/Jaspers/Eckhardt TTDSG, § 25 Rn. 138.

789 Schneider, in: Assion TTDSG, § 25 Rn. 45.

790 Statt vieler vgl. nur: Ettig/Herbrich, K&R 2020, 719 (720 ff.); Lang, K&R 2020, 714 (716 f.); Arning/Hansen-Oest/Strassemeyer, in: Moos/Schefzig/Arning, Praxishandbuch DSGVO, Kap. 17, Rn. 25 ff.

Abs. 2 Nr. 1 TDDDG). Zum anderen entfällt die Erforderlichkeit der Einwilligung, wenn die Speicherung oder der Zugriff unbedingt erforderlich ist, damit der Anbieter des digitalen Dienstes einen vom Nutzer ausdrücklich gewünschten digitalen Dienst zur Verfügung stellen kann (§ 25 Abs. 2 Nr. 2 TDDDG). Diese Ausnahmeregelungen haben jedoch keinen Einfluss auf die technische Gestaltung von Smart-Home-Geräten hinsichtlich der Implementierung von IT-Sicherheitsmaßnahmen – die bloße Einholung einer Einwilligung und deren technische Umsetzung ist insoweit nicht relevant. Daher ist eine genauere Analyse der Rechtfertigungsmöglichkeiten nach § 25 Abs. 2 TDDDG für die vorliegende Untersuchung nicht ausschlaggebend.

5. Fazit

Im Bereich Smart Home existiert eine Vielzahl von Diensten, die von den §§ 19 Abs. 4, 25 TDDDG reguliert werden. Diese Normen werden auch nicht von der DSGVO verdrängt. Zwar führt die parallele Anwendung von Art. 25, 32 DSGVO und § 19 Abs. 4 TDDDG in einigen Fällen nicht zu einem „Mehr“ an konkret implementierten Schutzmaßnahmen. Dennoch bestehen in relevantem Ausmaß Szenarien, in denen § 19 Abs. 4 TDDDG zu einer von Art. 25, 32 DSGVO abweichenden Wertung führt – insbesondere, wenn das Risiko für die verarbeiteten personenbezogenen Daten als gering angesehen werden kann, das Risiko für die Verfügbarkeit der für den digitalen Dienst genutzten Infrastruktur jedoch ungleich höher zu bewerten ist.

Sowohl § 19 Abs. 4 TDDDG als auch § 25 TDDDG weisen – zumindest in Teilen – Bezüge zu den Schutzzielen der IT-Sicherheit auf. Anders als § 19 Abs. 4 TDDDG, der zumindest auf Ebene der Auswahl der geforderten Schutzmaßnahmen mittelbar risikobasiert ist, kann § 25 TDDDG kein zu § 19 Abs. 4 TDDDG vergleichbarer Risikobezug entnommen werden. Aufgrund der hohen Relevanz von § 25 TDDDG bei der Implementierung von Schutzmaßnahmen – die oben etwa anhand von Sicherheitsupdates und der Implementierung föderierter Lernsysteme exemplarisch dargestellt wurde – wird die Norm im Folgenden dennoch gemeinsam mit den weiteren untersuchten Normen analysiert.

Wie sich dieses Verhältnis von § 25 TDDDG zu den weiteren Normen auswirkt sowie welche Schutzmaßnahmen aus den Anforderungen der §§ 19 Abs. 4, 25 TDDDG abgeleitet werden können, wird in Kapitel 5 analysiert.

IV. Telekommunikationsrecht

Neben den Vorschriften zum Datenschutz bei digitalen Diensten enthält das TDDDG auch Normen, die besondere Datenschutzbestimmungen für Anbieter von Telekommunikationsdiensten regeln. Hier wird relevant, dass zusammen mit dem TTDSG auch das TKG zum 1.12.2021 novelliert wurde. So stammen die spezifischen Vorschriften zur Telekommunikation in Teil 2 des TDDDG teilweise aus dem Teil 7 des TKG a. F.[791] Zum Teil sind hier potentiell relevante Vorschriften aber auch im TKG verblieben, vor allem diejenigen zur öffentlichen Sicherheit: §§ 109, 109a TKG a. F., welche Regelungen zu technischen und organisatorischen Schutzmaßnahmen sowie Benachrichtigungspflichten bei Sicherheitsvorfällen enthalten, sind nun in vergleichbarer Fassung in den §§ 165, 169 TKG n. F. wiederzufinden.

Diese telekommunikationsspezifischen Vorschriften können grundsätzlich auch im Bereich von IoT-Geräten relevant werden.[792] Gemeinsam haben die Vorschriften die Voraussetzung, dass Telekommunikationsdienste erbracht werden müssen. Zu klären ist daher, was unter dem Begriff des Telekommunikationsdienstes verstanden werden kann. Dies wird in § 3 Nr. 61 TKG definiert. Liegt ein Telekommunikationsdienst vor, ist in der Folge abzugrenzen, inwieweit die Vorschriften eine Umsetzung der ePrivacy-RL darstellen und in welchem Verhältnis sie folglich zur DSGVO stehen. Art. 95 DSGVO schreibt das dort regulierte Normverhältnis nämlich nur für solche elektronischen Kommunikationsdienste vor, die öffentlich zugänglich sind und in öffentlichen Kommunikationsnetzen bereitgestellt werden.

Im Rahmen des hiesigen Untersuchungsgegenstandes ist zunächst die Konstellation der Akteure zu beachten.[793] „Klassische" Anbieter von Telekommunikationsdiensten – wie etwa Internet Service Provider – sind nicht Gegenstand der Untersuchung. Auch sog. OTT-Dienste – die § 3 Nr. 61 lit. b TKG mit der Formulierung „interpersonelle Telekommunikationsdienste" adressiert – werden vorliegend typischerweise nicht von den Akteuren der Untersuchung[794] erbracht. Vielmehr liegt in aller Regel die in § 3 Nr. 61 TKG genannte Ausnahme vor, dass im Bereich des Smart Home erbrachte Dienste Inhalte über Telekommunikationsdienste und -netze anbieten.[795] Eine Anwendung des Telekommunikationsrechts sowie der spezifischen Vorschriften des Telekommunikationsdatenschutzes im TDDDG scheidet daher beim hiesigen Untersuchungsgegenstand i. d. R. aus, weshalb eine genauere Analyse der Regelungen im Folgenden unterbleiben kann.

791 Dies gilt etwa für das Fernmeldegeheimnis, welches zuvor in §§ 88 ff. TKG a. F. und seit dem 1.12.2021 in § 3 TTDSG bzw. inzwischen in § 3 TDDDG geregelt wird.

792 Sassenberg/Kiparski, in: Sassenberg/Faber, Rechtshandbuch, § 5 Rn. 1.

793 Vgl. Abbildung 2.

794 Vgl. Abbildung 2.

795 Vgl. auch allgemein hierzu: Sassenberg/Kiparski, in: Sassenberg/Faber, Rechtshandbuch, § 5 Rn. 20; Grünwald/Nüßing, MMR 2015, 378 (380 f.).

D. Regulierung von Produkten und zugehörige Fragestellungen

Aufgrund aktueller Entwicklungen wird für die vorliegende Untersuchung der rechtlichen Anforderungen an die IT-Sicherheit von Smart-Home-Geräten auch der Bereich der unmittelbaren Regulierung von Produkten relevant. Dies gilt zunächst für die Regulierung von Funkanlagen (vgl. Abschnitt I.). Daneben enthält der Cyber Resilience Act[796] relevante Normen zur IT-Sicherheit von sog. Produkten mit digitalen Elementen (vgl. Abschnitt II.). Beide Rechtsakte adressieren die Hersteller von Produkten und unterscheiden sich bereits damit grundlegend von den bisher untersuchten Normen. Da die Rechtsakte jedoch explizit die Sicherheit der Produkte bzw. den Schutz personenbezogener Daten sicherstellen sollen, ist eine Betrachtung im Rahmen dieser Untersuchung trotz – im Vergleich zu den weiteren untersuchten Normen – unterschiedlicher Adressaten unerlässlich.

I. Besondere Anforderungen an Funkanlagen (Radio Equipment Directive)

In der sog. Radio Equipment Directive (RED), der RL 2014/53/EU[797], sieht Art. 3 bereits seit ihrem Inkrafttreten 2014[798] einige grundlegende Anforderungen für Funkanlagen vor. Diese betreffen nach Art. 3 Abs. 1 RED etwa die Gesundheit und Sicherheit von Menschen, Haus- und Nutztieren sowie von Gütern. Außerdem regelt Art. 3 Abs. 3 RED für bestimmte Kategorien oder Klassen von Funkanlagen zusätzliche grundlegende Anforderungen.

1. Schutz personenbezogener Daten und der Privatsphäre (Art. 3 Abs. 3 lit. e RED)

Besonders relevant für diese Untersuchung ist Art. 3 Abs. 3 lit. e RED. Dieser sieht vor, dass Funkanlagen bestimmter Kategorien oder Klassen so konstruiert sein müssen, dass sie über Sicherheitsvorrichtungen verfügen, welche „sicherstellen, dass personenbezogene Daten und die Privatsphäre des Nutzers und des Teilnehmers geschützt werden.“. Damit ergibt sich ein

796 Vgl. Fn. 830.

797 Richtlinie 2014/53/EU des Europäischen Parlaments und des Rates vom 16. April 2014 über die Harmonisierung der Rechtsvorschriften der Mitgliedstaaten über die Bereitstellung von Funkanlagen auf dem Markt und zur Aufhebung der Richtlinie 1999/5/EG.

798 Vgl. Art. 51 RED.

eindeutiger Bezug zum Datenschutzrecht einerseits sowie zum Schutz der Privatsphäre durch die ePrivacy-RL andererseits.[799]

Gemäß Art. 3 Abs. 3 lit. e RED gilt dieses Erfordernis von Sicherheitsvorrichtungen jedoch zunächst nicht für alle Funkanlagen; vielmehr gelten die einzelnen in Art. 3 Abs. 3 RED aufgelisteten Anforderungen nur dann, wenn ein delegierter Rechtsakt der EU-Kommission dies für bestimmte Kategorien oder Klassen von Funkanlagen festlegt.

Die nationale Umsetzung dieser Regelungen wird im Funkanlagengesetz (FuAG) vorgenommen. Nach § 4 Abs. 3 FuAG gelten die Anforderungen nur dann, wenn die EU-Kommission deren Anwendbarkeit bezüglich bestimmter Kategorien oder Klassen von Funkanlagen festlegt.[800] Ein (weiterer) Umsetzungsakt des nationalen Gesetzgebers ist aufgrund des Wortlauts von § 4 Abs. 3 FuAG für die Geltung der Anforderungen nicht erforderlich.

Am 12.01.2022 hat die EU im Amtsblatt eine delegierte Verordnung i. S. d. Art. 44 RED veröffentlicht, welche die Anwendbarkeit der grundlegenden Anforderungen nach Art. 4 Abs. 3 lit. d–f RED für bestimmte Kategorien und Klassen von Funkanlagen aktiviert. Dadurch soll die Sicherheit der betreffenden Anlagen verbessert werden.[801] Die Regelung in Art. 1 Abs. 2 der delegierten Verordnung 2022/30[802] hat zur Folge, dass „mit dem Internet verbundene Funkanlagen“ so konstruiert sein müssen, dass sie die grundlegende Anforderung aus Art. 3 Abs. 3 lit. e RED erfüllen können. Voraussetzung hierfür ist lediglich, dass die Funkanlagen personenbezogene Daten i. S. d. DSGVO verarbeiten (Art. 4 Nr. 1, 2 DSGVO) können oder dass sie Verkehrs- oder[803] Standortdaten i. S. d. Art. 2 lit. b, c ePrivacy-RL verarbeiten können.

„Mit dem Internet verbundene Funkanlagen“ sind gemäß der Legaldefinition in Art. 1 Abs. 1 der delegierten Verordnung „alle Funkanlagen, die selbst über das Internet kommunizieren können, unabhängig davon, ob sie direkt oder über andere Geräte kommunizieren“.

---

799 Zu sich daraus ergebenden Verknüpfungen vgl. Kapitel 5 A.

800 Schaller, ZD-Aktuell 2017, 05450.

801 Dies wird bereits in ErwG 5, 6 der delegierten Verordnung 2022/30 angedeutet.

802 Delegierte Verordnung (EU) 2022/30 der Kommission vom 29. Oktober 2021 zur Ergänzung der Richtlinie 2014/53/EU des Europäischen Parlaments und des Rates im Hinblick auf die Anwendung der grundlegenden Anforderungen, auf die in Artikel 3 Absatz 3 Buchstaben d, e und f der Richtlinie Bezug genommen wird.

803 Der in der ursprünglichen Fassung der delegierten Verordnung verwendete Wortlaut „oder Verkehrsdaten und Standortdaten“ wurde durch die Delegierte Verordnung (EU) 2023/2444 der Kommission vom 20. Juli 2023 zur Änderung der Delegierten Verordnung (EU) 2022/30 hinsichtlich des Anwendungsbeginns der grundlegenden Anforderungen an Funkanlagen und zur Berichtigung der genannten Verordnung berichtigt.

Erfüllen Smart-Home-Geräte die Tatbestandsvoraussetzungen dieser Definition, so müssen die Geräte ab Geltung der delegierten Verordnung – somit ab dem 1.8.2025[804] – so konstruiert sein, dass sie über Sicherheitsvorkehrungen verfügen, welche den Schutz der personenbezogenen Daten und der Privatsphäre des Nutzers und des Teilnehmers[805] sicherstellen. Daraus ergibt sich, im Gegensatz zu den in dieser Untersuchung bisher behandelten Vorschriften, eine klare Verpflichtung der Hersteller der Produkte. Entsprechend adressiert § 9 Abs. 1 S. 1 FuAG Hersteller, die Funkanlagen i. S. v. § 3 Abs. 1 Nr. 10 FuAG in Verkehr bringen, sie also erstmalig auf dem Markt der EU bereitstellen.

Relevant sind diese Vorschriften für die vorliegende Untersuchung primär aufgrund der eindeutigen Bezugnahme zur DSGVO und der ePrivacy-RL. Welche Maßnahmen konkret getroffen werden sollen, um die vorgeschriebenen Sicherheitsvorrichtungen zu implementieren, bleibt sowohl nach der RED als auch nach der delegierten Verordnung offen. Nach ErwG 13 S. 1 RED können der Schutz personenbezogener Daten und der Privatsphäre „durch besondere Funktionen der Anlagen verbessert werden“; die Konzeption der Funkanlagen soll daher so erfolgen, dass diese Funktionen unterstützt werden, ErwG 13 S. 2 RED.[806]

ErwG 10 der delegierten Verordnung 2022/30 enthält jedoch zumindest einige Hinweise, welche Risiken durch den Rechtsakt adressiert werden sollten. Der ErwG nennt „Bedenken“[807], die auf die Funktionalitäten der Funkanlagen bezogen sind, etwa „da diese Funkanlagen in der Lage sind, Informationen aufzuzeichnen, zu speichern und weiterzugeben und mit dem Nutzer, auch Kindern, zu interagieren, wenn Lautsprecher, Mikrofone und andere Sensoren in diese Funkanlage integriert sind“.[808] Genannt wird auch die Fähigkeit der Funkanlagen, personenbezogene Daten aufzuzeichnen, etwa „Fotos, Videos, Lokalisierungsdaten, Daten im Zusammenhang mit der

---

804 Der Geltungsbeginn war zunächst für den 1.8.2024 vorgesehen, wurde jedoch um ein Jahr verschoben, vgl. Art. 1 der Delegierte Verordnung (EU) 2023/2444 der Kommission vom 20. Juli 2023 zur Änderung der Delegierten Verordnung (EU) 2022/30 hinsichtlich des Anwendungsbeginns der grundlegenden Anforderungen an Funkanlagen und zur Berichtigung der genannten Verordnung.

805 Die Formulierung stellt einen Verweis auf die DSGVO bzw. die ePrivacy-RL dar, wie ErwG 11, 12 S. 4 sowie Art. 1 Abs. 2 der delegierten Verordnung 2022/30 deutlich machen. Die Begriffe „Nutzer“ und „Teilnehmer“ sind daher i. S. d. ePrivacy-RL zu verstehen, vgl. auch die Legaldefinition für „Nutzer“ in Art. 2 UAbs. 2 lit. a ePrivacy-RL.

806 Auch ErwG 2 der delegierten Verordnung 2022/30 verweist auf die in ErwG 13 RED genannten besonderen Funktionen bzw. die entsprechende Konzeption der Funkanlagen.

807 ErwG 10 S. 1, 2 der delegierten Verordnung 2022/30.

808 ErwG 10 S. 1 der delegierten Verordnung 2022/30.

Spielerfahrung sowie die Herzfrequenz, Schlafgewohnheiten".[809] Als mögliche technische Schwächen werden exemplarisch Standardpasswörter genannt, welche Zugriff auf erweiterte Einstellungen der Funkanlage ermöglichen, sofern die Verbindung oder die Daten unverschlüsselt sind oder kein starker Authentifizierungsmechanismus implementiert ist.[810]

Grundsätzlich lässt der Zweck der Norm daher auf eine gewisse Parallele der Schutzrichtung zu Art. 32 Abs. 1 DSGVO schließen. Zwar ist Art. 3 Abs. 3 lit. e RED deutlich kürzer und abstrakter formuliert. Des Weiteren adressiert die Norm stets den Hersteller der Funkanlagen, während Art. 32 Abs. 1 DSGVO diesen nur dann erfassen würde, wenn er in die konkrete Datenverarbeitung – entweder als Verantwortlicher oder als Auftragsverarbeiter – eingebunden wäre.[811] Die abstrakte Schutzrichtung der Normen erscheint jedoch durchaus vergleichbar. Es liegt daher nahe, dass die zu implementierenden technischen Schutzmaßnahmen in großen Teilen kongruent sein werden. Denn auch Verantwortliche, die nicht zugleich Hersteller der eingesetzten Funkanlagen sind, müssen für die Sicherheit der mit diesen Anlagen durchgeführten Datenverarbeitungen sorgen. Werden in einer Funkanlage also bspw. bestimmungsgemäß sensible personenbezogene Daten verarbeitet und werden diese Daten dabei unverschlüsselt an andere Funkanlagen übermittelt, so kann dies sowohl einen Verstoß gegen Art. 3 Abs. 3 lit. e RED für den Hersteller begründen als auch einen Verstoß gegen Art. 32 Abs. 1 DSGVO für den Verantwortlichen. Umgekehrt werden durch eine vom Hersteller implementierte Verschlüsselung und die bestimmungsgemäße Verwendung der Funkanlage durch den Verantwortlichen die personenbezogenen Daten der Betroffenen geschützt, sodass durch dieselbe Maßnahme zwei rechtliche Anforderungen mit unterschiedlichen Adressaten – zumindest im Bereich des Vertraulichkeitsschutzes – erfüllt werden können.

2. Schutz des Netzes (Art. 3 Abs. 3 lit. d RED)

Neben dem Schutz von personenbezogenen Daten sowie der Privatsphäre durch Art. 3 Abs. 3 lit. e RED wirkt sich zudem auch Art. 3 Abs. 3 lit. d RED auf die IT-Sicherheitsanforderungen an Smart-Home-Geräte aus. Diese Norm wird durch Art. 1 Abs. 1 der delegierten Verordnung 2022/30 aktiviert. Demnach dürfen mit dem Internet verbundene Funkanlagen „weder schädliche Auswirkungen auf das Netz oder seinen Betrieb" haben noch „eine missbräuchliche Nutzung von Netzressourcen" bewirken, „wodurch eine

809 ErwG 10 S. 2 der delegierten Verordnung 2022/30.
810 ErwG 10 S. 3 der delegierten Verordnung 2022/30.
811 Vgl. die obigen Ausführungen in Kapitel 3 B. II.

unannehmbare Beeinträchtigung des Dienstes verursacht würde“.[812] Die im Rahmen des Gesetzgebungsverfahrens erstellte Folgenabschätzung zeigt, dass hiermit zum einen die Risiken für die Sicherheit von 5G-Netzwerken und daran angeschlossene Geräte adressiert werden sollen.[813] Zum anderen wurden Risiken etwa aufgrund von DDoS-Angriffen unter Verwendung von Botnetzen als Problematik identifiziert.[814] Gerade letzteres ist im Kontext des Untersuchungsgegenstandes ein relevantes Risiko.[815] Auch die Folgenabschätzung nimmt u. a. ausdrücklich Bezug darauf, dass im Bereich Smart Home einige neue IoT-Geräte nicht gegen Botnetz-Angriffe abgesichert sind.[816]

3. Smart-Home-Geräte als „mit dem Internet verbundene Funkanlagen“

Ob Smart-Home-Geräte die Anforderungen der Art. 3 Abs. 3 lit. d, e RED – bzw. der nationalen Umsetzung im FuAG – erfüllen müssen, hängt allerdings maßgeblich davon ab, inwieweit diese Geräte als „mit dem Internet verbundene Funkanlagen“ eingeordnet werden können. „Alle Funkanlagen, die selbst über das Internet kommunizieren können, unabhängig davon, ob sie direkt oder über andere Geräte kommunizieren“[817] stellt eine denkbar weit gefasste Definition dar.

Hinsichtlich des zweiten Definitionsbestandteils – die Fähigkeit, über das Internet kommunizieren zu können – wären sowohl Smart TVs als auch cloudbasierte, digitale Sprachassistenten sowie Kameras aufgrund ihrer jeweiligen, hier zugrunde gelegten Funktionalität[818] umfasst. Auch andere Geräte wie Sensoren oder smarte Türschlösser sind i. d. R. mittelbar – nämlich über ihre Smart-Home-Zentrale – an das Internet angebunden. Klärungsbedürftig erscheint dabei lediglich, welche Anforderungen an die Fähigkeit zur Kommunikation gestellt werden können. Historisch betrachtet – sowie mit Blick auf die Zielsetzung der Norm – ist der Anwendungsbereich tendenziell weit auszulegen, da ein möglichst weitgehender Schutz der personen-

---

812 So ausdrücklich Art. 3 Abs. 3 lit. d RED, gleichlautend umgesetzt in § 4 Abs. 3 Nr. 4 FuAG.

813 Impact Assessment Report zur delegierten Verordnung 2022/30, S. 12 f.; Böck/Reinsberg, ZfPC 2022, 126 (128).

814 Impact Assessment Report zur delegierten Verordnung 2022/30, S. 13.

815 Vgl. die Ausführungen zu Botnetzen und DDoS-Angriffen in Kapitel 2 C. I.

816 Impact Assessment Report zur delegierten Verordnung 2022/30, S. 13: „Many newer IoT devices, typically with a wireless connectivity and hence radio equipment, as for instance *connected home appliance*[sic!], do not even have security systems protecting them from botnet attacks.“ (Hervorhebung durch den Verfasser).

817 Art. 1 Abs. 1 der delegierten Verordnung 2022/30.

818 Vgl. hierzu die Beschreibung der Produktkategorien in Kapitel 2 B. I.

bezogenen Daten sowie der Privatsphäre bezweckt ist. An das Erfordernis der Fähigkeit zur Kommunikation sind entsprechend niedrige Anforderungen zu stellen. Zweck der Norm ist die Absicherung der Funkgeräte. Diese Absicherung ist primär auf Angriffe gerichtet, die sich aufgrund der Internetanbindung von Geräten ergeben.[819] Unter Zugrundelegung dieser Schutzrichtung ist das Tatbestandsmerkmal der Fähigkeit zur Kommunikation über das Internet deshalb relevant, weil sich aus dieser Fähigkeit zugleich die Möglichkeit ergibt, dass das Funkgerät Gegenstand von Angriffen über das Internet wird.

Aufgrund dieser Fähigkeit wird also erst die Gefahr geschaffen, wegen derer die Regulierung erfolgte. Dieser Argumentation folgend ist das Erfordernis der „Fähigkeit zur Kommunikation" dann zu bejahen, wenn die Eigenschaften der Funkanlage es technisch ermöglichen, über die Internetanbindung Gegenstand eines Angriffs zu werden. Hierfür ist es jedoch nicht erforderlich, dass die Funkanlage selbst unmittelbar mit dem Router kommunizieren können muss. Fähig zur Kommunikation über das Internet sind daher auch Geräte, die nur mittelbar über die Smart-Home-Zentrale an das Internet angebunden sind. In der vorliegenden Untersuchung betrifft dies solche Geräte, die ausschließlich im Hausautomationsnetzwerk, nicht aber im IP-basierten Netzwerk kommunizieren.[820] Denn bspw. auch ein smartes Türschloss, das lediglich per ZigBee an die Smart-Home-Zentrale angebunden ist – und nur darüber, nicht aber direkt über den Router eine Internetverbindung aufweist –, kann über die Smart-Home-Zentrale angegriffen werden, etwa wenn die Zentrale mit Schadsoftware infiziert wird. Damit besteht auch für das smarte Türschloss die Möglichkeit, Gegenstand von Angriffen über das Internet zu werden, sodass das Tatbestandsmerkmal der Fähigkeit zur Kommunikation zu bejahen ist.

Dieses Verständnis wird auch durch die Begründung des Entwurfs der delegierten Verordnung 2022/30 gestützt, welche neben der Verbindung mit dem Internet auch die Gefahr bei tragbaren Funkanlagen nennt, dass Daten „auch über unsichere Nahbereichs-Kommunikationstechnologien"[821] übertragen werden.

---

819 Sekundär hat dies zur Folge, dass auch lokale Angriffe, bei denen in der Folge Daten über die Internetanbindung abfließen können, erschwert werden. Dies dürfte jedoch lediglich einen Nebeneffekt und nicht die zentrale Zielrichtung der Regulierung darstellen.

820 Vgl. zur Einbindung der Geräte in das Netzwerk: Abbildung 1; zur Erläuterung der Begriffe Hausautomationsnetzwerk und IP-basiertes Netzwerk vgl. Kapitel 2 A.

821 Entwurf der delegierten Verordnung 2022/30, noch als Dokument C(2021) 7672 final vom 29.10.2021 bezeichnet, abrufbar: https://ec.europa.eu/growth/system/files/2021-10/C_2021_7672_F1_COMMISSION_DELEGATED_REGULATION_DE_V6_P1_1428769_0.PDF, S. 2.

Daneben sind auch die in ErwG 10 S. 3 der delegierten Verordnung 2022/30 genannten potentiellen technischen Schwächen mit einer weiten Auslegung des Tatbestandsmerkmals vereinbar. So hat das dort genannte Setzen von Standardpasswörtern sowie die ungenügende Verschlüsselung von Datenübertragungen potentiell einfach auszunutzende Angriffsvektoren zur Folge, welche dem Prinzip nach auf nahezu alle Geräte der Informationstechnik übertragbar sind. Die entsprechenden – implizit in ErwG 10 S. 3 enthaltenen – Schutzmaßnahmen sind als „Stand der Technik“[822] einzuordnen und dürften typischerweise keine hohe Komplexität in der Umsetzung erfordern. Somit sind diese beispielhaft genannten Maßnahmen nicht lediglich auf spezifische Geräte beschränkt, sodass ihnen auch keine Beschränkung des Anwendungsbereichs des Begriffs der „Fähigkeit zur Kommunikation“ entnommen werden kann. Vielmehr spricht die Nennung dieser Maßnahmen in Kombination mit den in ErwG 10 S. 1, 2 der delegierten Verordnung 2022/30 genannten Risiken ebenfalls für eine weite Auslegung.

Smart-Home-Geräte sind damit im Sinne des Art. 1 Abs. 1 der delegierten Verordnung 2022/30 „mit dem Internet verbunden“.

Des Weiteren müssten die Geräte von der Definition als „Funkanlage“ umfasst sein. Hier ist auf die Legaldefinition der Richtlinie bzw. des FuAG abzustellen. Nach Art. 2 Abs. 1 Nr. 1 RED bezeichnet eine Funkanlage „ein elektrisches oder elektronisches Erzeugnis, das zum Zweck der Funkkommunikation und/oder der Funkortung bestimmungsgemäß Funkwellen ausstrahlt und/oder empfängt, oder ein elektrisches oder elektronisches Erzeugnis, das Zubehör, etwa eine Antenne, benötigt, damit es zum Zweck der Funkkommunikation und/oder der Funkortung bestimmungsgemäß Funkwellen ausstrahlen und/oder empfangen kann“. Diese Definition hat der Gesetzgeber inhaltlich übereinstimmend in § 3 Abs. 1 Nr. 1 FuAG umgesetzt.

Fraglich könnte auf den ersten Blick erscheinen, ob bei der Einordnung von Smart-Home-Geräten als Funkanlagen i. S. d. § 3 Abs. 1 Nr. 1 FuAG die Zweckbestimmung zur Funkkommunikation bejaht werden kann. Allerdings ist zu berücksichtigen, welche Geräte im Rahmen der delegierten Verordnung 2022/30 als mit dem Internet verbundene Funkanlagen eingeordnet wurden. Dieser Begriff inkludiert etwa Wearables (Art. 1 Abs. 2 lit. d der delegierten Verordnung 2022/30) und per Funk kommunizierendes Kinderspielzeug (Art. 1 Abs. 2 lit. b, c der delegierten Verordnung 2022/30). Auch die Kommunikation bspw. über ZigBee oder über WLAN erfolgt mittels Funkwellen. Im Ergebnis wird die Zweckbestimmung zur Funkkommunikation damit vergleichsweise einfach erfüllt werden. Zumindest per ZigBee an eine Smart-Home-Zentrale angebundene Smart-Home-Geräte sind daher umfasst. Ebenso gilt dies für Geräte, welche WLAN-fähig sind – wie es

822 Zu diesem Begriff vgl. bereits Kapitel 3 B. II. 1. b. (1) (bb).

etwa bei Smart TVs oder cloudbasierten, digitalen Sprachassistenten der Fall ist.

Grundsätzlich kann daher davon ausgegangen werden, dass Smart-Home-Geräte ab dem 1.8.2025 die Anforderungen von § 4 Abs. 3 Nr. 4, 5 FuAG erfüllen müssen.

Dieses Ergebnis lässt sich auch durch die Begründung des Entwurfs der delegierten Verordnung 2022/30 stützen, welche ausdrücklich Hausautomatisierungssysteme als potentiell bedrohte Geräte nennt.[823] Zudem entschied sich der Verordnungsgeber ausweislich der Begründung trotz ausführlicher Erörterung der Definition „mit dem Internet verbundenes Gerät" gegen eine Einschränkung des Anwendungsbereichs auf die beabsichtigte Verwendung – im Gegensatz zu einer objektiven Bestimmung – und betonte dabei die technische Fähigkeit der Anlagen, über das Internet kommunizieren zu können.[824] Für die hiesige Untersuchung hätte sich allerdings auch aus der beabsichtigten Verwendung – die häufig auch die Kommunikation über das Internet beinhaltet hätte – wohl kein entscheidender Unterschied ergeben.

4. Anforderungen die zu treffenden Sicherheitsvorkehrungen

Klärungsbedürftig erscheint jedoch, welche Sicherheitsvorrichtungen in der Folge von den Herstellern implementiert werden müssen. Abweichend von anderen hier untersuchten Vorschriften – wie etwa Art. 32 DSGVO – enthält § 4 Abs. 3 Nr. 5 FuAG ebenso wie die RED oder die delegierte Verordnung 2022/30 keine genaueren Angaben über das erforderliche Schutzniveau bzw. keine Auswahlkriterien für zu implementierende Sicherheitsvorrichtungen. Dem Wortlaut der Normen ist lediglich zu entnehmen, dass der Schutz der personenbezogenen Daten bzw. der Privatsphäre des Nutzers und des Teilnehmers durch Sicherheitsvorrichtungen sichergestellt werden muss. Auch § 4 Abs. 3 Nr. 4 FuAG ist insoweit nicht aussagekräftiger formuliert. Da ein absoluter Schutz vor jeglichen Gefahren für IT-Systeme anerkanntermaßen nicht möglich ist, stellt sich die Frage nach den konkreten Anforderungen an die geregelten Sicherheitsvorrichtungen. Hierfür könnte auf die Erwägungsgründe der RED sowie der delegierten Verordnung abgestellt werden.

823 Entwurf der delegierten Verordnung 2022/30, noch als Dokument C(2021) 7672 final vom 29.10.2021 bezeichnet, abrufbar: https://ec.europa.eu/growth/system/files/2021-10/C_2021_7672_F1_COMMISSION_DELEGATED_REGULATION_DE_V6_P1_1428769_0.PDF, S. 2.

824 Entwurf der delegierten Verordnung 2022/30, noch als Dokument C(2021) 7672 final vom 29.10.2021 bezeichnet, abrufbar: https://ec.europa.eu/growth/system/files/2021-10/C_2021_7672_F1_COMMISSION_DELEGATED_REGULATION_DE_V6_P1_1428769_0.PDF, S. 8.

Wie oben bereits beschrieben sind jedoch zumindest ErwG 10 S. 3 der delegierten Verordnung 2022/30 keine besonders spezifischen oder besonders hohen Sicherheitsanforderungen zu entnehmen. Vielmehr handelt es sich um eine Beschreibung von Standardmaßnahmen – bzw. eine Beschreibung der fehlenden Implementierung von solchen Standardmaßnahmen –, die typischerweise einer Basisabsicherung dienen können.

Zudem könnte auch ein bloßer Basisschutz global betrachtet bereits eine zahlenmäßig hohe Wirkung erzielen. Zwar dürften die genannten Maßnahmen keine besondere technische Komplexität aufweisen; dies bedeutet jedoch nicht, dass ihre Wirkung zu vernachlässigen wäre. Im Gegenteil zeigen technische Untersuchungen immer wieder, dass zahlreiche Geräte – gerade aufgrund der Verwendung von Standardpasswörtern sowie nur unzureichend gesicherter Datenübertragungen – vergleichsweise simpel angegriffen werden können.[825] Dieser Erwägung des Gesetzgebers könnte entnommen werden, dass auch an die zu treffenden Sicherheitsvorkehrungen keine allzu hohen Anforderungen zu stellen sind, da auch niedrige Anforderungen bereits eine relevante Wirkung entfalten könnten.

Relativiert wird dieses Argument allerdings dadurch, dass es sich ausdrücklich um eine beispielhafte Aufzählung handelt, welche sich zudem ihrem Sinn nach auf möglichst viele Arten von Funkgeräten beziehen sollte, um als sinnvolles Beispiel in einem ErwG zu dienen. Es kann deshalb davon ausgegangen werden, dass die Nennung der Beispiele im ErwG gerade aus diesen Erwägungen erfolgte und nicht mit dem Zweck aufgenommen wurde, eine Aussage über das zu erreichende Sicherheitsniveau zu treffen.

Daneben könnte der Wortlaut von § 4 Abs. 3 Nr. 5 FuAG für grundsätzlich hohe Anforderungen an die Sicherheitsvorkehrungen sprechen. Demnach müssen Funkanlagen so konstruiert sein, dass die Sicherheitsvorrichtungen den Schutz der personenbezogenen Daten sowie der Privatsphäre *sicherstellen*. Auch der Wortlaut von § 4 Abs. 3 Nr. 4 FuAG könnte in diese Richtung zu deuten sein: die Geräte dürften weder schädliche Auswirkungen auf das Netz oder seinen Betrieb *haben* noch eine missbräuchliche Nutzung von Netzressourcen *bewirken*.

Gegen diese Argumente spricht jedoch zum einen, dass einer Sicherstellung des Schutzes der Daten bzw. der Privatsphäre als solchen noch nicht entnommen werden kann, welches Schutzniveau damit erreicht werden soll. Gleiches gilt für den Schutz des Netzes, der zudem nach dem Wortlaut unannehmbare Beeinträchtigungen verhindern soll und damit eine Relativierung des oben genannten Wortlautes beinhaltet. Gegen eine hinsichtlich

825 Vgl. nur in Bezug auf schwache oder Standardpasswörter bei IoT-Geräten: Kumar, Deepak, et al. All Things Considered: An Analysis of IoT Devices on Home Networks, USENIX Security Symposium 2019, S. 1169–1185.

der Anforderungen an die Hersteller strenge Auslegung spricht daneben, dass ErwG 13 der RED sowie ErwG 2 der delegierten Verordnung 2022/30 ausführen, dass der Schutz „durch besondere Funktionen der Anlagen verbessert werden“ kann und die Funkanlagen daher so konzipiert sein sollen, „dass sie diese Funktionen unterstützen“. Der Wortlaut enthält also die Aspekte der *Verbesserung* des Schutzes sowie der *Unterstützung* entsprechender Funktionen; ebenso ist die englische Sprachfassung zu verstehen („protection [...] may be *enhanced* by particular features“, „radio equipment should therefore in appropriate cases be designed in such a way that it *supports* those features“).[826] An dieser Stelle lassen sich dem Wortlaut somit keine allzu strengen Maßgaben entnehmen. Insbesondere dürfte „Unterstützung“ bedeuten, dass die Funktionen nicht zwingend dauerhaft aktiviert sein müssten und ggf. vom Nutzer abgeschaltet werden können. „Verbesserung“ wiederum lässt auf eine bezweckte spürbare Erhöhung des Schutzniveaus schließen; zugleich schreibt diese Wortwahl kein in jedem Fall zwingend sehr hohes Schutzniveau vor. Daneben ist auch eine weitergehende Intention des nationalen Gesetzgebers nicht erkennbar, wie die Gesetzesbegründung zu § 4 Abs. 3 FuAG zeigt.[827]

Im Ergebnis ist es daher erforderlich, vor allem die in ErwG 10 der delegierten Verordnung 2022/30 genannten Bedenken durch geeignete Sicherheitsvorrichtungen zu adressieren.

Hersteller von mit dem Internet verbundenen Funkanlagen werden daher durch § 4 Abs. 3 Nr. 4, 5 FuAG verpflichtet, die Risiken der individuellen Anlage in Bezug auf die in ErwG 10 adressierten Bedenken zu ermitteln und die Anlage so zu konstruieren, dass sie geeignete Sicherheitsvorrichtungen aufweist. Jedenfalls wenn ein dort genanntes Risiko sich verwirklichen könnte, weil eine entsprechende Vorrichtung in der Funkanlage fehlt, ist von einem Verstoß gegen § 4 Abs. 3 Nr. 4, 5 FuAG auszugehen. Dies ist etwa der Fall, wenn mittels Standardpasswörtern oder wegen fehlender Transportverschlüsselung auf die Videoaufnahmen einer Kamera zugegriffen werden kann. Damit sind die Normen zumindest auf der Ebene der Implementierungsmaßnahmen als risikobasiert zu betrachten.

---

826 Hervorhebungen durch den Verfasser.

827 Vgl. BT-Drs. 18/11625, S. 40. Der Gesetzgeber formuliert lediglich in Übereinstimmung mit den Unionsrechtsakten, dass der Schutz „durch besondere Funktionen der Funkanlagen verbessert werden“ könne und Funkanlagen daher so konzipiert sein sollten, „dass sie diese Funktionen unterstützen“.

Um die Hersteller bei der Einhaltung der hier dargestellten Anforderungen zu unterstützen, sollen von den europäischen Normungsorganisationen[828] harmonisierte technische Standards entwickelt werden.[829]

Welche konkreten Schutzmaßnahmen in Bezug auf den vorliegenden Untersuchungsgegenstand in Frage kommen sowie in welchem Verhältnis § 4 Abs. 3 Nr. 4, 5 FuAG zu den weiteren vorliegend analysierten Normen steht, wird in Kapitel 5 näher erläutert.

II. Regulierung von Produkten mit digitalen Elementen (Cyber Resilience Act)

Wie lange die obigen Ausführungen zur delegierten Verordnung 2022/30 jedoch relevant bleiben, ist aktuell offen. Grund hierfür der sog. Cyber Resilience Act (CRA).[830] Bei dem unionsrechtlichen „Act“ handelt es sich um eine Verordnung, die Hersteller von Produkten mit digitalen Elementen adressiert. Diese werden verpflichtet, in Bezug auf die Produkte bestimmte IT-Sicherheitsvorgaben einzuhalten. Die Verordnung findet auch auf Funkanlagen i. S. d. delegierten Verordnung 2022/30 Anwendung.[831] Insbesondere umfassen die Vorgaben des CRA alle Anforderungen aus Art. 3 Abs. 3 lit. d, e und f RED, welche durch die delegierte Verordnung adressiert werden, vgl. ErwG 30 CRA.[832] Um regulatorische Doppelungen bzw. Überschneidungen zu verhindern, beabsichtigt die Kommission, die delegierte Verordnung nach Anwendung des CRA entsprechend anzupassen oder außer

828 Die europäischen Normungsorganisationen (auch: „European Standardisation Organisations (ESOs)“) sind ausweislich Art. 2 Nr. 8 i. V. m. Anhang I der Verordnung (EU) Nr. 1025/2012: das European Committee for Standardisation (CEN), das European Committee for Electrotechnical Standardization (CENELEC) sowie das European Telecommunications Standards Institute (ETSI).

829 Vgl. Chiara, EDPL 2022, 103 (106 f.) mit Verweis in Fn. 41 auf „The 2022 annual EU work programme for European standardisation“, Dokument „C(2022) 546 ANNEX – Annex to the work programme“, S. 32 ref. 65, abrufbar: https://ec.europa.eu/docsroom/documents/48601. Nach Erteilung des entsprechenden Mandats M/585 an CEN/CENELEC wurden kürzlich – am 1.8.2024 – die Standards EN 18031-1:2024, EN 18031-2:2024 und EN 18031-3:2024 ratifiziert.

830 Verordnung (EU) 2024/2847 des Europäischen Parlaments und des Rates vom 23. Oktober 2024 über horizontale Cybersicherheitsanforderungen für Produkte mit digitalen Elementen und zur Änderung der Verordnungen (EU) Nr. 168/2013 und (EU) 2019/1020 und der Richtlinie (EU) 2020/1828 (Cyberresilienz-Verordnung).

831 Vgl. S. 4 des Vorschlags für eine Verordnung des Europäischen Parlaments und des Rates über horizontale Cybersicherheitsanforderungen für Produkte mit digitalen Elementen und zur Änderung der Verordnung (EU) 2019/1020 v. 15.9.2022; im Folgenden zitiert als: CRA-KOM; ErwG 30 CRA.

832 CRA-KOM, S. 4.

Kraft zu setzen.[833] Die zeitliche Relevanz der delegierten Verordnung ist daher begrenzt. Bereits aufgrund der längeren Umsetzungsfrist des CRA[834] ist jedoch zumindest bis dahin eine umfassende Analyse sinnvoll, die sowohl die Anforderungen des CRA als auch solche der delegierten Verordnung betrachtet.

1. Produkte mit digitalen Elementen

Doch auch unabhängig vom Geltungszeitraum der delegierten Verordnung 2022/30 ist die neue Verordnung für die vorliegende Untersuchung sehr relevant. Der CRA gilt für Produkte mit digitalen Elementen, „deren bestimmungsgemäßer Zweck oder vernünftigerweise vorhersehbare Verwendung eine direkte oder indirekte logische oder physische Datenverbindung mit einem Gerät oder Netz einschließt", Art. 2 Abs. 1 CRA. Der Begriff „Produkte mit digitalen Elementen" bezeichnet gem. Art. 3 Nr. 1 CRA Soft- und Hardwareprodukte sowie deren „Datenfernverarbeitungslösungen"[835], inkl. getrennt in Verkehr gebrachten Komponenten. Angesichts dieses weiten Wortlauts sowie der Zielsetzung des Gesetzgebers, eine horizontale Regulierung zu schaffen, ist von einer weiten Auslegung des Begriffs der Datenverbindung auszugehen. Im Ergebnis dürfte so jegliche Art von digitaler Übertragungsmöglichkeit eine Datenverbindung i. S. d. Art. 2 Abs. 1 CRA sein. „Produkte mit digitalen Elementen" sind damit gerade auch IoT-Produkte wie die hier untersuchten Smart-Home-Geräte.

Hinsichtlich der bei der Nutzung von Smart-Home-Geräten verwendeten Software ist im Einzelfall zu klären, ob die Software unter den Begriff der Datenfernverarbeitungslösung i. S. d. Art. 3 Nr. 1 CRA fällt. Datenfernverarbeitung ist dabei nach Art. 3 Nr. 2 CRA jede „entfernt stattfindende Datenverarbeitung, für die eine Software vom Hersteller selbst oder unter dessen Verantwortung konzipiert und entwickelt wird und ohne die das Produkt mit digitalen Elementen eine seiner Funktionen nicht erfüllen könnte". Beispielhaft für Smart-Home-Geräte kann ErwG 12 CRA entnommen werden, dass vom Hersteller angebotene Cloud-Funktionen, mittels derer der Nutzer ein Gerät aus der Ferne steuern kann, eine Datenfernverarbeitungslö-

833 CRA-KOM, S. 4. ErwG 30 a. E. CRA weist außerdem darauf hin, dass die Kommission solchen Herstellern, die beiden Rechtsakten unterliegen – also sowohl dem CRA als auch der delegierten Verordnung 2022/30 – Leitlinien zur Verfügung stellen sollte, um den Nachweis beider Verordnungen zu erleichtern.

834 Nach Art. 71 Abs. 2 CRA gelten die Bestimmungen der Verordnung überwiegend ab dem 11. Dezember 2027.

835 Vgl. Art. 3 Nr. 2 CRA, wonach Datenfernverarbeitung definiert wird als: „entfernt stattfindende Datenverarbeitung, für die eine Software vom Hersteller selbst oder unter dessen Verantwortung konzipiert und entwickelt wird und ohne die das Produkt mit digitalen Elementen eine seiner Funktionen nicht erfüllen könnte".

sung darstellen. Dies umfasst bspw. auch vom Hersteller zur Verfügung gestellte Smartphone-Apps, die mittels Cloud-Funktionen eine Steuerung der Smart-Home-Geräte ermöglichen.

Anders zu beurteilen ist dies nach ErwG 12 CRA bei Webseiten, die die Funktionalität des Produktes nicht unterstützen oder bei Cloud-Diensten, die außerhalb der Verantwortung eines Herstellers von Produkten mit digitalen Elementen entworfen und entwickelt wurden. In den folgenden Sätzen verweist ErwG 12 CRA schlicht auf die Geltung der NIS-2-RL für Cloud-Computing-Dienste und Cloud-Dienstmodelle.[836] Zwar schließen sich die Anwendungsbereiche des CRA und der NIS-2-RL damit nicht aus. Es ist vielmehr durchaus möglich, dass eine nach der NIS-2-RL verpflichtete Stelle Cloud-Lösungen anbietet, die auch den Anforderungen des CRA unterliegen. Hierfür ist es jedoch erforderlich, dass die jeweiligen Cloud-Lösungen als Datenfernverarbeitungslösungen zu qualifizieren sind (vgl. ErwG 12 S. 1 CRA).

a. Abgrenzung: Grundsätzlich keine Anwendbarkeit des CRA auf Software-as-a-Service

Im Folgenden wird daher zunächst analysiert, wie sich diese Abgrenzung zwischen – vom CRA regulierter – Software und Datenfernverarbeitungslösungen einerseits und von der NIS-2-RL regulierter Software andererseits für den vorliegenden Untersuchungsgegenstand auswirkt.

Für die hier definierten Produktkategorien[837] bedeutet diese Abgrenzung etwa, dass Betriebssysteme von Smart-Home-Geräten oder zugehörige Software, die eine Steuerung dieser Geräte aus der Ferne ermöglicht, in den Anwendungsbereich des CRA fallen. Dasselbe gilt hinsichtlich des digitalen Sprachassistenten, soweit etwa Datenverarbeitungen auf den Servern des Herstellers erfolgen. Diese ist für die Funktionalität des Sprachassistenten essentiell, die Software stellt daher eine Datenfernverarbeitungslösung i. S. d. Art. 3 Nr. 2 CRA dar.

Klärungsbedürftig ist jedoch, ob Apps von Drittanbietern dem CRA unterfallen. So sind Drittanbieter-Apps für Smart TVs nicht originär für deren Funktionalität erforderlich, wie es etwa bei einer Steuerung des Geräts aus der Ferne oder bei dem Beispiel des Sprachassistenten der Fall ist. Drittanbieter-Apps sind daher nicht dem Verantwortungsbereich des Herstellers des Smart TV bzw. des Sprachassistenten zuzuordnen. Da aber auch eine Drittanbieter-App als reine Softwareanwendung ein Produkt mit digitalen Elementen darstellt – der Wortlaut des Art. 3 Nr. 1 CRA formuliert insoweit

836 Vgl. auch Zirnstein, CRi 2024, 65 (66). Zur NIS-2-RL vgl. Kapitel 4 E. I.
837 Vgl. Kapitel 2 B. I. 4.

klar „ein Software- *oder* Hardwareprodukt“[838] – kommt sodann der Hersteller der App als Normadressat in Betracht.

Komplexer ist allerdings die Abgrenzung von Apps zu Software-as-a-Service zu beurteilen, da letztere nur dann vom CRA erfasst ist, wenn sie als Datenfernverarbeitungslösung zu qualifizieren ist.

Denn auch wenn die ursprünglich im Kommissionsentwurf enthaltene Formulierung, die Verordnung „enthält keine Vorschriften für Dienstleistungen wie Software-as-a-Service (SaaS)“[839] im finalen Text nicht mehr enthalten ist, so blieb dieser Regelungsgehalt im Kern über die verschiedenen Fassungen hinweg erhalten. Zunächst werden SaaS auch im finalen Verordnungstext noch in ErwG 12 CRA explizit genannt. Nach ErwG 12 S. 1 CRA sollen allgemein „Cloud-Lösungen“ nur dann Datenfernverarbeitungslösungen i. S. d. CRA sein, wenn sie der Begriffsbestimmung des CRA entsprechen. Hierunter ist auch SaaS zu fassen, wie eine genauere Betrachtung des Wortlauts des Kommissionsvorschlags zur Verordnung und der Position des Rates[840] zeigt. So verfolgte ErwG 9 S. 2 CRA-KOM – der nach den erfolgten Änderungen jetzt ErwG 11, 12 CRA entspricht – noch eine Abgrenzung zwischen „Dienstleistungen“ („services“) und Produkten.[841] Solche Dienstleistungen („wie Software-as-a-Service (SaaS)“, vgl. ErwG 9 S. 2 CRA-KOM) sollten durch den CRA-KOM nicht reguliert werden, es sei denn, es handelt sich um Datenfernverarbeitungslösungen. Dieser Regelungsgehalt blieb in Bezug auf SaaS im Kern auch in ErwG 9, 9a CRA-Rat enthalten.[842] Erst der finale Text gab die explizite Nennung von SaaS auf, sodass die allgemeine Bezeichnung von Cloud-Diensten nach ErwG 12 S. 1 CRA verblieb, die jedoch – noch unter der Bezeichnung der „Dienstleistungen“ bzw.

---

838 Hervorhebung durch den Verfasser.

839 Vgl. ErwG 9 S. 2 CRA-KOM.

840 Proposal for a Regulation of the European Parliament and of the Council on horizontal cybersecurity requirements for products with digital elements and amending Regulation (EU) 2019/102 – Mandate for negotiations with the European Parliament, Interinstitutional File: 2022/0272(COD) v. 31.8.2023; im Folgenden zitiert als: CRA-Rat.

841 Ebenso zu dieser Abgrenzung, noch zum Entwurf der Kommission: Dittrich/Heinelt, RDi 2023, 309 (311); Eckhardt/Kotovskaia, ICLR 2023, 147 (160 f.); Piltz/Weiß/Zwerschke, CR 2023, 154 (155); Chiara, ICLR 2022, 255 (259).

842 ErwG 9 S. 2 CRA-Rat lautete (in der englischen Fassung): „Software-as-a-Service (SaaS) solutions constitute remote data processing solutions within the meaning of this Regulation only if they meet that definition.“, tatsächlich wurde also im Wortlaut direkt SaaS erwähnt und nicht mehr lediglich als Beispiel für Dienstleistungen genannt. Es ist zu vermuten, dass diese Spezifizierung nicht beabsichtigt war, sondern weiterhin Cloud-Dienste im Allgemeinen gemeint sein sollten, was erklären könnte, dass die finale Fassung (vgl. ErwG 12 S. 1 CRA) starke Ähnlichkeiten zu ErwG 9 S. 2 CRA-Rat aufweist – mit dem Unterschied, dass ErwG 12 S. 1 CRA Cloud-Dienste statt SaaS nennt. Denkbar ist, dass durch die Rückkehr zur allgemeineren Formulierung das konkrete Beispiel SaaS verloren ging.

„services" – bereits im CRA-KOM angelegt war. Damit ist jedoch keine inhaltliche Veränderung verbunden, wie auch der zu einem späteren Zeitpunkt als der CRA verabschiedete EHDS[843] zeigt. Die Verordnung ergänzt gem. ErwG 112 S. 1 EHDS die wesentlichen Cybersicherheitsanforderungen des CRA. ErwG 112 S. 6 EHDS bringt sodann explizit das Verständnis des Gesetzgebers zum Ausdruck, dass SaaS „als solche nicht direkt" von der Geltung des CRA umfasst ist.[844]

Grundsätzlich zurecht wird in der Literatur kritisiert, dass diese Abgrenzung in den Erwägungsgründen sich nicht im Wortlaut der Normen des CRA zum Anwendungsbereich und zur Definition von Produkten mit digitalen Elementen wiederfindet. So gehen *Scheibenpflug/Monschke/Hildebrandt* davon aus, dass Cloud-Dienste – jedenfalls SaaS – auch eigenständig unter die Definition eines Produktes mit digitalen Elementen nach Art. 3 Nr. 1 CRA fallen.[845] Daher sei der CRA auf Cloud-Dienste anwendbar – unabhängig davon, ob sie als Datenfernverarbeitungslösung nach Art. 3 Nr. 2 CRA einzuordnen wären.[846] Trotz der – von den Autoren auch diskutierten – in ErwG 12 CRA niedergelegten Intention des Gesetzgebers sprechen sich die Autoren im Ergebnis für eine „Doppelregulierung"[847] von Cloud-Diensten durch die NIS-2-RL und den CRA aus.[848] Die hier vertretene Annahme, dass Cloud-Dienste, soweit sie nicht unter die Definition der Datenfernverarbeitungslösung fallen, nicht als Produkte mit digitalen Elementen anzusehen sind, finde keine normative Verankerung im CRA.[849] Cloud-Dienste wiesen vielmehr besondere IT-Sicherheitsrisiken auf, was ebenfalls für eine Doppelregulierung spreche.[850]

Insoweit diese Auffassung die unzureichende Niederlegung der in ErwG 12 CRA beschriebenen Intention des Gesetzgebers in den Art 2, 3 CRA kritisiert, ist ihr zuzustimmen. Eine Klarstellung in diesen Normen hätte die Ab-

843 Verordnung (EU) 2025/327 des Europäischen Parlaments und des Rates vom 11. Februar 2025 über den europäischen Gesundheitsdatenraum sowie zur Änderung der Richtlinie 2011/24/EU und der Verordnung (EU) 2024/2847.

844 ErwG 112 S. 6 EHDS lautet in Gänze: „Da die Verordnung (EU) 2024/2847 Software as a Service (SaaS) als solche nicht direkt abdeckt, fallen EHR-Systeme, die über das SaaS-Lizenzierungs- und Bereitstellungsmodell angeboten werden, nicht in den Anwendungsbereich der vorliegenden Verordnung."

845 Scheibenpflug/Monschke/Hildebrandt, CR 2024, 712 (717).

846 Scheibenpflug/Monschke/Hildebrandt, CR 2024, 712 (717, 718).

847 Scheibenpflug/Monschke/Hildebrandt, CR 2024, 712 (718); zurecht stellen die Autoren allerdings klar, dass wegen des unterschiedlichen Regelungsgegenstands – im Fall der NIS-2-RL werden sektorspezifisch Einrichtungen, nicht Produkte als solche reguliert – nicht um eine „echte Doppelregulierung" handelt. Zur NIS-2-RL vgl. auch Kapitel 4 E. I.

848 Scheibenpflug/Monschke/Hildebrandt, CR 2024, 712 (718 f.).

849 Scheibenpflug/Monschke/Hildebrandt, CR 2024, 712 (719).

850 Scheibenpflug/Monschke/Hildebrandt, CR 2024, 712 (719).

grenzung der Rechtsakte stark vereinfacht. Angesichts des in ErwG 12 CRA klar formulierten Ziels des Gesetzgebers, das auch in ErwG 112 S. 6 EHDS nochmal eindeutig zum Ausdruck kommt, ist nach vorliegend vertretener Auffassung jedoch eine teleologische Reduktion angezeigt. Denn wie im Folgenden anhand des Untersuchungsgegenstandes der Smart-Home-Geräte aufgezeigt wird, sind die von *Scheibenpflug/Monschke/Hildebrandt* genannten besonderen IT-Sicherheitsrisiken von Cloud-Diensten auch dann ausreichend vom CRA adressiert, wenn etwa SaaS, die im konkreten Fall keine Datenfernverarbeitungslösung darstellen, vom Anwendungsbereich der Verordnung ausgenommen sind.

Für die vorliegende Untersuchung ist bezüglich des CRA insbesondere die Einordnung von Drittanbieter-Apps und deren Abgrenzung von SaaS relevant. Dabei ist bereits aus technischer Sicht ein Unterschied in der Bereitstellung zu identifizieren. Um eine Drittanbieter-App zu nutzen, wird diese – etwa bei einem Smart TV – vom Nutzer zunächst auf dem Smart-Home-Gerät installiert. Die Nutzung einer SaaS dagegen involviert typischerweise gerade keine solche vorherige Installation einer bestimmten Software auf dem Gerät des Nutzers.[851] Selbst wenn die installierte Drittanbieter-App in der Folge lediglich dafür genutzt wird, Informationen vergleichbar zu einem Webseitenbesuch bereitzustellen – etwa wenn die App dafür genutzt wird, einen Video-on-Demand-Dienst zu nutzen, wie es funktional vergleichbar auch über die Nutzung eines Browsers möglich wäre – ist die Abgrenzung anhand der Art der Bereitstellung zielführend.

Denn wird der Dienst nicht mittels einer App bereitgestellt, sondern über einen Webbrowser aufgerufen, ist wiederum dieser Browser vom CRA erfasst.[852] Im Ergebnis ist daher in jedem Fall die jeweils installierte Software, die IT-Sicherheitsrisiken aufweisen kann, vom CRA erfasst. Mit anderen Worten entfaltet der CRA seinen Schutz immer dort, wo sich das IT-Sicherheitsrisiko konkretisiert. Daher ist auch eine – wie hier vertretene – Auslegung mit dem Sinn und Zweck der Verordnung vereinbar, die Cloud-Dienste, die keine Datenfernverarbeitungslösungen darstellen, aus dem Anwendungsbereich der Verordnung ausnimmt. Dies führt im konkreten Beispiel zu dem Unterschied, dass im Fall der App der Video-on-Demand-Dienst als Datenfernverarbeitungslösung einzuordnen wäre – denn es handelt sich um eine entfernte Verarbeitung von Daten, die notwendig

---

851 Dieses allgemein verbreitete Verständnis von SaaS ist auch als übereinstimmend mit dem der NIS-2-RL einzuordnen, vgl. dazu etwa ErwG 33 NIS-2-RL i. V. m. der dort genannten ISO/IEC 17788:2014, dort vgl. für die hier relevante Unterscheidung insb. Ziffer 3.2.26 i. V. m. Ziffer 3.2.1 (bzw. Ziffer 3.5.12 i. V. m. Ziffer 3.5.2 in der aktuelleren, aber von ErwG 33 NIS-2-RL nicht explizit genannten ISO/IEC 22123-1:2023).

852 Vgl. Anhang III, Klasse I, Nr. 2 CRA, wonach „eigenständige und eingebettete Browser" darüber hinaus als wichtige Produkte mit digitalen Elementen eingestuft werden.

ist, damit die Drittanbieter-App als Produkt mit digitalen Elementen ihre Funktionen erfüllen kann. Wird dagegen der Webbrowser zur Nutzung eines Software-as-a-Service-Angebots verwendet, liegt die Verantwortlichkeit für die Sicherheit der SaaS allein beim Anbieter dieses Angebots. Diese Verantwortlichkeit kann sich je nach Einzelfall nach der NIS-2-RL,[853] nach § 19 Abs. 4 TDDDG und – soweit personenbezogene Daten verarbeitet werden – nach Art. 25, 32 DSGVO richten.

Im Hinblick auf bereitgestellte Software ist in Bezug auf diese Untersuchung also zu differenzieren, ob der Hersteller des Smart-Home-Geräts oder ein Dritter als Hersteller der Software einzuordnen ist. Im Ergebnis sind die hier untersuchten Produktkategorien als Produkte mit digitalen Elementen einzuordnen.

b. Smart-Home-Geräte als wichtige Produkte mit digitalen Elementen

Für die Hersteller von Smart-Home-Geräten besonders bedeutsam ist daneben die Kategorie der „Wichtigen Produkte mit digitalen Elementen", zu denen in der finalen Fassung der Verordnung auch „virtuelle Assistenten für die intelligente häusliche Umgebung mit allgemeinem Zweck"[854] (Anhang III, Klasse 1, Nr. 16 CRA) und „Produkte für die intelligente häusliche Umgebung mit Sicherheitsfunktionen, einschließlich intelligenter Türschlösser, Sicherheitskameras, Babyüberwachungssysteme und Alarmanlagen;"[855] (Anhang III, Klasse 1, Nr. 17 CRA) gehören. In Bezug auf diesen Untersuchungsgegenstand sind also mindestens an Smart-Home-Zentralen angebundene smarte Türschlösser[856] als wichtige Produkte i. S. d. CRA anzusehen. Solche wichtigen Produkte unterliegen einem gesonderten Konformitätsverfahren, vgl. Art. 32 Abs. 2 CRA.

Hinsichtlich digitaler, cloudbasierter Sprachassistenten dürfte es dagegen eine Einzelfallfrage darstellen, ob bzw. in welchen Fällen diese als virtuelle Assistenten mit allgemeinem Zweck einzuordnen sind – denn der Begriff wird in der Verordnung nicht weiter definiert. In der Regel bieten die Assistenten jedoch eine Vielzahl von denkbaren Verbindungen zu weiteren Geräten sowie – auch aufgrund der Angebote von Drittanbietern – eine Vielzahl möglicher Funktionalitäten, sodass die Bejahung eines allgemeinen Zwecks tendenziell naheliegend erscheint. Letztlich bleibt jedoch zu hoffen, dass die

---

853 Vgl. hierzu Kapitel 4 E. I.

854 Vgl. auch die englische Fassung für den expliziten Bezug zu Smart Home: „Smart home general purpose virtual assistants".

855 Vgl. auch hierzu die englische Fassung: „Smart home products with security functionalities, including smart door locks, security cameras, baby monitoring systems and alarm systems".

856 Vgl. Kapitel 2 B. I. 4.

Kommission ihre Möglichkeit nutzt, delegierte Rechtsakte zur Präzisierung der Kategorien von wichtigen Produkten nach Anhang III zu erlassen, vgl. Art. 7 Abs. 3 CRA.

Smart-Home-Zentralen – die häufig an Produkte mit sicherheitsrelevanter Funktionalität, wie smarte Türschlosser angebunden sind – dürften dagegen keine Smart-Home-Geräte mit sicherheitsrelevanten Funktionalitäten darstellen. Dies ist aus dem Wortlaut abzuleiten, der auf die Funktionalität abstellt und gerade nicht die Verbindung mit einem Produkt mit einer solchen Funktionalität ausreichen lässt. In Anbetracht von Art. 2 Abs. 1 CRA – nach dem gerade die mögliche Vernetzung mit anderen Geräten oder Netzen genügt – wäre es daher nicht überzeugend, Smart-Home-Zentralen pauschal unter die Definition in Anhang III, Klasse 1, Nr. 17 CRA zu subsumieren. Dies wird auch durch ErwG 45 CRA gestützt, der ebenso auf die „Kernfunktion" abstellt. ErwG 10 lässt ebenso einen klaren Bezug zur Funktion der Produkte erkennen. Zwar wird demnach unter anderem für Smart-Home-Geräte deutlich, dass der Verordnungsgeber den Schutz von Verbrauchern bezweckte. Dies allein führt jedoch nicht zu einer Einstufung von Smart-Home-Zentralen als wichtige Produkte mit digitalen Elementen.

Dies erscheint angesichts der möglichen Risiken, die Smart-Home-Geräte verursachen können, bemerkenswert. Im Ergebnis wird dies allerdings dadurch relativiert, dass der vom Verordnungsgeber besonders betonte Schutz von Verbrauchern in der nach Art. 13 CRA vorzunehmenden Risikobewertung beachtlich sein dürfte. Dies gilt insbesondere, weil nach Art. 13 Abs. 3 CRA die Zweckbestimmung bzw. die vernünftigerweise vorhersehbare Verwendung des Produkts zu berücksichtigen ist. Daher werden die Normadressaten durch den CRA also ohnehin umfangreich zur Implementierung von Sicherheitsvorkehrungen verpflichtet.

2. IT-Sicherheitsanforderungen, insbesondere im Vergleich zur DSGVO

Unabhängig davon, inwieweit in dieser Untersuchung definierte Produktkategorien[857] im Einzelfall als wichtige Produkte mit digitalen Elementen eingestuft werden, ist Art. 6 CRA relevant. Dieser regelt, dass Produkte mit digitalen Elementen nur dann in den Markt eingeführt werden dürfen, wenn sie die grundlegenden Cybersicherheitsanforderungen (vgl. Anhang I, Teil I CRA) sowie die Anforderungen an den Umgang mit Schwachstellen (vgl. Anhang I, Teil II CRA) erfüllen. Diese Verpflichtung wird in Art. 13 Abs. 1, 7 CRA konkretisiert. Adressat sind die Hersteller der Produkte, die des Weiteren eine „Bewertung der Cybersicherheitsrisiken" durchführen müssen (Art. 13 Abs. 2 CRA). Die Abschätzung ist in der technischen Dokumenta-

857 Vgl. Kapitel 2 B. I.

tion aufzunehmen (Art. 13 Abs. 4 S. 1 CRA). Entsprechend der Lieferkette adressiert der Verordnungsentwurf auch Einführer (Art. 19 CRA) und weitere (Zwischen-)Händler (Art. 20 CRA).

Die in Anhang I, Teil I CRA genannten grundlegenden Anforderungen enthalten eine allgemeine Verpflichtung zu Security-by-Design (Anhang I, Teil I, Abs. 1 CRA) sowie einen Maßnahmenkatalog (vgl. Anhang I, Teil 1, Abs. 2 lit a–m CRA). Vergleichbar zur DSGVO enthält die Verordnung risikobezogene Regelungen, denn die Umsetzung des Maßnahmenkatalogs erfolgt auf Basis der Bewertung der Cybersicherheitsrisiken nach Art. 13 Abs. 2 CRA: Gerade dieser Maßnahmenkatalog dürfte eine besondere Relevanz entfalten. Zwar sind die Maßnahmen nicht in jedem Fall zu treffen[858] – allerdings ist der Katalog vergleichsweise detailliert. Enthalten sind neben Maßgaben, welche explizit die klassischen IT-Sicherheitsziele (vgl. lit. e, f, h) adressieren, auch die Protokollierung sicherheitsbezogener Informationen (lit. l) oder die Verpflichtung, dass Schwachstellen durch Sicherheitsupdates adressiert werden können (lit. c).

Im Kontext der vorliegenden Untersuchung ist vor allem relevant, in welchem Verhältnis diese Verordnung zur DSGVO steht. Ausdrücklich nimmt die Verordnung hierzu nur begrenzt Stellung (vgl. Abschnitt a unten). Daneben existieren jedoch weitere, bisher ungeklärte Fragestellungen (vgl. Abschnitt b unten). Hiervon unbenommen sind die in Anhang I, Teil II CRA geregelten Anforderungen an die Behandlung von Schwachstellen, die über die weiteren hier betrachteten Rechtsakte hinaus gehen.

a. Explizit geregeltes Verhältnis zur DSGVO

Explizit greift der CRA das Verhältnis zur DSGVO zunächst in ErwG 32 S. 1 auf. Demnach soll der CRA unbeschadet der DSGVO gelten. Zugleich soll die Einhaltung der Sicherheitsanforderungen des CRA an Produkte mit digitalen Elementen auch die Sicherheit von Verarbeitungen i. S. d. DSGVO fördern, vgl. ErwG 32 S. 3, 4.[859] Daneben enthält Art. 3 Nr. 47 CRA einen Verweis auf die Definition von personenbezogenen Daten nach Art. 4 Nr. 1 DSGVO. Schließlich regelt Art. 52 Abs. 7 CRA eine Kooperation zwischen Marktüberwachungsbehörden und Datenschutzaufsichtsbehörden. Unterabsatz 2 regelt eine Befugnis der Datenschutzaufsichtsbehörden auf Zugriff auf nach dem CRA erstellten oder geführten Unterlagen, was insbesondere

858 Vgl. Anhang I, Teil 1, Abs. 2 CRA: „soweit zutreffend“ sowie Art. 13 Abs. 3 S. 3 CRA: „[…] wird angegeben, ob und gegebenenfalls in welcher Weise die Sicherheitsanforderungen […] anwendbar sind und wie diese Anforderungen auf der Grundlage der Bewertung des Cybersicherheitsrisikos umgesetzt werden.“.

859 Vgl. auch bereits die Begründung der Entwurfsfassung der Kommission: CRA-KOM, S. 10.

hinsichtlich der technischen Dokumentation nach Art. 31 CRA relevant werden dürfte.

b. Weitere Fragestellungen im Verhältnis CRA zu DSGVO

Ausdrückliches Ziel der Kommission ist es, dass die Einhaltung der im CRA geregelten IT-Sicherheitsanforderungen auch die Einhaltung der Sicherheitsanforderungen an Datenverarbeitungen aus der DSGVO befördert – insbesondere wohl in Bezug auf Art. 32 DSGVO.[860]

Es erscheint aus praktischer Hinsicht plausibel, dass eine Verpflichtung der Hersteller[861] zu IT-Sicherheitsmaßnahmen es Verantwortlichen und Auftragsverarbeitern erleichtern wird, die Maßgaben des Art. 32 DSGVO zu erfüllen. Zugleich ist jedoch denkbar, dass sich die Maßstäbe insgesamt verschieben. Tritt durch die Umsetzung des CRA ein insgesamt höheres IT-Sicherheitsniveau ein, so könnte sich auch der Maßstab des Stands der Technik verschieben. Die Adressaten von Art. 32 DSGVO könnten dadurch insgesamt zu strengeren Maßnahmen verpflichtet werden. Des Weiteren könnten die im CRA geregelten Dokumentationspflichten hinsichtlich der getroffenen Maßnahmen sowie der vom Hersteller zu treffenden Risikoeinschätzung eine genauere und intensivere Prüfung bei Verantwortlichen und Auftragsverarbeitern zur Folge haben. Daneben könnte auch eine bessere behördliche Kontrolle möglich werden.

Mangels ausdrücklichen Verweises in die DSGVO besteht jedoch keine Vermutungswirkung für Verantwortliche, wie sie etwa beim Einsatz CRA-konformer Produkte hinsichtlich der DSGVO-Konformität einzelner Aspekte der damit vorgenommenen Datenverarbeitungen denkbar wäre. Auch davon abgesehen sind keine anderweitigen expliziten rechtlichen Vorteile für Verantwortliche geregelt. Gerade hinsichtlich der in Art. 5 Abs. 2 DSGVO normierten Rechenschaftspflicht wäre dies durchaus denkbar gewesen.

Zugleich wird der Einsatz von sicheren Produkten gem. CRA allein typischerweise nicht für eine Einhaltung der Art. 32, 25 DSGVO ausreichen. So werden etwa weitere technische und organisatorische Maßnahmen – wie Konzepte für Zugangs- und Zugriffsrechte bzw. deren technische Implementierung im Einzelfall – weiter erforderlich sein. Die Adressaten von Art. 32 DSGVO werden daher von den Verpflichtungen der Norm nicht dadurch befreit, dass sie CRA-gemäß in den Markt eingeführte Produkte nutzen. Umgekehrt ist es jedoch plausibel – wenn auch nicht in jedem Fall zwingend –, dass der Einsatz eines Produktes, welches nicht den Anforderungen

860 Vgl. hierzu und zum Folgenden auch bereits die Begründung der Entwurfsfassung der Kommission: CRA-KOM, S. 10.

861 Zur Frage, welche Akteure im hiesigen Untersuchungsgegenstand als Hersteller einzuordnen sind, vgl. bereits Abschnitt 1.

des CRA genügt, zu einer nicht dem Art. 32 DSGVO entsprechenden Datenverarbeitung führt. Plausibel erscheint daneben, dass sich die Identifikation technischer und organisatorischer Maßnahmen i. S. d. Art. 32 DSGVO zukünftig auch an dem in Anhang I des CRA geregelten Maßnahmenkatalog orientiert.[862]

Um das Verhältnis zwischen DSGVO und dem CRA genauer zu analysieren, wird im Folgenden verglichen, inwieweit Art. 25, 32 DSGVO der Regulierung im CRA ähneln, insbesondere im Hinblick auf Anhang I des CRA. Dies ist in Tabelle 5 übersichtsartig dargestellt; die im folgenden Text fett markierten Zahlen sind als Verweise auf die Tabelle zu verstehen.

Hinsichtlich der risikobasierten Skalierbarkeit der zu implementierenden Maßnahmen **(1)** sind die Regelungsansätze grundsätzlich vergleichbar. Kernunterschied der Ansätze ist allerdings der Maßstab, anhand dessen das Risiko bestimmt wird. Während die DSGVO auf die Rechte und Freiheiten natürlicher Personen abstellt (Art. 32 Abs. 1 DSGVO), ist in Art. 13 Abs. 2 CRA eine Betrachtung der IT-Sicherheitsrisiken vorgesehen. Zwar ist auch der von Art. 32 Abs. 1 DSGVO geforderte Schutz vor Risiken ohne technische IT-Sicherheitsmaßnahmen nicht denkbar; zugleich beinhaltet der dort regulierte risikobasierte Ansatz allerdings stets inhärente Zielkonflikte zwischen Datenschutz und IT-Sicherheit, welche im Rahmen des CRA keine unmittelbare Rolle spielen.

Beide Ansätze regulieren in der Folge konkrete technische Schutzmaßnahmen **(2)**, entweder in Form der technischen und organisatorischen Maßnahmen gem. Art. 25 Abs. 1, 2, Art. 32 Abs. 1 DSGVO oder in Form der grundlegenden Anforderungen gem. Art. 13 Abs. 1 CRA. Dabei bestehen jedoch deutliche Unterschiede hinsichtlich der Tiefe der Konkretisierung. Art. 32 DSGVO konkretisiert die zu treffenden Maßnahmen lediglich im Rahmen von Art. 32 Abs. 1 Hs. 2 lit. a–d DSGVO. Dagegen enthält Anhang I, Teil I Abs. 1, 2 lit. a–m CRA eine deutlich umfangreichere und konkretere Auflistung.

Wiederum vergleichbar ist dagegen die Bindungswirkung **(3)** der genannten Maßnahmen. So stellt die Formulierung in Art. 32 Abs. 1 Hs. 2 DSGVO klar, dass diese Maßnahmen nicht verpflichtend sind, sondern nur eine exemplarische Auflistung darstellen.[863] Der Maßnahmenkatalog des CRA soll basierend auf der Grundlage der Bewertung der Cybersicherheitsrisiken nach Art. 13 Abs. 2 CRA und „soweit zutreffend“ zur Anwendung kommen, vgl. Anhang I, Teil I Abs. 2 CRA.

862 Vgl. hierzu auch Kapitel 5 A. II.

863 Vgl. hierzu bereits Kapitel 3 B. II. 3. a.

Beide Regelungsansätze greifen zudem die klassischen Schutzziele der IT-Sicherheit[864] **(4)** auf. Art. 32 Abs. 1 Hs. 2 lit. b DSGVO nennt „die Fähigkeit, die Vertraulichkeit, Integrität, Verfügbarkeit und Belastbarkeit der Systeme und Dienste im Zusammenhang mit der Verarbeitung auf Dauer sicherzustellen". Zusätzlich nennt lit. c zeitliche Aspekte der Wiederherstellung der Verfügbarkeit. Auch der CRA adressiert die Vertraulichkeit bzw. die Integrität von verarbeiteten Daten, vgl. Anhang I, Teil I Abs. 2 lit. e, f CRA.

Ebenso weist die Verordnung Bezüge zum Schutzziel der Verfügbarkeit auf. So wird in Anhang 1, Teil I Abs. 2 lit. h CRA die Verfügbarkeit genannt – wobei diese sich nicht auf durchgeführte Datenverarbeitungen, sondern auf die Verfügbarkeit „wesentlicher und grundlegender Funktionen, auch nach einem Sicherheitsvorfall" bezieht, wobei der Gesetzgeber explizit DoS-Angriffe[865] nennt. Da auch die Regelung in Art. 32 Abs. 1 Hs. 2 lit. b DSGVO nach ihrem Wortlaut nicht auf die Verfügbarkeit von Datenverarbeitungen, sondern auf die eingesetzten Systeme und Dienste abstellt, besteht hier grundsätzlich eine Vergleichbarkeit der Vorschriften. Hinsichtlich der in Art. 32 Abs. 1 Hs. 2 lit. c DSGVO genannten zeitnahen Wiederherstellung der Verfügbarkeit personenbezogener Daten bzw. des Zugangs zu diesen normiert der CRA jedoch keine entsprechende Regelung.

Zwar erfordert die Verfügbarkeit wesentlicher und grundlegender Funktionen häufig die Verfügbarkeit personenbezogener Daten. So kann bspw. der Zugang zu aufgezeichneten Videosequenzen einer Kamera im Smart Home nur möglich sein, wenn die Kamera mit der Smart-Home-Zentrale kommuniziert und die Daten an einem definierten Speicherort abgelegt werden können. In diesem Fall besteht ein Gleichlauf zwischen Verfügbarkeit wesentlicher und grundlegender Funktionen (etwa Aufzeichnen und Speichern) und dem Zugang zu personenbezogenen Daten. Dagegen dürfte es etwa bei einem smarten Türschloss typischerweise relevanter sein, dass dessen wesentliche und grundlegende Funktion (Auf- bzw. Abschließen der Tür durch korrekt authentifizierte Nutzer) verfügbar ist, als dass der Zugang zu etwaigen Zugangslogs besteht. Die Verfügbarkeit der personenbezogenen Daten ist daher nicht immer gleichzusetzen mit der Verfügbarkeit wesentlicher und grundlegender Funktionen – entsprechend können unterschiedliche Maßnahmen zur Umsetzung der Regelungen in Frage kommen. Zugleich ist dieser Zielkonflikt bereits innerhalb der DSGVO angelegt, wie die obigen Ausführungen zu Art. 32 Abs. 1 Hs. 2 lit. b und c DSGVO zeigen.

Schließlich verfolgen sowohl Art. 25 Abs. 1, 2 DSGVO als auch Teile des CRA einen by-Default- bzw. by-Design-Regelungsansatz **(5)**. So enthält Art. 25 Abs. 1, 2 DSGVO den Privacy-by-Default- und Privacy-by-De-

864 Vgl. Kapitel 2 A.
865 Vgl. hierzu Kapitel 2 C. I.

sign-Grundsatz. Anhang I, Teil I Abs. 2 lit. b CRA bestimmt, dass Produkte mit digitalen Elementen nur „secure by default configuration“[866] auf dem Markt bereitgestellt werden dürfen. Auch wenn „Design“ dem Wortlaut nach nicht enthalten ist, so kann außerdem Anhang I, Teil I Abs. 1 i. V. m. Abs. 2 lit. a CRA als ein Security-by-Design-Grundsatz verstanden werden. Demnach müssen Produkte mit digitalen Elementen so konzipiert, entwickelt und hergestellt werden, „dass sie angesichts der Risiken ein angemessenes Cybersicherheitsniveau gewährleisten“ (Abs. 1), außerdem müssen sie ohne bekannte ausnutzbare Schwachstellen auf dem Markt bereitgestellt werden (lit. a). Der Regelungsansatz dieser Regelung ist daher dem Prinzip nach mit Art. 25 Abs. 1, 2 DSGVO vergleichbar. Jedoch weisen die Normen eine unterschiedliche Zielrichtung auf, sodass sich klassische Zielkonflikte zwischen IT-Sicherheit und Datenschutz ergeben. Ein Produkt, welches dem Security-by-Design-Grundsatz entspricht, entspricht nicht zwingend dem Privacy-by-Design-Grundsatz. In bestimmten Fällen ist dies gerade nicht der Fall, wie das bereits oben skizzierte Beispiel der Zugangslogs zeigt: Die Speicherung von möglichst vielen Logdaten kann grundsätzlich eine längere und – je nach Einzelfall – ggf. auch bessere Erkennung und Adressierung von Sicherheitsvorfällen ermöglichen. Dies wäre daher eine Möglichkeit, Ziele des Security-by-Design-Grundsatzes zu verfolgen. Erfolgt diese Entscheidung für ein Produkt, herrscht jedoch zugleich ein Zielkonflikt mit dem Privacy-by-Design-Grundsatz, welcher neben dem Zweck der Datenverarbeitung auch die Datenminimierung als Ziel verfolgt (vgl. Art. 25 Abs. 1 DSGVO).

866 In der deutschen Sprachfassung: „mit einer sicheren Standardkonfiguration“. Eine solche Maßnahme als Anforderung zu definieren kann etwa Risiken entgegenwirken, die aufgrund unsicherer Standardpasswörter entstehen (vgl. Fn. 825).

Tabelle 5: Vergleich Art. 25, 32 DSGVO zu Art. 13 i. V. m. Anhang I CRA

	Kriterium	Art. 25, 32 DSGVO	Art. 13 i. V. m. Anhang I CRA	Anmerkungen
(1)	Risikobasierte Skalierung von Maßnahmen	Risikobasierter Ansatz der DSGVO	Bewertung der Cybersicherheitsrisiken gem. Art. 13 II, III i. V. m. Anhang I, Teil I CRA	Grundsätzlich vergleichbar; jedoch unterschiedlicher Maßstab
(2)	Regulierung von (konkreten) technischen Schutzmaßnahmen	Technische und organisatorische Maßnahmen	Grundlegende Cybersicherheitsanforderungen gem. Anhang I, Teil I CRA	Grundsätzlich vergleichbar, jedoch deutlich unterschiedliche Konkretisierung
(3)	Bindungswirkung der genannten Schutzmaßnahmen	„diese Maßnahmen schließen gegebenenfalls unter anderem Folgendes ein" (Art. 32 Abs. 1 Hs. 2)	„auf der Grundlage der Bewertung der Cybersicherheitsrisiken […] soweit zutreffend," (Anhang I, Teil I Abs. 2 CRA)	Bindungswirkung vergleichbar
(4)	Berücksichtigung der IT-Sicherheitsziele	Art. 32 Abs. 1 Hs. 2 lit. b DSGVO	Anhang I, Teil I Abs. 2 lit e, f, h CRA	Grundsätzlich vergleichbar; Unterschiede bei Verfügbarkeit
(5)	By-Default-/by-Design-Regelungsansatz	Art. 25 Abs. 1, 2 DSGVO	Anhang I, Teil I Abs. 2 lit. a CRA	Vergleichbarer Ansatz, unterschiedliche Zielrichtung

Aufgrund des Aufgreifens der allgemeinen IT-Sicherheitsziele – vgl. **(4)** – in beiden Regelungsansätzen stellen die in Anhang I Abschnitt 1 genannten Maßnahmen typischerweise auch geeignete Maßnahmen i. S. d. Art. 25, 32 DSGVO dar. So dienen etwa Maßnahmen, die die Resilienz gegen DoS-Angriffe erhöhen (Anhang I, Teil I Abs. 2 lit. h CRA) zugleich auch der Verfügbarkeit und Belastbarkeit der zur Datenverarbeitung eingesetzten Systeme (Art. 32 Abs. 1 Hs. 2 lit. b DSGVO) sowie der Verfügbarkeit der Daten (Art. 32 Abs. 1 Hs. 2 lit. c DSGVO). Die von der EU-Kommission formulierte Zielsetzung, dass der CRA damit auch die Einhaltung der Sicherheitsanforderungen der DSGVO erleichtern werde,[867] ist daher als durchaus plausibel anzusehen. Zugleich bleibt jedoch der oben bereits skizzierte Zielkonflikt zwischen Datenschutz und IT-Sicherheit bestehen.

Exemplarisch wird dies an Anhang I, Teil I Abs. 2 lit. l CRA deutlich, welcher vorsieht, dass Produkte mit digitalen Elementen sicherheitsbezogene Informationen bereitstellen, indem interne Aktivität aufgenommen und/oder überwacht wird – inkl. dem Zugang oder der Änderung von Daten, Diensten und Funktionen. Dies wird typischerweise auch personenbezogene Daten umfassen. Zwar lassen sich solche Protokollierungsanforderungen auch datenschutzrechtlich begründen, etwa im Rahmen eines Überprüfungsverfahrens hinsichtlich der Wirksamkeit getroffener technischer und organisatorischer Maßnahmen (Art. 32 Abs. 1 Hs. 2 lit. d DSGVO) oder in Bezug auf die Rechenschaftspflicht (Art. 5 Abs. 2 DSGVO). Insbesondere ersteres bedeutet, dass die Protokollierung von personenbezogenen Daten Bestandteil von Maßnahmen sein kann, welche das von Art. 32 Abs. 1 DSGVO geforderte Schutzniveau erst ermöglichen. Möglich ist auch, dass dieses Schutzniveau erst durch die zentrale Auswertung der internen Aktivitäten einzelner Produkte mit digitalen Elementen sicherstellen lässt, was bspw. durch die Implementierung sog. SIEM-Systeme[868] erfolgt.

Grundsätzlich stehen diese Protokollierungsanforderungen allerdings im Konflikt mit dem Grundsatz der Datenminimierung gem. Art. 5 Abs. 1 lit. c DSGVO.[869] Zugleich wird der Konflikt nicht nur für Adressaten der DSGVO, sondern auch für Adressaten des CRA selbst relevant, nennt dieser doch die Datenminimierung in Anhang I, Teil I Abs. 2 lit. g CRA.

---

867 CRA-KOM, S. 10.

868 Security-Information-and-Event-Management-Systeme dienen dazu, Anomalien, bspw. in der IT-Infrastruktur eines Unternehmens auszuwerten, Angriffe zu erkennen und Gegenmaßnahmen durchzuführen. Hierfür werden verschiedene Indikatoren genutzt, bspw. Logfiles, Firewall-Events oder Alarme weiterer Sicherheitssysteme. Vgl. hierzu: TeleTrusT, Handreichung zum Stand der Technik, S. 59 f.

869 Vgl. für eine – vom CRA unabhängige – Thematisierung der Zielkonflikte zwischen Datenschutz und IT-Sicherheit beim Einsatz von Logfiles und SIEM-Systemen zur Aufklärung von IT-Sicherheitsvorfällen: Schulte/Wambach, DuD 2020, 462 (464 ff.).

Des Weiteren verpflichtet die DSGVO Verantwortliche und Auftragsverarbeiter, während der CRA Hersteller bzw. die dahinterstehende Lieferkette in den Blick nimmt. Dies hat zur Folge, dass Hersteller – als diejenigen, welche die Risikoabschätzung gem. Art. 13 Abs. 1 CRA durchführen sowie die Maßnahmen gem. Anhang I, Teil I CRA implementieren – nur dann von beiden Verordnungen unmittelbar adressiert werden, wenn sie beim späteren Einsatz des Produktes als Auftragsverarbeiter gem. Art. 28 DSGVO oder als (allein oder gem. Art. 26 DSGVO gemeinsam) Verantwortliche agieren.

In anderen Fällen – ist also etwa derjenige, der das Produkt einsetzt, allein Verantwortlicher und der Hersteller nimmt keine weitere Datenverarbeitung vor – träfe den Hersteller der Security-by-Design-Grundsatz, während der Verantwortliche seine Datenverarbeitungsvorgänge nach dem Privacy-by-Design-Grundsatz ausrichten müsste. Wird dieser Zielkonflikt zugrunde gelegt, so dürfte der CRA zwar die Einhaltung des Art. 32 DSGVO in der Praxis fördern; jedoch ergeben sich dadurch zugleich Herausforderungen bei der Einhaltung der Art. 25 Abs. 1, 2 DSGVO. Denn Hersteller und Verantwortliche können – soweit die Rollen nicht zusammenfallen – zu unterschiedlichen Auslegungen des Datenminimierungsgrundsatzes kommen.[870] Dies ist etwa der Fall, wenn Hersteller aufgrund des Security-by-Design-Grundsatzes Produkte so gestalten, dass sie mehr personenbezogene Daten dokumentieren als dies Verantwortliche vorsehen würden – welche neben den Anforderungen aus Art. 32 Abs. 1 DSGVO auch solche des Privacy-by-Design-Grundsatzes nach Art. 25 Abs. 1 DSGVO berücksichtigen müssen.

Im Ergebnis existieren daher hinsichtlich der hier untersuchten Anforderungen an die IT-Sicherheit von Produkten einige Überschneidungen des CRA mit den Art. 25, 32 DSGVO. Trotz fehlender expliziter Regelungen zum synergetischen Zusammenspiel mit der DSGVO – etwa dergestalt, dass der Einsatz CRA-konformer Produkte Einfluss auf die Erfüllung der Rechenschaftspflicht nach Art. 5 Abs. 2 DSGVO hätte – ist daher eine gemeinsame Betrachtung der Vorschriften im Hinblick auf die Ableitung von Schutzmaßnahmen zielführend.[871] Aufgrund unterschiedlicher Normadressaten kommt in Bezug auf diese Vorschriften auch keine vorrangige Geltung des CRA in Betracht.

870 Soweit personenbezogene Daten betroffen sind, ist von einer inhaltlichen Übereinstimmung des Datenminimierungsgrundsatzes in CRA und DSGVO auszugehen. Hierzu vgl. auch Bronner/Heckmann/Ziegler, DuD 2024, 572 (575); Rennert, ZfDR 2023, 206 (211).

871 Hierzu vgl. Kapitel 5 A.

E. Weitere IT-Sicherheitsregulierung

Neben der vorgeschlagenen Regulierung für Produkte mit digitalen Elementen wurde kürzlich die unionsrechtliche Regulierung von Einrichtungen in kritischen Sektoren überarbeitet (vgl. Abschnitt I). Außerdem enthält der Digital Markets Act Regelungen zu virtuellen Assistenten sowie Betriebssystemen (vgl. Abschnitt II).

I. Regulierung von Einrichtungen in kritischen Sektoren (NIS-2-RL)

Mit der sog. NIS-2-Richtlinie[872] vom 14.12.2022 soll ein hohes gemeinsames Cybersicherheitsniveau in der gesamten Union sichergestellt werden, Art. 1 Abs. 1 NIS-2-RL. Um dieses Ziel zu erreichen, sieht die Richtlinie einerseits Verpflichtungen für die Mitgliedsstaaten vor, beispielsweise zur Benennung bzw. Einrichtung von zentralen Anlaufstellen für Cybersicherheit und Computer-Notfallteams (CSIRT). Andererseits werden Pflichten für öffentliche und private Einrichtungen definiert, welche bei Vorliegen bestimmter Kriterien – etwa der Größe der Einrichtung sowie der Zugehörigkeit zu einem kritischen Sektor – Maßnahmen in Bezug auf das Cybersicherheitsrisikomanagement treffen sowie Berichtspflichten erfüllen müssen, Art. 1 Abs. 2 lit. b, Art. 2 NIS-2-RL.

Im Vergleich zur NIS-RL hat die NIS-2-RL einen deutlich erweiterten Anwendungsbereich, insbesondere können bereits als mittlere Unternehmen geltende Einrichtungen[873] in den Anwendungsbereich fallen, Art. 2 Abs. 1 NIS-2-RL. Bezogen auf ihre Branchenzugehörigkeit können Einrichtungen umfasst sein, die in Sektoren mit hoher Kritikalität (Anhang I NIS-2-RL) oder in sonstigen kritischen Sektoren (Anhang II NIS-2-RL) tätig sind. Darunter fallen bspw. – wie bisher – der Energie- und Verkehrssektor sowie das Gesundheitswesen. Neu umfasst ist beispielsweise die Sektoren öffentliche Verwaltung und Forschung. Daneben sind auch inhaltlich weitergehende Neuerungen vorgesehen, beispielsweise regelt Art. 12 NIS-2-RL die Entwicklung einer europäischen Schwachstellendatenbank sowie koordinierte Offenlegungsverfahren für Schwachstellen.

Außerdem besonders relevant ist die in Art. 21 NIS-2-RL geregelte Verpflichtung für wesentliche und wichtige Einrichtungen i. S. d. Art. 3 NIS-2-

872 Richtlinie (EU) 2022/2555 des Europäischen Parlaments und des Rates vom 14. Dezember 2022 über Maßnahmen für ein hohes gemeinsames Cybersicherheitsniveau in der Union, zur Änderung der Verordnung (EU) Nr. 910/2014 und der Richtlinie (EU) 2018/1972 sowie zur Aufhebung der Richtlinie (EU) 2016/1148 (NIS-2-Richtlinie).

873 Art. 2 Abs. 1 NIS-2-RL verweist hierfür auf die Definition in Art. 2 des Anhangs der Empfehlung 2003/361/EG.

RL, Risikomanagementmaßnahmen im Bereich der Cybersicherheit zu ergreifen. Die Maßnahmen sollen u.a. die Risiken für die Sicherheit der Netz- und Informationssysteme der Einrichtungen adressieren, Art. 21 Abs. 1 UAbs. 1 NIS-2-RL. Bei der Konkretisierung der Maßnahmen sind eine Vielzahl von Faktoren zu berücksichtigen, etwa der Stand der Technik, die Kosten der Umsetzung, die Wahrscheinlichkeit des Eintretens und die Schwere von Sicherheitsvorfällen oder das Ausmaß der Risikoexposition der Einrichtung, Art. 21 Abs. 1 UAbs. 2 NIS-2-RL. Die Maßnahmen müssen gem. Art. 21 Abs. 2 NIS-2-RL „auf einem gefahrenübergreifenden Ansatz beruhen"; Abs. 2 nennt darüber hinaus einen Katalog verschiedener Mindestmaßnahmen, wie etwa „Konzepte in Bezug auf die Risikoanalyse und Sicherheit für Informationssysteme" (Art. 21 Abs. 2 lit. a NIS-2-RL). Im Ergebnis kann daher auch Art. 21 NIS-2-RL als eine risikobasierte IT-Sicherheitsregulierung bezeichnet werden.

Trotz des erweiterten Anwendungsbereichs handelt es sich allerdings weiterhin um eine sektorspezifische Regelung, die nur bestimmte Einrichtungen adressiert und zudem nicht unmittelbar an die Sicherheit von Produkten anknüpft. Zwar sind für durch die NIS-2-RL adressierte Unternehmen auch potentielle Auswirkungen unsicherer Smart-Home-Geräte auf die gesamte IT-Infrastruktur relevant. Allerdings ist die NIS-2-RL eine branchenspezifische Regulierung bestimmter Einrichtungen aufgrund ihrer (gesellschaftlichen bzw. wirtschaftlichen) Bedeutung. Die NIS-2-RL betrifft die Regulierung der Sicherheit von (Smart-Home-)Produkten daher nur sehr mittelbar. Dadurch unterscheidet sich die Richtlinie von anderen, hier betrachteten Rechtsakten, die unmittelbar die Hersteller der Produkte (RED, CRA) oder den Einsatz der Produkte in nahezu allen Anwendungsbereichen (DSGVO, TDDDG, GeschGehG) regulieren.

Daher ist in Bezug auf die hier untersuchten Anforderungen an die IT-Sicherheit von Smart-Home-Geräten keine umfangreichere Berücksichtigung der NIS-2-Richtlinie erforderlich.

II. Regulierung virtueller Assistenten und Betriebssysteme im DMA

Daneben wurden kürzlich auch wettbewerbsrechtliche Regelungen auf EU-Ebene geschaffen, deren potentielle Auswirkungen für den Untersuchungsgegenstand im Folgenden skizziert werden sollen. Der sog. Digital Markets Act[874] („Gesetz über digitale Märkte") soll für bestreitbare und fai-

874 Verordnung (EU) 2022/1925 des Europäischen Parlaments und des Rates vom 14. September 2022 über bestreitbare und faire Märkte im digitalen Sektor und zur Änderung der Richtlinien (EU) 2019/1937 und (EU) 2020/1828 (Gesetz über digitale Märkte).

re Märkte im digitalen Sektor sorgen. Dabei werden sog. Torwächter (engl.: *Gatekeeper*) adressiert, welche zentrale Plattformdienste für gewerbliche Nutzer oder Endnutzer in der Union anbieten, Art. 1 Abs. 2 DMA.

Unternehmen werden von der Kommission als Torwächter benannt, wenn die Kriterien des Art. 3 DMA erfüllt sind. Dies wird vorerst voraussichtlich eine geringe zweistellige Anzahl an Unternehmen betreffen.[875] Welche Dienste als zentrale Plattformdienste gelten, ist in Art. 2 Nr. 2 DMA abschließend geregelt.[876] Für die hiesige Untersuchung relevant ist insbesondere die Nennung von virtuellen Assistenten (Art. 2 Nr. 2 lit. h DMA) und Betriebssystemen (Art. 2 Nr. 2 lit. f DMA). Letztere werden legaldefiniert als „Systemsoftware, die die Grundfunktionen der Hardware oder Software steuert und die Ausführung von Software-Anwendungen ermöglicht", Art. 2 Nr. 10 DMA. Virtuelle Assistenten sind gem. Art. 2 Nr. 12 DMA „Software, die Aufträge, Aufgaben oder Fragen verarbeiten kann, auch aufgrund von Eingaben in Ton-, Bild- und Schriftform, Gesten oder Bewegungen, und die auf der Grundlage dieser Aufträge, Aufgaben oder Fragen den Zugang zu anderen Diensten ermöglicht oder angeschlossene physische Geräte steuert".

Während in dieser Untersuchung digitale, cloudbasierte Sprachassistenten stets in ihrer Gesamtheit aus Endgerät und notwendiger Software betrachtet werden,[877] adressiert der DMA mit dem Begriff virtueller Assistenten lediglich Software. Torwächter werden sodann in Art. 6 Abs. 3 UAbs. 2 S. 1 DMA dazu verpflichtet, es Endnutzern zu ermöglichen, Standardeinstellungen des Betriebssystems und des virtuellen Assistenten, „die Endnutzer zu vom Torwächter angebotenen Produkten oder Dienstleistungen leiten oder lenken, auf einfache Weise zu ändern".[878] Davon umfasst ist eine Aufforderung an den Endnutzer, einen virtuellen Assistenten aus der Liste der wesentlichen verfügbaren Diensteanbieter auszuwählen, wenn der Dienst erstmals genutzt wird, Art. 6 Abs. 3 UAbs. 2 S. 2 DMA. Neben digitalen, cloudbasierten Sprachassistenten ist auch die hier untersuchte Produktkategorie der Smart TVs betroffen, wenn das jeweilige Betriebssystem oder bzw. der jeweilige virtuelle Assistent (i. S. d. Art. 2 Nr. 2 lit. f, h DMA) von einem Torwächter angeboten wird.[879]

875 Podszun/Bongartz/Kirk, NJW 2022, 3249 (3250). Eine aktuelle Übersicht findet sich hier: https://digital-markets-act.ec.europa.eu/gatekeepers_en (zuletzt abgerufen am 9.3.2025).
876 Podszun/Bongartz/Kirk, NJW 2022, 3249 (3250).
877 Vgl. zur Definition Kapitel 2 B. I. 3.
878 Art. 6 Abs. 3 UAbs. 2 S. 1 DMA.
879 Podszun/Bongartz/Kirk, NJW 2022, 3249 (3250) nennen explizit Betriebssysteme für Smart-TVs wie Android TV und tvOS sowie virtuelle Assistenten wie Alexa und Siri.

Fraglich ist jedoch, ob die wettbewerbsrechtlichen Regelungen im DMA Auswirkungen auf die hier untersuchte risikobasierte IT-Sicherheitsregulierung haben. Relevant könnte dies hinsichtlich der in Art. 6 Abs. 7 S. 1 DMA genannten Verpflichtung zur Interoperabilität werden. Demnach müssen Torwächter es Diensteanbietern und Anbietern von Hardware kostenlos ermöglichen, wirksame Interoperabilität mit denselben über das Betriebssystem bzw. den virtuellen Assistenten „zugegriffenen oder gesteuerten Hardware- und Software-Funktionen"[880] herzustellen, wie dies für die vom Torwächter bereitgestellten Dienste bzw. Hardware der Fall ist. Geregelt ist also der Zugang für Zwecke der Interoperabilität. Apps eines Drittanbieters müssen folglich bspw. auf dieselbe Art und Weise auf den virtuellen Assistenten des digitalen, cloudbasierten Sprachassistenten zugreifen können wie eine App des Torwächters.[881]

Daraus ergeben sich mittelbar sicherheitsrelevante Fragestellungen. Über die Herstellung von Interoperabilität und damit den Zugang Dritter auf die Geräte ergibt sich auch ein Potential für IT-Sicherheitslücken, auch wenn Anforderungen an die Interoperabilität nicht grundsätzlich unvereinbar mit einem hohen Sicherheitsniveau sind.

Dies war offenbar auch dem Gesetzgeber bewusst. So geht etwa ErwG 64 UAbs. 3 DMA darauf ein, dass Interoperabilität ein hohes Maß an Sicherheit und Datenschutz nicht untergraben dürfe; verwiesen wird ausdrücklich auf die DSGVO und die ePrivacy-RL. Auch Art. 8 Abs. 1 sowie ErwG 65 UAbs. 1 DMA weisen darauf hin, dass Torwächter bei Einhaltung des DMA auch das sonstige anwendbare Recht uneingeschränkt einhalten müssen und nennt u. a. explizit Rechtsvorschriften über Anforderungen der Cybersicherheit. Daneben ermöglicht es Art. 6 Abs. 4 UAbs. 2, 3 DMA Torwächtern, bei der Erfüllung der Interoperabilitätsverpflichtung angemessene Sicherheitsmaßnahmen in Bezug auf Software-Anwendungen Dritter zu treffen. Bereits diese Verweise zeigen, dass die durch die Herstellung von Interoperabilität und damit Zugang für Dritte entstehenden Sicherheitsrisiken durch die vorliegend untersuchten Regelungen zur IT-Sicherheit von Produkten adressiert werden. So sind mögliche missbräuchliche Zugriffe über Apps von Drittanbietern etwa bereits im Rahmen von Art. 32 DSGVO sowie den Vorgaben des CRA zu berücksichtigen; von technischer Seite stellen sie ohnehin keinen – im Vergleich zu einer Situation, in der keine Interoperabilität gewährleistet werden muss – neuen Angriffsvektor dar.[882]

---

880 Art. 6 Abs. 7 S. 1 DMA.

881 Beispiel nach Podszun/Bongartz/Kirk, NJW 2022, 3249 (3250), die dies für Apps bzw. Sprachassistenten eines Smartphones formulieren.

882 Vgl. Abbildung 3 sowie der dort beschriebene Angriffsvektor 3 inkl. der zugehörigen Ausführungen zu Apps von Drittanbietern.

Vorstellbar wäre daher, dass potentielle Zielkonflikte zwischen der IT-Sicherheit von Produkten und den neuen Interoperabilitätsanforderungen aus dem DMA zukünftig an Relevanz gewinnen. Insoweit sich daraus ein erhöhtes Risiko ergeben sollte, wäre dies bspw. im Rahmen der Abwägung nach Art. 32 Abs. 1 DSGVO oder nach Art. 10 Abs. 2 CRA entsprechend zu berücksichtigen. Die Regelungen zur Interoperabilität als solche haben allerdings keine unmittelbaren Auswirkungen auf die hier untersuchten Anforderungen zur IT-Sicherheit von Smart-Home-Geräten. Aufgrund dessen ist eine genauere Analyse der Regulierung virtueller Assistenten und Betriebssysteme im DMA vorliegend nicht erforderlich.

F. Zentrale Ergebnisse und Thesen des Kapitels

Im Folgenden werden die zentralen Ergebnisse und Thesen des Kapitels zusammengefasst.

1. Zwischen „angemessenen Geheimhaltungsmaßnahmen" des GeschGehG und technischen und organisatorischen Maßnahmen i. S. d. DSGVO lässt sich keine normativ begründete Überschneidung feststellen. Lediglich auf sekundärer Ebene sind Überschneidungen der Wirkungen der Maßnahmen möglich, insbesondere in Bezug auf das Schutzziel der Vertraulichkeit sowie teilweise in Bezug auf das Schutzziel der Integrität. Im Rahmen einer interdisziplinären Betrachtung lässt sich dies auch methodisch begründen (vgl. Abschnitt B. III).

2. Auch die hier untersuchten Normen, die nicht explizit einen Risikobezug aufweisen, sind als risikobasiert anzusehen. Denn jedenfalls im Rahmen der Konkretisierung auf einzelne umzusetzende Maßnahmen machen sie eine Berücksichtigung von Risiken erforderlich. Dies wird erst durch die hier vorgenommene interdisziplinäre Analyse offenbart. Neben § 2 Nr. 1 lit. b GeschGehG trifft dies auch auf § 19 Abs. 4 TDDDG und § 4 Abs. 3 Nr. 4, 5 FuAG zu (vgl. Abschnitt B. II, Abschnitt C. III. 5 sowie Abschnitt D. I. 4).

3. § 25 TDDDG weist dagegen keinen vergleichbaren Risikobezug auf. Der von der Norm bezweckte Schutz der Integrität der Endgeräte steht jedoch in einigen Fällen potentiell im Konflikt mit der Implementierung von Schutzmaßnahmen. Dies gilt jedenfalls, soweit eine Speicherung von Informationen im Endgerät bzw. ein Zugriff auf im Endgerät bereits gespeicherte Informationen erfolgen soll – wie dies etwa bei der Installation von Sicherheitsupdates der Fall ist. Daher ist es erforderlich, diese Norm

gemeinsam mit den hier untersuchten Normen des risikobasierten IT-Sicherheitsrechts zu analysieren (vgl. Abschnitt C. III. 5).

4. Obwohl es in relevantem Ausmaß an expliziten Regelungen zum Verhältnis zwischen Art. 25, 32 DSGVO sowie den IT-Sicherheitsanforderungen des CRA mangelt, ergibt ein detaillierter Vergleich erhebliche Potentiale für Synergieeffekte hinsichtlich der zu implementierenden Schutzmaßnahmen (vgl. Abschnitt D. II. 2. b).

Kapitel 5 – Verknüpfung der rechtlichen Anforderungen mit konkreten technischen Maßnahmen

In diesem Kapitel werden die in Kapitel 3 und Kapitel 4 analysierten rechtlichen Anforderungen an die IT-Sicherheit von Produkten zunächst miteinander und sodann mit konkreten technischen Maßnahmen verknüpft.

Die bisherigen Ausführungen zeigen auf, dass – jedenfalls bezogen auf den hiesigen Untersuchungsgegenstand – keine eindeutige, allgemeingültige Methode zur Ableitung konkreter technischer Maßnahmen aus den untersuchten rechtlichen Anforderungen existiert.[883] Vielmehr handelt es sich jeweils um abstrakte Normen zur Regulierung der IT-Sicherheit von Produkten, die den Normadressaten einen hohen Grad an Handlungsspielraum bieten – gleichzeitig aber auch die Ausfüllung dieses Spielraums durch die Normadressaten erfordern. Alle in dieser Untersuchung näher analysierten Normen sind – zumindest mittelbar – risikobasiert.[884] Darüber hinaus adressieren sie alle – ebenfalls zumindest mittelbar – jedenfalls einige Schutzziele der IT-Sicherheit.[885]

Diese Gemeinsamkeiten ermöglichen es, übergreifende Ansätze zur Verknüpfung der rechtlichen Anforderungen zu entwickeln. Im folgenden Abschnitt A werden drei solcher Ansätze zur Verknüpfung der Anforderungen erläutert. Aus einem interdisziplinären Verständnis der Normen, das insbesondere auf deren Verhältnis zu den Schutzzielen der IT-Sicherheit beruht, ergibt sich, dass auf Basis der Anforderungen abgeleitete konkrete Maßnahmen mehrere rechtliche Vorgaben zugleich erfüllen können. Damit können die Ansätze zum einen der praktischen Anwendung im Einzelfall dienen. Zum anderen ergibt sich daraus auch ein verbessertes interdisziplinäres Verständnis der Normen und deren Verhältnis zueinander. Inwiefern diese Ziele der Ansätze auch tatsächlich verwirklicht werden, wird in Abschnitt B exemplarisch anhand konkreter Schutzmaßnahmen für die hier untersuchten Produktkategorien dargelegt.

883 Vgl. hierzu insbesondere die in Kapitel 3 B. II. 3 und Kapitel 3 B. III. 1. c analysierten Ansätze.

884 Vgl. zur DSGVO: Kapitel 3 B. II. 2, zur Risikobewertung im Rahmen des CRA: Kapitel 4 D. II. 2, für das GeschGehG: Kapitel 4 B. bzw. Kapitel 4 B. IV, für § 19 Abs. 4 TDDDG: Kapitel 4 C. III. 5 sowie für das FuAG: Kapitel 4 D. I. 4.

885 Hierzu vgl. die folgende Übersicht in Abschnitt A. I. sowie die dortigen Verweise.

A. Verknüpfung der rechtlichen Anforderungen

Die hier vorgestellten Ansätze fokussieren sich jeweils auf eine Verknüpfung der Maßnahmen mit den Schutzzielen der IT-Sicherheit (Abschnitt I), auf das Verhältnis der zwei umfassenden EU-Verordnungen zu Datenschutz und Cybersicherheit, also DSGVO und CRA (Abschnitt II) sowie auf eine Kombination bzw. Ausweitung von Folgenabschätzungen in Bezug auf Datenschutz und Cybersicherheit (Abschnitt III).

I. Systematisierung durch Verknüpfung mit Schutzzielen

Als naheliegende Methode der Verknüpfung der Maßnahmen mit den untersuchten rechtlichen Anforderungen kommt eine Systematisierung anhand der durch die Anforderungen adressierten Schutzziele der IT-Sicherheit in Betracht. Tabelle 6 stellt insoweit zusammenfassend dar, welche Normen welchen der drei zentralen Schutzziele der IT-Sicherheit[886] dienen.

Tabelle 6: Verknüpfung untersuchter Normen mit von ihnen (mittelbar) adressierten Schutzzielen

Norm/Schutzziel		Vertraulichkeit	Integrität	Verfügbarkeit
DSGVO	Art. 25	X	X	X
	Art. 32	X	X	X
GeschGehG	§ 2	X	(X)	-
TDDDG	§ 19 Abs. 4 S. 1	X	X	X
	§ 25	X	X	-
FuAG	§ 4 Abs. 3 Nr. 4, 5[887]	X	X	X
CRA	Art. 13 i. V. m. Anhang I	X	X	X

Zwar weicht das in der DSGVO verwendete Verständnis der Schutzziele nach hier vertretener Auffassung von dem Verständnis der IT-Sicherheit ab – allerdings verbleiben große Überschneidungen, sodass auch aufgrund der

886 Zum Verständnis dieser Schutzziele in der vorliegenden Untersuchung vgl. Kapitel 2 A.

887 In Verbindung mit der delegierten Verordnung 2022/30; zur zeitlichen und inhaltlichen Geltung neben dem CRA vgl. bereits Kapitel 4 D. I.

Art. 25, 32 DSGVO implementierte Schutzmaßnahmen der Erfüllung der Schutzziele der IT-Sicherheit dienen können.[888]

Hinsichtlich des GeschGehG gilt wie oben erläutert, dass § 2 Nr. 1 lit. b GeschGehG primär nur den Vertraulichkeitsschutz bezweckt; lediglich auf einer sekundären Ebene wird auch die Integrität der Informationen geschützt.[889] Dies wird in der Tabelle mit Klammern gekennzeichnet. Der Schutz der Verfügbarkeit ist § 2 Nr. 1 lit. b GeschGehG allerdings nicht zu entnehmen.

§ 19 Abs. 4 TDDDG soll nach der Gesetzesbegründung dem Schutz vor Schadsoftware dienen, sodass das Schutzziel der Integrität adressiert ist.[890] Darüber hinaus sieht die Norm Schutzmaßnahmen gegen unerlaubten Zugriff und gegen Störungen vor, dient mit ersterem also dem Vertraulichkeits-, mit zweiterem dem Verfügbarkeitsschutz. Sie dient damit allen drei zentralen Schutzzielen der IT-Sicherheit.

Anders ist dies bei § 25 TDDDG zu beurteilen. Dessen Schutzgegenstand ist die Integrität des Endgeräts; daneben lässt sich den ErwG 65 und 66 ePrivacy-RL entnehmen, dass der Gesetzgeber insbesondere den Schutz vor Spähsoftware bezweckt hatte.[891] Daher lässt sich auch der Schutz der Vertraulichkeit § 25 TDDDG zuordnen. Der Schutz der Verfügbarkeit wird von der Norm allerdings nicht bezweckt.

Art. 3 Abs. 3 RED bzw. § 4 Abs. 3 Nr. 4, 5 FuAG i. V. m. der delegierten Verordnung 2022/30 adressieren ebenso wie Art. 13 CRA i. V. m. Anhang I der Verordnung unmittelbar die drei zentralen Schutzziele der IT-Sicherheit.

Wie sich der Tabelle also im Ergebnis entnehmen lässt, dienen die Normen überwiegend (zumindest mittelbar) der Erfüllung der Schutzziele der IT-Sicherheit. Da einige Rechtsakte – der CRA, die DSGVO und die RED – gerade (auch) die IT-Sicherheit von Produkten, die Sicherheit von Datenverarbeitungen und von Funkanlagen bezwecken, ist dies nur folgerichtig. Lediglich hinsichtlich des GeschGehG und des TDDDG muss diese Aussage differenziert werden.

Zwar ergibt sich alleine aus dieser Verknüpfung noch keine Konkretisierung, die die Ableitung einzelner Schutzmaßnahmen ermöglicht. Allerdings kann die Systematisierung durch Verknüpfung mit Schutzzielen als Methode zur Identifizierung von Synergieeffekten eingesetzt werden, wie in Abschnitt B. I. exemplarisch aufgezeigt wird. Diese Effekte entstehen nicht zufällig, sondern sind in der gemeinsamen Adressierung der Schutzziele begründet.

888 Vgl. Kapitel 3 B. II. 3. a. (2).
889 Vgl. Kapitel 4 B. III.
890 Vgl. hierzu und zum Folgenden: Kapitel 4 C. III. 3.
891 Vgl. Kapitel 4 C. III. 4.

Perspektivisch können sich auch mittelbar Konkretisierungen ergeben, etwa wenn einzelne Normen, die dasselbe Schutzziel adressieren, einen höheren Konkretisierungsgrad aufweisen. Dies wird etwa relevant, sobald bspw. im Rahmen CRA harmonisierte Normen vorliegen.[892] In solchen Normen konkretisierte Schutzmaßnahmen können dann über eine Konformitätsvermutung gemäß dem betreffenden Rechtsakt hinaus – im Rahmen der in diesem Abschnitt erläuterten Ansätze – als Mittel zur Konkretisierung der Anforderungen anderer Normen herangezogen, also etwa auch zur Identifizierung von Schutzmaßnahmen für die Verarbeitung personenbezogener Daten verwendet werden.[893]

II. Systematisierung durch Verknüpfung von Anforderungen

Während die Verknüpfung der untersuchten Anforderungen auf Basis der Schutzziele der IT-Sicherheit noch auf einem relativ abstrakten Niveau erfolgt, wird im Folgenden dargelegt, dass auch eine konkretere Form der Verknüpfung möglich ist.

So lassen sich zahlreiche Verpflichtungen, die der CRA – gerade in Anhang I der Verordnung besonders detailliert – an Hersteller formuliert, Anforderungen aus weiteren hier untersuchten Rechtsakten zuordnen. Dies zeigt sich im Ansatz bereits in den bisherigen Ausführungen, die Parallelen zwischen CRA und DSGVO erläutern.[894] Ein Fokus auf die in Anhang I, Teil I des CRA genannten Anforderungen ermöglicht darüber hinaus einen detaillierten Vergleich, wie Tabelle 7 zu entnehmen ist.

Die Tabelle nennt dabei zunächst nur Normen, die eine konkrete Parallele zu den genannten Anforderungen des CRA aufweisen. Diese Parallele wird im Folgenden jeweils kurz erläutert, die *fettgedruckten Ziffern* dienen dabei der einfacheren Zuordnung von Erläuterung und Tabellenzeile. In Fällen, in denen keine solche Parallele existiert, aber die Anforderung des CRA dennoch förderlich zur Erreichung des Ziels der jeweiligen Norm ist, wird dies durch *Klammern* gekennzeichnet. Auch dies wird im Folgenden sodann kurz erläutert.

---

892 Vgl. Art. 27 CRA; für kürzlich ratifizierte Standards hinsichtlich der delegierten Verordnung 2022/30 vgl. bereits Fn. 829.

893 Zu den Grenzen dieses Ansatzes, die insbesondere im Vergleich mit Ansatz II offenbar werden, vgl. Kapitel 5 A. II. 3, Kapitel 5 A. IV sowie Kapitel 5 C.

894 Vgl. hierzu Kapitel 4 D. II. 2. b, insbesondere Tabelle 5.

Tabelle 7: Verknüpfung der rechtlichen Anforderungen

	Anhang I, Teil I CRA (Norm/ Kurzbezeichnung)	DSGVO	Gesch-GehG	§ 19 IV TDDDG	§ 25 TDDDG	§ 4 Abs. 3 FuAG
(1)	Cybersecurity-by-Design (Abs. 1)	Art. 25 [Art. 32]	[X]	[X]	[X]	Nr. 5
(2)	Ohne Schwachstellen bereitgestellt (Abs. 2 lit. a)	Art. 25 Abs. 1 [Art. 32]	[X]	[X]	[X]	[Nr. 5]
(3)	Sichere Standardkonfiguration (Abs. 2 lit. b)	Art. 25 Abs. 2 [Art. 32]	[X]	[X]	[X]	[Nr. 5]
(4)	Möglichkeit zu Sicherheitsupdates (Abs. 2 lit. c)	[Art. 25, Art. 32]	-/-	-/-	-/-	[Nr. 5]
(5)	Meldung von und Schutz vor unbefugtem Zugriff (Abs. 2 lit. d)	Art. 32 Abs. 1 Hs. 2 lit. b, Art. 33, 34 [Art. 25]	X	S. 1 Nr. 1 [Nr. 2]	[X]	[Nr. 5]
(6)	Vertraulichkeitsschutz (Abs. 2 lit. e)	Art. 32 Abs. 1 Hs. 2 lit b [Art. 25]	X	S. 1 Nr. 1 [Nr. 2]	[X]	[Nr. 5]
(7)	Integritätsschutz (Abs. 2 lit. f)	Art. 32 Abs. 1 lit b [Art. 25]	[X]	[X]	[X]	[Nr. 5]
(8)	Datenminimierung (Abs. 2 lit. g)	Art. 25 Abs. 1	-/-	-/-	-/-	[Nr. 5]
(9)	Verfügbarkeitsschutz (Abs. 2 lit. h)	Art. 32 Abs. 1 lit c	-/-	S. 1 Nr. 2	-/-	[Nr. 5]
(10)	Verfügbarkeitsschutz für (andere) Dienste (Abs. 2 lit. i)	-/-	-/-	-/-	-/-	Nr. 4
(11)	Minimierung Angriffsfläche (Abs. 2 lit. j)	Art. 25 Abs. 1 [Art. 32]	[X]	[X]	-/-	[Nr. 5]

	Anhang I, Teil I CRA (Norm/ Kurzbezeichnung)	DSGVO	Gesch-GehG	§ 19 IV TDDDG	§ 25 TDDDG	§ 4 Abs. 3 FuAG
(12)	Exploit Mitigation (Abs. 2 lit. k)	[Art. 32 Abs. 1 Hs. 2 lit c]	-/-	-/-	-/-	[Nr. 5]
(13)	Bereitstellung sicherheitsbezogener Informationen (Abs. 2 lit. l)	Art. 13, 14	-/-	-/-	-/-	[Nr. 5]
(14)	Möglichkeit zur Datenlöschung und -übertragbarkeit (Abs. 2 lit. m)	Art. 17, 20	-/-	-/-	-/-	[Nr. 5]

1. Vergleichsmaßstab für Verknüpfungen

Fraglich ist bei einem solchen Vergleich der rechtlichen Anforderungen allerdings zunächst, wie die beschriebene Unterscheidung im Einzelfall vorgenommen werden kann. Fordern alle betrachteten Normen – mehr oder weniger konkret – den Schutz der Vertraulichkeit, ist eine Einordnung als Parallele noch vergleichsweise unproblematisch. Offener ist dies etwa, wenn eine konkreter formulierte Vorgabe – bspw. die Pflicht zur Ermöglichung von Sicherheitsupdates oder die Pflicht zur Datenminimierung[895] – mit einer allgemeiner formulierten Norm verglichen wird, die jedenfalls auch den Schutz der Vertraulichkeit umfasst. Denn es ist zwar offensichtlich, dass auch die Möglichkeit von Sicherheitsupdates oder die Speicherung von möglichst wenig Daten den Vertraulichkeitsschutz in vielen Fällen fördern würde, etwa weil Schwachstellen behoben werden können oder potentiell kompromittierte Dateien gar nicht erst verarbeitet werden. Zugleich erscheint dies bspw. im Fall von § 2 Nr. 1 lit. b GeschGehG nicht ausreichend, um eine Förderung oder gar eine Parallele zu den dort geregelten „angemessenen Geheimhaltungsmaßnahmen" festzustellen. Würde dies ausreichen, so könnte eine solche Förderung oder Parallele – etwa in Bezug auf den Grundsatz der Integrität und Vertraulichkeit nach Art. 5 Abs. 1 lit. f DSGVO – schlicht hinsichtlich nahezu jeder denkbaren technischen Schutzmaßnahme festgestellt werden.

Aus diesen Gründen wird im Folgenden lediglich dann eine Parallele festgestellt, wenn tatsächlich in *ähnlichem Konkretisierungsgrad* zumindest Teile

895 Vgl. Anhang I, Teil I, Abs. 2 lit. c, g CRA.

eines *vergleichbaren Regelungsgehalts* in beiden Normen enthalten sind.[896] Um dies zu ermitteln, wird auf die in dieser Untersuchung erfolgte Auslegung der Normen in den Kapiteln 3 und 4 zurückgegriffen. Lediglich von einer Förderung der Zielerreichung wird ausgegangen, wenn aufgrund der einen Anforderung getroffene Maßnahmen *typischerweise* zu einer *Förderung der Zielsetzung* der anderen betrachteten Norm führen dürften.[897] Allenfalls in bestimmten Fällen oder unter zusätzlichen Annahmen förderliche Maßnahmen – wie im obigen Beispiel zur Datenminimierung exemplarisch aufgezeigt – sind hiervon ausgenommen.

2. Erläuterung der festgestellten Verknüpfungen

Zunächst enthält Anhang I, Teil I, Abs. 1 CRA **(1)** einen allgemeinen Cybersecurity-by-Design-Grundsatz. Parallelen existieren damit zu den in Art. 25 DSGVO geregelten Grundsätzen sowie zu § 4 Abs. 3 Nr. 5 FuAG, welcher Sicherheitsvorrichtungen u. a. für die Sicherstellung des Schutzes personenbezogener Daten und der Privatsphäre von Nutzern der Funkanlagen fordert. Beiden Normen lässt sich ebenso wie der Anforderung des CRA eine allgemeine Pflicht entnehmen, bereits während der Konzeption und Gestaltung (des Produkts, der Datenverarbeitung bzw. der Funkanlage) Sicherheitsvorkehrungen zu treffen. Daneben wird durch den allgemeinen Grundsatz des CRA auch die Erreichung der Ziele der übrigen untersuchten Normen gefördert. Werden etwa zum Schutz der Vertraulichkeit im Zuge der Pflicht zu Cybersecurity by Design Daten auf Smart-Home-Geräten verschlüsselt gespeichert und ausschließlich mit Transportverschlüsselung etwa an Drittanbieterapps übermittelt, so fördert dies auch die Etablierung angemessener Geheimhaltungsmaßnahmen nach § 2 Nr. 1 lit. b GeschGehG, den Schutz von für digitale Dienste genutzten technischen Einrichtungen nach § 19 Abs. 4 S. 1 TDDDG sowie den Schutz der im Endgerät gespeicherten Informationen, vgl. § 25 TDDDG.

Auch für die Pflicht zur Bereitstellung ohne Schwachstellen **(2)** sowie zur Bereitstellung mit sicherer Standardkonfiguration **(3)** nach Anhang I, Teil I, Abs. 2 lit. a, b CRA kann eine Parallele zu Art. 25 Abs. 1 (Privacy by Design) bzw. Abs. 2 (Privacy by Default) festgestellt werden. Die Zielerreichung der übrigen untersuchten Normen wird durch diese Pflichten gefördert, etwa wenn aufgrund implementierter Maßnahmen unberechtigte Zugriffs-

---

896 Als Beispiel sei etwa auf die Parallele zwischen der Anforderung nach Anhang I, Teil I, Abs. 2 lit. d CRA zur Meldung von und dem Schutz vor unbefugtem Zugriff und Art. 32 Abs. 1 lit. b, Art. 33, 34 DSGVO verwiesen, die mit **(5)** gekennzeichnet ist.

897 Als Beispiel hierfür kann die Anforderung nach Anhang I, Teil I, Abs. 2 lit. j CRA zur Minimierung der Angriffsfläche genannt werden, die etwa auch für die Erreichung der Ziele von § 19 Abs. 4 S. 1 TDDDG typischerweise förderlich sein dürften und die hier mit **(11)** gekennzeichnet ist.

möglichkeiten verhindert werden. Anders ist dagegen die Anforderung zu beurteilen, die Möglichkeit zu Sicherheitsupdates vorzusehen **(4)**. Zwar sind auch auf Grundlage dieser Basis getroffene Maßnahmen förderlich für die durch Art. 25, 32 DSGVO und § 4 Abs. 3 Nr. 5 FuAG verfolgten Ziele. Da die untersuchten Normen allerdings keine vergleichbaren Aussagen zu Sicherheitsupdates treffen, kann keine Parallele zur Anforderung des CRA festgestellt werden. Auch die Ziele von § 2 Nr. 1 lit. b GeschGehG und §§ 19 Abs. 4 S. 1, 25 TDDDG werden durch die Anforderung nicht ausreichend adressiert, um von einer Förderung auszugehen. Hinsichtlich § 25 TDDDG kann die Implementierung von (ggf. automatisierten) Sicherheitsupdates sogar eine konfligierende Anforderung darstellen.[898]

Der Schutz vor unbefugtem Zugriff zum einen sowie ggf. eintretende Pflichten zur Veranlassung einer Meldung bei unbefugtem Zugriff nach Anhang I, Abs. 2 lit. d CRA **(5)** zum anderen haben dagegen eine Parallele in Art. 32 Abs. 1 Hs. 2 lit. b DSGVO sowie in Art. 33, 34 DSGVO. Dies trifft auch auf § 2 Nr. 1 lit. b GeschGehG sowie § 19 Abs. 4 S. 1 Nr. 1 TDDDG zu. Zwar sind solche Maßnahmen nicht unmittelbar im Wortlaut des GeschGehG erwähnt; unter Zugrundelegung der Auslegung der Norm[899] wird aber offenkundig, dass gerade Schutzmaßnahmen vor unbefugtem Zugriff erforderlich sind, um angemessene Geheimhaltungsmaßnahmen i. S. d. § 2 Nr. 1 lit. b GeschGehG zu implementieren. Auch finden sich in Art. 32 Abs. 1 Hs. 2 lit. b DSGVO, § 2 Nr. 1 lit. b GeschGehG sowie §§ 19 Abs. 4 S. 1 Nr. 1 TDDDG Parallelen zu den in Anhang I, Teil I, Abs. 2 lit. e CRA formulierten Anforderungen an den Vertraulichkeitsschutz **(6)**.

Die in Anhang I, Teil I, Abs. 2 lit. f CRA geregelten Anforderungen an den Integritätsschutz **(7)** weisen eine Parallele zu Art. 32 Abs. 1 Hs. 2 lit. b DSGVO auf. Die Zielerreichung der übrigen untersuchten Normen wird allerdings lediglich gefördert.

Auch der Anforderung an Datenminimierung in Anhang I, Teil I Abs. 2 lit. g CRA **(8)** kann nur eine Parallele zu Art. 25 Abs. 1 DSGVO zugeordnet werden. Zwar ist Datenminimierung i. S. d. CRA nicht auf personenbezogene Daten beschränkt. Dennoch lässt sich den übrigen untersuchten Normen kein vergleichbarer Regelungsgehalt entnehmen; auch eine Förderung der Zielerreichung ist – mit Ausnahme von § 4 Abs. 3 Nr. 5 FuAG – nicht festzustellen.

Als Parallelen zur Anforderung an die Verfügbarkeit wesentlicher und grundlegender Funktionen, auch nach einem Sicherheitsvorfall **(9)** nach Anhang I, Teil I, Abs. 2 lit. h CRA können Art. 32 Abs. 1 Hs. 2 lit. c DSGVO

898 Vgl. hierzu bereits Kapitel 4 C. III. 4. b, vgl. auch die dortigen Ausführungen zu Ansätzen der Literatur, wie dieser Konflikt aufgelöst werden kann.
899 Vgl. hierzu Kapitel 4 B.

sowie der geforderte Schutz vor Störungen in § 19 Abs. 4 S. 1 Nr. 2 TDDDG angesehen werden.

Eine besondere Rolle nimmt dagegen der Verfügbarkeitsschutz in Bezug auf (andere) Dienste **(10)** ein. So sieht Anhang I, Teil I, Abs. 2 lit. i CRA vor, dass negative Auswirkungen „von den Produkten selbst oder von vernetzten Geräten auf die Verfügbarkeit der von anderen Geräten oder Netzen bereitgestellten Dienste" minimiert werden müssen. Dies stellt die einzige Anforderung aus Anhang I, Teil I CRA dar, zu der keine Entsprechung in der DSGVO oder in den übrigen untersuchten Normen festzustellen ist. Lediglich in § 4 Abs. 3 Nr. 4 FuAG findet sich eine Parallele. Die Norm, die – anders als § 4 Abs. 3 Nr. 5 FuAG – sonst keine Relevanz in diesem Vergleich hat, regelt die Vorgabe an Funkanlagen, „weder schädliche Auswirkungen auf das Netz oder seinen Betrieb noch [...] eine missbräuchliche Nutzung von Netzressourcen" zu bewirken, wenn dadurch „eine unannehmbare Beeinträchtigung des Dienstes verursacht würde".[900]

Die in Anhang I, Teil I, Abs. 2 lit. j CRA geregelte Pflicht, *by Design* Angriffsflächen möglichst zu minimieren **(11)** hat eine Parallele zum Grundsatz von Privacy by Design aus Art. 25 Abs. 1 DSGVO. Mit einer minimierten Angriffsfläche wird typischerweise auch eine verbesserte Absicherung gegen Störungen und unerlaubten Zugriff auf technische Einrichtungen verbunden sein, sodass die Zielerreichung von § 19 Abs. 4 S. 1 Nr. 1, 2 TDDDG gefördert wird. Die hier als *Exploit Mitigation*[901] abgekürzte Anforderung aus Anhang I, Teil I, Abs. 2 lit. k CRA **(12)** sieht vor, dass Produkte mit digitalen Elementen so konzipiert, entwickelt und hergestellt werden müssen, dass die Auswirkungen eines (ggf. einmal eintretenden) Vorfalls durch geeignete Schutzmaßnahmen minimiert werden. Eine so umfassende Vorgabe kann der DSGVO zwar nicht entnommen werden, allerdings kann zumindest hinsichtlich des bezweckten Verfügbarkeitsschutzes eine Parallele zu Art. 32 Abs. 1 Hs. 2 lit. c DSGVO festgestellt werden, der eine rasche Wiederherstellung nach einem Zwischenfall fordert. Die zu implementierenden Maßnahmen dürften zudem typischerweise die Zielerreichung von Art. 32 Abs. 1 Hs. 2 lit. b, Art. 25 DSGVO fördern.

Keine direkte Entsprechung zu den hier untersuchten Normen der DSGVO hat hingegen die in Anhang I, Teil I, Abs. 2 lit. l CRA geforderte Bereitstellung sicherheitsrelevanter Informationen durch Aufzeichnung und/oder Überwachung einschlägiger interner Vorgänge **(13)**. Zwar kann dies zur Wahrung der Integrität und Vertraulichkeit der personenbezogenen Daten

900 Vgl. hierzu bereits Kapitel 4 D. I. 2.

901 Die Abkürzung ist der englischen Sprachfassung entnommen, die wie folgt lautet: „be designed, developed and produced to reduce the impact of an incident using appropriate exploitation mitigation mechanisms and techniques".

beitragen. Eine Pflicht zur proaktiven Bereitstellung von Informationen ohne Vorliegen einer Verletzung des Schutzes personenbezogener Daten findet sich in der DSGVO allerdings – mit anderem Schwerpunkt, d. h. ohne Bezug zur Sicherheit von Datenverarbeitungen – nur in Art. 13, 14 DSGVO. Ebenso findet sich zur in Anhang I, Teil I, Abs. 2 lit. m CRA geregelten Anforderung zur Möglichkeit einer Löschung aller Daten und Einstellung bzw. einer sicheren Übertragung von Daten **(14)** nur eine Entsprechung in den Betroffenenrechten der DSGVO (vgl. Recht auf Löschung und Recht auf Datenübertragbarkeit, Art. 17, 20 DSGVO). Auch diese Regelungen in der DSGVO haben jedoch keinen direkten Bezug zur Sicherheit von Datenverarbeitungen oder zu den Grundsätzen von Privacy by Design und by Default.

3. Fazit

Insgesamt zeigen sich beim detaillierten Vergleich zwischen Anforderungen des CRA und der DSGVO dennoch zahlreiche konkrete Parallelen. Im Hinblick auf die weiteren untersuchten Normen ergibt sich allerdings ein differenziertes Bild. Dies wird im Folgenden für die jeweiligen Normen skizziert, soweit dies nicht bereits aus den einzelnen Vergleichen in Abschnitt 2 hervorgeht.

§ 2 Nr. 1 lit. b GeschGehG weist etwa nur in wenigen Fällen Parallelen zu Anforderungen des CRA auf, auch wenn die Etablierung von angemessenen Geheimhaltungsmaßnahmen durch diese Anforderungen in mehreren Fällen gefördert wird. Dieses Ergebnis ist vor allem dadurch begründet, dass die Norm zum einen sehr knapp formuliert ist und sich unmittelbar aus dem Wortlaut keine klaren Maßnahmen entnehmen lassen. Darin liegt ein offensichtlicher Unterschied zu der detaillierten Auflistung in Anhang I, Teil I CRA. Zum anderen adressiert § 2 Nr. 1 lit. b GeschGehG – wie bereits erläutert – primär nur das Schutzziel der Vertraulichkeit; die Integrität wird nur mittelbar adressiert. In der Kombination hat dies zur Folge, dass die Verknüpfungen zwischen Anforderungen des CRA und § 2 Nr. 1 lit. b GeschGehG auf bestimmte Anforderungen begrenzt sind.

Obwohl § 19 Abs. 4 S. 1 TDDDG konkretere Anforderungen an die umzusetzenden technischen Maßnahmen formuliert und insbesondere § 19 Abs. 4 S. 1 Nr. 2 TDDDG auch der Schutz der Verfügbarkeit zu entnehmen ist, zeigt sich ein zum GeschGehG vergleichbares Ergebnis. Auch hier beschränken sich die Parallelen zum umfassenden Anforderungskatalog in Anhang I, Teil I CRA auf einige bestimmte Fälle.

Ein besonders deutliches Bild ergibt sich bei der Betrachtung von § 25 TDDDG. Aufgrund der Gestaltung der Norm können schon im Grundsatz keine Parallelen festgestellt werden. Denn die Integrität des Endgeräts wird demnach nur mittels rechtlicher Vorgaben für die Speicherung von Informationen auf dem Endgerät bzw. den Zugriff auf bereits gespeicherte Informationen geschützt. Damit adressiert die Norm zwar die Schutzziele der Vertraulichkeit und Integrität von Informationen, sieht jedoch keine technischen Schutzmaßnahmen vor. Lediglich in dem Erfordernis einer Einwilligung – deren Einholung technisch umgesetzt werden muss – ließen sich im Ansatz Parallelen erkennen. Dies gilt insoweit als die erforderliche Umsetzung der Einholung bereits bei der Gestaltung des Endgeräts berücksichtigt werden muss – was eine Pflicht darstellt, die vergleichbar auch im Rahmen von by-Design-Regelungen wie Art. 25 Abs. 1 DSGVO existiert. Soweit aufgrund anderer Anforderungen – etwa aus dem CRA – getroffene Maßnahmen die Vertraulichkeit und Integrität von Informationen auf dem Endgerät schützen, kann das Ziel von § 25 TDDDG dennoch zumindest gefördert werden. Dies gilt bspw., wenn der Nutzer aufgrund der Maßnahmen vor unberechtigten Manipulationen der Informationen durch Schadsoftware geschützt wird.

Schließlich führt die sehr abstrakte Formulierung des § 4 Abs. 3 Nr. 5 FuAG dazu, dass zwar – mit einer Ausnahme – sämtliche Anforderungen die Erreichung des Ziels von § 4 Abs. 3 Nr. 5 FuAG fördern, eine Parallele aber lediglich zur (ebenfalls abstrakten) Anforderung in Anhang I, Teil I Abs. 1 CRA **(1)** festgestellt werden kann. Die Ausnahme betrifft den in Anhang I, Teil I, Abs. 2 lit. i CRA geforderten Verfügbarkeitsschutz für andere Geräte **(10)**, der eine Parallele zu § 4 Abs. 3 Nr. 4 FuAG aufweist.

Im Ergebnis lassen sich durch den beschriebenen, detaillierteren Ansatz II[902] die untersuchten Anforderungen auf einer noch konkreteren Ebene systematisieren, als es durch Ansatz I möglich ist. Implementierte Maßnahmen können damit präziser auf ihre Passgenauigkeit hinsichtlich der verschiedenen rechtlichen Anforderungen analysiert werden. Entsprechend zeigen sich deutliche Unterschiede zur abstrakten Herangehensweise im Rahmen von Ansatz I. Einerseits konnte aufgezeigt werden, dass insbesondere zwischen CRA und DSGVO detaillierte Verknüpfungen einzelner Normen möglich sind. Aber auch hinsichtlich des GeschGehG sowie des TDDDG ist dies zum Teil realisierbar.

Andererseits zeigt die detaillierte Betrachtung auch auf, dass zwischen Parallelen zweier Normen und einer bloßen Förderung der jeweiligen Zielsetzung der Normen aufgrund der getroffenen Schutzmaßnahmen differenziert werden muss. Außerdem offenbart diese Analyse auch möglicherweise konfligierende Anforderungen – etwa, wenn der CRA Sicherheitsupdates vorsieht, § 25 TDDDG aber die Integrität des Endgeräts schützt.

---

902 Im Folgenden werden die Ansätze für eine einfachere Verweisung gemäß der jeweiligen Nummer des Abschnitts (also als Ansatz I, II bzw. III) bezeichnet.

Im Ergebnis lässt sich zunächst festhalten, dass die festgestellten Synergieeffekte aufgrund der Gemeinsamkeiten der Normen – insbesondere hinsichtlich der (teils mittelbaren) Adressierung der Schutzziele der IT-Sicherheit – auch einer detaillierteren Betrachtung Stand halten. Die konkretere Verknüpfung der Normen ermöglicht es aber auch, hinsichtlich der Begründung dieser Synergieeffekte genauer zu differenzieren – hier geschehen durch die Bezeichnung als Parallelen bzw. die gegenseitige Förderung der Zielerreichung. Die Synergieeffekte der auf Grundlage der untersuchten Normen getroffenen Schutzmaßnahmen können identifiziert und methodisch begründet werden. Damit ist auch ein praktischer Mehrwert verbunden, soweit eine gemeinsame Betrachtung der Anforderungen erfolgt. So können etwa die Analyse des Risikos einer Vertraulichkeitsverletzung und die Implementierung entsprechender Schutzmaßnahmen nach Maßgabe der DSGVO auch zur Begründung der Erfüllung der Anforderungen von § 19 Abs. 4 TDDDG oder zur Begründung angemessener Geheimhaltungsmaßnahmen gem. § 2 Nr. 1 lit. b GeschGehG herangezogen werden. Dies kann zur Verringerung der bei der Erfüllung der rechtlichen Anforderungen anfallenden Aufwände beitragen – nicht zuletzt, weil diese Synergieeffekte auch im Rahmen der Dokumentation der getroffenen Maßnahmen Redundanzen zur Folge haben können.

III. Zusammenführung in kombinierter Risiko- und Folgenabschätzung

In Anbetracht der von Herstellern ohnehin zu treffenden Bewertung der Cybersicherheitsrisiken nach Art. 13 Abs. 2 CRA kommt ein weiterer Ansatz zur Verknüpfung der rechtlichen Normen mit einzelnen Schutzmaßnahmen in Betracht.

So könnte es sich zur Einhaltung aller hier untersuchten Vorschriften und zur Ableitung konkreter Maßnahmen anbieten, eine kombinierte Folgenabschätzung durchzuführen, die auf den in Art. 13 Abs. 2 CRA und Art. 35 DSGVO geregelten Risiko- bzw. Datenschutz-Folgenabschätzungen (DSFA) basiert. Aufgrund der bereits bei den zwei vorherigen Ansätzen I und II erläuterten Überschneidungen der rechtlichen Anforderungen und der dadurch erzielbaren Synergieeffekte ermöglicht eine solche Abschätzung – auch wenn sie typischerweise den aufwendigsten Ansatz darstellen dürfte – eine gesamtheitliche Betrachtung der Schutzzwecke der Normen und der zugehörigen Risiken. Dieser Ansatz greift darüber hinaus die risikobasierte Gestaltung der untersuchten Normen – deren Risikobezug gerade einer der Gründe für die hier dargelegten Möglichkeiten der Systematisierung der Normen ist – erneut auf.

Zunächst allerdings richtet sich die Verpflichtung zu einer DSFA nach Art. 35 Abs. 1 S. 1 DSGVO nur an Verantwortliche. Eine rechtliche Verpflichtung zur Durchführung einer solchen Folgenabschätzung besteht also nach den Voraussetzungen der Norm nur, wenn von Verantwortlichen geplante Datenverarbeitungen voraussichtlich ein hohes Risiko für die Rechte und Freiheiten natürlicher Personen zur Folge haben. Hersteller sind damit nur verpflichtet, wenn sie (zumindest gemeinsam) Verantwortliche einer solchen Verarbeitung sind. Denkbar wäre dies im Fall der hier untersuchten Produktkategorien[903] etwa bei Herstellern von digitalen, cloudbasierten Sprachassistenten. Dies gilt jedenfalls, wenn die Hersteller zugleich als Service Provider auftreten, dabei bspw. die eingesetzten maschinellen Lernsysteme zur Erkennung des wake words[904] verbessern möchten und hierfür personenbezogene Daten von Nutzern und Dritten verwendet werden sollen.[905]

Doch auch wenn Hersteller nicht selbst bzw. gemeinsam verantwortlich für Datenverarbeitungen sind und daher keine Verpflichtung nach Art. 35 Abs. 1 DSGVO besteht, ist es möglich, die Risikoabschätzung nach Art. 13 Abs. 2 CRA mit einer – für den Hersteller mangels Eigenschaft als Verantwortlicher dann allerdings nicht verpflichtenden – DSFA zu verknüpfen. Um eine sinnvolle Konkretisierung zu erreichen, müssen Hersteller in solchen Fällen zwar einige Annahmen zu den voraussichtlich durchgeführten Datenverarbeitungen treffen. So nennt Art. 35 Abs. 7 DSGVO als Inhalte einer DSFA etwa geplante Verarbeitungsvorgänge und Zwecke, die Notwendigkeit und Verhältnismäßigkeit dieser Vorgänge in Bezug auf den Zweck und eine Bewertung der Risiken für die Rechte und Freiheiten der betroffenen Personen.

Insoweit ist die DSFA allerdings grundsätzlich mit der gem. Art. 13 Abs. 2 CRA vorzunehmenden Bewertung der Cybersicherheitsrisiken vergleichbar.[906] So umfasst diese Bewertung gem. Art. 13 Abs. 3 S. 2 CRA mindestens eine Analyse „auf der Grundlage der Zweckbestimmung und der vernünftigerweise vorhersehbaren Verwendung des Produkts mit digitalen Elementen, wie der Betriebsumgebung oder der zu schützenden Anlagen wobei die

903 Vgl. hierzu Kapitel 2 B. I.

904 Vgl. hierzu Kapitel 2 B. I. 3.

905 Der EDSA hält etwa eine DSFA bei „virtuellen Sprachassistenten" eine DSFA „höchstwahrscheinlich" für erforderlich, ohne in diesem Zusammenhang genauer auf einzelne Datenverarbeitungen einzugehen, vgl. EDSA Leitlinien 02/2021, Rn. 141. Der Begriff *virtueller Sprachassistent* wird vom EDSA vergleichbar zur hiesigen Definition der Produktkategorie *digitaler, cloudbasierter Sprachassistent* verwendet, mit dem für die hier diskutierte Fragestellung nicht relevanten Unterschied, dass der Begriff nach dem EDSA nur die Software-, nicht aber (wie vorliegend) auch die Hardwarekomponente umfasst, vgl. EDSA Leitlinien 02/2021, Rn. 8, 11, 25.

906 Vgl. auch Piltz/Weiß/Zwerschke, CR 2023, 289 (293), die – noch zum Kommissionsentwurf – ebenfalls von einer Vergleichbarkeit von Risikobewertung nach dem CRA und DSFA i. S. d. DSGVO ausgehen.

voraussichtliche Nutzungsdauer des Produkts berücksichtigt wird". Eine solche Verwendung ist gem. Art. 3 Nr. 24 CRA nicht zwingend eine vom Hersteller in Gebrauchsanleitungen oder Verkaufsmaterial vorgesehene Verwendung. Vielmehr reicht es demnach aus, wenn die Zweckbestimmung sich „aus einem vernünftigerweise vorhersehbaren menschlichen Verhalten oder aus technischen Vorgängen oder Wechselwirkungen wahrscheinlich ergibt".

Damit müssen Hersteller zur Durchführung dieser Risikoabschätzung ohnehin einige Annahmen über die voraussichtliche zukünftige Verwendung ihres Produkts mit digitalen Elementen treffen. Da sich die Anforderungen an Schutzmaßnahmen in Anhang I, Teil I CRA an mehreren Stellen auch auf personenbezogene Daten beziehen,[907] ist es daher naheliegend, diese Annahmen auch im Rahmen der Durchführung einer DSFA heranzuziehen.

Eine solche Vorgehensweise wird auch aufgrund des in ErwG 32 CRA vom Gesetzgeber benannten Rechtsgedankens im Hinblick auf den Sinn und Zweck des Rechtsaktes als zielführend angesehen – auch wenn sich die dort genannten Synergieeffekte nach dem Wortlaut zunächst nur auf die Zusammenarbeit öffentlicher Stellen beziehen und deutlicher geregelte Bezüge zwischen DSGVO und CRA wünschenswert gewesen wären.

Hinsichtlich des Aufbaus der Bewertung der Cybersicherheitsrisiken bzw. der DSFA ist es für Normanwender einerseits herausfordernd, dass der Gesetzgeber keine abschließenden Anforderungen an den Inhalt geregelt hat. Hinsichtlich der DSFA existieren lediglich die oben genannten Mindestinhalte des Art. 35 Abs. 7 DSGVO. Zur Bewertung der Cybersicherheitsrisiken regelt Art. 13 Abs. 2, 3 CRA im Wesentlichen lediglich, dass die Zweckbestimmung sowie die vernünftigerweise vorhersehbare Verwendung des Produkts die Grundlage bilden sollen. Das Ergebnis der Bewertung ist sodann verschiedentlich zu berücksichtigen – genauere Anforderungen an Inhalt oder Struktur dieser Bewertung fehlen allerdings.

Andererseits ermöglicht dies den Herstellern eine gewisse Flexibilität bei der Gestaltung der Bewertung bzw. der Abschätzung. Dass auch der Gesetzgeber davon ausgeht, dass die Bewertung der Cybersicherheitsrisiken Teil anderer Risikobewertungen sein kann, zeigt Art. 13 Abs. 4 S. 2 CRA (i. V. m. Art. 31 Abs. 3 CRA), der dies explizit für bestimmte Produkte vorsieht, die durch die KI-Verordnung reguliert werden. Wie und inwieweit Hersteller diese Flexibilität bzw. die Kombinations- und Integrationsmöglichkeiten der Risikobewertungen nutzen werden, bleibt abzuwarten.

Die Kombination mit einer DSFA dürfte in vielen Fällen zielführend sein. Dies zeigt auch ein Blick in den Mindestkatalog gem. Art. 35 Abs. 7 DSGVO.

---

907 Vgl. Anhang I, Teil I, Abs. 2 lit. e, f, g CRA.

So wird auch für eine Bewertung der Cybersicherheitsrisiken zunächst „eine systematische Beschreibung der geplanten Verarbeitungsvorgänge und der Zwecke der Verarbeitung“ (Art. 35 Abs. 7 lit. a DSGVO) sinnvoll sein, wobei dies im Falle des CRA unabhängig vom Personenbezug der verarbeiteten Daten gilt. Auch eine Bewertung, ob die Verarbeitungsvorgänge in Bezug auf diese Zwecke notwendig und verhältnismäßig sind (Art. 35 Abs. 7 lit. b DSGVO) ist für die Abschätzung erforderlich.[908] Über Art. 35 Abs. 7 lit. c DSGVO hinaus sollten im Rahmen des CRA – neben den Risiken für die Rechte und Freiheiten Betroffener bzw. natürlicher Personen – explizit auch die Risiken für die Sicherheit des Produkts mit digitalen Elementen sowie der mit dem Produkt vernetzten Soft- und Hardware berücksichtigt werden. Schließlich werden auch bereits getroffene bzw. geplante Sicherheitsmaßnahmen berücksichtigt (vgl. Art. 35 Abs. 7 lit. d DSGVO). Dies zeigt, dass eine ggf. bereits existierende DSFA einen sinnvollen Ausgangspunkt für eine Risikobewertung nach dem CRA darstellt. Denn auch im Rahmen der DSFA werden die Zweckbestimmung sowie die geplanten Verarbeitungen berücksichtigt, sodass sich i. d. R. Synergieeffekte ergeben werden. Dies gilt auch im Falle eines neuen Produkts bzw. einer neu zu erstellenden DSFA.

Nachdem in diesem ersten Schritt die Verknüpfung der Anforderungen der DSGVO und des CRA im Rahmen der kombinierten Risiko- und Folgenabschätzung erfolgt ist, ist es sodann in einem zweiten Schritt durch Heranziehen der Ansätze I und II möglich, in der Abschätzung identifizierte Schutzmaßnahmen zur Adressierung der jeweiligen Risiken mit den Anforderungen der weiteren hier untersuchten Normen abzugleichen. Hierdurch können aufgrund der Ansätze I und II begründete Synergieeffekte auch im Rahmen der kombinierten Risiko- und Datenschutzfolgenabschätzung genutzt werden.

IV. Zwischenergebnis

Der Mehrwert der dargelegten Ansätze besteht insbesondere darin, dass damit ein interdisziplinäres Verständnis der Normen begründet werden kann. Das heißt, dass zwar nicht in jedem Fall ein aus rein rechtlicher Perspektive zwingendes Verhältnis der Normen zueinander herleitbar ist – was auch bereits aufgrund der unterschiedlichen Normadressaten und Schutzrichtungen nicht ohne Verwässerung des rechtlichen Aussagegehalts realisierbar erscheint. Auch folgt die Zusammenführung nicht aufgrund einer bloßen

908 Vgl. Art. 13 Abs. 3 CRA, nach dem die Bewertung „mindestens eine Analyse der Cybersicherheitsrisiken auf der Grundlage der Zweckbestimmung […]“ umfasst sowie Anhang I, Teil I Abs. 2 lit. g CRA, der eine Beschränkung personenbezogener und sonstiger Daten „auf solche, die angemessen und relevant sind, und auf das für die Zweckbestimmung des Produkts mit digitalen Elementen erforderliche Maß“ fordert.

Betrachtung des Ergebnisses in der Praxis – was ebenso eine denkbare Möglichkeit der Verifizierung der Ansätze wäre, etwa durch empirische Untersuchungen. Vielmehr ist das interdisziplinäre Verständnis zum einen durch die dargelegten (teils mittelbaren) Bezüge der Normen zu den Schutzzielen der IT-Sicherheit begründbar.

Zum anderen ist diese Verknüpfung maßgeblich deshalb möglich, weil die Normen sämtlich – mindestens mittelbar – risikobasiert sind und den Normadressaten dadurch ausreichend Spielraum zur Erfüllung der geregelten Verpflichtungen überlassen. Aus diesen Gründen ist es möglich, zwischen den einzelnen Normen hinsichtlich der Implementierung der geforderten Schutzmaßnahmen Synergieeffekte zu identifizieren und diese methodisch zu begründen.

Die für diese Identifizierung entwickelten drei Ansätze unterscheiden sich hinsichtlich des Aufwands der Umsetzung im konkreten Fall (hierzu vgl. auch Abschnitt B). So ist etwa davon auszugehen, dass im bei der Anwendung des Ansatzes III die exaktere Betrachtung einzelner Risiken sowie die teilweise ggf. überobligatorische Durchführung einer DSFA zu den höchsten Aufwänden führen wird. Auch wird die Anwendung von Ansatz II aufgrund der höheren Granularität der analysierten Anforderungen typischerweise höhere Aufwände zur Folge haben als dies bei der Verwendung von Ansatz I der Fall sein wird.

Allerdings unterscheiden sich die Ansätze damit auch dahingehend, wie detailliert die Passgenauigkeit einzelner Maßnahmen in Bezug auf die jeweilige Norm überprüft werden kann. Erkennbar ist dies bspw. bei der Betrachtung von § 25 TDDDG, der zwar auch die Schutzziele der Integrität und Vertraulichkeit adressiert und entsprechend im Rahmen von Ansatz I in Tabelle 6 genannt wird. Jedoch zeigt sich erst bei der konkreteren Analyse im Rahmen von Ansatz II die Differenzierung, dass etwa Maßnahmen zur Erfüllung der Anforderungen des CRA den Schutz der Vertraulichkeit und Integrität auch im Sinne der Zielrichtung von § 25 TDDDG fördern können. Parallelen der Anforderungen des CRA zu § 25 TDDDG ließen sich dabei allerdings nicht feststellen, da § 25 TDDDG selbst lediglich eine rechtliche Schutzvorkehrung regelt – nämlich das Erfordernis einer Rechtsgrundlage für den Zugriff auf bzw. die Speicherung von Informationen auf Endgeräten.

Perspektivisch werden über diese drei Ansätze hinaus die geplanten harmonisierten Normen im Rahmen des CRA[909] eine weitere Konkretisierung der Anforderungen ermöglichen. Diese Konkretisierung könnte sodann einen

909 Hierzu vgl. Art. 27 CRA; vgl. auch der vorbereitende Bericht ENISA, Cyber Resilience Act Requirements Standards Mapping – Joint Research Centre & ENISA Joint Analysis, 4.4.2024, abrufbar: https://www.enisa.europa.eu/publications/cyber-resilience-act-requirements-standards-mapping.

weiteren Ansatzpunkt für eine Präzisierung der beschriebenen Synergieeffekte zu aufgrund anderer hier untersuchter Normen getroffenen Maßnahmen darstellen. Insbesondere im Rahmen der Ansätze II und III könnte sodann auch eine Verknüpfung zwischen einzelnen Inhalten der harmonisierten Normen und bspw. Anforderungen der DSGVO möglich werden.

B. Spezifische Konkretisierung für Smart-Home-Geräte

Im Folgenden werden die drei in Abschnitt A beschriebenen Ansätze zur Verknüpfung der untersuchten Normen exemplarisch auf die in Kapitel 2 B. definierten Produktkategorien angewandt. Damit werden die rechtlichen Normen mit den technischen Schutzmaßnahmen verknüpft. Ziel ist es, die Auswirkungen der oben beschriebenen Ansätze anhand konkreter Beispiele aufzuzeigen, mithin sowohl in Bezug auf die praktische Anwendung der Ansätze als auch auf das interdisziplinäre Verständnis der Normen. Es soll dabei keine abschließende Verifizierung der Ansätze in jeder denkbaren Konstellation erfolgen. Vielmehr wird dargelegt, dass die in Abschnitt A erläuterten, theoretischen Überlegungen zur Verknüpfung der Normen auch in einem konkreten Einzelfall anwendbar sind und es wird dargelegt, inwieweit sie einen Mehrwert bezüglich der Identifikation und Begründung von Synergieeffekten bei den zu implementierenden Schutzmaßnahmen zur Folge haben.

Hierfür werden die Ausführungen in diesem Abschnitt wie folgt strukturiert. Jedem Ansatz wird jeweils eine Produktkategorie zugeordnet. Konkret für diese Produktkategorie werden sodann im ersten Schritt mögliche Risiken anhand technischer Veröffentlichungen aus der Datenschutz- und IT-Sicherheitsforschung beispielhaft erläutert. Dabei wird auch auf die bereits in dieser Untersuchung skizzierten Risikoszenarien zurückgegriffen.[910]

Auf Basis der technischen Veröffentlichungen werden im zweiten Schritt mögliche Schutzmaßnahmen zur Adressierung der Risiken erläutert.

In einem dritten Schritt erfolgt sodann die Verknüpfung der Schutzmaßnahmen mit den rechtlichen Anforderungen der untersuchten Normen. Dabei werden die praktischen Auswirkungen des jeweiligen Ansatzes analysiert; insbesondere werden tatsächlich identifizierte Synergieeffekte mit den theoretischen Überlegungen aus Abschnitt A exemplarisch abgeglichen.

Die Zuordnung der Ansätze I, II und III zur jeweiligen Produktkategorie folgt einer Risikoerwägung. Wie zuvor dargelegt, geht mit den o. g. Ansätzen ein jeweils unterschiedlicher Aufwand einher. Zugleich erscheint es

910 Vgl. hierzu Kapitel 2 C.I.

stimmig, bei einem – basierend auf einem typischen Einsatzszenario – steigenden Risiko auch einen erhöhten (Begründungs-)Aufwand zum Abgleich der Passgenauigkeit der getroffenen Maßnahmen mit den unterschiedlichen rechtlichen Anforderungen zu erbringen. Etwa dürfte Ansatz III aufgrund der erforderlichen Analyse konkreter Risiken im Einzelfall im Vergleich zu Ansatz II typischerweise aufwendiger sein, jedoch durch die Adressierung dieser Risiken i. d. R. eine Passgenauigkeit der Maßnahmen ermöglichen. Diese Risikoerwägungen bieten sich dabei nicht nur aus einer praktischen Sicht an – vielmehr sind sie auch deshalb gerechtfertigt, weil es sich um risikobasierte Normen handelt.

Auf Basis der in Kapitel 2 dargelegten Definition der Produktkategorien[911] sowie der möglichen Risiko- und Einsatzszenarien[912] ist davon auszugehen, dass aufgrund der typischen Verwendung der Smart-Home-Geräte bei Smart-Home-Zentralen i. d. R. das geringste Risiko vorliegen wird. Aufgrund der Relevanz von Drittanbieterapps ist die Produktkategorie der Smart TVs als risikobehafteter anzusehen. Der Einsatz von digitalen, cloudbasierten Sprachassistenten dürften dagegen typischerweise – bezogen auf diese Produktkategorien – das größte Risiko aufweisen. Daher werden die Produktkategorien in dieser Reihenfolge den Ansätzen I, II bzw. III zugeordnet. Diese Reihenfolge ist darüber hinaus auch deshalb sinnvoll, weil gerade bei digitalen, cloudbasierten Sprachassistenten eine gemeinsame oder eigene Verantwortlichkeit von Hersteller bzw. Service Provider und Nutzer eine praktisch häufig auftretende Konstellation sein dürfte. Dies gilt etwa im obigen Beispiel der Produktverbesserung bezgl. der Erkennung von wake words, sodass auch für Hersteller eine Datenschutz-Folgenabschätzung häufig rechtlich verpflichtend sein kann.[913]

I. Verknüpfung mit Schutzzielen: Produktkategorie Smart-Home-Zentralen

Zunächst soll analysiert werden, wie sich Ansatz I, der eine Verknüpfung mit Schutzzielen vorsieht, praktisch auswirkt. Für diese Analyse werden im ersten Schritt mögliche Risiken für die IT-Sicherheit von Smart-Home-Zentralen aufgegriffen und es werden im zweiten Schritt Schutzmaßnahmen gegen diese Risiken identifiziert. Auf dieser Basis wird exemplarisch überprüft, inwieweit die in den Ausführungen zu Ansatz I erläuterten möglichen Synergieeffekte praktisch eintreten.

---

911 Vgl. hierzu Kapitel 2 B. I.

912 Vgl. hierzu Kapitel 2 C.

913 Vgl. zur datenschutzrechtlichen Verantwortlichkeit Kapitel 3 A. II, zu den Voraussetzungen einer Datenschutz-Folgenabschätzung vgl. Kapitel 5 A. III.

1. Mögliche Risiken und entsprechende Schutzmaßnahmen

Wie bereits bei der Konkretisierung der Produktkategorien beschrieben,[914] kommen beim Einsatz von Smart-Home-Geräten verschiedene Risikoszenarien in Betracht, die hier aufgegriffen werden sollen. In Bezug auf Smart-Home-Zentralen, die mit smarten Türschlössern, Sensoren und Kameras im Innenbereich verbunden sind,[915] ist beispielsweise die Absicherung der Kommunikation zwischen diesen Geräten essentiell.[916] Dabei ist hinsichtlich der Art und Weise der Kommunikation zu unterscheiden, welche Geräte mit welchen anderen Geräten kommunizieren und welche Protokolle eingesetzt werden. In der vorliegenden Untersuchung wird davon ausgegangen, dass die genannten Sensoren und smarten Türschlösser lediglich mit der Smart-Home-Zentrale kommunizieren können (etwa über ZigBee), während die Kameras sowie die Zentrale selbst direkt mit dem Router kommunizieren können (i. d. R. über das Internetprotokoll).[917]

Wie *Alrawi* et al. darlegen, konnte die IT-Sicherheitsforschung für alle relevanten Protokolle – jedenfalls in praktischen Implementierungen, wenn nicht bereits in der Konzeption des Protokolls selbst – Sicherheitslücken feststellen.[918] Gründe für diese Schwachstellen sind demnach etwa veraltete Bibliotheken,[919] Fehler bei der Implementierung von Sicherheitsprotokollen wie TLS,[920] sowie die nur selten umgesetzte Verschlüsselung kabelgebundener Kommunikation. In der Folge sind bspw. *Man-in-the-Middle*-Angriffe möglich.[921] Damit – bzw. auch mittels weiterer Angriffe

914 Vgl. Kapitel 2 C. I.

915 Zu dieser Produktkategorie vgl. Kapitel 2 B. I. 1.

916 Zu möglichen Angriffen auf solche Kommunikationswege vgl. bereits Kapitel 2 C. I.

917 Vgl. hierzu bereits Abbildung 1.

918 Hierzu und zum Folgenden: Alrawi, Omar, et al. SoK: Security Evaluation of Home-Based IoT Deployments. In: 2019 IEEE Symposium on Security and Privacy (SP), IEEE, 2019. S. 1362–1380 (1369 f.).

919 Die hier angesprochenen (Programm-)Bibliotheken dienen dazu, Programmcode wie bspw. die Implementierung von Verschlüsselungsprotokollen vereinfacht und wiederverwendbar bereitzustellen. Dadurch können sich Risiken ergeben, etwa wenn eine veraltete Version einer Bibliothek verwendet wird, in der bekannte Sicherheitslücken noch nicht behoben sind. Vgl. hierzu auch Eckert, IT-Sicherheit, S. 646 f., 778 f.; Alpar et al., Anwendungsorientierte Wirtschaftsinformatik, S. 468.

920 TLS steht für *Transport Layer Security* und wird für Transportverschlüsselung eingesetzt, vgl. Eckert, IT-Sicherheit, S. 778.

921 Alrawi, Omar, et al. SoK: Security Evaluation of Home-Based IoT Deployments. In: 2019 IEEE Symposium on Security and Privacy (SP), IEEE, 2019, S. 1362–1380 (1370), vgl. allgemeiner hierzu auch Babun, Leonardo, et al. A survey on IoT platforms: Communication, security, and privacy perspectives. Computer Networks, 2021, Vol. 192, S. 108040 (17 f.). Allgemein zu Man-in-the-Middle-Angriffen bereits: Kapitel 2 C. I.

wie *Spoofing*[922] – wird die Vertraulichkeit und Integrität der Kommunikation beeinträchtigt. Weitere Risiken ergeben sich etwa dadurch, dass die Erzeugung von Verschlüsselungsschlüsseln teilweise vor der Auslieferung der Smart-Home-Geräte erfolgt und die Schlüssel nach der Auslieferung nicht mehr verändert werden können.[923]

Als Schutzmaßnahme gegen diese Risiken kommt neben dem Einsatz aktueller Protokolle bei Herstellung der Produkte insbesondere die Implementierung einer technischen Möglichkeit für Sicherheitsaktualisierungen in Betracht, etwa mittels Over-the-Air-Updates (OTA-Updates). Bezogen auf die o. g. Protokolle empfehlen *Alrawi* et al. etwa den Einsatz von Z-Wave Plus – welches OTA-Updates ermöglicht – und des ZigBee Trust Center, welches den Geräten als vertrauenswürdige Entität individuelle Schlüssel zuteilt.[924] Solche und vergleichbare Maßnahmen können implementiert werden, um das Sicherheitsniveau von Verschlüsselung und Authentisierung auf Dauer sicherzustellen. Damit dienen sie auch zur Absicherung der Geräte gegen *Man-in-the-Middle*-Angriffe und tragen daher zum Vertraulichkeits- und Integritätsschutz bei.

Werden Smart-Home-Geräte als Mittel des Angriffs verwendet, kann daneben auch die Integrität der Geräte im Kontext von (D)DoS-Angriffen beeinträchtigt werden – auch wenn die Beeinträchtigung der Integrität nicht das originäre Ziel darstellt.[925] So konnte etwa in Bezug auf das Mirai-Botnetz festgestellt werden, dass neben Routern eine größere Anzahl von Kameras infiziert und damit für Angriffe genutzt wurde.[926] Auch wenn Smart-Home-Geräte nur als Mittel für Angriffe auf andere Ziele genutzt werden, kann hierdurch auch die Verfügbarkeit beeinträchtigt werden, etwa wenn das Botnetz zu viele Rechenressourcen beansprucht. Für den vorliegenden Untersuchungsgegenstand sind aufgrund der direkten Verbindung zum Router vor allem Smart-Home-Zentralen sowie ggf. Kameras relevant.[927] Botnetze können sich grundsätzlich mittels der Ausnutzung verschiedener Schwachstellen verbreiten, sodass keine einzelne Schutzmaßnahme hervorgehoben werden kann. Im Beispiel des *Mirai*-Botnetzes wurde die Infektionen einzelner Geräte nach der Literatur jedoch vor allem aufgrund

922 Zu Spoofing-Angriffen vgl. bereits Kapitel 2 C. I.

923 Ammar, Mahmoud; Russello, Giovanni; Crispo, Bruno. Internet of Things: A survey on the security of IoT frameworks. Journal of Information Security and Applications, 2018, Vol. 38, S. 8–27 (23).

924 Alrawi, Omar, et al. SoK: Security Evaluation of Home-Based IoT Deployments. In: 2019 IEEE Symposium on Security and Privacy (SP), IEEE, 2019, S. 1362–1380 (1369).

925 Vgl. hierzu bereits Kapitel 2 C. I.

926 Antonakakis, Manos, et al. Understanding the Mirai Botnet, USENIX Security Symposium 2017, S. 1093–1110 (1099–1001).

927 Vgl. zur Einbindung der Smart-Home-Geräte ins Netzwerk Abbildung 1.

der Verwendung von Standardnutzernamen und -passwörtern erreicht.[928] Als mögliche Schutzmaßnahme – welche hier sodann die Integrität und Verfügbarkeit des Geräts adressiert – kommt daher zunächst die zufällige Vergabe von Standardpasswörtern in Betracht.[929] Darüber hinaus schlagen *Antonakakis* et al. eine Standardkonfiguration der Netzwerkeinstellungen vor, die den Zugriff auf die Geräte stärker beschränkt, etwa indem *by Default* lediglich bestimmte Anbieter und Geräte aus dem lokalen Netzwerk auf die Geräte zugreifen dürfen.[930]

2. Verknüpfung mit rechtlichen Anforderungen und Synergieeffekte

Gemäß dem in Abschnitt A. I erläuterten Ansatz müssten sich bei der Implementierung dieser Maßnahmen nun Synergieeffekte für die Einhaltung der einzelnen rechtlichen Normen ergeben, zumindest insoweit Tabelle 6 eine Überschneidung bei den (mittelbar) adressierten Schutzzielen zu entnehmen ist. Ausweislich dieser Tabelle zeigt sich beim Schutz der Vertraulichkeit für alle untersuchten Normen eine solche Überschneidung. Zu überprüfen ist daher, ob die konkret zu implementierende Maßnahme zum Schutz der Vertraulichkeit – etwa die dauerhafte Absicherung von verschlüsselter Kommunikation zwischen Smart-Home-Zentrale und den mit ihr verbundenen Geräten durch den Einsatz von Protokollen wie etwa Z-Wave Plus, die OTA-Updates ermöglichen – eine Maßnahme darstellt, die bei der Zielerreichung aller untersuchten Normen einen Synergieeffekt zur Folge hat.

Hinsichtlich der Art. 25, 32 DSGVO sowie der Anforderungen aus Art. 13 i. V. m. Anhang I, Teil I CRA ist dies der Fall, da diese Normen ausreichend konkret auf den Schutz der Vertraulichkeit abstellen und aufgrund des breiten Anwendungsbereichs hiervon auch die o. g. Kommunikation zwischen den Geräten umfasst ist. Ebenso gilt dies für § 4 Abs. 3 Nr. 4, 5 FuAG. Dieser Norm ist der Vertraulichkeitsschutz zwar weniger konkret zu entnehmen. Allerdings macht der Sinn und Zweck deutlich, dass die Norm gerade die vertrauliche Kommunikation zwischen Smart-Home-Geräten schützen soll;[931] dasselbe Argument gilt auch hinsichtlich des Schutzes vor den Auswirkungen von Botnetzen.[932]

---

928 Sog. *dictionary attack*, vgl. Antonakakis, Manos, et al. Understanding the Mirai Botnet, USENIX Security Symposium 2017, S. 1093–1110 (1098, 1099).

929 Antonakakis, Manos, et al. Understanding the Mirai Botnet, USENIX Security Symposium 2017, S. 1093–1110 (1106).

930 Antonakakis, Manos, et al. Understanding the Mirai Botnet, USENIX Security Symposium 2017, S. 1093–1110 (1106).

931 Vgl. hierzu Kapitel 4 D. I. 1.

932 Vgl. hierzu Kapitel 4 D. I. 2.

Problematischer ist die Einordnung dagegen bei § 19 Abs. 4 S. 1 TDDDG. Zwar adressiert auch diese Norm die Schutzziele der Vertraulichkeit, Integrität und Verfügbarkeit.[933] Soweit der Hersteller als Anbieter von digitalen Diensten zu klassifizieren ist – etwa, weil die Smart-Home-Zentrale sowie die angebundenen Geräte über eine App auch aus der Ferne steuerbar sind und der Hersteller bei der Bereitstellung dieser App mitwirkt oder den Zugang vermittelt – ist daher auch der Schutz vertraulicher Kommunikation zwischen den Geräten von der Norm umfasst. Allerdings wird mit dem bezweckten Schutz vor der Verbreitung von Schadsoftware nur eine spezifische Gefahr für die Integrität von der Norm adressiert. Eine solche Differenzierung lässt sich mit Ansatz I, der nur die adressierten Schutzziele berücksichtigt, jedoch nicht abbilden.

Ähnlich gilt dies für § 25 TDDDG. Da die Norm selbst keine technischen Maßnahmen erfordert,[934] lassen sich insoweit keine Synergien hinsichtlich solcher Maßnahmen feststellen, auch wenn Tabelle 6 die Adressierung der Schutzziele der Vertraulichkeit und der Integrität durch § 25 TDDDG ausweist.

Für die Begründung angemessener Schutzmaßnahmen i. S. d. § 2 Nr. 1 lit. b GeschGehG ist die Verschlüsselung der Kommunikation zwischen Geräten sowie die Absicherung gegen die Infizierung mit Schadsoftware dagegen förderlich; insoweit bestehen Synergieeffekte hinsichtlich der zum Vertraulichkeitsschutz getroffenen Maßnahmen. § 2 Nr. 1 lit. b GeschGehG schützt die Integrität schützt allerdings nur mittelbar, wenn und soweit zum Vertraulichkeitsschutz implementierte Maßnahmen auch einen Schutz der Integrität zur Folge haben. Dieser Schutz ist also nicht primärer Zweck der Norm,[935] weshalb auch keine Synergieeffekte hinsichtlich der auf Grundlage von § 2 Nr. 1 lit. b GeschGehG implementierten Schutzmaßnahmen festzustellen sind. Dieser Umstand kann allerdings im Rahmen der Systematisierung durch die Verknüpfung der untersuchten Normen mit den Schutzzielen berücksichtigt werden. Maßnahmen, die zur Etablierung von gem. § 2 Nr. 1 lit. b GeschGehG geforderter Geheimhaltung implementiert werden und zugleich auch die Integrität schützen, können andererseits für die Einhaltung der weiteren untersuchten Normen Synergieeffekte zur Folge haben.

Als Zwischenergebnis kann daher festgehalten werden, dass Ansatz I in vielen Fällen lediglich eine erste Orientierung für mögliche Synergieeffekte bildet. Diese Effekte werden zuverlässig identifiziert, müssen allerdings in einem zweiten Schritt anhand der konkreten Schutzmaßnahmen genauer

933 Vgl. hierzu Kapitel 5 A. I.
934 Vgl. hierzu bereits Kapitel 5 A. II. 3.
935 Vgl. hierzu Kapitel 4 B. II

überprüft werden. Insbesondere die o. g. Differenzierungen zu § 19 Abs. 4 S. 1, § 25 TDDDG können ohne diesen Schritt nicht erkannt werden. In den folgenden Abschnitten, die sich mit den weiteren Ansätzen auseinandersetzen, wird daher insbesondere überprüft, ob hinsichtlich solcher Differenzierungen Unterschiede festgestellt werden können. Durch die zuverlässige Identifikation der Effekte hat der Ansatz jedoch dennoch einen relevanten Mehrwert, da damit jedenfalls alle möglichen Synergieeffekte – methodisch begründet – erfasst werden, bevor eine weitere Differenzierung erfolgt.

II. Verknüpfung mit einem gemeinsamen Anforderungskatalog: Produktkategorie Smart TVs

Im Folgenden wird analysiert, welche praktischen Auswirkungen Ansatz II zeigt, der auf einer konkreteren Ebene die Anforderungen der untersuchten Normen miteinander verknüpft. Dies wird anhand der Produktkategorie der Smart TVs erläutert.[936] Im Gegensatz zu Smart-Home-Zentralen ist bei Smart TVs die Nutzung von Drittanbieterapps möglich bzw. in vielen Fällen ein wesentliches Element der Funktionalität der Geräte. Daraus ergeben sich allerdings zugleich besondere Risiken.

1. Mögliche Risiken und entsprechende Schutzmaßnahmen

So haben etwa *Fernandes* et al. bereits 2016 *SmartThings* untersucht, ein für Drittanbieter entworfenes Framework für die Programmierung von Apps für Smart-Home-Systeme, welches mehrere Sicherheitsrisiken aufwies.[937] Die empirische Untersuchung zeigte bei einer erheblichen Zahl der untersuchten Apps, dass diese „überprivilegiert" („*overprivileged*") waren. Konkret bedeutet dies, dass aufgrund der Gestaltung des Frameworks mehr Zugriffe für Drittanbieterapps möglich wurden, als dies erforderlich war, bzw. – in manchen Fällen – sogar mehr Zugriffe möglich waren, als den Apps eigentlich erlaubt worden war.[938] Auch aktuellere Arbeiten weisen auf diese Risiken

936 Vgl. hierzu Kapitel 2 B. I. 2.

937 Hierzu und zum Folgenden: Fernandes, Earlence; Jung, Jaeyeon; Prakash, Atul. Security Analysis of Emerging Smart Home Applications. In: 2016 IEEE Symposium on Security and Privacy (SP), IEEE, 2016. S. 636–654.

938 Fernandes, Earlence, et al. Security Implications of Permission Models in Smart-Home Application Frameworks. IEEE Security & Privacy, 2017, Vol. 15, Nr. 2, S. 24–30 (26); vgl. darüber hinaus die ausführlichere Analyse bereits aus 2016: Fernandes, Earlence; Jung, Jaeyeon; Prakash, Atul. Security Analysis of Emerging Smart Home Applications. In: 2016 IEEE Symposium on Security and Privacy (SP), IEEE, 2016. S. 636–654.

hin.[939] Solche nicht erforderlichen Zugriffsrechte können es bspw. ermöglichen, Schadsoftware auszuführen oder sensible Daten auszuleiten.

Spezifische Risiken für Smart TVs ergeben sich aus der Verwendung von HbbTV,[940] wie etwa *Ghiglieri/Waidner* bereits nach einer Untersuchung in 2015 darlegten.[941] Neben unverschlüsselten Verbindungen, über die u. a. Zugangsdaten zu übermittelt werden, stellten die Autoren vor allem fest, dass diverse Möglichkeiten des Nutzertrackings bestehen.[942] Ein Grund hierfür ist bspw., dass viele Geräte, die HbbTV unterstützen, keine Möglichkeit bieten, Cookies zu löschen.[943] Auch eine neuere Untersuchung von *Tagliaro* et al. deutet darauf hin, dass diese Risiken weiterhin aktuell sind.[944]

Unabhängig von HbbTV weisen außerdem *Varmarken* et al. auf weitere Risiken aufgrund von Nutzertracking hin.[945] Dies stellen die Autoren auf Basis des Netzwerkverkehrs mit bekannten Werbe- und Tracking-Services fest.[946] Darüber hinaus erläutern die Autoren Risiken, die bei externen Lösungen (z. B. HDMI-Sticks) auftreten, welche es ermöglichen, einen Fernseher wie

939 Vgl. Alrawi, Omar, et al. SoK: Security Evaluation of Home-Based IoT Deployments. In: 2019 IEEE Symposium on Security and Privacy (SP), IEEE, 2019, S. 1362–1380 (1372) sowie zu weiteren Risiken bei unzureichender Zugriffskontrolle vgl.: Babun, Leonardo, et al. A survey on IoT platforms: Communication, security, and privacy perspectives. Computer Networks, 2021, Vol. 192, S. 108040 (18).

940 Zu Funktionen von HbbTV vgl. bereits Kapitel 2 B. I. 2.

941 Ghiglieri, Marco; Waidner, Michael. HbbTV Security and Privacy: Issues and Challenges. IEEE Security & Privacy, 2016, Vol. 14, Nr. 3, S. 61–67.

942 Ghiglieri, Marco; Waidner, Michael. HbbTV Security and Privacy: Issues and Challenges. IEEE Security & Privacy, 2016, Vol. 14, Nr. 3, S. 61–67 (64 f.).

943 Ghiglieri, Marco; Waidner, Michael. HbbTV Security and Privacy: Issues and Challenges. IEEE Security & Privacy, 2016, Vol. 14, Nr. 3, S. 61–67 (61, 65). Die Autoren stellen insbesondere dar, dass HbbTV es im Wesentlichen – ebenso wie übliche Webbrowser – ermöglicht, webbasierte Inhalte abzurufen. Anders als bei der Verwendung von Browsern ist es den Nutzern jedoch nicht möglich einen „privaten Modus" zu nutzen oder Cookie-Präferenzen zu konfigurieren.

944 Vgl. Tagliaro, Carlotta, et al. I Still Know What You Watched Last Sunday: Privacy of the HbbTV Protocol in the European Smart TV Landscape. In: 30th Annual Network and Distributed System Security, NDSS 2023.

945 Varmarken, Janus, et al. The TV is Smart and Full of Trackers: Measuring Smart TV Advertising and Tracking. Proceedings on Privacy Enhancing Technologies, 2020, Nr. 2, 129–154.

946 Varmarken, Janus, et al. The TV is Smart and Full of Trackers: Measuring Smart TV Advertising and Tracking. Proceedings on Privacy Enhancing Technologies, 2020, Nr. 2, 129–154 (133 f.).

einen Smart TV zu nutzen.[947] Diese externen Lösungen werden in der vorliegenden Untersuchung jedoch nicht näher betrachtet.[948]

Diese Möglichkeiten des Nutzertrackings zeigen exemplarisch, dass beim Einsatz von Smart-Home-Geräten gerade auch Sicherheits- und Datenschutzrisiken aufgrund von Funktionen bestehen, die von Herstellern bzw. Service Providern bewusst implementiert wurden. Insoweit stellt sich hierbei stets die Frage der (datenschutzrechtlichen) Zulässigkeit dieser Funktionen bzw. Datenverarbeitungen, also etwa der Zulässigkeit der Verarbeitung von Tracking-IDs und der Weitergabe von Daten an Werbedienstleister.[949] Ein technischer Schutz hiervor kann nur von den Nutzern selbst umgesetzt werden, etwa mit DNS-Blocklisten, die den Aufruf der Webserver bestimmter Werbedienstleister verhindern können.[950]

Der Schwerpunkt dieser Problematik liegt damit nicht auf den rechtlichen Anforderungen an die Sicherheit der Produkte oder entsprechenden technischen Schutzmaßnahmen. Eine genauere Betrachtung kann in dieser Untersuchung daher unterbleiben.

2. Verknüpfung mit rechtlichen Anforderungen und Synergieeffekte

Anders ist dies bei den vom Einsatz von Drittanbieterapps ausgehenden Risiken für die Sicherheit von Smart TVs. Zu weitgehende Berechtigungen für diese Apps sind – insbesondere, wenn die Apps aufgrund der Gestaltung der Frameworks systematisch „überprivilegiert“ sind – ein relevantes Risiko, welches auch vom CRA adressiert wird.

Als Schutzmaßnahme sollten Drittanbieterapps ausschließlich auf Basis einer Analyse ihrer Funktionen Zugriffe erhalten bzw. ggf. Zugriffe auch nur temporär während der Verwendung der Apps erhalten,[951] wie dies bspw. aus dem Bereich der Smartphone-Betriebssysteme bekannt ist. Diese Grundsät-

947 Die Autoren untersuchen *Amazon Fire TV* und *Roku*, vgl. Varmarken, Janus, et al. The TV is Smart and Full of Trackers: Measuring Smart TV Advertising and Tracking. Proceedings on Privacy Enhancing Technologies, 2020, Nr. 2, 129–154 (135 ff., 142 ff.).

948 Zur hier zugrunde gelegten Produktkategorie Smart TV vgl. Kapitel 2 B. I. 2.

949 Ausführlich zur Zulässigkeit von Webtracking und Online Advertising allgemein vgl. Arning/Hansen-Oest/Strassemeyer, in: Moos/Schefzig/Arning, Praxishandbuch DSGVO, Kap. 17, Rn. 25 ff.

950 Hierzu vgl. nur Varmarken, Janus, et al. The TV is Smart and Full of Trackers: Measuring Smart TV Advertising and Tracking. Proceedings on Privacy Enhancing Technologies, 2020, Nr. 2, 129–154 (140 ff.).

951 Alrawi, Omar, et al. SoK: Security Evaluation of Home-Based IoT Deployments. In: 2019 IEEE Symposium on Security and Privacy (SP), IEEE, 2019, S. 1362–1380 (1373).

ze sollten auch in den Frameworks festgelegt und – soweit möglich – technisch erzwungen werden.

Dies gilt bereits für den noch relativ abstrakten Cybersecurity-by-Design-Grundsatz in Anhang I, Teil I Abs. 1 CRA. Insbesondere Anhang I, Teil I, Abs. 2 lit. d CRA jedoch, der vorsieht, dass durch geeignete Kontrollmechanismen Schutz vor unbefugtem Zugriff geboten wird, ist in diesen Fällen einschlägig; explizit werden dort auch Zugangsverwaltungssysteme genannt. Dabei kann nicht nur der Zugriff eines Unberechtigten unbefugt i. S. d. Norm sein, sondern vielmehr auch der Umfang des Zugriffs eines zumindest in Teilen zum Zugriff berechtigten Akteurs. Der Rechtsgedanke dieser Reduzierung der Zugriffsrechte innerhalb der Grenzen der Erforderlichkeit findet sich auch in den Vorgaben zur Datenminimierung sowie zur geringen Angriffsfläche, vgl. Anhang I, Teil I Abs. 2 lit. g, j CRA. Daneben sollen auch die in Anhang I, Teil I, Abs. 2 lit. e, f CRA formulierten Anforderungen an Schutzmaßnahmen zur Sicherstellung von Vertraulichkeit und Integrität vor der Ausnutzung nicht erforderlicher Zugriffsmöglichkeiten – etwa durch Schadsoftware – schützen.

Nach den Maßgaben des Ansatzes II ergeben sich gem. Tabelle 7 Parallelen zu den Art. 25 Abs. 1, Art. 32 Abs. 1 Hs. 2 lit. b DSGVO, zu § 2 Nr. 1 lit. b GeschGehG sowie zu § 19 Abs. 1 S. 1 Nr. 1 TDDDG. Zudem wird demnach durch implementierte Schutzmaßnahmen die Zielerreichung von § 25 TDDDG und § 4 Abs. 3 Nr. 5 FuAG gefördert. Dass der Einsatz von Smart-Home-Geräten, bei denen Zugriffsrechte auf das erforderliche Mindestmaß begrenzt sind, im Regelfall Parallelen zur Erfüllung des Privacy-by-Design-Grundsatzes (Art. 25 Abs. 1 DSGVO) sowie zur Wahrung der Fähigkeit, zumindest die Vertraulichkeit und Integrität sicherzustellen (Art. 32 Abs. 1 Hs. 2 lit. b DSGVO) aufweist, dürfte offenkundig sein. Zumindest hinsichtlich des Schutzes vor unbefugtem Zugriff und des Vertraulichkeitsschutzes[952] gilt dies auch für die von § 2 Nr. 1 lit. b GeschGehG geforderten angemessenen Geheimhaltungsmaßnahmen, die gerade die Offenbarung von Informationen an Unberechtigte verhindern sollen. Ebenso ist eine Parallele zu § 19 Abs. 4 S. 1 Nr. 1 TDDDG anzunehmen. Die Norm schützt in diesem Fall vor dem unerlaubten Zugriff auf den Smart TV – der i. S. d. § 19 Abs. 4 S. 1 Nr. 1 TDDDG als technische Einrichtung gilt, die für das Angebot der Drittanbieterapp genutzt wird.

Durch die Beschränkung der Zugriffe kann auch zumindest eine Förderung des Schutzes der Privatsphäre und der personenbezogenen Daten des Nutzers i. S. d. § 4 Abs. 3 Nr. 5 FuAG angenommen werden. Anders als bei der ausschließlich abstrakten Betrachtung der Schutzziele der verschie-

---

952 Nur in Bezug auf diese Anforderungen des CRA bestehen überhaupt Parallelen zu § 2 Nr. 1 lit. b GeschGehG, vgl. Tabelle 7.

denen Normen nach Ansatz I kann beim hier diskutierten Ansatz zudem auch genauer berücksichtigt werden, dass § 25 TDDDG zwar selbst keine technischen Schutzmaßnahmen fordert – jedoch die Integrität des Endgeräts i. S. d. Norm durch die Beschränkung der Zugriffe von Drittanbieterapps dennoch zumindest mittelbar geschützt wird. Dies ist etwa der Fall, wenn aufgrund der Zugriffsbeschränkung die Integrität geschützt wird, soweit der Nutzer diese Zugriffe nicht vorgesehen hat. Neben dem deutlich höheren Konkretisierungsgrad zeigt sich dieser Unterschied der Ansätze hinsichtlich § 25 TDDDG auch in der hier durchgeführten spezifischen Konkretisierung.

III. Kombinierte Risiko- und Datenschutzfolgenabschätzung: Produktkategorie digitale, cloudbasierte Sprachassistenten

Schließlich wird exemplarisch skizziert, welche praktischen Auswirkungen Ansatz III zeigt, der zur Verknüpfung der Anforderungen eine kombinierte Risiken- und Datenschutzfolgenabschätzung vorsieht (vgl. Abschnitt A. III).

1. Mögliche Risiken und entsprechende Schutzmaßnahmen

In Bezug auf die Produktkategorie der digitalen, cloudbasierten Sprachassistenten sind insbesondere Angriffe wie das oben bereits genannte sog. skill squatting relevant.[953] Solche Angriffe basieren auf der Funktionalität, die es Drittanbietern ermöglicht, eigene Sprachbefehle in Bezug auf ihre Apps zu definieren („*skills*"). Aufgrund dieser Funktionalität entstehende Risiken zeigen bspw. die Arbeiten von *Kumar* et al.[954] und *Zhang* et al.[955] auf. Letztere stellen zwei neue Angriffe vor, die sie als *voice squatting attack* und als *voice masquerading attack* bezeichnen.[956] Bei Voice-Squatting-Angriffen werden zu bereits existierenden Sprachbefehlen phonetisch ähnliche oder sprachlich leicht abweichende Befehle definiert; beispielsweise kann der Satz „Öffne App X, bitte" statt dem vorgesehenen skill „App X" den skill

953 Vgl. hierzu bereits Kapitel 2 C. I.
954 Kumar, Deepak, et al. Skill Squatting Attacks on Amazon Alexa, USENIX Security Symposium 2018, S. 33–47.
955 Zhang, Nan, et al. Dangerous skills: Understanding and mitigating security risks of voice-controlled third-party functions on virtual personal assistant systems. In: 2019 IEEE Symposium on Security and Privacy (SP), IEEE, 2019, S. 1381–1396.
956 Zhang, Nan, et al. Dangerous skills: Understanding and mitigating security risks of voice-controlled third-party functions on virtual personal assistant systems. In: 2019 IEEE Symposium on Security and Privacy (SP), IEEE, 2019, S. 1381–1396 (1382).

„App X, bitte" auslösen.[957] Durch die folgende Auslösung des abweichenden Befehls kann Schadsoftware ausgeführt werden, die bspw. zu Datenabflüssen führt oder einen ersten Schritt für Phishing-Angriffe darstellt, etwa wenn der Sprachassistent falsche Kontaktdaten ausgibt.[958] Auch *Kumar* et al. greifen mit den vergleichbaren, sog. skill-squatting-Angriffen Interpretationsfehler bei der Spracherkennung auf und zeigen, wie diese zu einer Umleitung der Nutzer an die App eines Angreifers führen können.[959]

Voice-Masquerading-Angriffe können ebenfalls Datenabflüsse zur Folge haben, etwa weil Nutzer gutgläubig Informationen angeben oder weil der Sprachassistent unbemerkt Konversationen mithören kann.[960] Hierfür können Apps bspw. dem Nutzer gegenüber vortäuschen, dass die Kommunikation mit dem Nutzer abgeschlossen wäre, ohne dass die App tatsächlich beendet ist, sodass weiterhin Sprachdaten an die App – und an den Angreifer – übermittelt werden. Dies ist etwa möglich, wenn die Betriebssysteme der Sprachassistenten es den Drittanbieterapps überlassen, auf bestimmte Sprachbefehle – die die App beenden sollen – selbst zu reagieren, statt die Beendigung der App zu erzwingen. Auch wenn mittels Sprachbefehlen von einer App zu einer anderen gewechselt werden soll, kann ein tatsächlicher Wechsel vorgetäuscht werden, ohne dass die zuerst ausgeführte App beendet wird, was zur Offenbarung von Daten an den falschen App-Anbieter führen kann.[961]

Als Schutzmaßnahmen kommen etwa ein besserer Freigabemechanismus hinsichtlich der verfügbaren *skills* in Betracht, bei dem auf ähnlich klingende Sprachbefehle reagiert werden kann.[962] *Zhang* et al. haben hierfür etwa

---

957 Vgl. zu einem solchen Beispiel: Zhang, Nan, et al. Dangerous skills: Understanding and mitigating security risks of voice-controlled third-party functions on virtual personal assistant systems. In: 2019 IEEE Symposium on Security and Privacy (SP), IEEE, 2019, S. 1381–1396 (1382).

958 Zhang, Nan, et al. Dangerous skills: Understanding and mitigating security risks of voice-controlled third-party functions on virtual personal assistant systems. In: 2019 IEEE Symposium on Security and Privacy (SP), IEEE, 2019, S. 1381–1396 (1386).

959 Kumar, Deepak, et al. Skill Squatting Attacks on Amazon Alexa, USENIX Security Symposium 2018, S. 33–47 (33, 38 f.).

960 Hierzu und zum Folgenden: Zhang, Nan, et al. Dangerous skills: Understanding and mitigating security risks of voice-controlled third-party functions on virtual personal assistant systems. In: 2019 IEEE Symposium on Security and Privacy (SP), IEEE, 2019, S. 1381–1396 (1388 f.).

961 Zhang, Nan, et al. Dangerous skills: Understanding and mitigating security risks of voice-controlled third-party functions on virtual personal assistant systems. In: 2019 IEEE Symposium on Security and Privacy (SP), IEEE, 2019, S. 1381–1396 (1388 f.).

962 Kumar, Deepak, et al. Skill Squatting Attacks on Amazon Alexa, USENIX Security Symposium 2018, S. 33–47 (44).

einen Ansatz entwickelt, der automatisiert Sprachbefehle erkennen kann, die phonetische Ähnlichkeiten aufweisen.[963]

2. Verknüpfung mit rechtlichen Anforderungen und Synergieeffekte

Solche Schutzmaßnahmen sind insbesondere angesichts der in DSGVO und CRA vorgesehenen Vertraulichkeitsanforderungen erforderlich. Welche konkreten Maßnahmen im Einzelfall zu treffen sind, kann im Rahmen der kombinierten Risiko- und Datenschutzfolgeabschätzung analysiert werden. In den Fällen der oben beschriebenen Angriffe mittels Sprachbefehlen werden implementierte Schutzmaßnahmen i. d. R. Synergieeffekte mit den nach § 2 Nr. 1 lit. b GeschGehG zu treffenden angemessenen Geheimhaltungsmaßnahmen aufweisen. Solche Synergieeffekte können sodann im Rahmen der kombinierten Risiko- und Folgenabschätzung unter Rückgriff auf die Ansätze I und II identifiziert werden.

So besteht bspw. beim Einsatz eines digitalen, cloudbasierten Sprachassistenten in einem Besprechungsraum eines Unternehmens aufgrund der oben beschriebenen Angriffsmöglichkeiten das Risiko eines unbemerkten Datenabflusses. Wird der Besprechungsraum bspw. auch für (Online-)Meetings genutzt, ist darüber hinaus auch eine (bewusste) Aktivierung von Schadsoftware über einen unauffällig benannten Sprachbefehl denkbar. Der Hersteller – unterstellt, er agiert auch als Service Provider hinsichtlich der des Sprachassistenten[964] – müsste dieses Risiko sowohl im Rahmen einer DSFA als auch im Rahmen der Bewertung von Cybersicherheitsrisiken berücksichtigen. Hierbei ergeben sich also Synergieeffekte, wenn diese möglichen Angriffe in einer kombinierten Risiko- und Folgenabschätzung analysiert und entsprechende Schutzmaßnahmen getroffen werden, die Anforderungen aus beiden Rechtsakten adressieren.

Unter Rückgriff auf die im Rahmen von Ansatz II dargelegte Verknüpfung der Anforderungen kann sodann festgestellt werden, dass solche Schutzmaßnahmen – die v. a. dem Vertraulichkeitsschutz dienen – nicht nur die o. g. Synergien zu gem. § 2 Nr. 1 lit. b GeschGehG zu treffenden angemessenen Geheimhaltungsmaßnahmen aufweisen. Ähnlich gilt dies in Bezug auf § 19 Abs. 4 Nr. 1 TDDDG im Hinblick auf die Verhinderung unerlaubter Zugriffe auf den Sprachassistenten sowie für die aufgrund von § 4 Abs. 3 Nr. 5 FuAG getroffenen Maßnahmen.

963 Zhang, Nan, et al. Dangerous skills: Understanding and mitigating security risks of voice-controlled third-party functions on virtual personal assistant systems. In: 2019 IEEE Symposium on Security and Privacy (SP). IEEE, 2019, S. 1381–1396 (1382, 1389 ff.).

964 Hierzu vgl. bereits Kapitel 5 A. III.

Entsprechend können im Rahmen einer kombinierten Risiko- und Folgenabschätzung die einzelnen Risiken dergestalt analysiert und mit konkreten Schutzmaßnahmen verknüpft werden.

C. Zentrale Ergebnisse und Thesen des Kapitels

Im Folgenden werden die zentralen Ergebnisse und Thesen des Kapitels zusammengefasst.

1. Die untersuchten rechtlichen Anforderungen haben gemeinsam, dass sie – zumindest mittelbar – risikobasiert sind (vgl. Abschnitt A. IV).

2. Die rechtlichen Anforderungen haben des Weiteren gemeinsam, dass sie – ebenfalls zumindest mittelbar – die Schutzziele der IT-Sicherheit adressieren (vgl. Abschnitt A. IV).

3. Auf dieser Basis lässt sich ein interdisziplinäres Verständnis der Normen und deren Verhältnis zueinander entwickeln, das eine methodische Begründung dafür bietet, dass implementierte Schutzmaßnahmen mehrere der untersuchten rechtlichen Anforderungen adressieren, was zu Synergieeffekten führt. Dies kann anhand dreier verschiedener Ansätze aufgezeigt werden, die einen unterschiedlichen Konkretisierungsgrad aufweisen sowie praktisch mit unterschiedlichem Aufwand verbunden sind. Möglich ist auf abstrakter Ebene eine Systematisierung durch die Verknüpfung mit den Schutzzielen der IT-Sicherheit, eine (konkretere) Systematisierung durch einen gemeinsamen Anforderungskatalog sowie eine Zusammenführung der Anforderungen in einer gemeinsamen Risiko- und Datenschutzfolgenabschätzung (vgl. Abschnitte A. I bis A. III bzw. A. IV). Neben einem verbesserten interdisziplinären Verständnis der Normen ergibt sich aufgrund der erreichten Synergieeffekte auch ein praktischer Anwendungsbereich für die entwickelten Ansätze.

4. Exemplarisch auf Basis der in dieser Untersuchung zugrunde gelegten Produktkategorien lässt sich aufzeigen, dass die o.g. Ansätze auch in konkreten Beispielen eine Verknüpfung der rechtlichen Anforderungen mit den technischen Maßnahmen ermöglichen. Daraus ergibt sich mithin eine relevante praktische Anwendung der Ansätze. (vgl. Abschnitte B. I. 2, B. II. 2 sowie B. III. 2).

5. Aufgrund der Unterschiede bei Konkretisierungsgrad und praktischem Aufwand ergibt sich auch eine unterschiedliche Eignung der Ansätze. Diese Differenzierung wird zum Teil bereits bei der theoretischen Darstellung der Ansätze offenbar, etwa wenn die abstrakte Betrachtung auf

Basis der Schutzziele mit der Gegenüberstellung konkreter Anforderungen verglichen wird (vgl. Abschnitt A. IV). Zum Teil zeigen sich solche Unterschiede allerdings erst bei der spezifischen Konkretisierung, die hier anhand von Schutzmaßnahmen für Smart-Home-Geräte erfolgt (vgl. Abschnitt B. II. 2).

6. Soweit zukünftig im Rahmen des CRA bzw. des FuAG harmonisierte Normen vorliegen, die eine weitere Konkretisierung zulassen, könnte auch dies im Rahmen der o. g. Ansätze berücksichtigt werden. Dies gilt insbesondere für die Verknüpfung der Normen durch einen gemeinsamen Anforderungskatalog, bei dem bspw. die Anforderungen aus Anhang I, Teil I CRA unter Rückgriff auf harmonisierte Normen weiter konkretisiert und dadurch detaillierter mit den weiteren untersuchten Anforderungen analysiert werden können.

Kapitel 6 – Fazit und Ausblick

Die vorliegende Untersuchung analysiert schwerpunktmäßig zum einen, welche rechtlichen Anforderungen an technische Maßnahmen der IT-Sicherheit für Smart-Home-Geräte aktuell bzw. in naher Zukunft gelten. Zum anderen wird untersucht, wie aus diesen Anforderungen konkrete technische Maßnahmen abgeleitet werden können.

Die wesentlichen Ergebnisse der Untersuchung können wie folgt zusammengefasst werden.

1. Zentral ist für die vorliegende Untersuchung das Ergebnis, dass alle vertieft untersuchten Normen – mit Ausnahme von § 25 TDDDG[965] – zumindest mittelbar einen Risikobezug aufweisen. Art. 25, 32 DSGVO und Art. 13 i. V. m. Anhang I, Teil I CRA ist dies direkt aus dem Wortlaut zu entnehmen.[966] § 2 Nr. 1 lit. b GeschGehG, § 19 Abs. 4 TDDDG und § 4 Abs. 3 Nr. 4, 5 FuAG weisen einen zumindest mittelbaren Risikobezug auf.[967] Die untersuchten Normen können daher als risikobasierte IT-Sicherheitsregulierung bezeichnet werden.

2. Bei der Bestimmung des Risikobegriffs kann festgestellt werden, dass intra- und interdisziplinär Spezifika zu berücksichtigen sind, etwa bezüglich der betroffenen Rechtsgüter. Eine grundsätzliche Übereinstimmung besteht jedoch hinsichtlich der abstrakten Beschreibung von Risiken über die Faktoren der Eintrittswahrscheinlichkeit und des Schadensausmaßes. Insbesondere wenn Risiken im Einzelfall typischerweise nicht realistisch quantifiziert werden können – wie dies im Bereich des risikobasierten IT-Sicherheitsrechts der Fall ist – ist eine Übertragung der Erkenntnisse anderer Disziplinen für die vorliegende Untersuchung nicht zielführend. Dies gilt auch für die Erkenntnisse der Entscheidungstheorie.[968]

3. Neben dem bereits thematisierten Risikobezug adressieren außerdem alle untersuchten Normen – zumindest mittelbar – die Schutzziele der IT-Sicherheit.[969]

4. Auf dieser Basis kann das in Kapitel 5 erläuterte interdisziplinäre Verständnis der Normen und deren Verhältnis zueinander entwickelt werden.

965 Vgl. Kapitel 4 C. III. 5.

966 Vgl. zum risikobasierten Ansatz und dem Risikobegriff der DSGVO: Kapitel 3 B. II. 2, sowie zur Risikobewertung im Rahmen des CRA: Kapitel 4 D. II. 2.

967 Vgl. für das GeschGehG: Kapitel 4 B. bzw. Kapitel 4 B. IV, für § 19 Abs. 4 TDDDG: Kapitel 4 C. III. 5 sowie für das FuAG: Kapitel 4 D. I. 4.

968 Vgl. Kapitel 1 C. IV. 3

969 Zum hier zugrunde gelegten Verständnis der Schutzziele vgl. Kapitel 2 A., für die jeweiligen Normen vgl. bereits die Verweise bei Kapitel 5 C, dort Ziffer 1.

Die dort dargestellten Ansätze bieten eine methodische Begründung für Synergieeffekte zwischen den einzelnen aufgrund der untersuchten rechtlichen Anforderungen implementierten Schutzmaßnahmen.[970]

5. Eine Übertragung dieser Ansätze auf die vorliegend definierten Produktkategorien von Smart-Home-Geräten ergibt, dass die Verknüpfung der untersuchten Normen mit konkreten technischen Maßnahmen auch praktisch die Identifizierung und Begründung von Synergieeffekten ermöglicht. Dabei zeigt sich zugleich eine Differenzierung hinsichtlich der Eignung der Ansätze, die auf dem jeweils unterschiedlichen Konkretisierungsgrad bzw. dem jeweils abweichenden praktischen Aufwand beruht.[971]

6. Auf einer abstrakteren Ebene kann aus den vorliegenden Ergebnissen abgeleitet werden, dass die untersuchten IT-Sicherheitsvorschriften ihre gesetzten Ziele mit der ihr eigenen risikobasierten Regulierungsstrategie erreichen können. Dies gilt jedenfalls für die hier untersuchten Normen des CRA bzw. der DSGVO, die einen direkten Risikobezug aufweisen. Mit der bewussten Übertragung von Handlungsspielräumen an die Normadressaten, die vergleichsweise flexibel Maßnahmen identifizieren können, um im Einzelfall die von der jeweiligen Norm bezweckte Zielerreichung zu realisieren, wird ein geeigneter Ausgleich zwischen zu statischen, vollkommen hoheitlich geprägten Vorgaben und selbstregulatorischen Regulierungsinstrumenten geschaffen. Zwar weist diese risikobasierte Regulierung auch Nachteile auf – die jedoch wiederum der Regulierungsstrategie grundsätzlich innewohnen.[972]

7. Diese Nachteile, die sich in dieser Untersuchung etwa bei der Konkretisierung von einzelnen Schutzmaßnahmen aus Art. 32 DSGVO besonders deutlich zeigen, sprechen nicht per se gegen risikobasierte IT-Sicherheitsregulierung. Denn eine alternative Vorgehensweise zeigt sich an der Regulierungsstrategie im CRA: Auch dort ist eine Risikobewertung erforderlich, die eine risikobasierte Auswahl von geeigneten Schutzmaßnahmen ermöglicht. Die in Anhang I Teil I CRA geregelten grundlegenden Cybersicherheitsanforderungen konkretisieren die Anforderungen jedoch deutlich. Dadurch wird das Ableiten einzelner Schutzmaßnahmen durch den Normadressaten erleichtert, während gleichzeitig durch die Verwendung einer risikobasierten Vorgehensweise die erforderliche Adaptivität im Einzelfall gewahrt wird.

970 Vgl. Kapitel 5 A. IV.
971 Vgl. Kapitel 5 C., dort Ziffer 5.
972 Vgl. Kapitel 1 C.

8. Soweit durch harmonisierte Normen eine Konkretisierung der Anforderungen des CRA erfolgen wird, dürfte dies zukünftig eine Adaption der in dieser Untersuchung entwickelten Ansätze ermöglichen. Offen bleibt aktuell, welche praktische Bedeutung Zertifizierungen im Bereich der IT-Sicherheitsregulierung erlangen werden und wie sich diese auf das Verhältnis zu den weiteren einschlägigen IT-Sicherheitsnormen auswirken werden.

Perspektivisch wird der Bereich der risikobasierten Regulierung der IT-Sicherheit von Produkten maßgeblich von den Regelungen des CRA sowie dessen Zusammenspiel mit der DSGVO geprägt sein. Dabei werden weiterhin Anwendungsfälle auftreten, in denen die auf Basis von CRA und DSGVO getroffenen Schutzmaßnahmen mit dem von Art. 5 Abs. 3 ePrivacy-RL bzw. § 25 TDDDG bezweckten Schutz der Integrität des Endgeräts konfligieren. Auch das Verhältnis zwischen CRA und DSGVO hätte für eine bestmögliche Erreichung der Zielsetzungen beider Verordnungen vom EU-Gesetzgeber konkreter und ausdifferenzierter gestaltet werden können. Dennoch ist die Schaffung des CRA als einheitliche, horizontale Regulierung zu begrüßen, da sie für die Normadressaten insgesamt vergleichsweise eindeutige Regelungen festlegt und sich das IT-Sicherheitsniveau der adressierten Produkte dadurch erhöhen dürfte.

Die vorliegend entwickelten Ansätze tragen dazu bei, diese und die weiteren Entwicklungen des risikobasierten IT-Sicherheitsrechts möglichst interdisziplinär zu verstehen und zu diskutieren sowie mögliche Synergieeffekte bei der Umsetzung der rechtlich geforderten Schutzmaßnahmen aufzuzeigen. Damit bieten die entwickelten Ansätze neben dem wissenschaftlichen Mehrwert für den interdisziplinären Diskurs aufgrund der genannten Synergieeffekte auch Anreize für eine praktische Verwertbarkeit. Zwar könnten im Einzelfall in der Praxis Modifizierungen der Ansätze erforderlich sein. Entscheidend für den wissenschaftlichen wie praktischen Mehrwert der Ansätze ist allerdings vielmehr, dass die zugrundeliegende gesamtheitliche und interdisziplinäre Herangehensweise verfolgt und vertieft wird. Denn vor allem dadurch wird ein besseres Verständnis von risikobasierter IT-Sicherheitsregulierung erreicht.

Literaturverzeichnis

Sofern nicht anders angegeben wurden alle Internetquellen zuletzt am 15.10.2024 abgerufen. Die Arbeit berücksichtigt Literatur und Rechtsprechung bis einschließlich September 2024, vereinzelt wurden aktuellere Quellen ausgewertet.

Aigner, Andreas; Khelil, Abdelmajid. A security scoring framework to quantify security in cyber-physical systems. In: 2021 4th IEEE International Conference on Industrial Cyber-Physical Systems (ICPS), IEEE, 2021, S. 199–206.

Alneyadi, Sultan; Sithirasenan, Elankayer; Muthukkumarasamy, Vallipuram. A survey on data leakage prevention systems. Journal of Network and Computer Applications, 2016, Vol. 62, S. 137–152.

Alpar, Paul; Alt Rainer; Bensberg, Frank; Czarnecki, Christian: Anwendungsorientierte Wirtschaftsinformatik. Strategische Planung, Entwicklung und Nutzung von Informationssystemen, 10. Auflage 2023, Springer; zitiert als: Alpar et al., Anwendungsorientierte Wirtschaftsinformatik.

Alrawi, Omar; Lever, Chaz; Antonakakis, Manos; Monrose, Manos: SoK: Security Evaluation of Home-Based IoT Deployments, IEEE Symposium on Security and Privacy (SP), IEEE, 2019, S. 1362–1380.

Amann, Erwin: Entscheidungstheorie. Individuelle, strategische und kollektive Entscheidungen, 2019, Springer; zitiert als: Amann, Entscheidungstheorie.

Ammar, Mahmoud; Russello, Giovanni; Crispo, Bruno. Internet of Things: A survey on the security of IoT frameworks. Journal of Information Security and Applications, 2018, Vol. 38, S. 8–27.

Anderson, Ross: Security Engineering. A Guide to Building Dependable Distributed Systems, 3rd edition 2020, Wiley; zitiert als: Anderson, Security Engineering.

Antonakakis, Manos; April, Tim; Bailey, Michael; Bernhard, Matthew; Bursztein, Elie; Cochran, Jaime; Durumeric, Zakir; Halderman, J. Alex; Invernizzi, Luca; Kallitsis, Michalis; Kumar, Deepak; Lever, Chaz; Ma, Zane; Mason, Joshua; Menscher, Damian; Seaman, Chad; Sullivan, Nick; Thomas, Kurt; Zhou, Yi. Understanding the Mirai Botnet, USENIX Security Symposium 2017, S. 1093–1110.

Apel, Simon; Nickl, Afra: Drei Jahre GeschGehG – Eine Rechtsprechungsübersicht, K&R 2022, 385–393.

Appel, Ivo: Grenzen des Risikorechts, in: Öffentliches Recht im offenen Staat. Festschrift für Rainer Wahl zum 70. Geburtstag, hrsg. v. Appel, Ivo; Hermes, Georg; Schönberger, Christoph, 2011, Duncker & Humblot, S. 463–487; zitiert als: Appel, Grenzen des Risikorechts.

Appel, Ivo; Mielke, Sebastian: Strategien der Risikoregulierung. Bedeutung und Funktion eines Risk-Based Approach bei der Regulierung im Umweltrecht, 2014, Nomos; zitiert als: Appel/Mielke, Strategien der Risikoregulierung.

Art.-29-Datenschutzgruppe: WP 218 – Statement on the role of a risk-based approach in data protection legal frameworks, adopted on 30 May 2014; zitiert als: Art.-29-Datenschutzgruppe, Statement on the role of a riskbased approach (WP 218).

Assion, Simon: Stellungnahme als Sachverständiger zum Entwurf eines Gesetzes zur Regelung des Datenschutzes und des Schutzes der Privatsphäre in der Telekommunikation und bei Telemedien (TTDSG), BT-Drucksache 19/27441, v. 18.04.2021, abrufbar: https://www.bundestag.de/resource/blob/835498/3fc24ea374301c2ba608c9509cc64ec1/19-9-1039_Stellungnahme_SV_Assion_oeA_TTDSG_21-04-2021-data.pdf, zitiert als: Assion, Stellungnahme TTDSG.

Assion, Simon: TTDSG – Telekommunikation-Telemedien-Datenschutz-Gesetz, 2022, Nomos; zitiert als: Bearb., in: Assion TTDSG.

Auernhammer Datenschutz-Grundverordnung, Bundesdatenschutzgesetz und Nebengesetze, hrsg. v. Eßer, Martin; Kramer, Philipp; von Lewinski, Kai, 8. Aufl. 2024, Carl Heymanns; zitiert als: Bearb., in: Auernhammer DSGVO.

Auer-Reinsdorff, Astrid; Conrad, Isabell: Handbuch IT- und Datenschutzrecht, 3. Auflage 2019, Beck, zitiert als: Bearb., in: Auer-Reinsdorff/Conrad, Handbuch.

Ayala-Rivera, Vanessa; Pasquale, Liliana. The grace period has ended: An approach to operationalize GDPR requirements. In: 2018 IEEE 26th International Requirements Engineering Conference (RE), IEEE, 2018, S. 136–146 (138 f.).

Ayres, Ian; Braithwaite, John: Responsive Regulation: Transcending the Deregulation Debate, 1992, Oxford University Press; zitiert als: Ayres/Braithwaite, Responsive Regulation.

Babun, Leonardo; Denney, Kyle; Celik, Z. Berkay; McDaniel, Patrick; Uluagac, A. Selcuk. A survey on IoT platforms: Communication, security, and privacy perspectives. Computer Networks, 2021, Vol. 192, S. 108040.

Balaban, Silvia; Boehm, Franziska; Brodowski, Dominik; Dickmann; Roman; Franzen, Fabian; Goerke, Niklas; Golla, Sebastian; Koloßa, Stephan; Kreutzer, Michael; Krüger, Jochen; Leicht, Maximilian; Obermaier, Johannes; Pieper, Maria; Schink, Marc; Schreiber, Linda; Schuster, Dieter; Sorge, Christoph; Tran, Hoa; Vettermann, Oliver; Vogelgesang, Stephanie; Vonderau, Daniel; Wagner, Manuela: Whitepaper zur Rechtslage der IT-Sicherheitsforschung. Reformbedarf aus Sicht der angewandten Sicherheitsforschung, abrufbar: https://sec4research.de/assets/Whitepaper.pdf; zitiert als: Balaban et al., Whitepaper IT-Sicherheitsforschung.

Baldwin, Robert; Cave, Martin; Lodge, Martin: Understanding Regulation: Theory, Strategy, and Practice, Oxford University Press. 2nd edition 2011; zitiert als: Baldwin/Cave/Lodge, Understanding Regulation.

Bamberg, Günter; Coenenberg, Adolf G.; Krapp, Michael: Betriebswirtschaftliche Entscheidungslehre, 16. Auflage 2019, Vahlen; zitiert als: Bamberg/Coenenberg/Krapp, Entscheidungslehre.

Baranowski, Anne; Glaßl, Ramón: Anforderungen an den Geheimnisschutz nach der neuen EU-Richtlinie, BB 2016, 2563–2569.

Bartholomae, Florian; Wiens, Marcus: Spieltheorie. Ein anwendungsorientiertes Lehrbuch, 2. Auflage 2020, Springer; zitiert als: Bartholomae/Wiens, Spieltheorie.

Bartels, Karsten U.; Backer, Merlin: Die Berücksichtigung des Stands der Technik in der DSGVO. Neue Anforderungen an die IT-Sicherheit im Datenschutz, DuD 2018, 214–219.

Bartels, Karsten U.; Backer, Merlin; Schramm, Michael: Der „Stand der Technik" im IT-Sicherheitsrecht – Wirkung des Verweisungsbegriffs und Lösungsansätze zur legislativen Verwendung, Tagungsband zum 15. Deutschen IT-Sicherheitskongress 2017, Bundesamt für Sicherheit in der Informationstechnik, 503–514; zitiert als: Bartels/Backer/Schramm, Tagungsband IT-Sicherheitskongress 2017, 503.

Bartels, Karsten U.; Barth, Michael; Bausewein, Christoph; Dehning, Oliver; Dominkovic, Dennis; Dubbel, Sascha; Falkenthal, Oliver; Fischer, Marco; Föllmer, Nancy; Gehrmann, Mareike; Gora, Stefan; Heyde, Steffen; Hohenkamp, Iris; Jäger, Hubert; Kahrs, Malte; Kippert, Tobias; Kolmhofer, Robert; Kowol, Dominik; Krosta-Hartl, Pamela; Lawicki, Tomasz; Leitner, Alexander; Liedke-Deutscher, Bernd; Maier, Janosch; Martin, Karl-Ulrich; Menge, Stefan; Mühlbauer, Holger; Müller, Siegfried; Paulsen, Christian; Robin, Markus; Rost, Peter; Schlensog, Alexander; Wüpper, Werner; Zingsheim, André: IT-Sicherheitsgesetz und Datenschutz-Grundverordnung. Handreichung zum „Stand der Technik". Technische und organisatorische Maßnahmen, 2023; zitiert als: TeleTrusT, Handreichung zum Stand der Technik.

BeckOK Datenschutzrecht. DS-GVO, DA, DGA, BDSG. Datenschutz und Datennutzung, hrsg. v. Wolff, Heinrich Amadeus; Brink, Stefan; v. Ungern-Sternberg, Antje, 49. Edition, Stand: 1.8.2024, C. H. Beck; zitiert als: Bearb., in: BeckOK DatenschutzR.

BeckOK GeschGehG, hrsg. v. Fuhlrott, Michael; Hiéramente, Mayeul, 20. Edition, Stand: 15.9.2024, C. H. Beck; zitiert als: Bearb., in: BeckOK GeschGehG.

BeckOK UWG, hrsg. v. Fritzsche, Jörg; Münker, Reiner, Stollwerck, Christoph, 25. Edition, Stand: 1.7.2024, C. H. Beck; zitiert als: Bearb., in: BeckOK UWG.

Bieker, Felix: Die Risikoanalyse nach dem neuen EU-Datenschutzrecht und dem Standard-Datenschutzmodell, DuD 2018, 27–31.

Bieker, Felix; Bremert, Benjamin; Hansen, Marit: Die Risikobeurteilung nach der DSGVO, DuD 2018, 492–496.

Böck, Nicole; Reinsberg, Johannes: Einbeziehung cybersicherheitsrechtlicher Produktanforderungen in die Funkanlagenrichtlinie, ZfPC 2022, 126–129.

Böhm, Wolf-Tassilo; Halim, Valentino: Cookies zwischen ePrivacy und DS-GVO – was gilt?. Anforderungen an die Verwendung von Cookies nach der aktuellen Rechtsprechung, MMR 2020, 651–656.

Brandt, Edmund: Regulierte Selbstregulierung im Umweltrecht, DV 2001, 123–135.

Breuer, Rüdiger: Anlagensicherheit und Störfälle – Vergleichende Risikobewertung im Atom- und Immissionsschutzrecht, NVwZ 1990, 211–222.

Briggs, Christopher; Fan, Zhong; Andras, Peter. A Review of Privacy-Preserving Federated Learning for the Internet-of-Things, Kapitel in: Federated Learning Systems (hrsg. v. Rehmann, Muhammad Habib ur; Gaber, Mohamed Medhat), Springer 2021, S. 21–50.

Bronner, Pascal; Heckmann, Dirk; Ziegler, Nicolas: Cyberresilienz durch Datenschutz. Verkehrssicherungspflichten für Hersteller von Produkten mit digitalen Elementen, DuD 2024, 572–576.

Cavoukian, Ann: Patience, Persistence, and Faith: Evolving the Gold Standard in Privacy and Data Protection. In: Future Challenges in Security and Privacy for Academia and Industry. SEC 2011, IFIP Advances in Information and Communication Technology, Vol. 354, S. 1–16.

Chen, Jiahong; Edwards, Lilian; Urquhart, Lachlan; McAuley, Derek: Who is responsible for data processing in smart homes? Reconsidering joint controllership and the household exemption, IDPL 2020, 279–293.

Chiara, Pier Giorgio: Commission Delegated Regulation (EU) 2022/30 Supplementing Directive 2014/53/EU on Radio Equipment: Strengthening Cybersecurity, Privacy and Personal Data Protection of Wireless Devices, EDPL 2022, 103–107.

Chiara, Pier Giorgio: The Cyber Resilience Act: the EU Commission's proposal for a horizontal regulation on cybersecurity for products with digital elements. An introduction, ICLR 2022, 255–272.

CNIL, Privacy Impact Assessment (PIA) Methodology, February 2018 edition, abrufbar: https://www.cnil.fr/sites/cnil/files/atoms/files/cnil-pia-1-en-methodology.pdf; zitiert als: CNIL, PIA methodology.

Coppolino, Luigi; D'Alessandro, Valerio; D'Antonio, Salvatore; Lev, Leonid; Romano, Luigi: My smart home is under attack. In: 2015 IEEE 18th International Conference on Computational Science and Engineering, IEEE, 2015, S. 145–151.

Datenschutzkonferenz, Kurzpapier Nr. 18. Risiko für die Rechte und Freiheiten natürlicher Personen, Stand: 26.04.2018, abrufbar: https://www.datenschutzkonferenz-online.de/media/kp/dsk_kpnr_18.pdf; zitiert als: Datenschutzkonferenz, Kurzpapier Nr. 18.

De Conca, Silvia: Between a rock and a hard place: owners of smart speakers and joint control, scripted 2020, 238–268.

De Gregorio, Giovanni; Dunn, Pietro: The European risk-based approaches: Connecting constitutional dots in the digital age, Common Market Law Review 2022, 473–500; zitiert als: De Gregorio/Dunn, CMLR 2022, 473.

Di Fabio, Udo: Risikoentscheidungen im Rechtsstaat. Zum Wandel der Dogmatik im öffentlichen Recht, insbesondere am Beispiel der Arzneimittelüberwachung, 1994, Mohr Siebeck; zitiert als: Di Fabio, Risikoentscheidungen im Rechtsstaat.

Dickhaut, Ernestine; Miedzianowski, Nadine; Jandt, Silke; Janson, Andreas; Knote, Robin; Leimeister, Jan Marco; Roßnagel, Alexander; Söllner, Matthias; Thies, Laura Friederike: Handlungsbroschüre. Anforderungs- und Entwurfsmuster zur rechtsverträglichen und qualitätszentrierten Gestaltung kontextsensitiver Applikationen (AnEkA). Handlungsempfehlungen zur Gestaltung von Entwurfsmustern, abrufbar: https://kobra.uni-kassel.de/bitstream/handle/123456789/12188/kup_9783737609203.pdf?sequence=1&isAllowed=y; zitiert als: Dickhaut et al., Handlungsbroschüre. Anforderungs- und Entwurfsmuster zur rechtsverträglichen und qualitätszentrierten Gestaltung kontextsensitiver Applikationen (AnEkA).

Dickhaut, Ernestine; Thies, Laura Friederike; Janson, Andreas: Die Kodifizierung von Gestaltungswissen in interdisziplinären Entwurfsmustern. Lösungen im Spannungsfeld zwischen Rechtsverträglichkeit und Dienstleistungsqualität, DuD 2020, 584–588.

Diercks, Nina; Roth, Heiko Markus: Datenübermittlung in unsichere Drittstaaten. Von der Relevanz und dem Potential des risikobasierten Ansatzes im Transfer Impact Assessment (TIA) nach den neuen Standardvertragsklauseln (SVK) der EU-Kommission insbesondere bei Bewerbermanagementsoftware und konzerninterner Datenübermittlung, ZdiW 2021, 313–320.

Dittrich, Tilmann; Heinelt, Christian: Compliance-Pflichten für Hersteller nach dem Cyber Resilience Act, RDi 2023, 309–316.

Drackert, Stefan: Die Risiken der Verarbeitung personenbezogener Daten. Eine Untersuchung zu den Grundlagen des Datenschutzrechts, 2024, Duncker

Humblot; zitiert als: Drackert, Die Risiken der Verarbeitung personenbezogener Daten.

Düsseldorfer Kreis, Orientierungshilfe zu den Datenschutzanforderungen an Smart-TV-Dienste (2015), abrufbar: https://www.datenschutzkonferenz-online.de/media/oh/20150917_oh_smart_tv.pdf.

Eckert, Claudia: IT-Sicherheit, 10. Auflage 2018, de Gruyter; zitiert als: Eckert, IT-Sicherheit.

Eckhardt, Philipp; Kotovskaia, Anastasia: The EU's cybersecurity framework: the interplay between the Cyber Resilience Act and the NIS 2 Directive, ICLR 2023, 147–164.

Ehmann, Eugen; Selmayr, Martin: DS-GVO. Datenschutz-Grundverordnung, 3. Auflage 2024, C.H. Beck/LexisNexis; zitiert als: Bearb., in: Ehmann/Selmayr DSGVO.

ENISA, Data Pseudonymisation: Advanced Techniques and Use Cases, 28.1.2021, abrufbar: https://www.enisa.europa.eu/publications/data-pseudonymisation-advanced-techniques-and-use-cases.

ENISA, Pseudonymisation techniques and best practices, 3.12.2019, abrufbar: https://www.enisa.europa.eu/publications/pseudonymisation-techniques-and-best-practices.

ENISA, Recommendations on shaping technology according to GDPR provisions – An overview on data pseudonymisation, 28.1.2019, abrufbar: https://www.enisa.europa.eu/publications/recommendations-on-shaping-technology-according-to-gdpr-provisions.

ENISA, Threat Landscape and Good Practice Guide for Smart Home and Converged Media, 01.12.2014, abrufbar: https://www.enisa.europa.eu/publications/threat-landscape-for-smart-home-and-media-convergence.

Ettig, Diana; Herbrich, Tilman: Wird's besser, wird's schlimmer? – Das Online-Marketing zwei Jahre nach Wirksamwerden der DSGVO, K&R 2020, 719–726.

Europäische Kommission: Commission Staff Working Document, Impact Assessment Report, Accompanying the document Commission Delegated Regulation supplementing Directive 2014/53/EU of the European Parliament and of the Council with regard to the application of the essential requirements referred to in Article 3(3), points (d), (e) and (f), of that Directive, 29.10.2021; zitiert als: Impact Assessment Report zur delegierten Verordnung 2022/30.

Europäischer Datenschutzausschuss, Endorsement 1/2018, 25.5.2018, abrufbar: https://www.edpb.europa.eu/news/news/2018/endorsement-gdpr-wp29-guidelines-edpb_de.

Europäischer Datenschutzausschuss, Guidelines 4/2019 on Article 25 Data Protection by Design and by Default, Version 2.0, adopted on 20 October 2020; zitiert als: EDSA Guidelines 4/2019.

Europäischer Datenschutzausschuss, Guidelines 2/2023 on Technical Scope of Art. 5(3) of ePrivacy Directive, Version 2.0, adopted on 7 October 2024; zitiert als: EDSA Guidelines 2/2023.

Europäischer Datenschutzausschuss, Leitlinien 4/2019 zu Artikel 25, Datenschutz durch Technikgestaltung und durch datenschutzfreundliche Voreinstellungen, Version 2.0, angenommen am 20. Oktober 2020; zitiert als: EDSA Leitlinien 4/2019.

Europäischer Datenschutzausschuss, Leitlinien 01/2020 zur Verarbeitung personenbezogener Daten im Zusammenhang mit vernetzten Fahrzeugen und mobilitätsbezogenen Anwendungen, Version 2.0, angenommen am 9. März 2021; zitiert als: EDSA Leitlinien 01/2020.

Europäischer Datenschutzausschuss, Leitlinien 02/2021 zu virtuellen Sprachassistenten, Version 2.0, angenommen am 7. Juli 2021; zitiert als: EDSA Leitlinien 02/2021.

Ewald, Konstantin; Schneider, Leonie: Update erforderlich – das neue digitale Verbraucherschutzrecht. New Deal oder doch alles wie gehabt?, MMR 2022, 709–713.

Fernandes, Earlence; Jung, Jaeyeon; Prakash, Atul. Security Analysis of Emerging Smart Home Applications. In: 2016 IEEE Symposium on Security and Privacy (SP), IEEE, 2016, S. 636–654.

Fernandes, Earlence; Rahmati, Amir; Jung, Jaeyeon; Prakash, Atul. Security Implications of Permission Models in Smart-Home Application Frameworks, IEEE Security & Privacy, 2017, Vol. 15, Nr. 2, S. 24–30.

Forgó, Nikolaus; Helfrich, Marcus; Schneider, Jochen: Betrieblicher Datenschutz. Rechtshandbuch, 3. Auflage 2019, C. H. Beck; zitiert als: Forgó/Helfrich/Schneider, Betrieblicher Datenschutz.

Fouladi, Behrang; Ghanoun, Sahand. Security evaluation of the Z-Wave wireless protocol. Black hat USA, 2013.

Franzen, Martin; Gallner, Inken; Oetker, Hartmut: Kommentar zum europäischen Arbeitsrecht, 5. Auflage 2024, C. H. Beck; zitiert als: Bearb., in: Franzen/Gallner/Oetker, EuArbRK.

Freiling, Felix; Grimm, Rüdiger; Großpietsch, Karl-Erwin; Keller, Hubert B.; Mottok, Jürgen; Münch, Isabel; Rannenberg, Kai; Saglietti, Francesca: Technische Sicherheit und Informationssicherheit. Unterschiede und Gemeinsamkeiten, Informatik Spektrum 2014, S. 14–24; zitiert als: Freiling et al., Informatik Spektrum 2014.

Gärtner, Tanya; Selzer, Annika: Metrikensysteme als Beitrag zur Umsetzung des risikobasierten Ansatzes. Angemessene Umsetzung des technisch- organisatorischen Datenschutzes durch Metrikensysteme, DuD 2023, 367–371.

Gärtner, Tanya; Selzer, Annika: Angemessene technische und organisatorische Maßnahmen. Der ökonomische Balanceakt zwischen Kosten und Risiken, DuD 2023, 289–294.

Gellert, Raphaël: The Risk-Based Approach to Data Protection, 2020, Oxford University Press; zitiert als: Gellert, The Risk-Based Approach to Data Protection.

Gellert, Raphaël: Understanding the notion of risk in the General Data Protection Regulation, CLSR 2018, 279–288.

Geppert, Martin; Schütz, Raimund: Beck'scher Kommentar zum TKG. Telekommunikationsgesetz. Telekommunikation-Telemedien-Datenschutz-Gesetz, 5. Auflage 2023, C.H. Beck; zitiert als: Bearb., in: Geppert/Schütz TTDSG.

Gerdemann, Simon: Die E-Commerce-Regeln des Digitalen-Dienste-Gesetzes – Altes TMG in neuen Schläuchen?, ZUM 2024, 680–685.

Ghiglieri, Marco; Lange, Benjamin; Simo, Hervais; Waidner, Michael: Security und Privacy bei SmartTV: Bedrohungspotential und technische Lösungsansätze, in: Digitale Schwellen. Privatheit und Freiheit in der digitalen Welt, hrsg. v. Weiterdenken – Heinrich-Böll-Stiftung Sachsen/Johannes Lichdi, S. 67–84; zitiert als: Ghiglieri et al., Security und Privacy bei SmartTV.

Ghiglieri, Marco; Waidner, Michael. HbbTV Security and Privacy: Issues and Challenges. IEEE Security & Privacy, 2016, Vol. 14, Nr. 3, S. 61–67.

Gierschmann, Sibylle: Telekommunikations-Telemedien-Datenschutz-Gesetz und die DS-GVO. Ein Verhältnis mit Schwierigkeiten, MMR 2023, 22–27.

Gierschmann, Sibylle; Schlender, Katharina; Stentzel, Rainer; Veil, Winfried: Kommentar Datenschutz-Grundverordnung, 2018, Reguvis Fachmedien; zitiert als: Bearb., in: Gierschmann/Schlender/Stentzel/Veil DSGVO.

Gola, Peter: Das Geschäftsgeheimnisgesetz und die Datenschutz-Grundverordnung. Parallele Regelungen mit neuen Verpflichtungen und Aufgaben für Datenschutzbeauftragte?, DuD 2019, 569–574.

Gola, Peter; Heckmann, Dirk: Datenschutz-Grundverordnung, Bundesdatenschutzgesetz, 3. Auflage 2022, C.H. Beck; zitiert als: Bearb., in: Gola/Heckmann DSGVO.

Golland, Alexander: Das Telekommunikation-Telemedien-Datenschutzgesetz. Cookies und PIMS als Herausforderungen für Website-Betreiber, NJW 2021, 2238–2243.

Golland, Alexander: Die „private“ Datenverarbeitung im Internet, ZD 2020, 397–403.

Gonçalves, Maria Eduarda: The risk-based approach under the new EU data protection regulation: a critical perspective, Journal of Risk Research 2020, 139–152; zitiert als: Gonçalves, JoRR 2020, 139.

Grages, Jan-Michael: Rechtfertigung und Zweckänderung im Spannungsverhältnis von DSGVO und TTDSG. Reichweite der TTDSG-Wertungen bei typischen Verarbeitungsabläufen, CR 2021, 834–840.

Grünwald, Andreas; Nüßing, Christoph: Machine To Machine (M2M)-Kommunikation. Regulatorische Fragen bei der Kommunikation im Internet der Dinge, MMR 2015, 378–383.

Grzeszick, Bernd; Rauber, Jochen: Anwendbarkeit der DS-GVO durch Einschaltung Dritter?. Auswirkungen bei der Datenverarbeitung in der Praxis, ZD 2018, 560–564.

Guliani, Dhruv; Beaufays, Françoise; Motta, Giovanni. Training speech recognition models with federated learning: A quality/cost framework. In: ICASSP 2021-2021 IEEE International Conference on Acoustics, Speech and Signal Processing (ICASSP), IEEE, 2021, S. 3080–3084.

Haberer, Anno: Anforderungen an Cookie-Banner. Einsatz von Tracking- oder Marketing-Cookies, MMR 2020, 810–815.

Hanloser, Stefan: DSK-Orientierungshilfe Telemedien: Vereinbarkeit mit § 327e BGB. Funktionsumfang eines mangelfreien Telemediendienstes, ZD 2022, 135–139.

Hanloser, Stefan: Schutz der Geräteintegrität durch § 25 TTDSG. Neue Cookie-Regeln ab dem 1.12.2021, ZD 2021, 399–403.

Hanloser, Stefan: Telekommunikation-Telemedien-Datenschutz-Gesetz, ZD 2021, 121–122.

Hansen-Oest, Stephan: Das Standard-Datenschutzmodell – ein Ansatz mit einem rechtlichen Fehler?, DSB 2023, 318–321.

Hammi, Badis; Zeadallyb, Sherali; Khatounc, Rida; Nebhend, Jamel: Survey on Smart Homes: Vulnerabilities, Risks, and Countermeasures, Computers & Security, 2022, S. 102677.

Heartfield, Ryan; Loukas, George; Budimir, Sanja; Bezemskij, Anatolij; Fontaine, Johnny R. J.; Filippoupolitis, Avgoustinos; Roesch, Etienne: A taxonomy of cyber-physical threats and impact in the smart home, Computers & Security, 2018, Vol. 78, S. 398–428.

Heinzke, Philippe: Richtlinie zum Schutz von Geschäftsgeheimnissen, CCZ 2016, 179–183.

Ho, Grant; Leung, Derek; Mishra, Pratyush; Hosseini, Ashkan; Song, Dawn; Wagner, David: Smart locks: Lessons for securing commodity internet of things devices. In: Proceedings of the 11th ACM on Asia conference on computer and communications security, 2016, S. 461–472.

Hoffmann-Riem, Wolfgang: Recht im Sog der digitalen Transformation, 2022, Mohr Siebeck; zitiert als: Hoffmann-Riem, Recht im Sog der digitalen Transformation.

Hoeren, Thomas: Das Telemediengesetz, NJW 2007, 801–806.

Hornung, Gerrit; Schallbruch, Martin: IT-Sicherheitsrecht, 2021, Nomos; zitiert als: Bearb., in: Hornung/Schallbruch, IT-Sicherheitsrecht.

Hutter, Bridget: The Attractions of Risk-based Regulation: accounting for the emergence of risk ideas in regulation, ESRC Centre for Analysis of Risk and Regulation, Discussion paper no. 33, March 2005; zitiert als: Hutter, Discussion paper 2005.

Jaeckel, Liv: Gefahrenabwehrrecht und Risikodogmatik. Moderne Technologien im Spiegel des Verwaltungsrechts, 2010, Mohr Siebeck; zitiert als: Jaeckel, Gefahrenabwehrrecht und Risikodogmatik.

Jenkins, Ira Ray; Shapiro, Rebecca; Bratus, Sergey; Goodspeed, Travis; Speers, Ryan; Dowd, David: Short paper: Speaking the Local Dialect: Exploiting differences between IEEE 802.15. 4 Receivers with Commodity Radios for fingerprinting, targeted attacks, and WIDS evasion. In: Proceedings of the 2014 ACM conference on Security and privacy in wireless & mobile networks, 2014, S. 63–68

Jonas, Benno: Arbeitsvertragliche Verschwiegenheitsvereinbarungen nach der Einführung des Geschäftsgeheimnisgesetzes. Erste praktische Erfahrungen und Hinweise der Rechtsprechung, DB 2020, 1738–1741.

Jung, Alexander: Datenschutz-(Compliance-)Management-Systeme – Nachweis- und Rechenschaftspflichten nach der DS-GVO. Praktikable Ansätze für die Erfüllung ordnungsgemäßer Datenverarbeitung, ZD 2018, 208–213.

Jung, Vera; Koch, Susanne: The risk-based approach in the GDPR. Restating the obvious and reinstating a guiding principle, ZD 2022, 656–664.

Jungbluth, Armin; Engel, Carolin: Das Digitale-Dienste-Gesetz. Zentrale Punkte, regulatorische Herausforderungen und Lösungen, CR 2024, 401–406.

Kalbfus, Björn: Angemessene Geheimhaltungsmaßnahmen nach der Geschäftsgeheimnis-Richtlinie, GRUR-Prax 2017, 391–393.

Kaulartz, Markus; Braegelmann, Tom: Rechtshandbuch Artificial Intelligence und Machine Learning, 2020, C. H. Beck, zitiert als: Bearb., in: Kaulartz/Braegelmann, Rechtshandbuch Artificial Intelligence und Machine Learning.

Keller, Erhard; Schönknecht, Marcus; Glinke, Anna: Geschäftsgeheimnisschutzgesetz, 2021, C.H. Beck; zitiert als: Bearb., in: Keller/Schönknecht/Glinke GeschGehG.

Kipker, Dennis-Kenji: Cybersecurity, 2. Auflage 2023, C.H. Beck; zitiert als: Bearb., in: Kipker, Cybersecurity.

Kipker, Dennis-Kenji: Cybersecurity Act im EU-Amtsblatt veröffentlicht, MMR-Aktuell 2019, 417982.

Kipker, Dennis-Kenji; Reusch, Philipp; Ritter, Steve: Recht der Informationssicherheit, 2023, C.H. Beck; zitiert als: Bearb., in: Kipker/Reusch/Ritter.

Kloepfer, Michael: Umweltrecht, 4. Auflage 2019, C.H. Beck; zitiert als: Kloepfer, Umweltrecht.

Knopp, Michael: Stand der Technik. Ein alter Hut oder eine neue Größe?, DuD 2017, 663–666.

Kolmar, Martin: Grundlagen der Mikroökonomik. Ein integrativer Ansatz, 2. Auflage 2021, Springer; zitiert als: Kolmar, Grundlagen der Mikroökonomik.

Koolen, Christof; Wuyts, Kim; Joosen, Wouter; Valcke, Peggy: From insight to compliance: Appropriate technical and organisational security measures through the lens of cybersecurity maturity models, CLSR 2024, 105914.

Koreng, Ansgar; Lachenmann, Matthias: Formularhandbuch Datenschutzrecht, 3. Auflage 2021, C.H. Beck; zitiert als: Koreng/Lachenmann, Formularhandbuch Datenschutzrecht.

Kounoudesa, Alexia Dini; Kapitsakia, Georgia M.: A mapping of IoT user-centric privacy preserving approaches to the GDPR , Internet of Things 2020, 100179.

Köhler, Helmut; Bornkamm, Joachim; Feddersen, Jörn; Alexander, Christian: Gesetz gegen den unlauteren Wettbewerb, 42. Auflage 2024, C.H. Beck; zitiert als: Bearb., in: Köhler/Bornkamm/Feddersen UWG.

Kraul, Torsten: Der Digital Services Act bekommt Zähne: Das neue Digitale-Dienste-Gesetz. Ein Überblick über die neuen Aufsichts- und Durchsetzungsstrukturen des deutschen Digitale-Dienste-Gesetzes, K&R 2024, 379–386.

Krehling, Leah; Essex, Aleksander. A Security and Privacy Scoring System for Contact Tracing Apps. Journal of Cybersecurity and Privacy, 2021, Vol. 1, Nr. 4, S. 597–614.

Krings, Martin; Schmieke, Arne: DSA Hot Topics, K&R 2024, Beilage 1 zu Heft 9, 11–16.

Kumar, Deepak; Paccagnella, Riccardo; Murley, Paul; Hennenfent, Eric; Mason, Joshu; Bates, Adam; Bailey, Michael: Skill Squatting Attacks on Amazon Alexa, USENIX Security Symposium 2018, S. 33–47.

Kumar, Deepak; Shen, Kelly; Case, Benton; Garg, , Deepali; Alperovich, Galina; Kuznetsov, Dmitry; Gupta, Rajarshi; Durumeric, Zakir: All Things Considered: An Analysis of IoT Devices on Home Networks, USENIX Security Symposium 2019, S. 1169–1185.

Kühling, Jürgen; Buchner, Benedikt: Datenschutz-Grundverordnung/BDSG. Kommentar, 4. Auflage 2024, C.H. Beck; zitiert als: Bearb., in: Kühling/Buchner DSGVO.

Kühne, Christian Ricardo; Rost, Martin; Zwierlein, Stefan: Risiken in 3D. Risiken im Datenschutz methodisch verorten, DuD 2021, 742–746.

Lachaud, Eric: ISO/IEC 27701 Standard: Threats and Opportunities for GDPR Certification EDPL 2020, 194–210.

Lang, Markus: TTDSG – Neuregelung des Datenschutzes in den Bereichen Telekommunikation und Telemedien geplant, K&R 2020, 714–719.

Lauck, Simon: Angemessene Geheimhaltungsmaßnahmen nach dem GeschGehG, GRUR 2019, 1132–1133.

Laux, Helmut; Gillenkirch, Robert M.; Schenk-Mathes, Heike Y.: Entscheidungstheorie, 10. Auflage 2018, Springer; zitiert als: Laux/Gillenkirch/Schenk-Mathes, Entscheidungstheorie.

Leicht, Maximilian; Dessani, Leo: Federated Learning als Chance für datenschutzfreundliche KI?, K&R 2022, Beilage 2 zu Heft 12, 70–75.

Leister, Alexander: „Angemessene Geheimhaltungsmaßnahmen“ – Handlungsbedarf in der Praxis durch Neudefinition des Geschäftsgeheimnisbegriffs, GRUR-Prax 2019, 75–77.

Leroy, David; Coucke, Alice; Lavril, Thibaut; Gisselbrecht, Thibault; Dureauet, Joseph. Federated learning for keyword spotting. In: ICASSP 2019-2019 IEEE International Conference on Acoustics, Speech and Signal Processing (ICASSP), IEEE, 2019, S. 6341–6345.

Leupold, Andreas; Wiebe, Andreas; Glossner, Silke: IT-Recht. Recht, Wirtschaft und Technik der digitalen Transformation, 4. Auflage 2021, C.H. Beck; zitiert als: Bearb., in: Leupold/Wiebe/Glossner, IT-Recht.

Löber, Lena Isabell; Roßnagel, Alexander: Konkretisierung von Privacy by Design durch Anforderungs- und Entwurfsmuster, DuD 2023, 137–143.

Lübbe-Wolff, Gertrude: Instrumente des Umweltrechts – Leistungsfähigkeit und Leistungsgrenzen, NVwZ 2001, 481–493.

Maaßen, Stefan: „Angemessene Geheimhaltungsmaßnahmen“ für Geschäftsgeheimnisse, GRUR 2019, 352–360.

Macenaite, Milda: The "Riskification" of European Data Protection Law through a two-fold Shift, European Journal of Risk Regulation 2017, 506–540; zitiert als: Macenaite, EJRR 2017, 506.

Malina, Lukas; Srivastava, Gautam; Dzurenda, Petr; Hajny, Jan; Ricci, Sara: A privacy-enhancing framework for internet of things services. In: Network and System Security: 13th International Conference, NSS 2019, Sapporo, Japan, December 15–18, 2019, Proceedings 13. Springer International Publishing, 2019, S. 77–97.

Marosi, Johannes: (Gem-)Einsame Verantwortlichkeit im Datenschutzrecht. Voraussetzungen, Folgen, Perspektiven, digital | recht. Staat und digitale Gesellschaft, 2024, Trier; zitiert als: Marosi, (Gem-)Einsame Verantwortlichkeit.

Marsch, Nikolaus: Das europäische Datenschutzgrundrecht. Grundlagen – Dimensionen – Verflechtungen, 2018, Mohr Siebeck; zitiert als: Marsch, Das europäische Datenschutzgrundrecht.

McMahan, Brendan H.; Moore, Eider; Ramage, Daniel; Hampson, Seth; y Arcas, Blaise Aguera. Communication-Efficient Learning of Deep Networks from Decentralized Data. In: Artificial Intelligence and Statistics, PMLR, 2017, S. 1273–1282.

Mertens, Timon: IT-Schnittstellen als Einfallstor datenschutzrechtlicher Non-Compliance. Grundlagen und Beispiele für die Auswahl technischer und organisatorischer Maßnahmen beim Einsatz von IT-Schnittstellen, CR 2024, 96–102.

Meyer, Stephan: „Theorie" und Praxis des Risikorechts, in: Chancen und Risiken der Stammzellforschung, hrsg. v. Opper, Janet; Rolfes, Vasilija; Roth, Phillip; 2020, Berliner Wissenschafts-Verlag, S. 279–292; zitiert als: Meyer, „Theorie" und Praxis des Risikorechts.

Moos, Flemming; Schefzig, Jens; Arning, Marian Alexander: Praxishandbuch DSGVO einschließlich BDSG und spezifischer Anwendungsfälle, 2. Auflage 2021, dfv; zitiert als: Bearb., in: Moos/Schefzig/Arning, Praxishandbuch DSGVO.

Möllers, Frederik: On Privacy in Home Automation Systems, Universität des Saarlandes, 2021.

Münchener Kommentar zum Lauterkeitsrecht, hrsg. v. Herrmann, Peter W.; Schlingloff, Jochen. Band 2. Besondere Fallgruppen und Rechtsgebiete, 3. Aufl. 2022, C. H. Beck; zitiert als: Bearb., in: MüKo GeschGehG.

Nebel, Jens: Werbe-Tracking nach Inkrafttreten des TTDSG, CR 2021, 666–673.

Nwankwo, Iheanyi Samuel: Towards a Transparent and Systematic Approach to Conducting Risk Assessment under Article 35 of the GDPR, 2021, abrufbar: https://www.repo.uni-hannover.de/bitstream/handle/123456789/11451/Iheanyi_Samuel_Nwankwo_PhDThesis_Final_11_10_21.pdf.

Obermaier, Robert; Saliger, Edgar: Betriebswirtschaftliche Entscheidungstheorie: Einführung in die Logik individueller und kollektiver Entscheidungen, 6. Auflage 2013, De Gruyter; zitiert als: Obermaier/Saliger, Betriebswirtschaftliche Entscheidungstheorie.

Ohly, Angsar: Das neue Geschäftsgeheimnisgesetz im Überblick, GRUR 2019, 441–451.

Ohly, Angsar; Sosnitza, Olaf: Gesetz gegen den unlauteren Wettbewerb mit Geschäftsgeheimnisschutzgesetz (Auszug) und Preisangabenverordnung, 8. Auflage 2023, C.H. Beck; zitiert als: Bearb., in: Ohly/Sosnitza UWG.

Paal, Boris P.; Pauly, Daniel A.: Datenschutz-Grundverordnung. Bundesdatenschutzgesetz, 3. Auflage 2021, C.H. Beck; zitiert als: Bearb., in: Paal/Pauly DSGVO.

Partsch, Christoph; Rump, Lauritz: Auslegung der „angemessenen Geheimhaltungsmaßnahme" im Geschäftsgeheimnis-Schutzgesetz, NJW 2020, 118–121.

Pendleton, Marcus; Garcia-Lebron, Richard; Cho, Jin-Hee; Xu, Shouhuai. A survey on systems security metrics. ACM Computing Surveys, Vol. 49, Nr. 4 (2017), Article 62, S. 1–35.

Perera, Charith; McCormick, Ciaran; Bandara, Arosha K.; Price, Blaine A.; Nuseibeh, Bashar: Privacy-by-design framework for assessing internet of things applications and platforms. In: Proceedings of the 6th International Conference on the Internet of Things, 2016, S. 83–92.

Piltz, Carlo; Weiß, Alexander; Zwerschke, Johannes: Der Vorschlag für einen Cyber Resilience Act aus Sicht der DSGVO. Überblick zum Anwendungsbereich, den rechtlichen Anforderungen und dem Konformitätsverfahren, CR 2023, 154–162.

Piltz, Carlo; Weiß, Alexander; Zwerschke, Johannes: Der Vorschlag für einen Cyber Resilience Act aus Sicht der DSGVO. Sicherheitsanforderungen im Einzelnen, Marktüberwachung und Rechtsdurchsetzung, CR 2023, 289–299.

Plath, Kai-Uwe: DSGVO. BDSG. TTDSG, 4. Auflage 2023, Otto Schmidt; zitiert als: Bearb., in: Plath DSGVO.

Podszun, Rupprecht; Bongartz, Philipp; Kirk, Alexander, Digital Markets Act – Neue Regeln für Fairness in der Plattformökonomie, NJW 2022, 3249–3254.

Pohl, Klaus. The three dimensions of requirements engineering: a framework and its applications. Information Systems, 1994, Vol. 19, Nr. 3, S. 243–258.

Pohlmann, Norbert: Cyber-Sicherheit. Das Lehrbuch für Konzepte, Prinzipien, Mechanismen, Architekturen und Eigenschaften von Cyber-Sicherheitssystemen in der Digitalisierung, 2. Auflage 2022, Springer; zitiert als: Pohlmann, Cyber-Sicherheit.

Quelle, Claudia: Enhancing Compliance under the General Data Protection Regulation: The Risky Upshot of the Accountability- and Risk-based Approach, European Journal of Risk Regulation 2018, 502–526; zitiert als: Quelle, EJRR 2018, 502.

Raabe, Oliver; Schallbruch, Martin; Steinbrück, Anne: Systematisierung des IT-Sicherheitsrechts. Systematisierung des IT-Sicherheitsrechts, CR 2018, 706–715.

Radtke, Tristan: Gemeinsame Verantwortlichkeit unter der DSGVO. Unter besonderer Berücksichtigung von Internetsachverhalten, 2021, Nomos; zitiert als: Radtke, Gemeinsame Verantwortlichkeit.

Raji, Behrang: Auskunftsanspruch in der Praxis. Ausgewählte Fragen zum Auskunftsrecht nach Art. 15 DS-GVO, ZD 2020, 279–284.

Rennert, Justin: Mehr Cybersicherheit für vernetzte Produkte: Der Vorschlag der EU-Kommission für einen „Cyber Resilience Act“. Eine Analyse vor dem Hintergrund jüngster Bedrohungen für die Cybersicherheit, ZfDR 2023, 206–217.

Riesenhuber, Karl: Europäische Methodenlehre, 4. Auflage 2021, de Gruyter; zitiert als: Bearb., in: Riesenhuber, Europäische Methodenlehre.

Ringmann, Sandra Domenique; Langweg, Hanno; Waldvogel, Marcel. Requirements for legally compliant software based on the GDPR. In: On the Move to Meaningful Internet Systems. OTM 2018 Conferences: Confederated International Conferences: CoopIS, C&TC, and ODBASE 2018, Valletta, Malta, October 22–26, 2018, Proceedings, Part II. Springer International Publishing, 2018, S. 258–276.

Ritter, Franziska; Reibach, Boris; Lee, Morris: Lösungsvorschlag für eine praxisgerechte Risikobeurteilung von Verarbeitungen. Ansatz zur Bestimmung von Eintrittswahrscheinlichkeit und Schadensausmaß bei der Bewertung datenschutzrechtlicher Risiken, ZD 2019, 531–535.

Rost, Martin; Sowa, Aleksandra: Die ISO 27701 und das SDM-V2 im Lichte der Umsetzung der DSGVO, DuD 2020, 659–662.

Roth, Heiko: Verzeichnis von Verarbeitungstätigkeiten. Praxishandbuch für Verantwortliche zur praktischen Umsetzung aus rechtlicher, organisatorischer und technischer Sicht, 2023, dfv; zitiert als: Roth, Verzeichnis von Verarbeitungstätigkeiten.

Roth-Isigkeit, David: Der risikobasierte Ansatz als Paradigma des Digitalverwaltungsrechts. Die KI-VO im Kontext europäischer Risikoregulierung, MMR 2024, 621–626.

Roßnagel, Alexander; Geminn, Christian; Jandt, Silke; Richter, Philipp: Datenschutzrecht 2016. „Smart" genug für die Zukunft?. Ubiquitous Computing und Big Data als Herausforderungen des Datenschutzrechts, 2016, kassel university press; zitiert als: Roßnagel/Geminn/Jandt/Richter, Datenschutzrecht 2016. „Smart" genug für die Zukunft?.

Rössel, Markus: Digitale-Dienste-Gesetz. Durchführung von Digital Services Act und Platform-to-Business-VO, ITRB 2024, 126–131.

Sassenberg, Thomas; Faber, Tobias: Rechtshandbuch Industrie 4.0 und Internet of Things. Praxisfragen und Perspektiven der digitalen Zukunft, 2. Auflage 2020, Beck/Vahlen, zitiert als: Sassenberg/Faber, Rechtshandbuch.

Säcker, Franz Jürgen; Körber, Tobias: Kommentar TKG – TTDSG, 4. Auflage 2023, dfv; zitiert als: Bearb., in: Säcker/Körber TTDSG.

Schaller, Fabian: RL 2014/53/EU und deren Umsetzung im geplanten Funkanlagengesetz, ZD-Aktuell 2017, 05450.

Scharpf, Fabian: TTDSG – was ändert sich für Cookies und ähnliche Technologien?, K&R 2022, 153–159.

Scheibenpflug, Andreas; Monschke, Julian; Hildebrandt, Tim: Cloud-Dienste im Regelungsgeflecht von CRA und NIS2-Richtlinie. Warum Cloud-Dienste den Compliance-Anforderungen von CRA und NIS2-Richtlinie unterfallen, CR 2024, 712–720.

Scheja, Gregor: Falsche Annahmen führen zu falschen rechtlichen Folgerungen: Replik auf Hansen-Oest, DSB 2023, 318, DSB 2024, 58–59.

Schmidt-Preuß, Matthias: Verwaltung und Verwaltungsrecht zwischen gesellschaftlicher Selbstregulierung und staatlicher Steuerung, in: Kontrolle der auswärtigen Gewalt. Verwaltung und Verwaltungsrecht zwischen gesellschaftlicher Selbstregulierung und staatlicher Steuerung. Berichte und Diskussionen auf der Tagung der Vereinigung der Deutschen Staatsrechtslehrer in Dresden vom 2. bis 5. Oktober 1996, Veröffentlichungen der Vereinigung der Deutschen Staatsrechtslehrer, Band 56, S. 160–227; zitiert als: Schmidt-Preuß, VVDStRL 1997, Band 56.

Schmidtmann, Karin; Schwiering, Sebastian: Datenschutzrechtliche Rahmenbedingungen bei Smart-TV. Zulässigkeit von HbbTV-Applikationen, ZD 2014, 448–453.

Schmitz, Barbara: Der Abschied vom Personenbezug. Warum der Personenbezug nach der DS-GVO nicht mehr zeitgemäß ist, ZD 2018, 5–8.

Schneider, Ruben: Gemeinsame Verantwortlichkeit. Entstehung, Ausgestaltung und Rechtsfolgen des Innenverhältnisses gemäß Art. 26 DSGVO, Springer 2021; zitiert als: Schneider, Gemeinsame Verantwortlichkeit.

Schulte, Laura; Wambach, Tim: Zielkonflikte zwischen Datenschutz und IT-Sicherheit im Kontext der Aufklärung von Sicherheitsvorfällen, DuD 2020, 462–468.

Schuster, Fabian: Sicherheit von Daten und Geheimnis im Vertrag, CR 2020, 726–730.

Schuster, Fabian; Grützmacher, Malte: IT-Recht, 2020, Otto Schmidt; zitiert als: Bearb., in: Schuster/Grützmacher, IT-Recht.

Schoch, Friedrich (Hrsg.): Besonderes Verwaltungsrecht, 2018, C. H. Beck; zitiert als: Bearb., in: Schoch, Besonderes Verwaltungsrecht.

Scholtyssek, Swen; Judis, Christian Michael; Krause, Sven: Das neue Geschäftsgeheimnisgesetz – Risiken, Chancen und konkreter Handlungsbedarf für Unternehmen, CCZ 2020, 23–29.

Schöttle, Hendrik: Software als digitales Produkt. Was bringen die gesetzlichen Neuregelungen?, MMR 2021, 683–690.

Schröder, Markus: Der risikobasierte Ansatz in der DS-GVO. Risiko oder Chance für den Datenschutz?, ZD 2019, 503–506.

Schwartmann, Rolf; Jaspers, Andreas; Eckhardt, Jens: TTDSG – Telekommunikation-Telemedien-Datenschutz-Gesetz, 2022, C. F. Müller; zitiert als: Bearb., in: Schwartmann/Jaspers/Eckhardt TTDSG.

Schwartmann, Rolf; Jaspers, Andreas; Lepperhoff, Niels; Weiß, Steffen: Grundsatzregeln für die Anonymisierung personenbezogener Daten. Prozessmanagement, Evaluation und Monitoring, abrufbar: https://stiftungdatenschutz.org/fileadmin/Redaktion/Dokumente/Anonymisierung_personenbezogener_Daten/SDS_Studie_Grundsatzregeln_Web_01.pdf; zitiert als: Schwartmann/Jaspers/Lepperhoff/Weiß, Grundsatzregeln für die Anonymisierung personenbezogener Daten.

Schwartmann, Rolf; Jaspers, Andreas; Thüsing, Gregor; Kugelmann, Dieter: DS-GVO/BDSG. Datenschutz-Grundverordnung Bundesdatenschutzgesetz, 3. Auflage 2024, C. F. Müller; zitiert als: Schwartmann/Jaspers/Thüsing/Kugelmann DSGVO.

Seibel, Mark: Abgrenzung der „allgemein anerkannten Regeln der Technik“ vom „Stand der Technik“, NJW 2013, 3000–3004.

Seip, Fabian: BGH zur Einwilligung in Speicherung von Cookies – Planet49, DB 2020, M4–M5.

Sesing-Wagenpfeil, Andreas: Die Zukunft der Haftungsausschlüsse im Telemediengesetz. Notwendigkeit der Beibehaltung von §§ 7–10 TMG unter Geltung des Digital Services Act, ZRP 2023, 115–118.

Shipman, Alan; Watkins, Steve: ISO/IEC 27701:2019. An introduction to privacy information management, 2020, IT Governance Publishing; zitiert als: Shipman/Watkins, ISO/IEC 27701:2019: An Introduction to Privacy Information Management.

Shokri, Reza; Shmatikov, Vitaly. Privacy-Preserving Deep Learning. In: Proceedings of the 22nd ACM SIGSAC Conference on Computer and Communications Security, 2015, S. 1310–1321.

Sicari, Sabrina; Rizzardi, Alessandra; Miorandi, Daniele; Coen-Porisini, Alberto: A risk assessment methodology for the Internet of Things. Computer Communications, 2018, Vol. 129, S. 67–79.

Simitis, Spiros; Hornung, Gerrit; Spiecker gen. Döhmann, Indra: Datenschutzrecht. DSGVO mit BDSG, 2. Auflage 2025, C. H. Beck; zitiert als: Simitis/Hornung/Spiecker gen. Döhmann DSGVO.

Skistims, Hendrik: Smart Homes. Rechtsprobleme intelligenter Haussysteme unter besonderer Beachtung des Grundrechts auf Gewährleistung der Vertraulichkeit und Integrität informationstechnischer Systeme, 2016, Nomos; zitiert als: Skistims, Smart Homes.

Sorge, Christoph: IT Security Measures and Their Relation to Data Protection, in: Borges, Georg; Sorge, Christoph (Hrsg.): Law and Technology in a Global Digital Society. Autonomous Systems, Big Data, IT Security and Legal Tech, Springer, 2022, S. 179–197.

Sorge, Christoph: Shannon und das Datenschutzrecht – Braucht das Recht die Informationstheorie?, in: Gestaltung der Informationsrechtsordnung. Festschrift für Thomas Dreier zum 65. Geburtstag, hrsg. von Veronika Fischer, Georg Nolte, Martin Senftleben, Louisa Specht-Riemenschneider, 2022, C. H. Beck, S. 609–614; zitiert als: Sorge, in: FS Dreier.

Sorge, Christoph; Gruschka, Nils; Lo Iacono, Luigi: Sicherheit in Kommunikationsnetzen, 2013, Oldenbourg; zitiert als: Sorge/Gruschka/Lo Iacono, Sicherheit in Kommunikationsnetzen.

Sosnitza, Olaf; Meisterernst, Andreas: Lebensmittelrecht, 189. EL, Stand: April 2024, C. H. Beck; zitiert als: Bearb., in: Sosnitza/Meisterernst, Lebensmittelrecht.

Spina, Alessandro: A Regulatory Mariage de Figaro: Risk Regulation, Data Protection, and Data Ethics, European Journal of Risk Regulation 2017, 88–94; zitiert als: Spina, EJRR 2017, 88.

Spindler, Gerald: Der Referentenentwurf für ein Digitales Dienste Gesetz (DDG-RefE) – good bye TMG und NetzDG. Erster Überblick über die wesentlichen Weichenstellungen, CR 2023, 602–611.

Spindler, Gerald; Schuster, Fabian: Recht der elektronischen Medien, 4. Auflage 2019, C. H. Beck; zitiert als: Bearb., in: Spindler/Schuster.

Stallings, William: Cryptography and Network Security. Principles and Practice, 7. Auflage 2017, Pearson; zitiert als: Stallings, Cryptography.

Stallings, William: Information Privacy Engineering and Privacy by Design. Understanding Privacy Threats, Technology, and Regulations Based on Standards and Best Practices, 2019, Addison-Wesley; zitiert als: Stallings, Privacy Engineering.

Stallings, William; Brown, Lawrie: Computer Security. Principles and Practice, 4. Auflage 2018, Pearson; zitiert als: Stallings/Brown, Computer Security.

Stevens, Jeremy: Regelungsvielfalt im IT-Sicherheitsrecht. Anforderungen an die IT-Sicherheit von Smart Metern, CR 2021, 841–848.

Strassemeyer, Laurenz: Die Transparenzvorgaben der DSGVO für algorithmische Verarbeitungen. Nachvollziehbarkeit durch innovative Lösungen – Gamification, Ablaufdiagramme und Bildsymbole, K&R 2020, 176–183.

Sydow, Gernot; Marsch, Nikolaus: DS-GVO | BDSG, 3. Auflage 2022, Nomos; zitiert als: Bearb., in: Sydow/Marsch DSGVO.

Taeger, Jürgen; Gabel, Detlev: DSGVO – BDSG – TTDSG, 4. Auflage 2022, dfv; zitiert als: Bearb, in: Taeger/Gabel.

Taeger, Jürgen; Pohle, Jan (Hrsg.): Computerrechts-Handbuch. Informationstechnologie in der Rechts- und Wirtschaftspraxis. Stand: Mai 2022, 37. EL, C.H. Beck; zitiert als: Bearb., in: Tager/Pohle ComputerR-HdB.

Tagliaro, Carlotta; Hahn, Florian; Sepe, Riccardo; Aceti, Alessio; Lindorfer, Martina. I Still Know What You Watched Last Sunday: Privacy of the HbbTV Protocol in the European Smart TV Landscape. In: 30th Annual Network and Distributed System Security, NDSS 2023.

Talidou, Zoi: Regulierte Selbstregulierung im Bereich des Datenschutzes, Peter Lang Verlag, 2005.

Tas, Serpil; Hildebrandt, Christian; Arnold, René (2019): Sprachassistenten in Deutschland, WIK Diskussionsbeitrag, No. 441, WIK Wissenschaftliches Institut für Infrastruktur und Kommunikationsdienste, Bad Honnef; zitiert als: Tas/Hildebrandt/Arnold, Sprachassistenten in Deutschland.

Templin, Tim: Verhaltensregeln. Theorie und Praxis regulierter Selbstregulierung im europäischen Datenschutzrecht, 2025, Mohr Siebeck; zitiert als: Templin, Verhaltensregeln.

Thommen, Jean-Paul; Achleitner, Ann-Kristin; Gilbert, Dirk Ulrich; Hachmeister, Dirk; Jarchow, Svenja; Kaiser, Gernot: Allgemeine Betriebswirtschaftslehre. Umfassende Einführung aus managementorientierter Sicht, 10. Auflage 2023, Springer; zitiert als: Thommen et al., Allgemeine Betriebswirtschaftslehre.

Towfigh, Emanuel V.; Petersen, Niels: Ökonomische Methoden im Recht. Eine Einführung für Juristen, 3. Auflage 2023, Mohr Siebeck; zitiert als: Bearb., in: Towfigh/Petersen, Ökonomische Methoden im Recht.

Ullah, Faheem; Edwards, Matthew; Ramdhany, Rajiv; Chitchyan, Ruzanna; Babar, M. Ali; Rashid, Awais: Data exfiltration: A review of external attack vectors and countermeasures. Journal of Network and Computer Applications, 2018, Vol. 101, S. 18–54.

Van Mill, Jurriaan; Quintais, João Pedro: A Matter of (Joint) control? Virtual assistants and the general data protection regulation, CLSR 2022, 105689.

Varmarken, Janus; Le, Hieu; Shuba, Anastasia; Markopoulou, Athina; Shafiq, Zubair: The TV is Smart and Full of Trackers: Measuring Smart TV Advertising and Tracking. Proceedings on Privacy Enhancing Technologies 2020, Vol. 2, S. 129–154.

Veil, Winfried: Accountability – Wie weit reicht die Rechenschaftspflicht der DS-GVO?. Praktische Relevanz und Auslegung eines unbestimmten Begriffs, ZD 2018, 9–16.

Veil, Winfried: Auch Rechtssprache ist verräterisch: Von der sprachlichen Schlamperei der DSGVO, CR-online.de Blog v. 8.8.2022, abrufbar: https://www.cr-online.de/blog/2022/08/08/auch-rechtssprache-ist-verraeterisch/; zitiert als: Veil, CR-online.de Blog v. 8.8.2022.

Veil, Winfried: Datenschutzverstoß = Schaden ?, CR-online.de Blog v. 2.5.2018, abrufbar: https://www.cr-online.de/blog/2018/05/02/datenschutz-verstoss-schaden/; zitiert als: Veil, CR-online.de Blog v. 2.5.2018.

Veil, Winfried: DS-GVO: Risikobasierter Ansatz statt rigides Verbotsprinzip. Eine erste Bestandsaufnahme, ZD 2015, 347–353.

Voßkuhle, Andreas; Eifert, Martin; Möllers, Christoph: Grundlagen des Verwaltungsrechts. Band I, 3. Aufl. 2022, C.H. Beck; zitiert als: Bearb., in: Voßkuhle/Eifert/Möllers, Grundlagen des Verwaltungsrechts, Band I.

Vogel, Benedikt: Datenschutzrechtliche Fragen um Smart TV-Dienste, K&R 2017, 441–447.

Von Grafenstein, Maximilian: The Principle of Purpose Limitation in Data Protection Laws. The Risk-based Approach, Principles, and Private Standards as Elements for Regulating Innovation, 2018, Nomos; zitiert als: Von Grafenstein, The Principle of Purpose Limitation in Data Protection Laws.

Wachter, Sandra: Normative challenges of identification in the Internet of Things: Privacy, profiling, discrimination, and the GDPR, CLSR 2018, 436–449.

Wagner, Bernd: Disruption der Verantwortlichkeit. Private Nutzer als datenschutzrechtliche Verantwortliche im Internet of Things, ZD 2018, 307–312.

Wagner, Isabel; Eckhoff, David. Technical Privacy Metrics: A Systematic Survey. ACM Computing Surveys, Vol. 51, Nr. 3 (2019), Article 57, 1–38.

Waldman, Ari Ezra: Data Protection by Design? A Critique of Article 25 of the GDPR, CORNELL INT'L L. J., Vol 53, 2020, 147–167.

Weigert, Daniel: Angemessene Geheimhaltungsmaßnahmen im Sinne des Geheimnisschutzgesetzes – Geheimnisschutz ad absurdum?, NZA 2020, 209–214.

Wendzel, Steffen: IT-Sicherheit für TCP/IP- und IoT-Netzwerke. Grundlagen, Konzepte, Protokolle, Härtung, 2. Auflage 2021, Springer; zitiert als: Wendzel, IT-Sicherheit.

Wiesemann, Hans Peter: Die Update-Pflicht für Firmware. Praxisleitfaden zur Bestimmung des Bereitstellungszeitraums und zur Umsetzung der Aktualisierungspflicht bei Waren mit digitalen Elementen, MMR 2022, 343–347.

Wybitul, Tim; Sörup, Thorsten; Pötters, Stephan: Betriebsvereinbarungen und § 32 BDSG: Wie geht es nach der DS-GVO weiter?, ZD 2015, 559–564.

Yang, Timothy; Andrew, Galen; Eichner, Hubert; Sun, Haicheng; Li, Wei; Kong, Nicholas; Ramage, Daniel; Beaufays, Françoise et al. Applied federated learning: Improving google keyboard query suggestions. arXiv preprint arXiv:1812.02903, 2018.

Zech, Herbert: Einführung in das Technikrecht, digital | recht Schriften zum Immaterialgüter-, IT-, Medien-, Daten-und Wettbewerbsrecht, 2021, Trier; zitiert als: Zech, Technikrecht.

Zhang, Nan; Mi, Xianghang; Feng, Xuan; Wang, XiaoFeng; Tian, Yuan; Qian, Feng: Dangerous Skills: Understanding and Mitigating Security Risks of Voice-Controlled Third-Party Functions on Virtual Personal Assistant Systems, IEEE Symposium on Security and Privacy (SP), IEEE, 2019, S. 1381–1396.

Zigbee Specification, revision 22 1.0 v. 19. April 2017, zigbee alliance; zitiert als: Zigbee Specification.

Zinsmaier, Sandra Domenique; Langweg, Hanno; Waldvogel, Marcel. A Practical Approach to Stakeholder-driven Determination of Security Requirements based on the GDPR and Common Criteria. In: Proceedings of the 6th International Conference on Information Systems Security and Privacy – ICISSP, 2020, S. 473–480.

Zirnstein, Yannick: Better cybersecurity due to increased regulation? The final European Cyber Resilience Act. The first comprehensive, horizontally applicable approach for more cybersecurity in digital products, CRi 2024, 65–72.

Zitzelsberger, Kathrin: Smart Strafrecht Strafrechtlicher Schutz privater Nutzer smarter Systeme des Internets der Dinge. Eine Untersuchung des Produkt- sowie des Computer- und des Datenschutzstrafrechts, 2023, Nomos; zitiert als: Zitzelsberger, Smart Strafrecht.

Anmerkungen zur Zitierweise

Die vorliegende Arbeit zitiert sowohl juristisch geprägte als auch technisch geprägte Veröffentlichungen. Dabei soll einerseits den Spezifika der einzelnen Disziplinen Rechnung getragen werden, andererseits soll eine möglichst einheitliche Zitierweise sichergestellt sein. In (schwerpunktmäßig) juristischen Publikationsmedien wird daher auf in dieser Disziplin übliche Zitierweisen zurückgegriffen. Zeitschriften- oder Konferenzbandbeiträge in technisch geprägten Publikationsmedien werden dagegen orientiert an ISO 690 zitiert, geringfügig angepasst bei der Groß-/Kleinschreibung der Autorennamen sowie ohne Kursivdruck. Soll nicht das gesamte Werk zitiert werden, wird als Annäherung an die juristische Vorgehensweise die konkrete Fundstelle im Klammerzusatz genannt.

Beispiel:

Krehling, Leah; Essex, Aleksander. A Security and Privacy Scoring System for Contact Tracing Apps. Journal of Cybersecurity and Privacy, 2021, Vol. 1, Nr. 4, S. 597–614 (599, 601).

Dieses Vorgehen gilt entsprechend auch für das Literaturverzeichnis.

Internetquellen werden grundsätzlich mit Kurzzitat in den Fußnoten zitiert und mit vollständigen Angaben im Literaturverzeichnis aufgeführt. Eine Ausnahme gilt, wenn auf eine Internetquelle nur sehr vereinzelt an einer bestimmten Stelle der Ausführungen Bezug genommen wird; in diesem Fall finden sich die vollständigen Angaben an dieser Stelle, um Leserinnen und Lesern einen unmittelbaren Zugriff zu ermöglichen.

Dokumente des Europäischen Datenschutzausschusses werden teils in ihrer deutschen, teils in ihrer englischen Sprachfassung zitiert; die jeweils verwendete Sprachfassung ergibt sich aus der im Literaturverzeichnis festgelegten Kurzbezeichnung, bspw. „EDSA, Leitlinien 4/2019“ für die deutsche bzw. „EDSA, Guidelines 4/2019“ für die englische Sprachfassung.